Franz Herre

Der vollkommene Feinschmecker

Franz Herre
Der Vollkommene Feinschmecker

Einführung in die Kunst des Geniessens

CLAASSEN

Mit 62 Abbildungen aus Anthelme Brillat-Savarin,
Physiologie du Goût ou Méditation
de Gastronomie transcendante, Paris 1864

1. Auflage 1977

Gesetzt aus der 11 Punkt Bembo der Linotype VIP
Satz: Otto Gutfreund und Sohn, Darmstadt
Druck- und Bindearbeiten: Salzer-Ueberreuter, Wien
Printed in Austria
ISBN 3 546 44510 4

Inhalt

»Nächst dem guten Essen selber, sollte ein gesunder Mensch mit großzügigen Geistesgaben es schätzen, darüber zu lesen«, meinte William M. Thackeray. Um aber gut zu essen, ergänzen wir, ist es angebracht, zunächst darüber zu lesen, wie man am besten ißt.

»Essen ist eine Notwendigkeit, aber mit Verstand zu essen ist eine Kunst«, erklärte François La Rochefoucauld. Eine Kunst freilich, fügen wir hinzu, die man lernen kann.

Gastrosophie ist die Wissenschaft vom Essen, die zur Vervollkommnung des Genießens führen soll: durch Kenntnis der Voraussetzungen, Erkenntnis des Wesentlichen, durch Sammeln und Auswerten von Erfahrungen, der eigenen und derjenigen anderer.

Der Gastrosoph steht nicht allein, er ist in eine Genußgemeinschaft hineingestellt. So sei dieses Buch gewidmet:

Den Köchinnen und Köchen, die ansprechende Forschungsobjekte aufgetischt haben, vorzüglich meiner Mutter und meiner Frau.

Den Kellnerinnen und Kellnern, die mich richtig beraten und gut bedient haben; vorab Sofie in München, Marie-Hélène in Paris und Umberto in Rom.

Den Restaurantführern, die mich geleitet, den Eßkritikern, die mir geholfen, den Gastrosophen, die mich gelehrt haben, vornehmlich Anthelme Brillat-Savarin, Karl Friedrich von Rumohr und Eugen von Vaerst.

Allen, die gerne essen und darüber gerne lesen, mit Geneigtheit auch dieses Buch.

Franz Herre

Gastrosophie:
Die Wissenschaft Vom Essen

Der Mensch wird Homo sapiens genannt, und »sapiens« heißt nicht nur »weise«, sondern auch »schmeckend«. Die schmeichelhafte Bezeichnung, die sich der Mensch in stolzer Bescheidenheit selbst verliehen hat, steht nicht für eine gegebene Realität, sondern ein anzustrebendes Ideal, und zwar in der Doppelbedeutung des Wortes sapiens: mit Weisheit schmecken, schmeckend weise werden, ein abgeklärter Mensch gereiften Geschmacks sein.

Was aber ist schmackhaft, wie ißt man geschmackvoll, wer hat Geschmack? Und was ist nur subjektives Gefallen, was dagegen objektives Gesetz?

Zwar besagt ein altes Wort: »De gustibus non est disputandum.« Doch ein aufgeklärter Mensch wird zur Einsicht gelangen, daß sich darüber sehr wohl streiten läßt. Oder, positiv ausgedrückt: Bei aller Respektierung der gegebenen subjektiven Empfindungen, Präferenzen und Konstitutionen ist:

erstens, eine Konzentrierung auf objektive Kriterien des Geschmacks geboten;
zweitens, eine Wertung des Essers und des Essens nach allgemein gültigen Maßstäben möglich;
drittens, ein abgewogenes Verhältnis von Theorie und Praxis, von Studium und Übung nötig;
viertens, ein kluges und weises, feinsinniges und feinschmeckerisches Verhalten gefordert;
fünftens, eine Verbesserung und Vervollkommnung des Genießers wie des Genusses anzustreben.

Wer dies versucht oder gar versteht, ist ein Gastrosoph. Und das, was er denkt und tut, ist die Gastrosophie.

Die Gastrosophie ist keine exakte Wissenschaft. Ihre

Erkenntnisse beruhen auf Erfahrung – dem Probieren des einzelnen wie den belehrenden Erlebnissen anderer. Nicht programmatisch, sondern pragmatisch ist vorzugehen, Empirie ist die Methode, die zu einem geregelten Verhalten des Essers, einem geordneten Essen, einem konsequent aufgebauten, zusammenhängenden System von Erkenntnissen führen kann, zur Gewißheit des Genusses – eine Erfahrungswissenschaft eben, mit einzelnen Erfahrungswerten, die sich summieren lassen, durch Experimente, die Gesetze ergeben.

In seinem Bestreben, das individuell Bedingte zu verstehen und die allgemeinen Zusammenhänge zu begreifen, gleicht der Gastrosoph dem Historiker. Wie dieser muß er zu den Quellen gehen, Facts nicht Fiction sind sein Metier, und das Gefundene und Geklärte, Erprobte und Erschmeckte hat er zusammenzutragen und darzulegen, eher porträtierend als definierend, begreiflich in der Deskription, anschaulich in der Impression, komprimiert im Aperçu.

Wie es gewesen ist und wie es hätte sein können, darüber möchte sich der Gastrosoph im Nachschmecken und Durchdenken klar werden, um klug für ein andermal und weise für immer zu werden. In der Erscheinungen Flucht sucht er das Exemplarische, nicht nur, um es für sich zu behalten, sondern, um es auch anderen vorzuhalten. Denn er ist Egoist und Altruist zugleich: Es geht ihm um das für ihn Gute und um das für alle Beste.

Dazu braucht er den Nächsten, den Austausch der Erfahrungen – unter Tischgenossen, mit Vorläufern, die Erfahrungen der Vorfahren. Denn die Gastrosophie ist eine kommunikative und konservative Wissenschaft: Das Alterprobte gilt es im Neuprobieren zu erhalten, das Bewährte im Geben und Wiedergeben weiterzugeben, durch Rekapitulieren vergangener Genüsse den zeitgenössischen Genuß zu fördern und den künftigen Genuß vorzubereiten – kurzum, die Generationen genüßlich zu verbinden.

Die Gastrosophie ist aber auch eine kritische Wissenschaft. Sie erfordert wache Sinne und regen Geist, und die ständige Bereitschaft, das Gehabte wie das Zuhabende zu prüfen und zu beurteilen. Sein Unterscheidungsvermögen zeigt und schult der Gastrosoph im Vergleich, im wertenden Nebeneinanderhalten von dem, was er selber erschmeckt, und dem, was andere erschmeckten, was er selber herausfindet und was andere herausfanden, was andere davon hielten und was er selber davon hält. So wägt er, was er haben und was er nicht haben will, so begreift er, was sein soll und was nicht sein darf, so grenzt er sich vom negativen Beispiel ab und öffnet sich dem positiven Vorbild.

Dem Epikur nachzufolgen, ein Epikuräer zu werden – das kommt ihm beispielsweise gelegen. Auch hier weiß er zu unterscheiden: Zwischen der puritanischen Definition, die Epikuräertum mit Hedonismus gleichsetzt, also mit Lüsternheit und Lustleben, und zwischen der reinen Lehre des Meisters, der sich mit Einfachem begnügte: »Gib mir einen Teller mit Graupengrütze, und Jupiter könnte nicht glücklicher sein als ich.« Der alte Epikur, der als Homo sapiens lebte, lehrte, was ihn ausmacht:

»Anfang und Wurzel alles Guten
ist die Freude des Magens;
selbst Weisheit und alles,
was noch über sie hinausgeht,
steht in Beziehung zu ihr.«

Ein Sybarit will und kann der Gastrosoph nicht sein. Die Bewohner von Sybaris, einer griechischen Kolonie in Unteritalien, waren notorische Prasser, die sich durch ihre ebenso üppigen wie raffinierten Gerichte zugrunde richteten. Von Überzüchtetem und Überzogenem auf dem Tische, Sensationen im Munde und Perversionen am Gaumen läßt er sich nicht hinreißen; er hält es mit jenem unbekannten Gastrosophen des 19. Jahrhunderts:

»Ich huld'ge den Freuden der Tafel
Mit heit'rer Ironie,

Ihr dienet ihnen wie Sklaven,
Ich kommandiere sie!«

Der Gastrosoph distanziert sich vom Gourmand, so wie er heute definiert wird: als »Vielesser«, als »ein mit Lüsternheit Gefräßiger«, als einer, der zwar gern gut ißt, dessen Eßlust aber den Zügeln der Vernunft entglitten ist. Der Gastrosoph identifiziert sich selbst nicht mit dem Gourmet, obgleich das Feinschmeckerische sein Wesenszug ist, der freilich – im Doppelsinne der Bezeichnung Homo sapiens – an die Weisheit gekoppelt bleibt. Gourmand, Gourmet, Gastrosoph – wesentliche Merkmale und Unterschiede hat Eugen von Vaerst mit deutscher Gründlichkeit herausgearbeitet:

»Der Gourmand ist begierig auf alles, was gut schmeckt, ohne Rücksicht auf die Gesundheit, auf das Maß und die Gesetze der Grazie. Er gibt, wenn er vollgefüllt ist, auf ferneres Zureden zum Zulangen allenfalls die wehmütige Antwort: Ich danke, und wenn es Gift wäre, so gern ich sterben möchte. Der Gourmet ist bloß lüstern, doch nach alledem, was Zunge und Auge anlockt. Aber der Gastrosoph wählt aus dem Guten das Beste, in schönster Form, mit gewissenhafter Rücksicht auf Gesundheit und Schicklichkeit. Der Engländer ist meist Gourmand, die Frauen sind fast immer nur Gourmets, der Franzose und manche gebildete Deutsche sind oft Gastrosophen.«

Der im vorigen Jahrhundert essende und schreibende Baron Vaerst hat mit seinen Beschränkungen des Prädikats »Gastrosoph« auf das männliche Geschlecht und auf bestimmte Nationen nicht recht behalten, vielleicht nie recht gehabt. Jedenfalls ist die Emanzipation der Frauen so weit fortgeschritten, daß ihnen – im Vollsinn des Wortes aus Bevormundung befreit und mündig geworden – eine Versetzung von der Gesellenklasse der Gourmets in die Meisterklasse der Gastrosophen allgemein möglich ist und vielfach auch gelingt.

Was die Nationen betrifft: Die Eßleistungen der Engländer – beiderlei Geschlechts – haben sich in jüngster Zeit merklich gebessert. Bei den Deutschen – Frauen wie Männern – ist die gastrosophische Bildung verbreitert und vertieft worden. Und der Franzose, so sehr er auch durch Natur und Geschichte zum Gastrosophen prädestiniert sein mag, ist nicht schon per nationem zu einem solchen geworden. Ich habe neben manchem Franzosen gegessen und gelitten, der seine Austern – Belons Numéro Zéro – und damit sich selber mit Essig und Pfeffer malträtierte und mir den natürlichen Genuß der meinigen mit einem unangebrachten Rauchopfer verdarb.

Die Gastrosophie ist weder an ein bestimmtes Geschlecht noch an ein bestimmtes Volk gebunden, obschon das eine oder andere glücklichere Voraussetzungen und günstigere Entwicklungsmöglichkeiten mitbekommen hat. Indessen besteht Chancengleichheit für alle, für jeden. Sie zu nützen, bedarf es freilich des Willens, jenen Kriterien gerecht zu werden, die für die Klassifizierung des Gastrosophischen unabdingbar sind.

Natürliche Begabung ist auch hier eine – leider nicht allen in gleicher Weise verliehene – Erleichterung, wenn nicht Voraussetzung des Aufstiegs. Beim Essen – wurde behauptet – gebe es den »absoluten Geschmack« wie in der Musik das »absolute Gehör«, das dem einen geschenkt worden sei und das der andere nie erringen könne. Das ist übertrieben: denn der Geschmack läßt sich durchaus bilden, wobei eine mindere Begabung freilich durch mehr Anstrengung auszugleichen ist. Ohne gewisse natürliche Anlagen kann man indessen schwerlich ein praktizierender, allenfalls ein theoretisierender Gastrosoph werden.

So muß man seine fünf Sinne einigermaßen beieinander haben, in erster Linie die für den Gastrosophen wesentlichen: das Schmecken, das Riechen, das Sehen.

Der Geschmack ist der Primus dieser Dreieinigkeit. Ein Mensch ohne Geschmack, bemerkt Vaerst zutreffend, wäre das unglücklichste der Tiere; denn der Geschmack sei der einzige Sinn, in dem der Mensch nicht von den Tieren übertroffen werden könne. Der Geschmack ist jedoch wesenhaft mit dem Geruch verbunden, auf ihn im wesentlichen angewiesen: Ohne die Mitwirkung des Geruchs, konstatiert Brillat-Savarin, komme keine vollständige Geschmacksempfindung zustande: »Man ißt nichts, ohne es mit mehr oder weniger großer Überlegung zu riechen, und bei unbekannten Nahrungsmitteln übernimmt die Nase immer die Rolle eines vorgeschobenen Wachtpostens, der ›Wer da‹ ruft.« Der Dritte im Bunde ist das Gesicht: Das Auge esse mit, sagt die Volksweisheit, vom Philosophen Aristoteles ausgelegt: Die Empfindungen des Schmeckens seien jenen des Sehens gleich, den sieben Grundfarben entsprächen sieben Grundarten des Geschmacks.

Das Fühlen und Hören sind weniger gewürdigte, doch kaum minder wichtige Sinne. Ein Käse oder eine Melone müssen vor dem Erstehen oder Anschneiden betastet werden, das Befingern einer Austernschale gehört zum Vollgenuß des Austernessens. Gewisse Geräusche werden vom Esser als störend empfunden, etwa Tellerklappern oder Tischgeplapper, während andere anregend wirken, wie das Knacken einer Hummerschere oder das Knallen eines Champagnerpfropfens.

Der Gastrosoph muß bei Sinnen und gesund sein, vor allem eine hinreichende Verdauung besitzen: intakte Kauwerkzeuge, weil gut gekaut nicht nur den Genuß verlängert und erhöht, sondern auch halb verdaut. Und einen das Weitere übernehmenden Magen und was ihm als Voraussetzung eines Genusses ohne Reue hintangesetzt ist.

Die Mütter wissen, daß das Essen nicht nur das A, sondern auch das B verlangt: Sie bringen den Säugling nach der Mahlzeit in senkrechte Lage, warten auf das »Bäuerchen« und freuen sich, wenn es ein »Großagrarier« geworden ist. Die Franzosen, die sich über das Essen und alles, was mit ihm zusammenhängt, von jeher Gedanken gemacht haben, befanden: Man lebe nicht von dem, was man esse, sondern von dem, was man verdaue; oder,

Und Geduld, die mehr als Rosen, nämlich ein unmittelbar für den Esser zubereitetes Gericht auf den Tisch bringt. Neugierde, wie es ausgefallen ist. Vorsicht während des Servierens: Wo auch immer, sollte man sich keine Sauce ungeprüft über das Lamm gießen lassen. Interessiertheit bei der Auswahl des Stückes, etwa einer Scheibe aus der rosigen Mitte einer Lammkeule, ohne sie zu weit, das heißt bis zur Benachteiligung des Tischgenossen zu treiben. Zurückhaltung beim Würzen, Besonnenheit bei der Zuteilung der Beilagen, Bedachtsamkeit bei der Zuführung der Bissen, Anständigkeit beim Essen und Dankbarkeit für das Genossene.

Notwendige Eigenschaften, zweckdienliche Verhaltensweisen, wertvolle Fähigkeiten – und Tugenden. Auch für den Gastrosophen gelten die vier Kardinaltugenden: die Weisheit, die sich im Erschmecken der Dinge offenbart. Die Gerechtigkeit, die man den eßbaren Dingen, ihrem Wesen gemäß, angedeihen läßt. Die Stärke, sich nicht an die Dinge, auch wenn sie noch so gut schmecken, zu verlieren. Das Maßhalten in allen und vor allen Dingen.

Die Genußsucht an sich ist keine Tugend, wie Bert Brecht fälschlich annimmt. Es gibt nur Genießer als solche, die geforderte Tugenden anerkennen und sich anerzogen haben, zur eigenen wie zur Vervollkommnung der Gattung. Denn die Gastrosophie hat nicht nur individuellen Bezug, sondern auch soziale Bezüge. Der Gastrosoph erschöpft sich nicht in Eigenliebe; er wünscht, daß der Nächste genauso genießen lernt wie er selbst, und er hofft, daß seine Erkenntnisse Allgemeingut werden.

Das Essen sei an sich eine egoistische Handlung, sagt Julius Blumröder, »so daß ein gesitteter Mensch alles Mögliche anwendet, sie zu veredeln, wozu dann allerdings auch das positive Bestreben gehört, auch objektiv schön, das heißt anderen erfreulich zu essen«. Dem gastrosophischen Altruisten genügt es nicht, den anderen, wenn auch noch so erfreulich, vorzuessen – er will mit ihnen essen, ihnen beim Essen näherkommen, die zwischenmenschlichen

Beziehungen pflegen, Unterschiede im gemeinsamen Genuß aufheben.

Essen ist ein kommunikativer Akt, Element wie Ferment der Sozialität – wie ein moderner Soziologe es formulieren könnte, oder wie es ein klassischer Gastrosoph, Brillat-Savarin, ausdrückte: »Die Feinschmeckerei ist eines der wichtigsten Bindeglieder der Gesellschaft. Sie verbreitet allmählich diesen Geist von Gastlichkeit, der jeden Tag die verschiedenen Gesellschaftsschichten zusammenführt, sie zu einem einheitlichen Ganzen verschmilzt, die Unterhaltung anregt und die Reibungspunkte der herkömmlichen Standesunterschiede abschwächt.«

Mildert, nicht beseitigt – die Ungleichheit der guten, der mittelmäßigen und der schlechten Esser, der leicht und der hart Verdauenden, der Wohlhabenden und der Wenigerhabenden. Das bleibt, auch wenn heute die Armeleuteküche von Reichen entdeckt wurde und geschätzt wird, und immer mehr Menschen das früher nur Bessergestellten zugängliche Gute sich leisten können. Die fortbestehenden Ungleichheiten werden weiterhin Brotneid erwecken, auch wenn weiterhin gilt, daß der Geldbeutel ein zwar wichtiges Hilfsmittel, aber kein Wesensmerkmal des Gastrosophen ist. Als ein solcher, bemerkt Raymond Oliver, erweise sich, wer – unbeschadet seiner sozialen Stellung und seiner finanziellen Möglichkeiten – sein Brot, seinen Wein und seinen Käse selbst auswähle und einkaufe.

Wie aber steht es mit der Kluft zwischen den Völkern, die sich sattessen können, und Völkern, die hungern müssen? Der Gastrosoph wird sich nicht so radikal ausdrücken wie der linke Dramatiker Martin Sperr: »Wenn d'Leut woanders verhungern, muß i net hier aus Solidarität mitverhungern!« Er wird es eher mit Ulrich Klever halten, der jene, die den »Hunger in der Welt« als ein Argument gegen eine geschmackvolle Sättigung anführen, als »Nicht-Feinschmecker und nur Nahrungsaufnehmer« bezeichnet, die »ein Alibi dafür suchen, daß ihnen dieser Sinn (und die damit verbundenen Lustgefühle) fehlt. Es ist doch heute nicht mehr so, daß Feinschmeckerei bedeutet, zehn Schinken zu kochen, um eine Phiole Brühe zu gewinnen.«

Die biblische Geschichte vom reichen Prasser und vom armen Lazarus hat der Gastrosoph keineswegs vergessen. Er weiß, daß die Völlerei eine der sieben Todsünden ist, kennt den Spruch Sidrachs: »Die so mehr essen als ihnen zukommt, tun Böses dem Leib und der Seele und begehen eine Sünde und verderben die Speisen, von denen andere Menschen noch leben könnten.« Und er vergißt nicht, daß das religiös gebotene Fasten auch eine Forderung moderner Diätetik wie ein gastrosophisches Erfordernis ist: die Kehrseite des Essens, die er in bestimmter Weise beachten und zu gewissen Zeiten pflegen muß, um gesund und aufnahmefähig zu bleiben und durch Kontrastwirkung den Genuß zu fördern.

Die Vergänglichkeit aller Dinge bleibt ihm bewußt. »Wir mästen alle anderen Kreaturen, um uns zu mästen. Und uns selbst mästen wir für Maden. Der fette König und der magere Bettler sind nur verschiedene Gerichte: Zwei Schüsseln, aber für eine Tafel, das ist das Ende vom Liede.« So läßt Shakespeare den Hamlet sprechen. Sein und Nichtmehrsein wurde schon den alten Ägyptern vor Augen gestellt: Bei Gastereien wurde ein Totengerippe gezeigt, mit der Aufforderung: »Indem du dieses ansiehst, trink und mache dich lustig; denn nach dem Tode wirst du ebenso aussehen.«

Verhältnis zu anderen Künsten und Wissenschaften, Notwendigkeiten und Freuden

Die Gaumenfreuden protegiert Gasterea, die zehnte Muse, Brillat-Savarin gesellte sie als letzte, doch nicht geringste zu den Musen der Geschichte, der Tonkunst und des lyrischen Gesangs, des Lustspiels, des Trauerspiels, des Tanzes, der Liebespoesie, des ernsten Gesangs, der Sternkunde und der erzählenden Dichtung. Der Gastrosoph ist ein Musensohn; er wird nicht nur als Eßkundiger, sondern auch als Eßkünstler bezeichnet. Die Gastrosophie gehört zu den schönen Wissenschaften und angewandten Künsten, steht mit diesen in vielfältigem Verhältnis.

Zunächst zu ihrer Zwillingsschwester, der Kochkunst. Ohne sie wäre die Gastrosophie nicht denkbar, ohne diese gäbe es keine Kochkunst, sondern nur eine Nahrungszubereitung zur Befriedigung animalischer Bedürfnisse. Sie sind aufeinander angewiesen, brauchen aber nicht identisch zu sein, der Kochkünstler und der Eßkünstler – wie ja ein Literaturwissenschaftler kein Dichter, ein Musikkritiker kein Komponist sein muß, und ein Theaterfreund nicht den jugendlichen Liebhaber zu spielen braucht. Wenn beides zusammenfällt, Kochkünstler und Eßkünstler, ist dies ein Glücksfall.

Auf jeden Fall bringt der Gastrosoph dem Kochkünstler die größte Hochachtung entgegen, weiß er doch am besten, daß die Kochkunst wohl die schwierigste der Künste ist: Ein Dichter kann einen neuen Vers schreiben, ein Maler eine andere Linie ziehen oder einen anderen Farbtupfer anbringen – wenn jedoch dem Kochkünstler etwas mißlingt, ist es kaum mehr zu korrigieren: Ein nur um eine Nuance zu lange gegrillter Fisch oder eine nur durch eine Prise überwürzte Sauce ist passé.

Auch die Literatur schätzt der Gastrosoph, angefangen

mit seiner Fachliteratur. Gastrosophische Werke sind meist gut geschrieben, weil – wie Clifton Fadiman bemerkt – ein Mensch, der seinen Gaumen achtet, auch sorgfältig mit seinen Sätzen ist. Dies trifft nicht für alle Kochbücher zu, was den Stil, der an Apothekeranweisungen erinnern mag, was den Inhalt betrifft, den schon George Hesekiel abscheulich fand, wenn er »das Grundprinzip der wahrhaft feinen Küche, die Einfachheit, verleugnet«. Bei den Dichtern im engeren und eigentlichen Sinne wählt der Gastrosoph gerne jene Stellen, die sich mit Einschlägigem befassen, was weit gefaßt, ein Gutteil sein kann – bei Goethe etwa, der sich auch in dieser Beziehung als ein Großer erweist. Thomas Mann suchte ihm auch in dieser Hinsicht nachzufolgen, wie seine kongeniale Beschreibung eines Mahles im Hause Goethe – in »Lotte in Weimar« – zeigt. Ein Dichter, ein Lyriker zumal, muß nicht unbedingt ein Gastrosoph sein, obwohl Clemens Brentano meint: Wer nicht mit ernstlicher Freude esse, könne weder ein guter Philosoph noch Dichter sein. So läßt sich Bernard Shaws bitterer Hohn und beißender Spott aus dem Mißlichen erklären, das er sich zu kauen und hinabzuwürgen zumutete. Wer von Goncourt erfahren hat, »Balzac aß wie ein Schwein, pumpte sich den Magen mit schwerem Zeug voll und legte sich mit aufgeblähtem Bauch halbverrückt zu Bett« – der wird sich über die Dickleibigkeit und Unverdaulichkeit manchen Romans nicht mehr wundern.

Die Beziehungen zwischen der Gastrosophie und der bildenden Kunst sind offensichtlich – was allein schon die durch einen schönen Tafelaufsatz oder ein gefälliges Tafelgeschirr gehobene Tafelfreude demonstriert. Auch die Kunstgeschichte zeigt Verbindendes und Verbindliches: Die italienische Renaissance hat mit den schönen Künsten die feine Küche und die guten Eßsitten erneuert. Es hat indessen Maler gegeben, die darauf weniger Wert legten, Picasso zum Beispiel, der schwarze Oliven und Saucisson d'Arles mit den Fingern aß und zu jeder passenden und unpassenden Gelegenheit Rotwein trank – kein Wunder, daß in seinen Portraits die Anatomie etwas verrückt ist. Alte Holländer hingegen malten das Üppige, das ihnen schmeckte, so, wie sie es zum Ansehen und Anbeißen gern hatten, realistische Stilleben, die dem Betrachter das Wasser im Munde zusammenlaufen lassen. Solche und ähnliche Bilder sind im wahrsten Sinne des Wortes Tafelbilder, die Speisezimmer verschönen und Speisende ermuntern. Einen noch so kunstvoll gerahmten Spiegel oder eine noch so kostbare Uhr wollte Baron Vaerst in seinem Salon nicht haben: »Nur nüchtern besieht man sich im Spiegel, und dem Glücklichen schlägt keine Uhr.«

Die Musik liebt der Gastrosoph im allgemeinen, nicht die Tafelmusik im besonderen. Musik und Gastrosophie gemeinsam ist die Harmonie – dort der Klangtöne, hier der Gaumentöne. Tondichter haben stets einen Zusammenhang der beiden Künste gesehen. Gioacchino Rossini kochte gern (seine »Tournedos Rossini« sind fast so berühmt wie sein »Barbier von Sevilla«) und aß noch lieber, ein Gourmand schon, der sich an seinen Mahlspruch hielt: »Der volle Magen ist der Triangel des Vergnügens oder die Pauke der Freude.« Oscar Straus lobte ein von Emmerich Kalman gekochtes Gulyas als »sehr gut instrumentiert«. Und Richard Strauß komponierte – in »Der Bürger als Edelmann« – ein ganzes Menu.

Da auch die Musik nach Brot gehen muß, sind Tafelmusiken geschaffen worden, von armen Schluckern meist, und von Musikanten gespielt worden, die sich bereits im alten Babylon schon optisch von den Tafelgenüssen fernzuhalten hatten, das Auge der Tafelnden nicht ablenken durften. Deren Ohr wurde ihnen ausgeliefert. Homer pries den Gesang als »Des Mahles Würze«, wobei er wohl nur ein griechisches Essen gemeint haben konnte. Plutarch warf die Frage auf, ob man gleichzeitig gut essen und gute Musik genießen könne – eine Frage, die von Gastrosophen verneint wird, mit gewissen Einschränkungen. Christian Grabbe meinte, Musik beim Essen sei ein Prüfstein – denn sei das Essen gut, so höre man die Musik nicht. Karl Friedrich von Rumohr hielt lärmende Tafelmusik für das kleinere Übel, wenn Dumme am Tisch säßen und redeten, eine Anmerkung, die der königlich-hannoversche Hofmarschall von Malortie ergänzte: laute Tafelmusik wäre nur begründet bei schlecht geschulter Bedienung, um deren Gepolter zu übertönen. Dies könnte ein Grund dafür sein, warum heute in Restaurants soviel Musik gemacht wird. Als störend empfindet sie der Gastrosoph, weil sie vom Essen, das den ganzen Menschen erfordert, nur ablenkt – wenn sie gut ist, sowieso, und wenn sie schlecht ist, erst recht. Als Ausnahmen läßt er gelten: Wenn zum Dessert Zabaione am Tisch zu Rumbarhythmen gerührt wird, oder zum guten Schluß der Rauch einer Havanna sich mit einem Largo vermählt.

Das Verwandtschaftsverhältnis zwischen der Gastrosophie und den Geisteswissenschaften ist bekannt. Erstens mit der Philosophie, da beide, wenn auch mit anderer Akzentuierung, sich mit dem Homo sapiens beschäftigen, von Homines sapientes betrieben werden. Zweitens mit der Historie, mit der sie nicht nur die Methode verbindet, sondern auch Forschungszweck wie Darstellungssinn – hier, was die allgemeine Erfahrung der Menschheit betrifft, dort, was die besonderen Geschmackserlebnisse angeht. Drittens mit der Philologie, weil ein Gastrosoph nicht nur zu lernen hat, die Texte, die Speisekarten, in möglichst vielen Sprachen zu lesen und zu interpretieren, sondern weil er auch in die weiterführende Literatur eindringen muß. Viertens mit Geographie, Völkerkunde und allgemeiner Kulturwissenschaft, weil – wie Carl Georg von Maassen lehrt – ein Gastrosoph auch daran zu erkennen ist, »daß sein Vergnügen beim Genuß einer schmackhaften Speise gesteigert wird, wenn er sich über ihre Herkunft und ihre kulturellen Beziehungen einige Klarheit verschafft hat«. Fünftens mit der Soziologie, weil der Gastrosoph nicht isoliert ißt und daher die gesellschaftlichen Zusammenhänge in der Geschichte zu kennen und das gesellschaftlich Vereinigende in der Gegenwart zu erkennen hat.

Was die Naturwissenschaften betrifft, so sind die Verbindungen naheliegend. Allgemeine Naturkunde, Botanik und Zoologie gehören zur Propädeutik, zur Vorunterweisung in der Nahrungsmittellehre, dieses – nach Vaerst – Grundfaches der Gastrosophie, hinsichtlich des Wissens (»Die wichtigste Handlung des Lebens ist die Wahl der Lebensmittel«) wie der Wertung (»Es gehört oft ein großer Apparat der Natur dazu, um dem gebildeten Menschen einen Mundvoll Nahrung zuzuführen.«). Die Bedeutung der Physiologie, der Wissenschaft von den Lebenserscheinungen im tierischen und pflanzlichen Körper, ist seit Brillat-Savarins »Physiologie des Geschmacks« erkannt. Die Physik berührt die Gastrosophie weniger, zunehmend jedoch die Chemie, deren industrielle Produkte bereits die Nahrungsmittel im Rohzustand zersetzen und eines Tages die natürlichen Lebensmittel ersetzen könnten – was die Gastrosophie auflösen und den Gastrosophen überflüssig machen würde. Klimatologie und Metereologie sind unabdingbar: denn es bleibt wichtig, wo und wann, in welchem Klima und bei welchem Wetter, was am besten schmeckt und warum es bekommt. Sogar mit der Sternkunde hat Brillat-Savarin eine Relation gesehen: »Die Entstehung eines neuen Gerichts ist für die Menschheit wichtiger als die Entdeckung eines neuen Sterns.«

Ein Kapitel für sich ist die Heilkunde. Den Gastrosophen schmeckt ihre Medizin, wenn sie von alten Ärzten verordnet wird, etwa von Avicenna, der lehrt: »Was wohl schmeckt, bekommt wohl.« Auch jene mittelalterliche Kochheilkunde konsultieren sie nicht ungern, die warnt: »Milch macht Kopfweh, lockert und fault die Zähne, bläht die Seiten und den Bauch auf«, und empfiehlt: »Wildtauben und Turteltauben stärken wunderbar die Vernunft.« Auch von neuzeitlichen Ärzten lassen sie sich Arzneien gefallen, wie die jenes Amerikaners, der Bier für Altersschwache empfiehlt, nachdem seine vergleichende Untersuchung ergeben hat: Bei der Gruppe, die Bier erhielt, wurde ein zugewandtes, freundliches und kommunikatives Verhalten beobachtet, das sich rapide verschlechterte, als man den Patienten die tägliche Bierration entzog – während die Gruppe, die von Anfang an mit Fruchtsaft bedient worden war, im Altersschwachsinn verharrte. Ein Franzose ging sogar so weit, für jedes Gebrechen und für jedes Wehwehchen lindernden und heilenden Wein – französischen, versteht sich – zu verordnen, ein Doktorbuch, das zu einem Hausschatz geworden ist.

Der modernen Diätetik begegnet der Gastrosoph nicht ohne Skepsis. Zwar sind ihm – und gerade ihm – die untrennbaren Zusammenhänge von richtiger Ernährung und gesunder Lebensweise geläufig, doch unter richtig versteht er auch wohlschmeckend und hinreichend, und die Gesundheit ist ihm nicht Selbstzweck, sondern eine Voraussetzung des Genießens wie ein Ergebnis des Genusses. Soweit die heutige Ernährungswissenschaft mit diesen Grundsätzen übereinstimmt, wird sie als Hilfswissenschaft anerkannt. Sollte sie aber die gastrosophische Synthese von Genuß und Gesundheit auf die diätetische Antithese zurückschrauben oder gar so vermessen sein, die gastrosophische Welt in ein Reformhaus zwängen zu wollen – dann müßte sie der Gastrosoph als Fachidiotie qualifizieren und sich nach einer anderen Hilfstruppe umsehen.

Wenn wir uns nun dem Verhältnis von Gastrosophie und Politik zuwenden, dann ist – trotz gegenteiliger Bemühungen der Politologie – festzustellen, daß wir den Bereich der Wissenschaften verlassen und uns auf das Gebiet der Notwendigkeiten begeben. So sieht es jedenfalls der Gastrosoph, während so mancher Politiker die Gastronomie als Fortsetzung der Politik mit anderen Mitteln eingesetzt hat und immer wieder zu verwenden sucht. Schon von Caesar wurde gesagt, er habe ein Gastmahl wie eine Schlacht zu ordnen verstanden. Ludwig XIV., der absolute Monarch, hat dann nicht nur den Staat, sondern auch das Essen auf sich allein bezogen: »Gebt mir gut zu essen, und ich mache euch eine gute Politik«, was die Hofprediger mit einem Spruch des weisen Königs Salomon verklärten: »Wohl dir Land, wenn deine Fürsten zur rechten Zeit essen!« Über das Gegenteil und seine Folgen sinnierte Georg Christoph Lichtenberg, indem er fragte, ob die Menschen nicht manchen Krieg einer schlechten Suppe zu verdanken hätten. Im 19. Jahrhundert, als Politiker zunehmend die Menschen berücksichtigen und sogar für sich einnehmen mußten, wurde – wie in der Antike – das Gastmahl als politisches Operationsfeld betrachtet: »In unserem Jahrhundert regiert man die Menschen mit dem Diner« (Casimir Delavigne). Dies wird auch im 20. Jahrhundert versucht: bei politischen Arbeitsessen, auf diplomatischen Empfängen oder im bayerischen Bierkeller in Bonn, dessen gastronomische Aktivitäten im Grunde Unterwanderungsversuche sind.

Was bei derartigen Anlässen geboten und gegessen wird, gehört schon in die Kategorie der Freuden, die der Gastrosoph kritisch zu prüfen und das für gut Befundene seinem System einzuverleiben hat. Da wäre zunächst das Trinken, das zum Essen gehört wie das B zum A, oder, wie es Vaerst klassisch formulierte: »Essen und Trinken verhalten sich nach meiner Überzeugung wie Raum und Zeit in der Philosophie, und wie Kraft und Last in der Mechanik, so daß sie gerade erst in geregelter Beziehung zueinander ihre eigentliche Integrität erhalten.« Die Ordnung dieser Beziehung liegt dem Gastrosophen am Herzen, denn jede Unordnung schlägt sich nicht nur auf Kopf und Magen, sondern beeinträchtigt auch den Geschmack, gefährdet die Tafelfreude. »Durch nichts wird der Appetit mehr verdorben als durch Saufen. Ein Säufer wird und kann niemals ein Eßkünstler sein.« (Julius Blumröder)

Ein Getränk muß also nicht nur zum einzelnen Gericht harmonieren, sondern das Trinken ist generell dem Essen zuzuordnen, was unterzuordnen für den Gastrosophen heißt. Er wird in der Regel zuerst das Menu und dann die passenden Getränke wählen (es sei denn, es gelte einer außerordentlichen Flasche Burgunder oder Bordeaux eine gebührende Eßbegleitung zu stellen). Und er wird von jedem Getränk nur das in der Qualität Angebrachte und in der Quantität Angemessene zu sich nehmen. Ausnahmen – meist klima- und volksbedingt – bestätigen die Regel: wenn etwa ein Russe mit viel Wodka die widrigen Witterungsverhältnisse bekämpft. Oder ein Bayer mit viel Bier den Folgen des angekündigten Föhns wie den Nachwirkungen von Tischgesprächen anwesender Preußen vorbeugt. Oder ein Amerikaner mit mehreren Drinks before das danach bei Tisch Gebotene zu vergessen sucht.

Im allgemeinen weiß der Gastrosoph, daß im besonderen Fall auf den Apéritif – zu entsprechenden Speisen – der Weißwein, der Rotwein, der Champagner, der Digestif folgen, es also eine gewisse, das Ausmaß des Gesamtgenusses nicht beeinträchtigende Mäßigkeit im einzelnen zu wahren gilt. Für den gewöhnlichen Fall hat er die Erfahrung parat, daß zu viel Tischwein einen flachen und zu viel Bier einen schalen Geschmack hinterlassen. Weil der Gastrosoph bei klaren Geschmackssinnen beim gegenwärtigen Essen bleiben und sich diese für künftige Essen erhalten will, wird er sich bemühen, nicht über das erforderliche Maß an notwendigem Einvernehmen zwischen Speise und Trank (etwa zur Suppe weniger, zu Käse mehr) hinauszutrinken. Über den Durst schon eher, was die dienende Funktion des Trinkens zum Essen mit sich bringt. Über den Durst jedoch um des Trinkens willen zu trinken, ist kein gastrosophisches Anliegen, nicht nur was Alkoholika angeht. »Das Wasser«, bemerkte Brillat-Savarin, »ist das einzige Getränk, das wirklich den Durst stillt. Deshalb kann man auch nur wenig davon trinken.«

Zum Essen das Angemessene zu trinken, gehört ebenso zu den Freuden des Daseins wie zu reisen, um das anderwärts Angebrachte zu essen und zu trinken. Das wußte und praktizierte bereits der Altgrieche Archestratos, von dem Athenäus berichtet: »Er hatte die Länder und Meere durchstreift, um ihre vorzüglichsten Erzeugnisse aus eigener Anschauung kennenzulernen; auf diesen Reisen aber unterrichtete er sich nicht über die allgemeinen Sitten der Völker, denn diese Kenntnis ist unnütz, da die Sitten sich doch nicht ändern lassen; sondern er besuchte die Küchen, die Geburtsstätten der Hochgenüsse der Tafel, und verkehrte nur mit solchen Leuten, die für sein Vergnügen von Vorteil waren.«

Was ehedem eine Ausnahme war, ist heute die Regel: Der moderne Tourismus macht es vielen ohne große Mühe möglich, Küchen und Keller anderer Länder und Völker kennenzulernen, ein gastrosophischer Globetrotter zu sein. Ein solcher will die Fremde auch und nicht zuletzt mit dem Geschmackssinn erleben, seinen Genußhorizont erweitern, ein gastrosophischer Weltbürger werden, den universalen Genuß im Visier.

Ferien sind zum Essen da: Man hat mehr Muße, mehr Möglichkeiten, mehr Mittel. Es gilt sie zu nützen. Erstens durch eine Reisevorbereitung, die sich nicht nur auf Autorouten und Übernachtungsmöglichkeiten beschränkt, sondern gastronomische Etappen und Ziele mit einbezieht. Zweitens durch eine vernünftige Handhabung des Wissens und Wollens auf dem Wege. Wer mit dem Wagen unterwegs ist und vorankommen will, sollte mittags nicht unbedingt ein Schlemmerlokal aufsuchen; er behindert seinen Genuß wie sein weiteres Fortkommen. Drittens durch ein angemessenes Verhalten an Ort und Stelle: Man wage das Neue der Fremde und versuche sich nicht an das von daheim Gewohnte zu halten – etwa in Andalusien an Frankfurter Würstchen oder auf Capri an ein Berliner Eisbein. Viertens durch ein entsprechendes Nachkosten und Weiterbilden zu Hause, was in der Theorie die reinsten Freuden bereitet, während praktische Versuche des Nachkochens die – allerdings wertvolle – gastrosophische Erfahrung einbringen, daß vieles, ja das meiste orts- und zeitgebunden ist.

Was die Liebe betrifft – um last not least zu dieser Freude zu kommen – so haben schon immer die Menschen versucht, ihre gewissen, in der Natur der Sache liegenden praktischen Beschränkungen durch eine zweckdienliche Ernährungsweise einzuschränken. Seit altersher gibt es Listen aphrodisischer Lebensmittel (von Zwiebel, Knoblauch und Paprika über Ei, Pilz und Sellerie bis zu Trüffel, Auster und Kaviar), Bücher über die aphrodisische Küche, in der das Substantiv eigentlich das Adjektiv ist, das Sekundäre, das dem Primären zu dienen hat (mit Rezepten wie Pariser Champignonsalat oder Beefsteak Tatar nach Kosakenart), und sogar schon Ratschläge für eine konterproduktive aphrodisische Küche, wie sie etwa die Amerikanerin Mary Frances Kennedy Fisher gibt: Man verpasse ihm drei Martinis, salzige, durstmachende Hors d'oeuvres, ein gepfeffertes Wildragout, eine Menge Rotwein, mit Kirschwasser getränkte und in Sahne gebettete Feigen, dazu einen süßen Dessertwein – und man wird seine Ruhe haben.

Angesichts solcher Exzesse neigt der Gastrosoph dazu, dieses Kapitel eher für eine »Ars amandi« (beziehungsweise »non-amandi«) als für eine »Kunst zu essen« geeignet zu halten. Dennoch bleibt ihm der innige Zusammenhang dieser beiden Daseinsfreuden bewußt, und es ist ihm eine angenehme Pflicht, diesen mit bestem Wissen und Gewissen zu erhalten und nach Kräften zu fördern. Grimod de la Reynière sagte, der Eßtisch und das Bett seien die in einer Wohnung unerläßlichen Dinge, und fügte hinzu: »Beim Kochen wie bei der Liebe kann ein wenig Hilfe von unschätzbarem Wert sein, denn wenn der Mann stets nur auf seine persönlichen Hilfsmittel angewiesen wäre, könnte er dem, was sich in so vielen verschiedenen Formen seinen Sinnen darbietet, nicht gerecht werden. Reiz- und Anregungsmittel sind folglich nicht nur nützlich, sondern auch wünschenswert. Es gibt vielerlei Umstände und Gelegenheiten, bei denen ein Liebhaber oder ein guter Esser weit unter ihrem Ruf und hinter ihrer besten Leistung zurückbleiben würden, wenn die Kunst der Natur nicht zu Hilfe käme.«

Brillat-Savarin sublimierte und präzisierte: »Zwei feinschmeckerisch veranlagten Ehegatten bietet sich zumindest einmal am Tag eine angenehme Gelegenheit zusammenzutreffen. Denn selbst wenn sie nicht im gleichen Bett schlafen – und das ist nicht selten der Fall –, essen sie doch zumindest am selben Tisch . . . Das gleiche Bedürfnis zieht die Ehegatten an den Tisch, die gleiche Neigung hält sie dort fest und ganz selbstverständlich läßt einer dem andern jene kleinen Aufmerksamkeiten zukommen, die den Wunsch verraten, sich von seiner liebenswürdigsten Seite zu zeigen.«

Damit wäre das von Aphrodisiasten verschobene Verhältnis von Liebe und Gastrosophie wieder in das rechte Maß gerückt und auf das richtige Ziel gelenkt. Liebe geht durch den Magen, sagt die Volksweisheit. Die Männer liebten jene Frauen am leidenschaftlichsten, die es verstünden, ihnen die leckersten Dinge vorzusetzen, erklärte Balzac. Die Menschenkennerin, Menschenfreundin und Kochbuchautorin Mary Hahn ergänzte: »Liebe allein reicht nicht aus, den glücklichen Fortbestand einer Ehe zu gewährleisten. Eine versalzene Suppe, ein angebrannter Braten sind oft die kleinen Ursachen einer verfehlten Ehe.« Noch immer sind 67 Prozent der deutschen Frauen – wie eine Umfrage ergab – der Ansicht, daß dem Mann das größere Stück Fleisch gebühre.

Wer dies als ein Zeichen mangelnder Gleichberechtigung kritisiert, hat die gleichgebliebene Beziehung zwischen Gasterea und Amor nicht begriffen. Im Einzelfall indessen ist sie nicht unveränderlich, und schließlich bleibt nur noch die Liebe zum Kulinarischen. Die 80jährige Marquise du Deffand bekannte: »Nur drei Dinge, die wirklich schön sind, gibt es auf der Welt. Das erste ist ein gutes Essen.« Und die anderen? »Ach, die habe ich leider vergessen.« Was dauert, ist die Gastrosophie, ihr Freudenquell und ihr Trost.

Das Verhalten des Essers

Der Mensch unterscheidet sich auch dadurch vom Tier, daß er nicht ohne weiteres zu essen anfängt. Vorher prüft er seine Verfassung wie sein Vermögen und sucht das Mögliche mit dem Wünschenswerten in Einklang zu bringen. Und während des Essens befleißigt er sich eines Verhaltens, das seine Klassifizierung als Homo sapiens rechtfertigt.

Der Eßgenuß des Menschen hat auch natürliche, nahezu animalische Voraussetzungen. Sein Gesundheitszustand spielt eine Rolle. Die Verdauungsorgane müssen einigermaßen funktionsfähig sein. Die Sinne bedürfen einer minimalen Schärfe, weder ein simpler Schnupfen noch ein schon auf die höhere Bestimmung des Menschen hinweisender Kopfschmerz sollten vorhanden sein. Man darf nicht lädiert, man muß zum Essen disponiert sein.

Und man sollte natürlich Appetit haben. Ein gesunder Appetit ist immer noch die wichtigste und schönste Voraussetzung für den Eßgenuß. Ersatzweise kann man sich Appetit auch holen. Mediziner empfehlen Bewegung in frischer Luft, was nicht jedem möglich ist oder wünschenswert erscheint, Gastronomen den zu diesem Behuf erfundenen Apéritif, der indessen das Gegenteil bewirken kann, wenn man zu Massives und zu Vieles trinkt. Gastrosophen raten zu Gepflegterem: einem Blick in das Fenster eines Delikatessengeschäftes, einem Bummel durch einen Markt oder gar zur Lektüre eines Kapitels in diesem oder jenem gastrosophischen Werk.

Die höhere Bestimmung des Menschen ist angesprochen. Zum Eßgenuß braucht er nicht nur das körperliche Vermögen, sondern auch eine seinem Wesen entsprechende geistig-seelische Verfassung. Zum Essen muß man in angemessener Stimmung sein. Man soll nicht im Undank essen, sagt der Volksmund, auf objektive Werte der Speisung verweisend. An den subjektiven Genuß denkt Helmut Seitz: »Und leider findet, wenn verdrießlich, der Mensch das Beste ungenießlich.« Julius Blumröder warnt davor, »nicht unmittelbar vor Tisch Briefe zu öffnen, oder, wenn man Schriftsteller ist, keine Literaturzeitungen zu lesen und dergleichen«.

Von »Bewegungen und Zuständen des Gemütes, die man vermeiden soll, in sich selbst oder in anderen während des Essens anzuregen oder zu unterhalten« spricht Karl Friedrich von Rumohr und zählt dazu: die Aufregung (die heutzutage nicht nur der Chef oder die Frau, sondern auch das Finanzamt oder die Verkehrspolizei verursachen können), Ärger und Zorn (den ersten frißt man in sich hinein, dem zweiten verleiht man beredten Ausdruck, was beides einer geregelten Nahrungsaufnahme nicht förderlich ist), die Unruhe (die man schon vor dem Essen in sich hatte und während des Essens nicht zu unterdrücken vermag), die Anstrengung (vor der Mahlzeit durch Konferenzen oder Autofahren und während derselben durch erschöpfende Tischgespräche). Hinzuzufügen wäre noch der Kummer, der dem einen den Appetit verleidet, während er den anderen verleidet, vieles wahllos in sich hineinzuschlingen, was zur Erscheinung des sattsam bekannten Kummerspecks führt. Auch überschäumendes Glücksgefühl kann schädlich sein, wenn es zu unmäßigem Einverleiben und unangemessenen Ausgaben verführt.

Zum Essen muß man aufgelegt sein, man soll alles andere abschalten und sich ganz dem Genuß des Essens hingeben. Das wirft die Frage auf, ob man nicht besser allein als mit anderen speist. Schon die Meuterer von der »Bounty« waren mit ihr konfrontiert, als sie auf der Südseeinsel entdeckten, daß der Liebesakt zwar öffentlich vollzogen, doch das Mahl von jedem einzelnen in splendid isolation eingenommen wurde. Dieses Verhalten von Nichtzivilisierten ist von Zivilisierten aus mehreren Gründen verworfen worden. Erstens, weil der Mensch grundsätzlich ein »zoon politikon«, ein geselliges Wesen, ist, was auch für die Nahrungsaufnahme zu gelten hat. Zweitens, weil das Essen zu zweit ebenfalls Vergnügen bereitet, was in Paris, der Metropole der Zivilisation, zur sinnreichen Erfindung des Chambre separée geführt hat. Drittens, weil der Familientisch ein Grundpfeiler der Gesellschaft ist, die Mahlzeit en famille eine häusliche Friedensstunde und eine kulinarische Glücksstunde sein kann. Viertens, weil Freundschaften wie Bekanntschaften am besten beim Gastmahl gepflegt werden, wenn – wie schon die Römer meinten – nicht weniger als die Grazien und nicht mehr als die Musen, also zwischen drei und neun Gäste zu Tisch sitzen und diesen dann noch möglich Gutes geboten wird. Fünftens und nicht zuletzt: weil der Einzelesser im Gasthaus sich auf sein Essen konzentrieren kann, ohne auf anregende Seitenblicke auf andere wohlgefüllte Teller oder auf die Lust anderer Esser zu verzichten, ohne der Summierung von Einzelgenüssen, einer verdichteten Eßatmosphäre entraten zu müssen, die den Gesamtgenuß in der Theorie, doch leider nicht immer in der Praxis steigert.

Gemeinsam essen erfordert Rücksichtnahme auf den Nächsten, ein reger Tischverkehr braucht Regeln, die Tafel bedarf ebenso einer Ordnung wie andere Formen menschlichen und bürgerlichen Zusammenlebens. Was den Eßgenuß in einer Gesellschaft des öfteren beeinträchtigt, ist der Umstand, daß es zwar allgemein verbindliche Tischmanieren gibt, daß aber deren Befolgung in das Ermessen jedes einzelnen gestellt ist. Und nicht jeder hat so viel Takt, daß das Ganze intakt bleibt.

Zwar wird in Europa gemeinhin mit Messer und Gabel gegessen, aber schon deren Handhabung zeigt Unterschiede in der Geschicklichkeit wie in der Schicklichkeit.

Das Schneuzen wie das Rülpsen mögen für den individuellen Genuß unabwendbare Betätigungen sein, das erste, um seinen Geruchssinn von überflüssigem Ballast zu befreien, das zweite, um der Verdauungsmaschinerie freieren Lauf zu geben – für die Kommensalen, wie man früher anspruchsvoll die Mit-Esser nannte und wie sie auch als solche empfindlich geblieben sind, sind dies eher hemmende als anspornende Bekundungen. Zeitunglesen bei Tische zeigt zwar einen an sich begrüßenswerten Drang zu Information und Fortbildung, der aber dem Nachbarn, dem man die obendrein mit übelriechender Schwärze bedruckte Nachricht über eine Steuererhöhung unter die Nase hält, als nicht am rechten Platz erscheinen kann.

Ein solches Fehlverhalten wird allgemein, zumindest in der Theorie, mißbilligt. Dies gilt leider nicht für die störendste Unsitte, die dessenungeachtet für eine vornehme Sitte gehalten wird, das Rauchen bei Tische. Nichts kann man dagegen, ja man sollte viel dafür haben, wenn ein gutes Mahl zum guten Schluß mit dem Rauchopfer einer edlen Zigarre gefeiert wird. Mit einer prinzipiellen Einschränkung, auf die Iles Brody verweist: »Ich habe schon viele Männer sagen hören, daß sie nur deshalb äßen, um danach ihre geliebte Havanna anzuzünden, aber ein solcher Ausspruch ist dumm, denn er deutet an, daß das Essen eine Last ist, nichts als der Weg zum Ziel.« Und mit einer praktischen Einschränkung: Man steckt sich – so im Restaurant – nicht die Zigarre an, wenn der Nachbar noch bei der Forelle oder beim Kalbsbraten ist.

Manche setzen sich schon mit einer Zigarette im Mund zu Tisch, ungeachtet des Menu-Stadiums der Anwesenden. Auch zwischen den Gängen wird geraucht, mitunter sogar während des Auslöffelns eines Eisbechers. Die Zigarettenreste werden im offenen Aschenbecher abgelegt, damit der Nachbar nach dem flüchtigen Rauch die dauerhafteren Rückstände nicht aus der Nase und vom Gaumen verliert. Eine derartige Rücksichtslosigkeit gestatten sich nicht zuletzt Franzosen, vornehmlich Französinnen, in Bistrots, in denen man eng aufeinander sitzt – ein Beweis, daß die Bewohner des Landes der Haute Cuisine wie der Nouvelle Cuisine weder die Höflichkeit noch den guten Geschmack in Erbpacht haben. Wenn ihnen schon die Verletzung des Genusses anderer egal ist, dann sollten sie wenigstens vor gastrosophischer Selbstverstümmelung zurückschrecken: Denn starke Raucher – Pfeifenraucher zumal – beizen ihre zarten Geschmacksknöspchen zu Strohblümchen. Nicht von ungefähr ist das Pfeifenrauchen von Berufsständen und Nationen erfunden worden, für die diese Geschmacksabtötung eher ein Akt der Selbsterhaltung gewesen ist: so von Segelschiffsmatrosen und Engländern.

Nicht nur für keine Unsitte, sondern sogar für eine Tugend wird das Tischgespräch gehalten – falls über Gott und die Welt, doch beileibe nicht über das Essen selber gesprochen wird. So verwies Benjamin Franklin, mit dem in Amerika auch die Eßsitten beginnen, auf seinen heimatlichen Tisch in Boston, auf seinen puritanischen Vater: »Nie sprach er von den Gerichten auf dem Tische, ob sie gut oder schlecht bereitet, von angenehmem oder schlechtem Geschmacke, stark gewürzt oder nicht, dieser oder jener Speise ähnlicher Art vorzuziehen oder nachzusetzen seien. Auf diese Weise wurde ich seit meiner frühesten Kindheit an eine gänzliche Unaufmerksamkeit gegen solche Dinge gewöhnt und kümmerte mich nie im geringsten darum, was für Essen vor mir stehe, und selbst jetzt noch wende ich diesem Punkt so wenig Beachtung zu, daß es mir schwer werden dürfte, wenige Stunden nach dem Essen anzugeben, woraus mein Mittagsbrot bestanden habe.«

Der deutsche Idealismus hat auch das Tischgespräch sublimiert. Immanuel Kant, der keinen Studenten schmekken konnte, dem die einfache Kost aus allen Poren roch, empfahl gesellige Essen um deren Gespräche willen: sie regten die Peristaltik, die Darmbewegung, an und beförderten dadurch die Verdauung. Jean Paul erklärte, durch Tischgespräche werde das Essen erst ein menschliches. Johann Wolfgang Goethe tanzte auch hier aus der Reihe: Von Rechts wegen, meinte er, sollte eine gesellige Unterhaltung nur etwas mehr sein als nichts, weshalb er sich bei Tische auch nicht an gelehrten Gesprächen beteiligte, zu seinem kulinarischen Vorteil, wie er unumwunden zugab: Bei einem Diner zu Koblenz im Jahre 1774 saß er »bei Tisch des Lebens froh« zwischen dem Pietisten Lavater und dem Philanthropen Basedow, die einige Tischgenossen auf eine theologische Exkursion zu entführen vermochten, nicht Goethe:

»Ich war indes nicht weit gereist,
Hatt' ein Stück Salmen aufgespeist.
. . .
Und ich behaglich unterdessen
Hätt' einen Hahnen aufgefressen.«

Die anderen reden lassen und sich selber bedienen – das ist eine Faustregel, keine gastrosophische Norm. Diese postuliert, daß das Essen die Hauptsache und das Reden eine Nebensächlichkeit sei. Dieses Prinzip wird in der Praxis streng ausgelegt: »Der wahre Feinschmecker«, erklärte der Italiener Ciacco schon im 17. Jahrhundert, »wird niemals ein Gespräch beginnen, bevor er nicht mit dem ersten Gang zu Ende ist; es wäre ein zu gewagtes Unternehmen, in diesem feierlichen Augenblick seine Aufmerksamkeit zu teilen.« In den Pausen zwischen den Gängen ist Reden gestattet, weil ein Gastrosoph nicht zu jenen gehört, die der Engländer Oliver Goldsmith im 18. Jahrhundert anprangerte: »Sie wissen im Genuß von Sinnesfreuden nicht träge Pausen sinnreich auszufüllen.« Im 19. Jahrhundert befand der Deutsche August Ernst von Steigentesch, man solle bis zum Dessert nichts Rechtes und um Himmels willen weder Tiefes noch Gelehrtes von sich geben. Weil dieses im 20. Jahrhundert nicht beachtet wird, mußte Günter Grass feststellen: »Wir diskutieren, und beim Diskutieren läßt sich schlecht essen.«

Es lähmt in der Tat die Geschmackspapillen und schlägt auf die Magennerven, wenn mit vollem Mund eine gerechtere Verteilung des Bruttosozialprodukts gefordert wird. Oder wenn ein Freund zum wiederholten Male vom Sturm auf die Höhe X berichtet, während man dem Sauerkrautberg zuleibe rückt. Oder wenn die Gattin die schulischen Leistungen des gemeinsamen Sprößlings notifiziert, wenn man im Begriffe steht, ihr Frikassee zu würdigen. Oder wenn man sich im Restaurant die unglaublichsten Geschichten vom Nebentisch mitanhören muß, was nur noch akustisch stört, wenn man in fremdem Lande speist und – was man nun als Genugtuung empfindet – die Sprache der Einheimischen nicht erlernt hat. Von offiziellen Tischreden ganz zu schweigen, doch diese sind ohnehin der Preis, den man für die Einladung zu entrichten hat.

Selbst Reden über das Essen kann während des Essens als störend empfunden werden. So wenn der Tischgenosse von der Wildschweinkeule in Hinterhuberbach schwärmt, während man sich eine Sole à la Parisienne zu Gemüte führt, oder gar sich über den Gansbraten bei Muttern ausläßt, während man sich aus Diätgründen für ein Omelette mit feinen Kräutern entschieden hat. Oder wenn der freundliche Herr am Nebentisch des Beisels die Luxusrestaurants aufzählt, in denen er wer weiß alles gespeist hat, und von einem Vosne-Romanée 1937 schwärmt, während man das Krenfleisch mit einem grünsauren Veltliner geschmeidig zu machen sucht.

Die Zeit für das Tischgespräch ist gekommen, wenn man – an einfacher Tafel – nach beendigtem Hauptgericht das Bedürfnis nach einem letzten Glas Wein oder einem weiteren Bier verspürt. Oder – an reicher Tafel – das Knallen des Champagnerpfropfens das Erscheinen des Desserts ankündigt, den Startschuß zu einem Geplauder gibt, das dem schäumenden und prickelnden Charakter des Getränks nicht nachstehen sollte. Über alles Schöne und Gute dieser Welt ist zu disputieren, vorzüglich über das Essen höchstselbst. Von gehabten und bevorstehenden, von gegenwärtig nicht zu habenden, doch zu beredenden Genüssen; denn schon Archestratos betonte: manche Leckerbissen könne man zwar nur zu gewissen Jahreszeiten (und, wie wir hinzufügen, in gewissen Ländern und Regionen) genießen, davon aber das ganze Jahr über (und allerorten) mit wässerndem Munde sprechen.

Das wäre dann die günstigste Gelegenheit, über Eßverhalten im allgemeinen wie über das Verhalten des Essers im besonderen zu meditieren. Etwa: Ist das Glück in raffinierten Gerichten oder einfachen Platten zu suchen? Ludwig Karpath meint: »Ein tadellos zubereitetes Gulyas, Faßbier und ein frischer Wecken, darin kommt der Sinn wahrer Feinschmeckerei mehr zum Ausdruck, als wenn man seinen Gästen Kaviar und Hummermayonnaise ohne den dazugehörigen, richtig gekühlten Wein darbietet.« Wenn es aber der »silberne« Kaviar des Schah oder der »goldene« Kaviar des Kreml wäre, ohne Zitrone und Toast, schlicht gelöffelt, mit entsprechendem Wodka befeuchtet; oder ein norwegischer Hummer im Juni an der norwegischen Küste, gekocht und warm serviert, von einem weißen Burgunder, etwa einem Meursault begleitet? Nun, Karpaths Gulyas wäre Alltagsglück, das andere ein rares Sonntagsglück – beides würde dem auch gastrosophisch gültigen Maßstab Winckelmanns entsprechen: »Das Schöne (beziehungsweise das Gute) sollte das Wahre sein in der vollendetsten Form.«

Oder: Soll man von dem, was einem besonders schmeckt, möglichst oft möglichst viel zu sich nehmen? So wenn man Austern liebt, sie bei jeder Gelegenheit zum Ein-und-alles-Gericht machen, ohne ein besänftigendes Danach? Wenn man sich partout an ein abendfüllendes Steak hält, ohne ein einstimmendes Davor? Der Meister zeigt sich in der Beschränkung – nicht nur, was die Menge des Eingenommenen, sondern auch was die Häufigkeit der Zuteilung und die Einordnung in die Speisenfolge betrifft. Friedrich Torbergs Tante Jolesch wußte dies: Wenn sie sich entschloß, ihre berühmten Krautfleckerln zu machen, reiste die Sippe aus allen Himmelsrichtungen der k.u.k.-Doppelmonarchie an – »und ein Genuß war's jedesmal aufs Neue, ein noch nie dagewesener Genuß«. Warum nur ihre Krautfleckerln so gut waren, wurde Tante Jolesch auf dem Totenbett gefragt, und sie antwortete mit letztem Atemzug: »Weil ich nie genug gemacht hab'.«

Oder: Soll man sich an Gewohntes halten oder Neues probieren? Paul Reboux meint: »Sagen, daß man ein Gericht nicht mag, ist einfach unhöflich. Nicht kosten wollen, ist blöde.« Der Volksmund erwidert: »Was der Bauer nicht kennt, ißt er nicht.« Die Wahrheit liegt, wie sooft, in der Mitte. Das Gewohnte – in Substanz und Form – hat sein Bewährtes, was den individuellen Geschmack (die beliebte Leibspeise) wie die objektive Gestaltung betrifft (Lamm schmeckt nun einmal am besten frisch gebraten, und die passendste Beilage sind grüne Bohnen). Andererseits strebt der von Natur aus neugierige und im Kulturzustand auf Neuerungen bedachte Mensch danach, auch Neues zu probieren, zu entdecken und seinem Repertoire einzuverleiben. (Sonst wäre er wohl kaum darauf gekommen, daß grüne Bohnen mit dem Lammbraten harmonieren.)

Der Esser verhält sich vernünftig, wenn er das Bewährte nicht zu sattsam bekannter Gewöhnlichkeit einschrumpfen und das Neue nicht zu einer die Grenzen des guten Geschmacks verletzenden Mode ausufern läßt. Der Gastrosoph ist ein Konservativer im besten Sinne des Wortes: Er ist ständig strebend bemüht, das Gewohnte durch Neubewährung zu erhalten und das bewährte Neue sich anzugewöhnen.

Wie sich der Esser zu verhalten hat und was er essen soll, hängt nicht zuletzt davon ab, wo er sich wann befindet. Der Raum und die Zeit sind auch der Rahmen allen Eßgeschehens.

Andere Länder, andere Eßsitten, andere Küchengewohnheiten. Und: andere Küche, anderes Essen, anderer Volkscharakter. Die Gastrosophie bedarf eines Johann Gottfried Herder, der – wie jener aus der Poesie – den Volksgeist von den Tafeln ableitet, sublimiert und objektiviert. Karl Friedrich von Rumohr brach auch hier die Bahn, Eugen von Vaerst folgte ihm: »Dem breiten, stämmigen Engländer sieht man so gut seine großen saftigen Fleischmassen als dem zarteren Franzosen die ätherischen Saucen, feinen Ragouts und kleineren Portionen an. Die Holländer würden weniger phlegmatisch sein, wenn sie nicht so viel eingesalzenes, gedörrtes und gepökeltes Fleisch, weniger Fett genössen, welches alles die Verdauung erschwert, also träge macht.«

Tiefer schürfte beziehungsweise weiter blickte Heinrich Heine, der – in den »Memoiren des Herrn von Schnabelewopski« – von »hohem idealischen Standpunkte« eine Ähnlichkeit zwischen dem jeweiligen Charakter der Weiblichkeit und dem jeweiligen Charakter der Küche bemerkte: »Sind die britischen Schönen nicht ebenso gesund, nahrhaft, solide, konsistent, kunstlos und doch so vortrefflich wie Altenglands einfache gute Kost: Roastbeef, Hammelbraten, Pudding in flammendem Cognac, Gemüse in Wasser gekocht, nebst zwei Saucen, wovon die eine aus gelassener Butter besteht? Da lächelt kein Frikassee, da täuscht kein flatterndes Vol-au-vent, da seufzt kein geistreiches Ragout, da tändeln nicht jene tausendartig gestopften, gesottenen, aufgehüpften, gerösteten, durchzuckerten, pikanten, deklamatorischen und sentimentalen Gerichte, die wir in einem französischen Restaurant finden und die mit den schönen Französinnen selbst die größte Ähnlichkeit bieten! Merken wir doch nicht selten, daß bei diesen ebenfalls der eigentliche Stoff nur als Nebensache betrachtet wird, daß der Braten selber manchmal weniger wert ist als die Sauce, daß hier Geschmack, Grazie und Eleganz die Hauptsache sind.«

Italiens Küche wie die italienische Schöne erscheint Heine als gelbfett, leidenschaftsgewürzt, doch schmachtend idealisch. »Alles schwimmt in Öl, träge und zärtlich, und trillert Rossinis süße Melodien, und weint vor Zwiebelduft und Sehnsucht!« Über die deutsche Küche beziehungsweise Schöne möchte Heine kein Wort verlieren, kann sich jedoch die Bemerkung nicht versagen: »Da gibt's gefühlvolles, jedoch unentschlossenes Backwerk, verliebte Eierspeisen, tüchtige Dampfnudeln, Gemütssuppe mit Gerste, Pfannkuchen mit Äpfeln und Speck, tugendhafte Hausklöße, Sauerkohl – wohl dem, der es verdauen kann.«

Über das Ewig-Weibliche gelangen wir zu weiteren Identitäten von Nationalspeisen und Nationalcharakteren. Die Hunnen, die Fleisch unter ihren Sätteln gar ritten, waren nicht von ungefähr ein ungebärdiges Reitervolk. Die Inder, auf Vegetarisches angewiesen, haben die Gewaltlosigkeit gepflegt. Wer einmal japanisch essen mußte – Algengeschlinge, rohen Fisch und Sojabohnenbreizement –, der wundert sich nicht, daß die Japaner – um zu verdauen und zu überdauern – auf die Bahn der Eroberung und, als diese verbaut war, auf die Wege des Tourismus gedrängt worden sind. Überhaupt ist es ein Kennzeichen imperialistischer Nationen, daß sie durch eine schlechte oder auch zu einfache, jedenfalls ungenügende Ernährung zu Übergriffen auf andere Länder und bessere Küchen veranlaßt worden sind, wofür die Engländer das schlagendste und die Preußen ein einschlägiges Beispiel sind. Bismarck hielt für den preußischen Staat nach dessen frugalen frühen Mannesjahren mehr Korpulenz zum Vollbesitz der Macht angebracht, der Leib sei zu schmal für die Rüstung geworden – und so holte er sich das Fehlende auf Schleswig-Holsteins Fischmärkten, in den hannoverschen und kurhessischen Fleischtöpfen und von den Tellern der Frankfurter. Umgekehrt haben der anhaltende Genuß und die andauernde Verdauung des k.u.k.-Küchenkosmos die Donaumonarchie saturiert und schließlich übersatt am schönen Leben sterben lassen.

Die Übereinstimmung von Nationalernährung und Nationalwesen wird nicht nur positiv gesehen. Seit jeher äußert sich die Geringschätzung, welche das eine dem anderen Volk entgegenbringt, in der Gleichsetzung von Eßgewohnheiten und Charaktereigenschaften, die gleicherweise als negativ empfunden werden: so, wenn die Engländer die Franzosen als »Froschfresser« titulieren oder die Bayern die Italiener als »Katzelmacher«. Andererseits zeigen die Völker Selbstironie, wenn sie ihre Spaßmacher nach nationalen Leibspeisen benennen, wie Hanswurst, Jean Potage oder Jack Pudding. Damit demonstrieren sie auch, bei aller Hervorhebung verschiedener Geschmacksrichtungen, eine internationale Solidarität in dem, was wirklich Spaß macht.

Eine solche Typisierung wird jedem, der tiefer blickt und seine Ernährung breiter angelegt sehen will, nicht genügen. Er wird sogar, auch wenn er nicht Bayer, Baske oder Bretone ist, sich scheuen, von einer deutschen, spanischen oder französischen Nationalküche zu sprechen. Zwar gibt es – in den Speisefolgen wie in den Wesenszügen – durchaus Nationalverbindliches, was zu respektieren wie zu goutieren ist. Doch selbst die französische »Nation une et indivisible« präsentiert sich – trotz aller unitarischen Erfolge der Haute cuisine wie der Nouvelle cuisine – in zahlreichen Regionalküchen, was nicht nur quantitativen, sondern auch qualitativen Gewinn bringt.

Der Gastrosoph wird sich nicht in einen theoretisch unangebrachten wie praktisch unnützen Streit einlassen, welche National- beziehungsweise Regionalküche die beste sei. Er wird die Küchen feiern, wie sie fallen. Das heißt, er wird sie dort genießen, wo er sie in ureigener Substanz und traditioneller Form, in entsprechendem Zustand und bester Güte bekommen kann, an Ort und Stelle, abgestuft nach Nation, Region, Lokalität und Lokal: Pasteten in Frankreich, Pâté de grives in der Provence, an einem Ort, der von Weinfeldern umgeben ist (wo sich die Krammetsvögel gemästet haben), in einem Restaurant, wo sie der Wirt selber zu machen versteht. Und im September, weil dann die Grives à point sind – aber die zeitliche Dimension des Essens kriegen wir erst im nächsten Kapitel.

Merke: Die angewandte Gastrosophie ist eine ambulante Wissenschaft, der praktizierende Gastrosoph ist ein Peripatetiker, was auf deutsch ein Umherwandelnder heißt. Die auf den Spuren des Aristoteles einherschreitenden Philosophen wurden Peripatetiker genannt, weil sie während des Denkprozesses in den Wandelgängen (peripatoi) des Lykeion-Gymnasiums in Athen auf- und abgingen. Das Feld des peripatetischen Gastrosophen ist die Welt – in all ihren Räumen.

Wo er stehen bleibt und nicht anders kann, der Ort, an dem er sich befindet, legt ihm nahe, was er essen soll. Dabei verläßt sich der Gastrosoph nicht allein auf seine Vademeca und Schlüsse, die er daraus selbständig denkend und überlegend zieht. Wo immer er kann, wird er einen örtlichen Markt aufsuchen, das lokale Angebot in Augenschein nehmen, denn am Anfang jedes guten Kochens steht der richtige Einkauf, und die Voraussetzung allen richtigen Essens ist die Kenntnis des hier und heute bestmöglich Vorhandenen.

Die moderne Technik und die heutigen Transportmöglichkeiten haben dazu geführt, daß es in Oberstdorf Nordseefisch und auf Sylt Weißwürste gibt, in durchaus eßbarem, wenn auch nicht unbedingt genießbarem Zustand.

Der Gastrosoph wird sich, bei aller Achtung und gelegentlichem, meist unfreiwilligem Gebrauch dieser Möglichkeiten, damit nicht begnügen. An fremdem Ort wird ihn einer seiner ersten Gänge auf den Markt führen, nicht in einen Supermarkt, wo sich Folienverpacktes und Tiefgekühltes wie überall stapelt, sondern auf einen normalen Markt, wo Landesprodukte womöglich von den ländlichen Produzenten angeboten werden. Oder – wie in Rom oder Paris – wo Agrarisches zwar in urbanisierter Form, doch in rustikaler Ursprünglichkeit zu sehen und zu haben ist.

Eine derartige Marktinspektion bietet Vorteile wie Vorfreuden. Erstens erfährt man, was an diesem Ort und zu dieser Zeit in lokalgebundener Originalität und in appetitlicher Frische empfehlenswert ist – und was nicht: Wer etwa Fischstände an der Côte d' Azur visitiert, wird – auch wegen der dortigen Auszeichnungspflicht – erkennen, ob die Rougets von der Felsenküste des Mittelmeers (sehr gut) oder vom fernen Atlantik (nicht mehr ausreichend) stammen, daß die Scampis und Tintenfische Gefrierware sind und die Sardinen örtlichen Fischern ins Netz gingen. Zweitens gibt es keinen wirksameren Apéritif als einen Marktbummel mit aufgeschlossenen Sinnen. Und drittens liegen – in alten Städten zumal – in der Nähe des lokalen Markts entsprechende Eßlokalitäten.

Damit hätten wir schon ein erstes Erkennungszeichen eines dem ambulanten, doch auf Ortsgebundenes erpichten Gastrosophen sich empfehlenden Lokals. Es gibt noch mehrere: wohin sich Einheimische begeben und dort mit sichtlichem Vergnügen vor wohlgefüllten Tellern sitzen. Wenn der Lokaltyp dem landesüblich Bewährten entspricht, so in Frankreich dem Bistro, in Italien der Trattoria, in Wien dem Beisel. Wo eine Frau kocht, die im allgemeinen die Hausgerichte und Regionalspezialitäten hingebender pflegt als ein zu Experimenten aufgelegter Mann. Wo eine Speisekarte aushängt und diese nicht zu viele, jedenfalls ortsübliche Gerichte aufzählt und schon das Lesen das Wasser im Munde zusammenlaufen läßt. Wo man freundlich empfangen wird, was auf eine gute Bedienung schließen läßt. Wo man nicht auf Anhieb Platz bekommt, sondern eine Reservierung braucht. Wo nicht zu viele Tische und keine zu langen oder zu komplizierten Wege zur Küche vorhanden sind, das Essen unverzüglich ohne Umwege aufgetragen wird. Wo offener Hauswein oder Bier vom Faß ausgeschenkt wird und ein einladender Brotkorb auf dem Tisch steht. Wo es nicht zu wenig und nicht zu viel, doch eine angenehme und leistungsfähige Bedienung gibt. Wo das warme Essen auch warm serviert und warm gestellt wird. Wo man am liebsten auch das, was andere anderes auf dem Teller haben, essen möchte und sich vornimmt, wiederzukommen, um sich alles der Reihe nach vorzunehmen.

Negative Erkennungszeichen prägen sich, weil häufiger, tiefer ein: Wenn ein Lokal zu normaler Essenszeit gähnend leer oder von Fremden gefüllt ist, die sich entweder angähnen oder durch krampfhaftes Aufgekratztsein ihre angebliche Aufgeschlossenheit gegenüber fremden Eßsitten zur Schau tragen. Wenn die Bezeichnung des Lokals zu großspurig (statt Trattoria etwa Hosteria), der Name gewollt originell (so »Zum Süßen Küchenschwengel«), die Aufmachung zu folkloristisch ist (etwa eine Carmen in die Arena lockt). Wo ein Adept einer neuen Küchenmode wirkt, dessen Namen man eher von den bunten Seiten als aus einschlägigen Rezeptsammlungen kennt. Wo keine Speisekarte aushängt oder eine zu umfangreiche eher auf ein wohlassortiertes Konservendepot oder ein reichbestücktes Arsenal von Vorgekochtem als auf untadelige Grundprodukte und frisch zubereitete Gerichte schließen läßt. Wo wenig oder keine landesüblichen und regionaltypischen Spezialitäten angeboten werden, die Platten entweder dem Nationalgeschmack der in größerer Anzahl zu erwartenden Touristen angepaßt sind oder von einem höheren, doch unfundierten Streben des Küchenchefs zeugen. Wo die Kreationen Namen tragen, die man selbst in den Wörterbüchern der Haute beziehungsweise der Nouvelle cuisine nicht finden kann.

Wenn der Schein das Sein übertrumpft, spielt der Gastrosoph nicht mehr mit. Wenn farbige Weingläser auf dem Tisch stehen, die Mahnung Winckelmanns akut wird: »Die Farbe trägt zur Schönheit mit bei, aber sie ist nicht die Schönheit selbst, sondern sie erhebt dieselbe überhaupt und ihre Formen, so wie der Geschmack des Weines lieblicher wird durch dessen Farbe in einem durchsichtigen Glase, als in der kostbarsten goldenen Schale getrunken.« Wenn man im Freien essen soll, weil der Wirt aus durchsichtigen Gründen darauf spekuliert, daß seine Gäste durch die Aussicht auf das Meer (oder dergleichen) von einer tieferen Einsicht in seine Gerichte abgelenkt werden. Wenn Musik ganz laut ertönt, weil durch eine Überanspruchnahme des Gehörs der Geschmack ausgeschaltet werden soll. Wenn am Tisch flambiert wird, auch das, was man besser den konventionellen Waffen der Küche überläßt, hat man es eher mit Pyromanen als mit Gastronomen zu tun. Wenn gar die Show die Hauptsache und das Essen eine Quantité négligeable ist, in einem Night Club oder Cabaret, dann geht der Gastrosoph entweder überhaupt nicht oder erst nach dem anderwärts eingenommenen Nachtmahl dorthin.

Die Wahl des Lokals hängt nicht zuletzt von den örtlichen Gegebenheiten ab, die der mitgebrachte persönliche wie nationale Geschmack zu respektieren hat. Ein Deutscher, der es von Hause aus gemütlich haben will, womöglich mit Holztäfelung und Schmiedeeisen, wird in Italien die Erfahrung machen: Ein auf »Romantica« getrimmtes Etablissement nimmt das Set und Sit, der Fremden wegen, wichtiger als das In, während in einer landesüblichen Trattoria, beinahe wie in einer Mönchszelle, nichts vom Wesentlichen, hier vom Essen, ablenkt, jede Äußerlichkeit auf den Inhalt zugeschnitten ist: keine ausladenden Tische, weiße Tafelwäsche, schmucklose Messer, die schneiden, ein Lüftung, die den Speisengeruch nicht verfliegen, aber sich auch nicht verdichten läßt, und eine Beleuchtung, bei der das Auge mitessen kann.

Eine solche Raumgestaltung, weil optimal, leuchtet dem Gastrosophen ein, weniger die amerikanische Gepflogenheit, ein Restaurant ziemlich im Dunkel liegenzulassen. Gewiß, er weiß, daß dies der einheimische Puritanismus verlangt: Man müßte sich ja schämen, leibliche Bedürfnisse bei Lichte zu befriedigen und auch noch andere zuschauen zu lassen. Und er weiß auch gewisse Vorteile zu schätzen: Man könnte ja – nach ausgiebigem Drink-before in der ebenfalls verdunkelten Lounge – das Servierte doppelt sehen, was eine Ernüchterung hervorriefe, die ihrerseits dem quantitativ Verminderten kaum mehr Qualitatives abgewinnen könnte. Alles in allem ist dieser Obskurantismus zu verwerfen, zumal die leuchtenden Farben mit das Schönste an einem amerikanischen Dinner sind.

Hat man das Lokal gewählt und sich dort niedergelassen, wird man sich gewisser Manieren befleißigen, die weniger lokal und national bedingt sind, vielmehr universale Geltung haben. Man wird dem Wirt oder Kellner zu verstehen geben, daß man, auch als Fremder, der örtlichen Eßsituation gewachsen ist, sich so sicher fühlt, daß man sich durch das Anhören oder gar Annehmen eines Rates nichts vergibt. Man wird sich auf den Teller konzentrieren, alle Gaumensegel aufgezogen, offen für fremde Geruchstöne und andere Geschmacksnuancen, sich auf das Meer des Genusses hinaustreiben lassen, ohne das Steuer aus der Hand zu geben. Man wird loben, was zu loben, und tadeln, was zu tadeln ist; der Mut zur Reklamation, ja zur Zurückweisung eines mißratenen Gerichts ist eine aus der Not geborene gastrosophische Tugend.

Den Status eines Stammgastes vermag nur ein seßhafter Gastrosoph zu erreichen – und die vielfältigen Vorzüge, die damit verbunden sind, von der vorteilhaften Plazierung über die zuvorkommende Bedienung bis zur außerplanmäßigen Zuteilung von Schmankerln. Der ambulante

Gastrosoph vermag sich diesem Idealzustand anzunähern: durch ein entsprechendes Benehmen, das ihn in der Einschätzung des Wirtes als einen denkbaren Stammgast erscheinen läßt. Und durch die Befriedigung, die er sich selber durch ein hergehöriges Einfühlungsvermögen in lokale Gegebenheiten verschafft.

Der Gastrosoph wird es fertigbringen, allerorten, wenn schon nicht gut, so mindestens nicht schlecht zu essen. In gastronomisch weniger entwickelten Ländern, Landschaften und Orten wird er sich entsprechend schwerer tun, ähnlich wie ein Käufer, der sich statt in einem Herrenmodegeschäft in einem Konfektionshaus einzukleiden hat. Voraussetzung ist, daß er in seine Deliberationen nicht nur die räumlichen Relationen, sondern auch die zeitlichen Dimensionen einbezieht.

Die Zeit: Mahlzeiten, Speisefolgen, Saisonen, Epochen

Wann man ißt, ist für das Was und Wie keineswegs von minderer Bedeutung als das Wo man ißt. Die Zeit, der Ablauf allen Eßgeschehens, Mahlzeiten und Speisefolgen, das Nacheinander der Saisonen und Epochen, das Werden, Vergehen und Fortdauern – die Gastrosophie, auf Zeitliches gerichtet, ist in die Zeit eingebunden.

Das Paradies sei der Ort, wo man ewig zu Tische sitze, ohne sich jemals den Magen zu überladen, meinte der Franzose d' Aigrefeuille, mehr Gourmand als Gastrosoph. Denn ein solcher wird die zeitlichen Begrenzungen beim Essen einkalkulieren, die ihm zugeteilte und sich zugestandene Zeit jedoch in einer Weise nützen, die ihn einem paradiesischen Zustand hienieden in Etappen näherbringt. Mindestens zweieinhalb Jahre – hat Franz Werfel ausgerechnet – verweilt ein Mensch in seinem Lebenslauf beim Essen, nicht mitgezählt die Zeit, in der er das Gegessene zu verdauen hat. Das ist Grund genug für den Gastrosophen, diesen Teil des Daseins zu einem Gutteil seines Lebens werden zu lassen.

Dazu gehört die richtige Wahl des Zeitpunktes und eine geeignete Bemessung der Zeitspannen. Wann soll man zu essen anfangen? Der Bemittelte werde beginnen, wenn er Hunger verspüre, der Minderbemittelte, wenn er etwas zu essen habe, meinte ein Philosoph, ein Existentialist. Auf die Eßdauer bezogen, würde dieser Lehrsatz besagen, daß man so lange essen könnte, wie der Vorrat reiche. Mit dieser primitiven Theorie wird sich der Gastrosoph nicht begnügen, auch nicht mit fatalen Praktiken, wie sie hie und da eingerissen sind: So wenn man im alten Athen erst mit dem Abendessen beginnen durfte, da der Schatten der Marktsäule zwölf Fuß Länge hatte, was bei bewölktem Himmel zu Komplikationen führte. Oder wenn man an der Wiener Hoftafel in dem Moment aufhören mußte, da Kaiser Franz Joseph, zuerst bedient und hastig essend, das Besteck aus der Hand legte. Oder wenn in der Auvergne, jener dem Schwabenland in mancher Beziehung gleichenden französischen Region, die Hausgenossen nichts mehr bekommen, sobald der Hausherr sein Messer zugeklappt hat.

Der Gastrosoph erscheint pünktlich zum Beginn der Mahlzeiten, wie sie durch allgemeines Herkommen oder besondere Bedürfnisse festgesetzt sind: zum Frühstück im Morgengrauen seines Tagewerkes, zur Gasthaustafel mittags in Frankreich um 12.00 Uhr, abends in Spanien nicht vor 21.00 Uhr, zum häuslichen Tisch wie zum Gastmahl zur festgesetzten Stunde – aus Anstand, Einsicht und Eigennutz. Weil er – wie Julius Blumröder – weiß, daß ohne eine ordentlich bestimmte Zeit ein ordentliches Essen nicht möglich ist. Weil er sich im Restaurant eine gute Startposition sichern und alle Auswahlmöglichkeiten offenhalten möchte. Und weil er nirgendwo eine kalte Suppe oder einen verschmurgelten Braten haben will.

Zum Essen muß man nicht nur rechtzeitig kommen, sondern sich auch genügend Zeit nehmen und entsprechend Zeit lassen. Wer nur eine Stunde Mittagspause hat, wird kein Schlemmerlokal aufsuchen, das ihn für eineinhalb bis zwei Stunden beanspruchen würde, wo er bedächtig bestellen und sich beim Warten auf frisch zubereitete Speisen in Geduld fassen müßte. Das Essen selber braucht seine Zeit, erfordert Pausen zwischen den Gängen, ein angemessenes Zeitmaß des Verzehrs – nicht zu schnell bei Gerichten, die nicht so schnell auskühlen und umstehen, nicht zu langsam bei resistenten Platten, damit der Genuß nicht bis zur Langeweile ausgedehnt wird. Ein gemächliches Tempo ist einzuhalten – in Ansehung des eigenen Gewinns, aus Respekt vor dem Aufgetischten und aus Rücksicht auf die Tischgenossen: Die Conviven, lehrt Brillat-Savarin, müßten sich wie Wanderer verhalten, die gleichzeitig am selben Ziel eintreffen sollen.

Dieses wird erreicht und die Zeit des Aufhörens ist gekommen, wenn das geziemend Gebotene und in Maßen Genossene am besten schmeckt, der eher seltene Akkord des gastrosophischen Glücks erklingt, dessen Harmonie man nicht durch Überbetonung gefährden darf, den man nachklingen und ausklingen lassen soll – zur Einstimmung auf eine anvisierte Wiederholung beim nächsten Mahle.

Zu diesem Behuf folgt eine Mahlzeit der anderen, in geregeltem Ablauf, in gleichbleibendem Takt, mit unterschiedlichen Sätzen, in jeweiligem Einsatz und da capo.

Die Ouvertüre ist das Frühstück, das zum Melodienreichtum des Gesamtwerkes in umgekehrtem Verhältnis steht: Folgt vieles nach, ist es karg, ist wenig zu erwarten, fällt es üppig aus. Wie es Franz Molnar im New Yorker Exil empfand: »Tomatensaft, Orangensaft oder sonst etwas, was wir in Europa nicht hatten, ausgezeichneter Kaffee, frische Eier direkt von der Hühnerfarm, schmeckt alles wunderbar, dazu lese ich die New York Times, die beste Zeitung der Welt, so wird es langsam elf – no, und was dann noch passiert, spielt schon keine Rolle mehr.«

Was die deutschen Verhältnisse betrifft, so nannte Novalis das Frühstück »die Knospe des Tages«, aber man weiß ja, daß nicht jede Knospe aufgeht und nicht jede aufblühende das hält, was sie versprochen hat. Um sicher zu gehen, wurde die Parole »Frühstücke wie ein König« ausgegeben, die deutsche Hoteliers freilich in antimonarchischem, ja königsstürzendem Sinne interpretieren. Rumohr, das ungekrönte Haupt der deutschen Gastrosophen, starb beim Frühstück. In Skandinavien gibt es ein Frühstücksbüffet, eine Opera buffa schon am Morgen, bei dem die stimmkräftigen Heringe den Gegenpart gegen gehabte wie bevorstehende Kater spielen. Franzosen (ähnlich wie Italiener) stippen ein Hörnchen in den Morgenkaffee, womöglich in dem ihrem Gemütszustand zu dieser Stunde entsprechenden unaufgeräumten Schlafzimmer, nennen diese eher dem Wachwerden als dem Sattwerden dienende Prozedur »Petit déjeuner« und heben sich den Appetit – in nur selten enttäuschter Erwartung – für das »Déjeuner« genannte Mittagessen auf.

Dieses wird überall, wo das Essen noch seine Ordnung hat, als Hauptmahlzeit angesehen. Nach einem kleinen Frühstück bringt man dafür gehörigen Appetit mit, für ein dem Hauptgang wie ein Herold voranschreitendes Hors d'œuvre in Frankreich, für den Frontalangriff der Pasta in Italien, für den mahlzeitenfüllenden Schweinsbraten in Bayern. Die Mitte des Tages ist der Gipfelpunkt des Genusses, nach dem Hunger-Aufstieg des Vormittags und vor dem Verdauungsabstieg des Nachmittags. Zur Gipfelrast braucht man allerdings Zeit, für den Weg nach Hause oder ins Restaurant (in Frankreich ist das die eigentliche rush hour), für die Einnahme des Essens und die erste und schönste Verdauung des Gegessenen, was man im Süden Siesta nennt. Doch diese Lebensqualität wird zunehmend vom Fortschritt vermindert: Man kann nicht mehr der Betriebsstätte entrinnen, muß in der Kantine oder gar am Arbeitsplatz essen – gleitende Arbeitszeit, gleitende Essenspause, abgleitender Lebensgenuß.

So wird das Abendessen immer wichtiger, was Familienpolitikern gefällt, Ernährungswissenschaftlern mißfällt und der Gastrosoph zum Guten zu wenden sucht, indem er von Wurststullen vor dem Fernseher abrät und zu einem warmen, leichten, im Kreise der Familie oder von Freunden eingenommenen Nachtmahl rät. In Frankreich kommt abends eine Suppe auf den Tisch, die sättigt und besänftigt. In Spanien wird aus klimatischen Gründen wie aus eingefleischter Gewohnheit zu spät und zu viel gegessen. In den USA hat man, bevor die Nacht hereinbricht, ohnehin kaum Zeit, weil diese Geld ist, zu essen, und abends dann so viel Geld, daß man zuviel ißt und keine Zeit mehr zum Verdauen hat.

Frühstück, Mittagessen, Abendessen – neben dieser allgegenwärtigen Dreiheit der Hauptmahlzeiten gibt es gelegentliche Nebenmahlzeiten. Es sind verkümmernde Restbestände früherer, üppigerer Zeiten, wie das Sekt- oder Gabelfrühstück à la Theodor Fontane (»Der alte Baron wandte sich an den Oberkellner, der in einiger Entfernung gefolgt war, und befahl einen Hummer und einen weißen Burgunder«), der Jagdimbiß à la Brillat-Savarin (»Wie groß ist aber der Genuß erst, wenn aufmerksame Diener mit jenen Bacchus geweihten Gefäßen eintreffen, in denen durch eine künstliche Kälte Madeira, Erdbeer- und Ananassaft kühl lagern.«) oder das Souper à la Arthur Schnitzler (»Ich denk' mir . . . ich wart' nach dem Theater auf dich in ein' Wagen, dann fahren wir zusammen also irgendwohin soupieren . . .«).

Diese überkommenen Nebenmahlzeiten werden von neu aufgekommenen verdrängt: vom Brunch, in dem Amerikaner und ihre Nachahmer aus Zeitersparnis Breakfast und Lunch zusammenziehen, vielerlei zum Zulangen bieten und das Verlangen nach einem gepflegten Abendessen wecken. Beim Picknick wird am Rande von Autostraßen das in Plastikbehältern und Kühltaschen Mitgeführte in überraschend urtümlicher Weise verzehrt. Ein Zwiespalt zwischen Zivilisiertem und Unzivilisiertem klafft auch bei Empfängen, wo Herrschaften in Abendtoilette über das Kalte Büfett herfallen, zunächst – in begrüßenswerter Sachkenntnis, doch mit beklagenswerten Manieren – die Hummerplatten plündern, dann sich auf ihre Teller wahllos häufen, was sie nur bekommen können, und das Ganze stehend und mit vollem Munde redend vertilgen. An der Brotzeit, einer vor allem in Bayern heimischen, mehrmals am Tage zu wiederholenden Zwischenmahlzeit, nagt indessen der Zahn der Zeit: Die zur Verfügung stehenden Pausen werden immer knapper, die Ermahnungen der Diätetiker immer eindringlicher, die Semmeln und die Brezn immer winziger.

Notabene: Es gibt auch feststehende, freilich nicht unbedingt die Standfestigkeit fördernde Trinkzeiten. Alteingeführte sind darunter, wie die Apéritif- und die Digestif-Stunde, Frühschoppen, Dämmerschoppen, Nachtschoppen – neuerdings auch Nightcup genannt. Umstritten ist der modische Cocktail. Er bietet zwar die Gelegenheit, daß bei erträglichen Kosten für den Gastgeber eine erkleckliche Anzahl von Gästen »gesellschaftlich kommunizieren« kann, alles fluktuiert, jeder flunkert, man sich beim Small talk und Nüsseknabbern in Tuchfühlung und Nestwärme näherkommt. Von den angenehmsten Dingen der Welt werde man dadurch eher ferngehalten, meint ein Gastrosoph wie Paul Reboux, im Hinblick auf Mischung, Kältegrad, Menge wie Zeitpunkt (meist vor dem Abendessen) der bei diesem Anlaß konsumierten Getränke. Der Magen werde durch derartige Duschen zusammengezogen und verhärtet, und »die Fähigkeit des Mundes, Speisen zu schmecken, ist durch die Begießung mit dem eiskalten Zeug lahmgelegt worden«.

Die Aufgabe des Apéritifs – eines Gläschen trockenen Sherry oder eines samtigen Würzweines – ist es hingegen, Mund wie Magen für die Speisenfolge einzustimmen und den Kopf, so man im Gasthaus ißt, für die Zusammenstellung des Menus hinreichend zu klären, zumindest nicht zu verunklären.

Man kann auch – in einem renommierten Restaurant – sich auf das Menuangebot des Hauses verlassen, von der Annahme ausgehend, daß der Wirt Anordnung und Ablauf der Speisefolge in der ihm möglichen Melodik und verfügbaren Instrumentierung besser beherrscht als der Gast, zumal wenn er kein Stammgast ist. Denn das Zusammenstellen eines Menus gleicht der Komposition einer Symphonie: Die aufeinander folgenden Sätze müssen in Stimmen, Stil und Tempi zusammenklingen.

Eingangs ertönt das Vivace des Hors d'œuvre, es folgt – bei einer großen Symphonie – das Moderato der Suppe, das Andante des Fischganges, das Larghetto des Geflügels oder das Largo des Bratens, das Ritardando des Käses und das Stringendo des Desserts.

Man muß nicht grundsätzlich und man kann nicht immer ein Menu erklingen lassen. Wer sich mit dem Allegro einer Meeresfrüchte-Platte oder dem Adagio eines garnierten Sauerkrauts begnügt, findet vielleicht die Mißbilligung des Gastronomen, keineswegs die Mißachtung des Gastrosophen. Auch die Reihenfolge der Gänge ist an keine Dogmen gebunden, was Paul Reboux, der Reformator, betont: »Deshalb lasse ich es mir nicht gefallen, daß man mir einredet, ein bestimmtes Gericht dürfe nur dann und zu keiner anderen Zeit an die Reihe kommen. Das einzige, was sich ein Bewirter seiner Gäste im eigenen Hause angelegen sein lassen muß, ist: die Speisenfolge sachlich-logisch zu gestalten, die Geschmacksgrade und Geschmacksschattierungen in rechten Einklang zu bringen.«

Eine solche souveräne Freizügigkeit setzt die Kenntnis feststehender Regeln voraus – bei der Selbstkomposition eines Menus für das häusliche Mahl wie beim Bestellen im Restaurant. Sie verbieten grundsätzlich das Hintereinander von Gängen der gleichen Grundstoffe, der gleichen Zubereitungsart und der gleichen Farbe. Diese klassische Strenge darf gelockert werden. Zwar wird niemand einer Bisque d'homard einen Hummer à l'armoricaine folgen lassen, oder einer Crèmesuppe ein Hühnchen in Crème-

Sauce oder Tomatenspaghetti ein Tomatenfleisch. Aber – in einem Fischlokal ist ein Fischmenu nicht nur denkbar, sondern auch angebracht. Dies mag selbst für ein Menu gelten, in dem Käse von A bis Z eine Rolle spielt, wenn man bei Androuët in Paris speist. Die Regel, daß jeder Gang anders akzentuiert sein, mit den anderen kontrastieren soll, hat ihre natürliche Grenze: Sie wäre überschritten, wenn man auf eine Forelle blau einen Roquefort folgen ließe, doch ein Butterkäse hielte sich durchaus noch diesseits der Schranke.

»Die Reihenfolge der Speisen führt von den kräftigen zu den leichten Gängen« – auch dieses von Brillat-Savarin formulierte klassische Kompositionsprinzip darf heute variiert werden. Wichtig bleibt, wie Ulrich Klever betont, daß das Geschmackserlebnis wie eine Kurve verläuft: »Entweder man fängt unten an und läßt die Kurve langsam bis zu einem Höhepunkt ansteigen, oder aber – das ist Temperaments- und ›Geschmacks‹-Sache und hängt von der Stimmung und der Situation ab – die Kurve hat mehrere Höhepunkte. Es gibt auch Feinschmecker, die ein Essen sogar mit einem geschmacklichen Paukenschlag beginnen lassen; ist doch Kaviar zum Beispiel eine beliebte Vorspeise.«

Jedenfalls sollte man sich nicht durch ein zu scharfes oder saures Vorgericht des Geschmacks für das Folgende berauben, sich an einer heißen Suppe den Mund verbrennen oder sich schon an den ersten Gängen sattessen. Dann schon lieber von dem, was einem weniger zusagt, weniger nehmen, oder von dem, was einem nicht so schmeckt, etwas auf dem Teller zurücklassen. (Merke: »Eher sich den Magen verrenken, als dem Wirt etwas schenken« ist kein gastrosophischer Merkspruch.) Ideal wäre es, man könnte sich – wie in manchem italienischen Ristorante – halbe Portionen von jedem Satz bestellen – für ein Divertimento, wenn schon nicht für eine Symphonie.

»Die Reihenfolge der Getränke führt von den leichten über die stärkeren zu den blumigsten Sorten« – dieser von

Brillat-Savarin formulierten klassischen Regel kommt schon eher zeitlose Gültigkeit zu, auch wenn der Zeitgeschmack Ausnahmen verlangt. Mit der Haute cuisine werden die Millésimes in Frage gestellt, die alten, kostbaren Burgunder- oder Bordeaux-Jahrgänge – doch dies ist eher eine Geldfrage als eine Geschmackssache. Immerhin wird die bisherige Binsenwahrheit »Der Wein muß alt und jung das Mädchen sein« angezweifelt, zumindest, was das erstere betrifft. Nicht nur zur Nouvelle cuisine, sondern auch zu der vor ihr dagewesenen und nach ihr bleibenden Hausmannsküche ist ein frischer Beaujolais oder ein fruchtiger Côtes-de-Provence besser geeignet – ganz davon abgesehen, daß diese auch den Urzweck des Trinkens, das Durstlöschen, besser besorgen. Ein junger Wein – auch der rote – muß kühl getrunken werden. Und er kann eine einfache Speisenfolge von Anfang bis Ende begleiten – während man sich für ein festliches Menu nach wie vor ein entsprechendes Cortège mit protokollarisch abgestuftem Auftritt halten wird.

Charles de Gaulle, der dafür einen natürlichen Sinn hatte, meinte generell, Verträge hätten wie die Rosen und die Mädchen ihre Zeit, wobei er sicherlich auch die besonderen zeitlichen Bedingungen des Essens im Auge behielt. Die Tageszeit ist wichtig: Die Münchner Weißwürscht müssen eben vor dem Mittagsläuten verzehrt werden, und für die Semmeln gilt, was der Wiener Ludwig Karpath feststellte: »Man muß eben wissen, zu welcher Tagesstunde bei Ihrem und also auch bei meinem Bäcker frische Semmeln zu haben sind. Ich weiß sehr genau, daß dies um 12.00 Uhr mittags der Fall ist; ich bin daher täglich, auf dem Heimweg von meinem Amt, um 12.15 Uhr im Laden unseres wackeren Brotspenders und habe daher, wenn ich mich um ein Uhr zu Tisch setze, wohlschmeckendes Gebäck auf meinem Eßtisch.«

Es ist auch nicht gleichgültig, an welchem Wochentage man welches Gericht zu sich nimmt. Ökonomische, ja gastrosophische Weisheit stand Pate für die Müttersitte, am

Samstag Suppenfleisch zu offerieren, das seine Schuldigkeit für die bevorstehende Sonntagssuppe getan hatte. Der Kenner wußte sich an diese Ordnung zu halten und ihr Geschmack abzugewinnen – wie ein Provençale, der weiß, daß er freitags Aïoli – gekochten Fisch, Gemüse und Knoblauchmayonnaise – in zeitgerechter und damit bestmöglicher Verfassung haben kann. Oder ein Römer, dem in Fleisch und Blut übergegangen ist, daß der Samstag als der Tag der Trippa, der Kutteln, gilt, wie der Sonntag als Tag des Abbacchio, des Milchlamms.

Aber auch dieses hat seine Zeit – Lamm schmeckt im Frühjahr am besten. Die saisonalen Voraussetzungen des guten Essens werden heutzutage leicht verkannt, weil die moderne Kühltechnik die Versuchung nährt, allzeit das haben zu können, was man sich gerade einbildet – Pilze im Frühling, Wild im Sommer, Spargel im Herbst, Erdbeeren im Winter. Auf italienischen oder französischen Speisekarten ist die Rubrik »Primizie« oder »Primeurs« immer seltener zu finden. Mit Mehrkosten waren diese schon immer verbunden; nun muß man sich anstrengen, sie auswendig zu kennen, etwa: Ziegen- und Schafskäse im Frühjahr, Hummer, Krebse und Forellen im Sommer, Gänse im Herbst, Fasanen nach dem ersten Frost, Hasen von Oktober bis Januar – und Gemüse, wenn es in Gottes freier Natur reifgeworden und nicht in des Menschen Gewächsanstalten herangezüchtet ist. Treibhausgemüse – befand schon Vaerst – sei ohne Süßigkeit, Geschmack und Aroma: »Dergleichen Kunstprodukte befriedigen den eitlen Wirt, nicht den verständigen Gast, der den späteren, reineren, rechtzeitigen Genuß solchem Scharlatanismus vorzieht.«

Die Zeit, in der alles fließt, beeinflußt nicht nur die Naturprodukte, sondern auch die Zubereitungsarten und Präsentationsformen, sogar die Geschmacksempfindungen und Fassungsvermögen. Zeitgeist und Zeitgeschmack sind Zwillingsbrüder, die Geschichte der Menschheitsentwicklung ist auch die Geschichte des Nacheinanders und Durcheinanders von Küchengewohnheiten und Eßverhaltensweisen.

Die Feststellung Ben Akibas, es gebe nichts Neues unter der Sonne, kann zwar generell nicht von der Hand gewiesen werden, ist jedoch im besonderen einer gewissen Relativierung durch die Zeitläufe ausgesetzt – auch und nicht zuletzt, was das Kochen und das Essen betrifft.

Die Küchengeschichte ist zweifellos ein Pendant, wenn nicht der Pendel der allgemeinen Geschichte. Beider Epochen entsprechen einander. Die Vor- und Frühzeit hat hier wie dort nichts Nennenswertes erbracht. Das Altertum schritt von den eichelessenden Frühgriechen zu den platonischen Symposien, von der römischen Frugalitas des Cato zur Voluptas des Apicius fort, und von dort geradewegs in den Untergang. Das Mittelalter schwankte zwischen klösterlicher Askese und kreuzzugsritterlichem Prassen, zwischen fadem Haferbrei und überwürztem Pfauenbraten, bewegte sich in Richtung der »ehrbaren Wollust und des Wohlbefindens«, wie der päpstliche Bibliothekar Bartholomäus Sacchi das von ihm verfaßte, erste gedruckte kulinarische Buch nannte – und so unaufhaltsam der Renaissance und der Reformation entgegen.

Dieses Entrée der Moderne zeitigte den ersten Küchenchef (Taillevent, der drei Kochtöpfe im Wappen trug, mit dem die Kochkunst nobilitiert wurde), einen Entdecker neuer Küchenwelten (Marco Polo, der aus China außer dem Schießpulver auch das Speiseeis und die Spaghetti mitbrachte), den ersten neuzeitlichen Gastrosophen (Michel de Montaigne, der über das Essen zu raisonnieren begann), den ersten Gastro-Politiker (Heinrich IV. von Frankreich, der allen Untertanen für jeden Sonntag ein Huhn im Topf versprach, selbstredend ein leeres Versprechen), einen nur mit halbem Herzen vor dem Überfüllen des Magens warnenden Dichter (François Rabelais in seinem abstoßend-anziehenden »Gargantua«), und ein erstes prominentes Küchenopfer (Vatel, der Chef de cuisine des Prinzen Condé, der sich das Leben nahm, weil die

Seefische für ein festliches Fastenessen nicht rechtzeitig eingetroffen waren).

Damit war die Geschichte bereits im Zeitalter des Absolutismus angelangt, wo der neue Mensch den Launen der alten Monarchen unterworfen wurde, in der Epoche des Barock, in der ein Koch den Tragöden mimte, die Tafel zum Hoftheater und das Essen zu einer Galavorstellung wurde: Perücken und Zöpfe, hierarchische Sitzordnung, prunkvolle Tafelaufsätze (ägyptische Pyramiden, chinesische Pagoden, griechische Tempel, römische Kuppeln), pompöse Tafelscherze (Bäume, von denen Vögel aufflogen, Burgen, von denen Kanonen feuerten), goldene Teller und silbernes Besteck, Trompetenschall bei der Prozession der Gänge, eine Riesenpastete, aus der beim Aufschneiden ein Zwerg herauspurzelte, ein exotisches Gericht aus Amerika, Kartoffel genannt, ein kollernder Monarch und kicksende Hofdamen.

Es war Zeit geworden, daß die Tischherren und die Tischdamen wechselten. Die Bürger drängten sich zu den Tafelfreuden, erfanden das Restaurant und führten die adeligen Gastmähler fort, in niederer Besetzung und mit der Haute cuisine. Das Fin de siècle war unausweichlich, nach dem Ersten Weltkrieg riß Paul Reboux der Haute cuisine die Maske vom Gesicht, und nach dem Zweiten Weltkrieg entkleidete sie Paul Bocuse ganz: »Die kulinarische Mode hat die gleiche Entwicklung durchgemacht wie die Mode der Frau. Die Frauen tragen längst keine Korsetts mehr, viele nicht mal mehr Büstenhalter. Früher, wenn man eine Frau auszog, wußte man nicht, was man vorfand. Heute, wenn man ein Gericht bestellt, weiß man genau, was auf dem Teller sein wird.«

Dies vermag indessen auch die Nouvelle cuisine nicht zu garantieren. Das Vabanque-Spiel dauert an, ohne die Freude des Ausziehens und die damit verknüpften Erwartungen zu gewähren. Paul Bocuse ist ehrlich genug, von einer Küchenmode zu sprechen, weil er sich nicht sicher sein kann, ob diese Mode sich als Epochales halten kann, denn – wie das Lexikon definiert: Mode ist das, was gerade üblich sei, dem Augenblicksgeschmack entspreche, jedoch – im Unterschied zum langlebigen Stil – schon nach kurzer Zeit durch neue Formen verdrängt werde. Auch Eßmoden dringen »mittels massenpsychologischen Zwangs auf weitgehende Uniformität«; sie werden – wie Carl Georg von Maassen feststellte – von »artistisch eingestellten, antihistorisch und revolutionär gerichteten Intellektuellen« getragen und äußern sich mitunter in »gastronomischer Hysterie«.

Der Zeitgenosse tut sich schwerer, in der Erscheinungen Flucht das Dauernde zu erkennen, als der rückschauende Historiker. Dieser steuert die Erfahrung bei, daß es in allem Vergänglichen Bleibendes, Schondagewesenes und Sichwiederholendes gibt. Wie die Kunsthistorie offenbart die Küchengeschichte Grundstile, die in zeitbedingten Variationen immer wiederkehren: das Archaische in der alten wie in der neuen Volksküche, das Klassische in der Haute cuisine der Römer wie der Franzosen, der Manierismus in deren Auswüchsen und die Renaissance des Einfach-Schönen-Guten in der jeweiligen »Neuen Küche«. Oder auch nur die Zurückwälzung, was Revolution eigentlich bedeutet, auf Atavistisches, auf Verhaltensweisen der Ahnen, was die gegenwärtige Vorliebe für das Barbecue genannte, urzeitliche Verfahren des Fleischbratens erweist.

Was für das Kochen gilt, trifft ebenso für die Verwertung und die Wertschätzung des Gekochten zu. Auch das Essen steht mit dem Geist, dem Stil und den Umständen einer Zeit in gewisser Entsprechung: so der Hochgenuß der Haute cuisine mit der Hochgestochenheit des Großbürgertums, Maurice Saillants Ruf nach Rückkehr zu regionaler Solidität mit der neuen Sachlichkeit, das Verlangen der Novizen der Nouvelle cuisine nach eher sentimentalischer denn naiver Einfachheit mit der Nostalgie von Überzivilisierten. Es gibt nicht nur individuell, sondern auch zeitlich bedingte verschiedene Geschmäcker: Im

Mittelalter schätzte man die Überwürzung in allem, hatte man aus der Not der unzureichenden Konservierung eine gastrosophische Tugend gemacht – wie noch die Franzosen im 19. Jahrhundert, die den Haut goût am Wildbraten liebten. Im Zeitalter der Konservendosen und Kühltruhen findet man indessen Geschmacksgefallen an einem frischen, nicht behandelten, unverfälschten Naturprodukt.

Das, was gefällt, ist Änderungen ausgesetzt, und das, was man verträgt. In früheren Zeiten konnten die Menschen, unbeschadet der Unterentwicklung der medizinischen Wissenschaft, weit mehr essen als heute. So beschrieb am Ausgang des 18. Jahrhunderts das zarte Fräulein Laure de Malboissière ein »bürgerliches Mittagessen« in Paris: »Das Essen war gesund und einfach; eine gute, ländliche Lattichsuppe ohne alle fremdländischen Würzen; ein kleines Stück Ochsenfleisch, mit frischer Butter und Mohrrüben; schöne Koteletts, ohne Sauce; ein ausgezeichnetes Brathuhn mit leckerem Salat; Pasteten mit Taubenfüllung und grünen Erbsen; das war alles. Als Nachtisch gab's noch Rahmkäse, Brezeln, Marmeladen, Konfekt und getrocknete Aprikosenscheiben.« In Belley, der Geburtsstadt Brillat-Savarins, kann ein heutiger Pilger nur mit Wehmut zur Kenntnis nehmen, wie eine magenstärkere Generation des Gastrosophen bei »Pernollet« gedacht hat – im Menu vom 5. Oktober 1895: Hors d'œuvres – Forellen, Sauce riche – Bresse-Hühner nach Königinart – Hasenrücken mit Pfeffersauce – Krebsschwänze à la Nantua – Drosselragout – Morcheln à la crème – gebratene getrüffelte Rebhühner – Eisbombe und andere Desserts.

Es scheint in der Menschheitsgeschichte Zeiten mit herzhafterem Appetit und dehnbareren Mägen zu geben – entsprechend dem Leben des einzelnen Menschen, der in seiner Jugend gewöhnlich mehr ißt und verträgt als im fortgeschrittenen Alter. Während jedoch die Kurve des Essenkönnens absinkt, steigt die Kurve des Genußvermögens. Wo ist die Zunge, der Gaumen, die vor dem dreißigsten Lebensjahr wirklich entwickelt sind?, fragt Clifton

Fadiman. In der Tat: Augen und Ohren lassen nach, und auch sonst läßt manches zu wünschen übrig – doch der Geschmack reift durch Erfahrung und Bildung mit dem Lebensalter. Goethe hat dies erkannt, genossen und ausgesprochen.

»Ich habe gespeiset; nun speis' ich erst gut!
Bei heiterem Sinne, mit fröhlichem Blut,
Ist alles an Tafel vergessen.
Die Jugend verschlingt, dann sauset sie fort;
Ich liebe zu tafeln an luftigem Ort,
Ich kost' und schmecke beim Essen.«

Der zu alte Mensch esse dann leider nur noch mit den Weisheitszähnen, klagte Eugen von Vaerst, und warnte damit die Fortschrittsgläubigen, aus der Entwicklungsfähigkeit des Genußvermögens des einzelnen Essers analog auf eine stetige Progression der Genußvervollkommnung der Menschheit zu schließen. Im ersten Fall kennen wir die zeitlichen Begrenzungen, im zweiten haben wir mit ihnen zu rechnen.

Zwar hoffte Brillat-Savarin, ein Kind des optimistischen 18. Jahrhunderts, daß der Menschheit, die bis dahin von Genuß zu Genuß fortgeschritten sei, neue Genüsse aus dem weiteren Fortschritt erwachsen würden, deren Nochnichterreichtsein hier und heute zu beklagen wäre: »Ihr Feinschmecker von 1825, die ihr im Schoße des Überflusses schon Sättigung findet und neuen Zubereitungen nachsinnt, ihr werdet die Entdeckungen nicht kosten, welche die Wissenschaften für das Jahr 1900 vorbereiten, nicht die mineralischen Eßstoffe, die Säfte, die mit einem Druck von hundert Atmosphären bereitet werden. Ihr werdet die Neuigkeiten nicht sehen, welche noch ungeborene Reisende aus jener Hälfte der Erde bringen werden, die noch nicht entdeckt oder erforscht ist.« Und an der Schwelle des 20. Jahrhunderts glaubte Auguste Escoffier: »Die Kochkunst wird sich weiterentwickeln, wie sich die menschliche Gesellschaft ja auch weiterentwickelt hat, ohne aufzuhören, eine Kunst zu sein.«

Doch Franz Werfel, der nicht nur das Jahr 1900, sondern auch noch das Jahr 1945 erlebte, blickte skeptisch in die Zukunft, auf »Ein Diner in hunderttausend Jahren«: »Es bestand aus sechs Gängen, von denen jeder in andersfarbigem und anders geformtem Kristall gereicht wurde, dessen Hohlraum nicht viel größer war als der eines Eierbechers. Man merkt somit bereits, daß die Speisenfolge aus einer Reihe von Getränken bestand, aus drei sehr heißen und drei eiskalten. Die heißen hellrosa, ziegelfarben und bouillonbraun, die eiskalten pistaziengrün, safrangelb und cremeweiß.«

Nicht so weit in die Zukunft, doch weit genug, um den Gastrosophen um die Bedingungen seiner Disziplin bangen zu lassen, ließ das Bundesforschungsministerium blicken, mit einem Science-fiction-Menu: gesalzene Sojabohnen (Produkte des Projektes Agrotherm, in der Abwärme von Kraftwerken aufgeschossen), Erzeugnisse aus Aquakultur und Antarktis, darunter ein Planktonkrebs namens Krill, von dem sich früher Wale ernährten, Krillcremesuppe mit grünem Algenbrot – und ähnlichem, das befürchten läßt, daß unsere kulinarische Zukunft im Wasser liegt. Beziehungsweise im Bioreaktor, der Kohlenstoffquellen wie Methanol, Paraffine und kohlenhydratische Abwässer zu sogenannten Nahrungsmitteln verarbeitet, etwa zu Eiweißplätzchen.

Was dabei am meisten befremdete, war das Televisionäre dieses Ereignisses, ein Fernsehbericht, in dem ein all diesem zusprechender Gast gezeigt wurde, der das objektiv Fragwürdige mit der subjektiven Antwort »Mir schmeckt's« bedachte und dabei einen Ausdruck im Antlitz hatte, den Carl Zuckmayer bei sicherlich gerechtfertigterem Anlaß wahrgenommen hatte:

»Ein Mensch beim Essen ist ein gut Gesicht,
Wenn er nichts denkt und nur die Kiefer mahlen,
Die Zähne malmen und die Blicke strahlen
Von einem sonderbaren Urweltlicht.«

Was bleibt, ist der Mensch, der seinem Hunger Genüge leistet. Was sein sollte, ist der Mensch, der Gutes zu erkennen und richtig zu genießen vermag. Das Naturnotwendige zu einem Geistveredelten zu erheben, ist die gleichbleibende Aufgabe des Homo sapiens im Wandel der Zeiten.

In dieser Selbstvervollkommnung liegt der Fortschritt, eine Progression, die der Tradition bedarf: der Anerkenntnis zeitloser Werte und der Wertschätzung klassischer Exempel, der Meister.

Gastrosophen: Beispiele und Vorbilder

Anthelme Brillat-Savarin – Der Klassiker

Gerichte der Haute cuisine sind nach ihm benannt, und sein 1825 erschienenes Buch »Physiologie des Geschmacks« steht in deutschen Universitätsbibliotheken: Anthelme Brillat-Savarin, der die Tafelfreuden, um sie zu steigern, zur Wissenschaft erhoben hat.

In der Fakultät der Gastrosophen ist dieser Extraordinarius nicht unumstritten. Den einen schrieb er nicht genug – nur dieses einzige Eßbuch, am Ende seines Lebens. Den anderen kochte er zu wenig und aß zu viel, dieser Hüne, der die Maße eines Tambourmajors und die Eigenschaften eines Dirigenten besaß. Wieder andere kritisierten, er habe keine berühmten Diners gegeben und kaum die schicken Salons besucht, die Moden nicht mitgemacht. Und alle neiden ihm, daß er mit dem geringsten Aufwand den größten Erfolg erzielt hat, sein einziges Buch immer wieder aufgelegt wurde.

Brillat-Savarin ist ein Klassiker der Gastrosophie, doch – nach Schillers Kriterien – kein sentimentalischer, bei dem das Subjektive das Objektive überwiegt, sondern ein naiver, der dem Realen die Weihe des Idealen gibt. Brillat-Savarin verkörpert eine Grunderfahrung der Gastrosophie, die eine empirische Wissenschaft ist: die Promotion wird durch Naturtalent und ein entsprechendes Maturum gefördert.

Er hat es im Bugey gelernt, der Bürger von Belley, von der Pike auf, beziehungsweise von den heimatlichen Töpfen und häuslichen Tellern her. Die Versuchsstation, das Experimentierfeld und die Lehranstalt des Gastrosophen Brillat-Savarin liegt geographisch zwischen Ain und

Rhône, ist historisch ein Teil des Herzogtums Burgund und gastronomisch – laut Maurice Saillant – »das Tabernakel der guten, der erlesenen Küche«.

Das Schlaraffenland beginnt, wenn man von Osten, von Savoyen kommt, hinter dem Mont du Chat, einem riesigen Katzenbuckel. Ein Straßentunnel führt hindurch. Vom Alpenvorland kommt man in die Gefilde der Douce France: die Hügel und Wälder des Bugey, die Felder und Weiden der Bresse, die Teiche der Dombes, begrenzt im Osten vom Jura, der Alpenwinde abhält und Alpenprodukte durchläßt, und im Westen von den Weinbergen des Beaujolais.

Bugey – das bedeutet Fasane, Rebhühner, Hasen und Rehe, den Weißwein von Virieu, der nach Trüffeln schmeckt, und die Fische aus dem Furans, von denen Brillat-Savarin schwärmt: »Die im Furans lebenden Forellen haben ein rosa Fleisch, und das der Hechte ist weiß wie Elfenbein.« Bresse – das bedeutet Poulets und Poularden, die besten Frankreichs. Die mit Teichen gesprenkelten Dombes liefern Froschschenkel und Enten, Wachteln und Schnepfen. Vom Jura kommen Flußkrebse und Rinder, fließen Milch und Honig. Ein nie versiegendes Rotweinfaß ist das Beaujolais.

Die Hauptstadt des Bugey ist Belley, auf halbem Wege zwischen Lyon und Bourg-en-Bresse gelegen, 240 Meter über dem Meere, 8000 Einwohner, zum Departement Ain gehörend. Die Kathedrale Saint-Jean stammt aus dem späteren Mittelalter, wurde im 19. Jahrhundert restauriert. Hinter der Kathedrale destillieren die »Brüder der Heiligen Familie« die Liköre Stellina und Kario-Kylon. Neben der Kathedrale liegt das Bischöfliche Palais. Der klassizistische Bau mit Freitreppe und distinguierter Fassade wird Soufflot zugeschrieben, dem bedeutenden Baumeister des Ancien régime – dessen Repräsentanten, den Chevaliers und Abbés, Brillat-Savarin im Jahre 1825 nachtrauert:

»Das waren Feinschmecker, diese Brüder! Ihre geöffneten Nasenflügel, ihre weit aufgerissenen Augen, ihre glänzenden Lippen, ihre beweglichen Zungen ließen keinen Zweifel daran aufkommen. Doch hatte jeder dieser beiden Stände seine besondere Art zu essen. Die Chevaliers hatten etwas Militärisches in ihrer Haltung – sie nahmen die Stücke mit Würde, kauten sie gemessen und ließen ihre billigenden Blicke kerzengerade vom Hausherrn zur Hausfrau gehen. Die Abbés dagegen kauerten sich zusammen, um dem Teller näher zu sein. Ihre Hände krümmten sich wie die Pfoten einer Katze, die Kastanien aus dem Feuer holt. Ihr Gesicht schwamm in Entzücken, und ihr Blick hatte etwas Konzentriertes an sich, das man leichter begreifen als schildern kann.«

Der Dritte Stand, das Bürgertum, stand dem Adel und der Geistlichkeit kaum nach, was die Lust am Essen und die Genüsse der Tafel betraf. Ein Bürger mit aristokratischem Habitus ist Brillat-Savarin von Hause aus gewesen. Als bourgeoise Version des Bischöflichen Palais erscheint sein Geburtshaus, Grand-Rue, Nummer 60: in jedem der beiden Stockwerke vier hohe Fenster zur Straße, ein Torbogen zum Innenhof – ein gediegenes Patrizierhaus, das aber in der Häuserzeile, in der bürgerlichen Ordnung nicht mehr Platz beanspruchen darf als seine bescheideneren Nachbarn.

In diesem Haus wurde Anthelme Brillat-Savarin am 1. April 1755 geboren, als Sproß einer vermögenden Juristenfamilie. Er wuchs auf, durch eine üppige Küche wohlgenährt, an die Ordnung der Mahlzeiten und die Etikette der Tischsitten gebunden, und er gedieh zu einem gestandenen Gourmet. Die Jurisprudenz, die er in Dijon studierte und in Belley als Zivilrichter praktizierte, hinderte ihn nicht an der Entwicklung zum Genießer, im Gegenteil. Die Eintönigkeit des Berufes verlangte nach Farbe im Privaten. So wurde der wohlhabende, gebildete, gut aussehende Junggeselle ein Kavalier comme il faut, der jagte, musizierte und in den modischen Naturwissenschaften dilettierte, ein Salonlöwe im Provinzformat, der sich von Damen gerne nachstellen, aber von keiner erlegen ließ, ein bürgerlicher Grandseigneur, der sich alles leisten konnte und vieles mit Geschmack zu genießen wußte, vornehmlich die Freuden der Tafel:

»Der Geschmack, so wie ihn die Natur uns verliehen hat, ist derjenige unserer Sinne, der uns, genaugenommen, die meisten Genüsse verschafft. Erstens: weil das Eßvergnügen das einzige ist, das, mit Mäßigkeit geübt, keine Müdigkeit hinterläßt. Zweitens: weil es zu jeder Zeit, in jedem Alter und von jedem Stand ausgeübt werden kann. Drittens: weil es mindestens einmal am Tage auftritt und ohne Beschwerden zwei- bis dreimal täglich wiederholt werden kann. Viertens: weil es sich mit allen anderen Vergnügungen vereinigen läßt und uns selbst über deren Abwesenheit hinwegzutrösten vermag. Fünftens: weil die Empfindungen, die es hervorruft, dauerhaft sind und von unserem Willen abhängen. Sechstens und nicht zuletzt: weil wir beim Essen ein ganz besonderes, unbeschreibliches Wohlbehagen empfinden, das aus dem instinktiven Bewußtsein entspringt, daß wir durch das Essen unsere Lebenskräfte erneuern und unsere Lebensdauer verlängern.«

Brillat-Savarin war 34 Jahre alt, als die Französische Revolution ausbrach. Seine Mitbürger schickten ihn als Deputierten des Dritten Standes von Bugey in die konstituierende Nationalversammlung nach Paris. Ein Patriot ist er stets gewesen: »Die Koketterie und die Feinschmeckerei – das stelle ich stolz fest – diese beiden großen Errungenschaften, mit denen die bis zum äußersten gesteigerte Geselligkeit unseren dringendsten Bedürfnissen abhalf, sind beide französischen Ursprungs.«

Von den revolutionären Parolen hielt er weniger. Freiheit erstrebte er eher in der Wahl der Gerichte, Gleichheit im Genuß, Brüderlichkeit an der Tafel. Der Mensch sei gut – diese These Rousseaus variierte der Bürger von Belley, indem er einen weisen Landsmann zitierte: »Er sagte mit dem Philosophen, daß die guten Dinge den guten Menschen bestimmt seien, indem man sonst absurderweise glauben müßte, Gott habe sie nur für die Bösen geschaffen.«

Kein Wunder, daß nach dem Sturz des Königtums und der Machtergreifung der Jakobiner auf diesen Bürger – inzwischen Maire seiner Heimatstadt – die Guillotine wartete. Er entzog sich ihr durch die Flucht ins Ausland. Die Frau des Volksvertreters Prôt, mit der er einen Abend lang musiziert hatte, half ihm dabei, in der Erkenntnis: »Bürger, wer wie Sie die Künste liebt, der verrät sein Vaterland nicht!« Der Flüchtling wandte sich zunächst nach Köln, nicht ohne vorher noch einmal wie Gott in Frankreich gespeist zu haben, in einem Gasthaus im heimischen Jura: »Welch treffliches Essen! Ich erspare mir die Einzelheiten, doch ein Hühnerfrikassée in vorzüglicher Zubereitung, wie man es nur in der Provinz findet, und so reichlich getrüffelt, daß der alte Tithon dadurch neue Kräfte hätte sammeln können, bedarf einer ehrenvollen Hervorhebung.«

Der Emigrant bedurfte dieser Stärkung, denn drei Jahre lang erhielt er nichts mehr zu essen, was auch nur entfernt den heimatlichen Gerichten geglichen hätte. Von Köln ging er in die Schweiz und von dort nach Amerika. In Hartford, Connecticut, und in New York spielte er Violine, lehrte Französisch und zeigte den Yankees, wie man Rühreier mit Käse macht. 1796 durfte er nach Frankreich zurück, wo er eine hohe Richterstelle erhielt – in Paris, das nach der These von Belley und der amerikanischen Antithese seine gastrosophische Synthese wurde: »Von allen Orten, die Altäre für Gasterea – die zehnte Muse, die Herrin der Geschmacksfreuden – errichtet haben, gibt sie der Königin der Welt den Vorzug, jener Stadt, die zwischen ihren Marmorpalästen die Seine einschließt.«

Brillat-Savarin zog in die Rue Richelieu, in die Nähe des Bäckers Limet, dessen Hausbrot vorzüglich war, dessen »Luxusbrot aber an Weiße, Schmackhaftigkeit und Leichtigkeit kaum seinesgleichen gehabt haben dürfte«. Von hier war es nicht weit zum Delikatessengeschäft der Madame Chevet, neben dem Théâtre Français, und zu den Restaurants des Palais Royal, wo er das Etablissement von Antoine de Beauvilliers, des ehemaligen Haushofmeisters des Grafen der Provence, bevorzugte: »Beauvilliers besaß als erster einen eleganten Speisesaal, gute Kellner, einen gepflegten Keller und eine vorzügliche Küche.«

Das Restaurant war eine neue Einrichtung, der neuen Gesellschaft gemäß. Der Adel und die hohe Geistlichkeit hatten in ihren Schlössern und Palästen gespeist, die Bürger zog es aus der Intimität ihrer Häuser in die Öffentlichkeit der Restaurants. Dem Dritten Stand lag an der Mobilität des Genießers und an der Pluralität des Genusses. Als Vorteile nennt Brillat-Savarin: jeder könne zu der ihm passenden Zeit das ihm Genehme speisen, beschränkt nur durch die Stärke seines Appetits und das Fassungsvermögen seines Magens, und – wer kann, der kann – gegen kalkulierbares, an Speisekarten abzulesendes Entgelt.

Das Laissez-faire, laissez-aller barg indessen Risiken, die Brillat-Savarin nicht verschweigt: »Zweifellos lassen sich viele durch die Gelegenheit und die übermäßige Anziehungskraft der zu habenden Dinge zu Ausgaben verleiten, die ihre Möglichkeiten übersteigen. Empfindliche Mägen verdanken ihnen vielleicht auch Verdauungsstörungen und der Venus Vulgivaga einige unangebrachte Opfer.«

Bankrott konnte der Bourgeois auf verschiedene Weise machen: durch Spekulationen, was seine Erfindung war, wie durch Frauen und »la grande couffe«, was ein Feudalist ebenfalls vermocht hatte. Auch an der Tafel hätten die Bürger die Chevaliers und Abbés abgelöst, meinte Brillat-Savarin, für den die jeweils herrschende Klasse zu den Gaumenfreuden prädestiniert erschien. Zugleich glaubte er, daß es die Bourgeoisie in jeder Beziehung besser machen könnte als die Aristokratie – das Bürgertum, das sich dem zivilisatorischen Fortschritt verschrieben hätte und deshalb auch Fortschritte in der Eßkultur machen müßte.

Dem stand einiges entgegen. Zunächst die menschliche Natur im allgemeinen, die gefüllte Gläser bis zur Neige zu leeren pflegt, und der besondere Charakter der aufsteigenden Klasse, die sich – zum Ausgleich für langes Zukurzgekommensein – den Bauch gehörig vollschlagen wollte. Hier bedurfte es des Gastrosophen, der die Menschen und Bürger lehrte, das Gegebene richtig zu genießen, das Speisen von der Gefräßigkeit und die Tafelfreuden von der Völlerei zu unterscheiden, die Feinschmeckerei als persönliche wie gesellschaftliche Tugend zu entdecken und zu pflegen.

Also sprach der Gastrosoph: »Die Essenslust haben wir mit den Tieren gemein; sie setzt nur den Hunger voraus und die Möglichkeit, diesen zu stillen. Die Tafelfreude ist dem Menschen eigentümlich; sie setzt Sorgfalt voraus ... Die Feinschmeckerei ist eine leidenschaftliche, überlegte und geübte Vorliebe für alle Dinge, die unserem Geschmack schmeicheln. Die Feinschmeckerei verabscheut die Exzesse. Jeder, der sich überißt oder betrinkt, läuft Gefahr, von ihrer Liste gestrichen zu werden ... Unter welchem Aspekt man auch die Feinschmeckerei betrachtet, stets verdient sie Lob und Ermunterung. In physischer Hinsicht ist sie das Resultat und der Beweis des gesunden und tadellosen Zustandes der zur Ernährung dienenden Organe. In moralischer Hinsicht ist sie die unbedingte Befolgung der Befehle unseres Schöpfers, der uns nötigt zu essen, um zu leben, und der uns zum Essen durch den Appetit einlädt, durch den Geschmack unterstützt und durch das Vergnügen belohnt.«

Derartige Lehren stießen auf den Unverstand der Menschen wie auf die Ungunst der Zeiten. Napoleon Bonaparte beschnitt zwar die wilden Triebe am Baume der Revolution, hinderte aber die Franzosen daran, dessen Früchte in Ruhe und Frieden zu genießen. Auf Menschen nahm er so wenig Rücksicht wie auf Brathühner: Einmal erschien er so spät bei Tisch, daß nach und nach 23 Hühner an den Spieß gesteckt werden mußten, damit er ein richtig gebratenes bekommen konnte – und dieses schlang er dann unbeachtet hinunter, wie alles, was man ihm vorsetzte.

Napoleon wird von Brillat-Savarin zur Spezies der »Zerstreuten, Schwätzer, Wichtigtuer, Ehrgeizlinge und anderer« gezählt, die zwei Dinge gleichzeitig tun wollten und nur äßen, um etwas in den Magen zu kriegen.

Schließlich hatten alle Napoleon satt bekommen; er wurde von der Karte gestrichen. Eine Epoche begann, die etwas abschätzig Restauration genannt wird, obwohl sie der Restaurierung von Leib und Seele diente, in Restaurants wie an häuslichen Tischen. Brillat-Savarin feierte das Ende der menschenverschlingenden Ära Napoleons und den Beginn einer kultivierteren, Tafelfreuden gewogeneren Zeit mit seinem »Fasan à la Belle-Alliance«, einem der wenigen Rezepte, die wir ihm, dem platonischen Gastrosophen, verdanken. Er kreierte ein aufwendiges Gericht – die Farce besteht aus getrüffeltem Schnepfenfleisch –, das an das üppige Leben des Ancien régime erinnern und gleichzeitig dartun sollte, daß es nun erneuert und verlängert werden konnte, von den bürgerlichen Biedermeiern.

Seinen »Fasan à la Belle-Alliance« – der »schönen«, was ihm mehr bedeutete als die »heilige« Allianz – setzte er einer kompetenten Jury vor. Es waren Kollegen vom Obersten Gerichtshof in Paris, Juristen also, die wie er willens waren, das Unbehagen im Büro durch das Behagen bei Tische zu verdrängen, und in der Lage, ein auf Kenntnissen und Erfahrungen beruhendes Urteil zu fällen: »Nach gründlicher Untersuchung tat der Präsident mit gewichtiger Stimme den Ausspruch: ›Exzellent!‹ Alle Häupter neigten sich zum Zeichen der Zustimmung, und das Urteil wurde einstimmig gefaßt. Während der Beratung bemerkte ich, wie die Nasen dieser ehrwürdigen Herren deutlich erkennbare Riechbewegungen vollbrachten, wie sich auf ihren erhabenen Stirnen eine friedliche Heiterkeit abzeichnete und wie ihr rechtsprechender Mund etwas Jubelndes bekam.«

In Herrengesellschaften konnte Brillat-Savarin beobachten, wie wohltuend ein gutes Mahl auf die vom bürgerlichen Alltag Gezeichneten wirkte: Wie zuerst die Münder und dann die Herzen voll wurden, »auf allen Gesichtern das Feuer des Verlangens, die Verzückung des Genusses und die vollkommene Ruhe der Glückseligkeit aufleuchteten« und schließlich ein Brillantfeuerwerk von Bonmots abgebrannt wurde. Von Damengesellschaften berichtete er weniger, und rein gar nichts von seinem Verhältnis zu Madame Julie Récamier, der Königin der Salons, das ein platonisches, ein gastrosophisches gewesen sein dürfte. Brillat-Savarin hat von ihr – ähnlich wie der Hofmaler David – ein idealisiertes Bild gegeben:

»Nichts bietet einen angenehmeren Anblick als eine hübsche Feinschmeckerin unter den Waffen: Ihre Serviette ist vorteilhaft entfaltet, eines ihrer Händchen ruht auf dem Tische, das andere führt elegant geschnittene Bissen oder einen zu zerzausenden Rebhuhnflügel zum Munde. Ihre Augen glänzen, ihre Lippen sind wie Korallen, reizend ihre Bewegungen, und die Unterhaltung fließt dahin . . . Das Quäntchen Koketterie, auf das Frauen nie und nirgends verzichten, fehlt auch hier nicht. Mit solchen Vorzügen ausgestattet, ist sie einfach unwiderstehlich.«

Er registrierte sie genau, die Wirkungen der Tafelfreuden auf andere und – lieber noch – auf sich selbst. Im Grunde war dieser Junggeselle ein einschichtiger, stiller Genießer, beinahe ein kulinarischer Narziß. Der in Paris arrivierte Bonvivant aus der Provinz faßte nie so recht Fuß auf dem Parkett der Hauptstadt, wollte es wohl auch nicht. Nicht das Modische, sondern das Bleibende in der Erscheinungen Flucht interessierte ihn, und sein Sinnen und Trachten ging dahin, die Erfahrungen zu systematisieren, die Erkenntnisse zu verdichten, das Genossene zu sublimieren.

So wurde Brillat-Savarin ein Gastrosoph. Im 18. Jahrhundert wurzelnd, neigte er ohnehin zum Homme de lettres. Das anhebende 19. Jahrhundert forderte Wissenschaftlichkeit. Und der bürgerliche Altruismus verlangte, die persönlichen Freuden mit anderen zu teilen, durch Mitteilung. Brillat-Savarin begann Eindrücke von Mahlzeiten zu notieren, über Essen und Esser zu meditieren; er setzte seine chemischen, physikalischen und medizinischen Kenntnisse zu, würzte mit Anekdoten und Histörchen, ließ den doppelten Zweck nicht aus den Augen: »Einmal wollte ich die theoretischen Grundlagen der Gastronomie festlegen, damit sie unter den Wissenschaften den ihr zweifellos zustehenden Rang einnehmen kann. Zum zweiten wollte ich genau definieren, was unter Feinschmeckerei zu verstehen ist und diese gesellschaftliche Tugend ein für allemal von der Gefräßigkeit und der Unmäßigkeit trennen, mit denen sie so unrichtigerweise in einen Topf geworfen wurde.«

Wer so hoch hinaus will, braucht lange zum Gipfel. Brillat-Savarin studierte, notierte, formulierte, verglich und verbesserte, eine Arbeit vieler Jahre. Der Jurist war mit seinen Urteilen schnell bei der Hand, der Gastrosoph mußte sich Zeit lassen; denn auf die Erfahrung kommt es hier an, und Erfahrungen kann man nie genug machen, vor allem, wenn sie so angenehm sind. Erst als Siebzigjähriger entschloß sich Brillat-Savarin zur Herausgabe seiner gesammelten, systematisierten und komprimierten Erfahrungen: »Physiologie du Goût ou Méditation de Gastronomie transcendante.«

Die »Physiologie des Geschmacks« erschien 1825 – anonym, als habe der Verfasser befürchtet, das Ziel noch nicht erreicht zu haben, doch eine Veröffentlichung für ratsam gehalten, in Vorahnung des nahenden Endes. Dieses kam ein Jahr später, am 2. Februar 1826. Brillat-Savarin hatte sich bei einem Gedenkgottesdienst für den guillotinierten Ludwig XVI., an dem er als Amtsperson teilnehmen mußte, tödlich erkältet. Grimod de la Reynière, sein gastrosophischer Konkurrent, rief ihm nach: »Wenn er doch wenigstens an einer Magenverstimmung gestorben wäre!«

Balthazar Grimod de la Reynière

Der erste Esskritiker

In der Pariser Zeitung »Le Monde« erscheint jeden Samstag die Kolumne »Plaisirs de la table« – eine Restaurant-Rezension, eine gastrosophische Meditation. Der Autor Robert Courtine ist für die Pariser Küche das, was Alfred Kerr einst für das Berliner Theater war: die Autorität ohne Appellationsinstanz. Raymond Oliver, der Chef des Restaurants »Grand Vefour«, nennt ihn »den gerechten, aber nicht nachsichtigen Meister der witzigen Kritik, dessen Äußerungen der süß-sauren Sauce nicht unähnlich sind«.

Dieser Robert Courtine schreibt unter dem Pseudonym »La Reynière«, und das aus gutem Grund. Denn sein Vorbild Balthazar Grimod de la Reynière war der erste Franzose und damit der erste Mensch überhaupt, der die Eßkritik zu einer literarischen Disziplin erhob, sie der Kunstkritik gleichstellte und zum Ahnherrn aller Eßkolumnisten und Restaurantführer geworden ist. La Reynière I. kaprizierte sich auf einen Stil, der den Nachfahren als klassisch gilt, doch eher an Molière als an Racine erinnert: geistreich-witzig, sophisticated, bis an die Grenzen der Exzentrik und darüber hinaus.

War Brillat-Savarin der erste gastrosophische Gelehrte, so Grimod de la Reynière der erste gastrosophische Literat. Seine Hauptwerke »Almanach des Gourmands« (1803-1812) und »Manuel des Amphitryons« (1808) verhalten sich zur »Physiologie du Goût« wie Kopfkissenbücher zu einem Handbuch. Verschiedenartig sind ihre Verfasser: Brillat-Savarin, der Jurist, der sich Extravaganzen im Essen leistete und sie durch wissenschaftliche Systematisierung zu normalisieren suchte. Grimod de la Reynière, der reiche Nichtstuer, der seine Vergnügungen zu Disziplinen der Lebenskunst emporstilisierte.

Als Sohn eines Generalpächters wurde Balthazar Grimod de la Reynière am 20. November 1758 in Paris geboren. In die Wiege war ihm Gold gelegt; denn die Generalpächter waren die Goldscheffler des absolutistischen Frankreich: Spekulanten, die gegen Entrichtung einer Pauschalsumme an die Krone die Steuern und sonstigen Abgaben einzogen und den Überschuß – und sie sorgten für einen enormen Überschuß – behielten.

Zehrgeld war also genug vorhanden, und eine kulinarische Familientradition. Der Großvater, ein Gourmand, verblich an einer Gänseleberpastete. Der Vater erzog den Sohn zum Gourmet, beinahe zu seinem Nachteil, wie Alexandre Dumas der Ältere in seinem »Grand Dictionnaire de Cuisine« erzählt. Auf einer Reise war La Reynière Père genötigt, in einem Dorfgasthof abzusteigen, wo ihm eröffnet wurde, daß es nichts zu essen gebe. Doch der Hungrige entdeckte in der Küche sieben Truthähne, die sich am Bratspieß drehten. Davon könne er nichts abhaben, bedeutete ihm der Wirt, die habe alle ein durchreisender Herr aus Paris bestellt. Alle sieben, für sich ganz allein? Jawohl. La Reynière, der Vater, begab sich stantepede zu diesem Herrn – und traf seinen 18jährigen Sohn Balthazar. Warum er denn in drei Teufels Namen alle sieben Truthähne für sich allein haben wolle? Der hoffnungsvolle Sprößling antwortete: »Herr Vater, ich hörte Sie stets zu Ihren Freunden sagen, daß am Truthahn nichts anderes gut sei als – Sot-l'y-laisse – die Stücke über dem Steißbein, die Pfaffenbisse. Ich habe also sieben Truthähne zubereiten lassen, um vierzehn Pfaffenbisse zu essen.«

Ein verwöhnter Krüppel im wahrsten Sinne des Wortes. Vater wie Mutter verhätschelten ihren Balthazar, der mit deformierten Händen zur Welt gekommen war und von kleiner, buckliger Gestalt blieb. Seine Protesthaltung scheint daraus erwachsen zu sein: gegen das steife Zeremoniell im Vaterhaus, das geistreiche Getue im Salon der Mutter, gegen Zöpfe und Schnürbrüste, das Reglement des Ancien régime. Da er seinen Protest wie ein Hofnarr vorbrachte, machte sich die feudale Gesellschaft über ihn lustig, ohne das Makabre in seinen Scherzen ernst zu nehmen.

So bat La Reynière am 1. Februar 1783 in seine Wohnung an den Champs-Elysées zu einem Souper, über das sich tout Paris beinahe totlachte. Die Einladungskarten waren wie Todesanzeigen gedruckt, der Speisesaal glich einer Leichenhalle, der Tafelaufsatz war ein Katafalk, und hinter jedem Gast stand ein Sarg. Dreihundert Kerzen brannten für 22 Gäste, darunter zwei Frauen in Männerkleidung. Es gab neun Gänge und zwei Tischreden des Gastgebers, der das Öl und das Schweinefleisch hochleben und sich als »Verteidiger des Volkes« feiern ließ, seiner Devise gemäß: »Vor dem Gesetz und bei Tische müssen alle gleiche Rechte und gleiche Pflichten haben. Die Tafel macht uns alle gleich.«

Solche rechtzeitig bekundeten demokratischen Tendenzen sowie der Umstand, daß er 1786 wegen eines Pamphlets seine Advokatur verlor und deshalb als Verfolgter des Ancien régime gelten mochte, verhalfen La Reynière einigermaßen ungeschoren über die heiße Phase der Französischen Revolution hinweg. Robespierre, der menschenfressende Puritaner, war bald passé, und wer die Sintflut hinter sich hatte, wollte das nachholen, was er versäumt hatte: in den überstandenen mageren Revolutionsjahren oder weil er in der sogenannten guten alten Zeit nicht zu den Privilegierten gehört hatte, die auf den fetten Weiden grasen durften.

Da war Cambacérès – vor der Revolution Steuerrat, durch die Revolution Präsident des Kriminalgerichts und Mitglied des Wohlfahrtsausschusses, während des Direktoriums Justizminister, dann zweiter Konsul neben Napoleon Bonaparte und später Erzkanzler des Kaiserreichs. Cambacérès war ein typischer Vertreter der »Pilzgeneration«, der indessen nicht ohne Würdigung des kultivierten Mutterbodens und Anspruch auf gehobene Genüsse emporschoß. Ohne guten Tisch könne man nicht gut regieren, pflegte Cambacérès zu sagen. Für ihn war die Tafel die Fortsetzung der Politik mit wirksameren Mitteln, und die neuen Herren drängten sich um sie, mit Ausnahme Napoleons, der auswärtige Diplomaten gerne mit dem Hinweis verabschiedete: »Gehen Sie und speisen Sie bei Cambacérès.«

Mit der Tafel des Cambacérès verehrte La Reynière die Kontinuität der Küchentradition. Auch die Restaurants, eine Errungenschaft der Revolution, schätzte er, nicht zuletzt deshalb, weil hier ehemalige Herrschaftsköche ein breiteres Publikum bekochen und beglücken konnten. Dies erfüllte den theoretisierenden Demokraten mit Genugtuung, und jenes den praktizierenden Aristokraten mit Sorge: Wären die Parvenues überhaupt imstande, die gebratenen Tauben, die ihnen in den Mund flogen, zu genießen? Und wären die ein sachverständigeres Publikum gewohnten Köche nicht in ständiger Versuchung, in ihren Anstrengungen nachzulassen?

Mit der Demokratisierung der Gesellschaft drohte eine Egalisierung der Geschmäcker und eine Nivellierung der Kochkunst. Dem trat La Reynière entgegen. Der Generalpächterssohn, der das süße Leben vor der Revolution gelernt und genossen hatte, plädierte nun als Verteidiger des Volkes respektive des Bürgertums für eine Verbreitung der Tafelfreuden wie eine Vertiefung des Eßgenusses – und damit für die Beförderung der allgemeinen Wohlfahrt. Ein Bonvivant hatte einen Beruf, ein Dilettant einen Platz in der Geschichte der Gastrosophie gefunden.

La Reynière begann – zum Ansporn der Köche wie zur Ermunterung der Konsumenten – Nahrungsmittel und Gerichte systematisch zu begutachten. Zu diesem Zwecke berief er eine »Jury dégustateur«, ein Gremium von ausgesuchten Gourmets, das wöchentlich zu einer Sitzung zusammentrat. Die Urteile wurden mit Sachverstand gefällt und mit ausgesprochenem Sinn für Reklame verbreitet. Lebensmittelhändler und Restaurateurs bemühten sich, der Jury nur das Beste vorzusetzen, was diese nicht daran hinderte, harte Urteile zu fällen, die in Protokollen publiziert wurden. Von den Pariser Restaurants bevorzugte La Reynière das »Rocher de Cancale« in der Rue Montorgueil, das für seine Austern und Fische berühmt war und für seine Gala-Essen, wie jenes vom 28. November 1809:

Vier Suppen: Krebssuppe, Königinsuppe mit Mandelmilch, Julienne (Gemüsesuppe mit Spargelspitzen), Hühnerbrühe. Dann vier appetitanregende Gänge: Brochet (Hecht) à la Chambord, getrüffelter Truthahn, Steinbutt, Ochsenschwanz in Madeira. Nun zwölf Entrées: Rebhuhn in Aspik, Gemüseplatte, getrüffelte Poulardenbrüste, geräucherte rote Rebhühner, geschmorte Lerchenbrüstchen, Poulardenschnitzel, Kaninchenfilets, Vol-au-vent à la financière, Hühnerflügel mit Chicorée, gebratene Hähnchen mit Krebsbutter, Salmschnitzel auf spanische Art, Filets Mignons mit Trüffeln.

Dieses war der erste Streich, ein Second service folgte allsogleich: zunächst Forelle, Gänseleberpastete, Süßwasserkrebse, glasierter Schinken. Dann Gebratenes: Fasan, Stinte, Schnepfen und Seezungen. Schließlich Entremets wie Kartoffeln, Spargel und Trüffeln, ferner Orangengelee und Vanille-Soufflé.

Diese Speisenparade, von edlen Weinen begleitet, ein Mittagessen für 24 Couverts soll – wie La Reynière berichtet – tausend damalige Francs gekostet haben, zuzüglich Trinkgelder, 24 Francs für den Küchenchef, 36 Francs für die Kellner, eine ungeheuerliche Summe. Das konnten sich nur napoleonische Neureiche leisten, Gourmands eher denn Gourmets.

»Almanach des Gourmands« nannte La Reynière denn auch sein zwischen 1803 und 1812 in acht Bänden erschienenes Vademecum für »Parvenues, die nicht wissen, wie sie ihrem Vermögen Ehre machen sollen«. 1808 verfaßte er zudem ein »Manuel des Amphitryons«, mit Anstandsregeln, Anleitungen für Gastgeber und Gäste, Mustermenus – und ähnlichen Hinweisen, die der im Ancien régime geschulte Gastrosoph der neuen Gesellschaft dedizierte, damit sie über der Quantität ihrer Möglichkeiten die Qualität des Genusses nicht verfehle.

La Reynière, dem Cartesianismus verpflichtet, begann mit Begriffsbestimmungen. Was ist das, ein Gourmand? In seiner Antwort unterschied er nicht zwischen Gourmet und Gourmand, sondern identifizierte den üppigen Gutesser mit dem maßvollen Vielesser, dabei dem zur Grandeur neigenden Zeitgeist nachgebend wie die Fassungsvermögen damaliger Bäuche beachtend: »Der Gourmand ist nicht nur ein Geschöpf, das die Natur mit einem ausgezeichneten Magen und einem ausgedehnten Appetit ausgestattet hat – alle robusten und wohl konstituierten Menschen können dies aufweisen. Der Gourmand verbindet mit diesen Vorzügen einen aufgeklärten Geschmack, der seinen Ursprung in einem besonders delikaten Gaumen hat und in einer langen Erfahrung gereift ist. Alle Sinne des Gourmands sind gefordert, müssen stets mit seinem Geschmack harmonieren; denn er muß seine Bissen vernünftig auswählen, bevor er sie an seine Lippen bringt. Dazu bedarf es eines durchdringenden Blickes, wacher Ohren, eines feinen Tastsinns und einer fähigen Zunge.«

Das ist schon viel, genügt aber noch nicht den Ansprüchen La Reynières. Verstehen zu essen, bedeutet für ihn auch ein entsprechendes Benehmen bei Tische. Der Gast dürfte nicht länger als eine Viertelstunde auf sich warten lassen. Damen sollten keine Handschuhe an der Tafel tragen, denn das sei »ebenso unartig, als sich gestiefelt und gespornt ins Bett zu legen«. Ein Mensch, der während des Essens Bücher, Zeitungen oder gar Briefe lese, müsse »ein Engländer oder ein Kamtschdale sein«. Der Gourmand lasse weder auf seinem Teller noch in seinem Glase etwas zurück, beleidige den Gastgeber nicht durch die Zurückweisung eines Gerichts, esse aber nie mehr, als er mit Anstand verdauen, und trinke nie mehr, als er vertragen könne.

Einen Knigge für die napoleonische Schickeria hat der

Aristokrat La Reynière verfaßt, mit elementaren Benehmensregeln, aber auch mit Instruktionen für gehobene Tafelsitten. Denn ein Gourmand soll nicht nur mit Appetit und Anstand das Gebotene genießen, er muß darüber auch mit Esprit und Takt zu reden verstehen. Ein dummer Mensch nehme sich nirgendwo dümmer aus als bei Tische, während der geistreiche Mensch hier mehr als anderswo Gelegenheit habe, sein Licht leuchten zu lassen.

Unter gewissen Bedingungen freilich: »Ein Gast, der zu leben weiß, wird erst dann zu parlieren beginnen, wenn der erste Hunger gestillt ist. Bis dahin bleibt das Essen ein ernsthaftes Geschäft, von dem niemand die Aufmerksamkeit der Tischgenossen leichtsinnig ablenken darf ... Nirgends muß der Mann von Bildung vorsichtiger in der Wahl seiner Gespräche sein als bei Tische. Spricht man während des Essens mit seiner schönen Nachbarin von der Schönheit einer anderen Frau, mit einem Dichter oder Musiker vom Talente eines seiner Konkurrenten, ... oder mit einem Zeitungsschreiber von den zahlreichen Abonnenten eines anderen Blattes, so verdirbt man diesen Bemitleidenswerten den Appetit ... Die größte Sünde aber, die ein Feinschmecker anderen gegenüber begehen kann, ist es, diesen anderen den Appetit zu verderben. Appetit ist die Seele des Gourmands, und wer ihm diesen zu verderben sucht, begeht einen moralischen Mord, einen gastronomischen Totschlag, und er verdient lebenslänglich Galeere.«

Als Gast bewährt sich der Gourmand, als Gastgeber hat er Gelegenheit, sich als Meister zu offenbaren. Das zeigt sich schon in der gediegenen Ausstattung des Speisezimmers wie in dessen Beleuchtung. Als habe La Reynière eine düstere Vorahnung der verdunkelten Restaurants von heute gehabt, schärfte er seinen Lesern ein: ein einfaches Gericht, das bei gutbeleuchteter Tafel serviert werde, schmecke besser als die herrlichste Speise, die man im Finstern hinabwürgen müsse; denn das Licht sei der Prometheus-Funke auch für den Speisenden.

Diesen würdig zu regalieren, sei die schönste Rolle für einen wohlhabenden und einen wohlmeinenden Mann: »Mit Geld allein erlangt man noch keine gute Tafel. Dazu gehören Aufmerksamkeit, Kenntnisse und Studien in allen Disziplinen der Gastrosophie. Es ist viel leichter, ein Vermögen zusammenzubringen, als es mit Anstand zu genießen. Dazu gehört neben dem entsprechenden Wissen Menschenkenntnis und eine gute Erziehung ... Der wahre Gastgeber hat einen gebildeten Geschmack; er kostet die Weine, die er erwirbt, er überwacht mit unendlicher Sorgfalt den Ankauf der Nahrungsmittel und zerbricht sich den Kopf bei der Auswahl der Gäste, die nicht nur liebenswürdig sein sollen, sondern auch zueinander passen müssen. Die Gäste aber sollen wissen, daß sie dem, der sie zu seinem Tisch lädt, nicht nur Dankbarkeit, sondern auch Bewunderung schulden.«

Grimod de La Reynière faßte die neue Klasse am Portepee der alten Lebenskunst, für das allgemeine wie für sein persönliches Wohlergehen. Das Honorar für seine gastrosophische Lebenshilfe kassierte er in Naturalien. In den Restaurants, die dem gefürchteten Kritiker die besten Bissen vorsetzten und es mit der Rechnung nicht genau nahmen. Und bei den Diners und Soupers der Granden und Kriegsgewinnler, deren Attraktion er war, wo er als Autorität brillierte, Schabernack trieb wie eh und je, den einen gefiel und anderen auf die Nerven fiel, wie dem Marquis de Cussy, dem Verfasser der »Art culinaire«, einem gastrosophischen Konkurrenten: La Reynière schwätze zuviel, lauter Gemeinplätze, zum Davonlaufen.

Die Bewunderer ließen sich nicht beirren. Wer mitreden wollte, mußte ihm zuhören, hatte seine Werke zu lesen und seine Lehren zu befolgen. La Reynière war in Paris en vogue, und bald strahlte sein Stern über Frankreich hinaus: nach Deutschland, wo ihn Baron Vaerst als den Corneille der französischen Gastronomie bezeichnete, das heißt als den Vorläufer des klassischen Geschmacks. In England lobte die 1852 erschienene »Art of Dining«: »Der ›Almanach des Gourmands‹ war der erste ernsthafte und dauerhafte Versuch, der Gastronomie das Ansehen einer geistigen, edlen Bestrebung zu geben.«

In der Tat ist dieses Werk weit mehr als nur ein Modejournal: ein Klassiker der Gastrosophie. Ein Kapitel von bleibender Gültigkeit ist der »Calendrier Nutritif«. Darin wird demonstriert, daß nicht nur für den Geschäftsmann, sondern auch und vor allem für den Gastrosophen der Terminkalender von Bedeutung ist. Bei aller Lust am Ornament hat La Reynière, vom Rationalismus des 18. Jahrhunderts geprägt, einen ausgesprochenen Sinn für Ordnung – auch und nicht zuletzt für die Ordnung der Natur, die ihre Gaben nach dem Kalender verteilt.

Der Januar – glorreich beginnt das Jahr des Gourmands, in fleischlicher Fülle: Es gibt Rindfleisch, gut und viel, Kalbfleisch und – nicht zu verachten – Hammelfleisch, vor allem die rosig zu bratende Hammelkeule. Auch an Wild ist kein Mangel: Hasen, Kaninchen, Rehe und Wildschweine, ältere (Sangliers) wie jüngere (Marcassins). Das Wildgeflügel fliegt im Januar dem Gourmand beinahe in den Mund: Wildenten, Schnepfen, Fasanen, Rebhühner – »die Roten sind die besten« – und die Bartavelle, »die unter den Rebhühnern hervorsticht wie ein Kardinal unter den Bischöfen«. Last not least: das Schwein, das La Reynière so schätzte, daß er vor jedem lebendigen den Hut zog und jedes geschlachtete pries: »Ohne Schwein kein Speck und folglich keine Küche, ohne Schwein keine Schinken, keine Würste, keine Kuttelwürste, keine Blutwürste, und folglich auch keine Wurstmacher. Undankbare Ärzte, die ihr das Schwein verurteilt, weil es Verdauungsstörungen verursache – ist es doch gerade deswegen ein Edelstein in eurer Krone.«

Der Februar – so der »Nahrungs-Kalender« – sei ein Crescendo seines Vorgängers. Dessen fleischliche Genüsse werden durch Geflügel gesteigert: Hähnchen und Poularden vor allem. La Reynière führt für diesen Monat auch Gänse an – ein Beweis, daß auch ein Experte irren kann. Im

März exzellieren dann die Meerfische: Steinbutt, der »Fasan des Meeres« und »König der Fastenzeit«, Stör, Salm, Seezunge, Scholle – und Schwärme von Süßwasserfischen.

Im April hebt La Reynière das Lamm, den Schinken und den Spargel hervor. Der Mai ist für ihn der Monat der Makrelen, der Täubchen, der grünen Erbsen und der Butter, ein Monat des Feinschmeckers und der Liebenden, nur daß die Zeit der Liebe kurz sei, die Feinschmeckerei aber ein Leben lang dauern könne. Die Sommermonate – Juni, Juli, August – findet der Gourmand weniger erwähnenswert. Der September bringt dann wieder Austern, zu früh, wie La Reynière meint. Sie seien in diesem Monat weder frisch noch fett genug, um die Begierde eines Gourmands zu befriedigen. Man sollte bis Anfang Dezember warten. Aber wer bringt schon diese Geduld auf!

Der September entschädigt La Reynière mit anderen Genüssen: »Er bietet bereits ansehnliches Wildbret, das aber in den folgenden Monaten noch besser sein wird – mit Ausnahme des Krammetsvogels (Grive), dessen Embonpoint von der Reife der Trauben abhängig ist . . . Die Artischocken sind das distinguierte Gemüse dieses Monats . . . Und Eier sind im Überfluß vorhanden; sie sind gut und billig, zwei Vorzüge, die bei allem, was eßbar ist, fast immer Hand in Hand gehen . . . Ohne Eier keine Crème, kein Gebäck, keine gezuckerten Zwischengerichte . . . Man hat in Frankreich 543 verschiedene Arten, die Eier zuzubereiten, abgesehen von denjenigen, die noch täglich von den Küchengelehrten entdeckt werden, denn die Kochkunst ist ein Gebiet, auf dem es immer noch Entdeckungen zu machen gibt . . . Die Eier sind eines der herrlichsten Geschenke, welche die Vorsehung je dem menschlichen Appetit gemacht hat.«

Im Oktober steigt die gastronomische Linie weiter an: Rinder und Hammel werden wieder fetter. November ist dann die Saison des Truthahns, und im Dezember gibt es wieder Fleisch und Fisch in bester Qualität. Alles ist gerüstet für den Réveillon, die Nachtmahlzeit, mit der die Franzosen Weihnachten feiern. Schon der Vorfreude ist der Gourmand hingegeben: »Am Heiligen Abend und an Weihnachten bieten die Straßen von Paris ein appetitanregendes Schauspiel, das der Betrachtung würdig ist. Die Metzgerläden sind erleuchtet wie Ballsäle. Die Restaurants haben Gäste, bei den Rôtisseurs dreht sich rastlos der Spieß, und beinahe alle Gewerbe, die sich mit der Sorge um den Magen befassen, sind voll beschäftigt. Der Verbrauch an Nahrungsmitteln ist verschwenderisch, und da man, auf welchen Tag das Fest auch fallen mag, an Weihnachten immer Fleisch ißt, so werden die Herren Schweine niemals aufhören, in dieser Nacht mehr denn je mit ihrer Person für unser Vergnügen einzustehen.«

Wenn Grimod de la Reynière an solchen Tagen durch Paris wanderte, konnte er feststellen: »Die Vorfahren aßen, um zu leben, die Nachfahren scheinen zu leben, um zu essen.« Und er mochte sich schmeicheln, zu diesem Fortschritt beigetragen zu haben, zur gastronomischen Grandeur Frankreichs wie Napoleon zur nationalstaatlichen Glorie.

Nach dessen Sturz zog sich La Reynière auf sein Landschloß in Villiers-sur-Orge zurück. Hier ließ er der Exzentrik die Zügel schießen, die in Paris noch einigermaßen durch die Konvention gebändigt gewesen war. Als Hausgenossen hielt er sich ein Schwein, das mit ihm am Tische speisen durfte.

Im Jahre 1818 erhielten seine Freunde die Anzeige, La Reynière sei verschieden; die Beerdigung finde am 7. Juli um 16.00 Uhr statt. Die Trauernden fuhren von Paris nach Villiers-sur-Orge, wo sie, an einem geschlossenen Sarg vorbei, in einen schwarz verhängten Salon geführt wurden. Plötzlich öffnete sich eine Tür zum Speisezimmer, in dem eine Tafel üppig gedeckt war – und an ihrem Kopfende saß der angeblich Verblichene und forderte seine Gäste auf, sich rasch zu setzen, da er es nicht schätze, kalt zu speisen.

So trieb er weiterhin mit dem Entsetzen Spott und aß und aß, bis am 25. Dezember 1837 – nach dem Réveillon – der Tod tatsächlich kam und dem 79jährigen den Teller wegnahm.

Marie Antoine Carême

Das Kochgenie

Carême heißt auf deutsch »Fastenzeit« ein seltsamer Name für einen Mann, der als Koch üppige Mahlzeiten auftischte und als Schriftsteller zu Schwelgereien verführte. Marie Antoine Carême soll ihn der Leistung eines Vorfahren namens Jean verdanken, dem Papst Leo X. für eine Fastensuppe das Adelsprädikat de Carême verlieh.

Einen seltsamen Namen wie einen merkwürdigen Charakter besaß Marie Antoine Carême. Wenn es stimmt, daß Meisterköche so selten sind wie Meisteresser, dann war er eine besondere Rarität: ein großer Kochkünstler ebenso wie ein großer Eßkünstler, der zudem sich schriftlich zu äußern vermochte – ein Gastrosoph in der Potenz. Er stand an der Spitze der Küchenelite, an der Seite der Tafeltheoretiker Grimod de la Reynière und Brillat-Savarin, am Anfang des französischen Küchenjahrhunderts, in dem die ausführende wie die entgegennehmende Gastrosophie zu einer Kunstform und einem Wissenschaftszweig sowie zu einer gesellschaftlichen Disziplin geworden ist.

Fünf Jahre vor dem Ausbruch der Französischen Revolution, am 8. Juni 1784, wurde Marie Antoine Carême in Paris geboren, als siebzehntes Kind eines Gelegenheitsarbeiters, dessen Zeugungsfähigkeit in einem Mißverhältnis zu seinen Ernährungsmöglichkeiten stand. So setzte er den neunjährigen Marie Antoine auf die Straße, die nun die freie Bahn des Tüchtigen geworden war. Der Junge hatte

Glück – er fand Unterschlupf bei einem Garkoch. Er zeigte Tüchtigkeit – als Handlanger des Gargotiers, dessen Kaninchenfrikassee in den umliegenden Gassen gefragt war. Und er bewies Talent – als Lehrling in der Konditorei Bailly, einem der ersten Häuser in Paris. Der Meister gab ihm Gelegenheit, in der Nationalbibliothek Triumphbögen, Säulenhallen, Statuen und Ornamente abzuzeichnen und sie dann im Zuckerbäckerstil nachzubilden, für festliche Buffets in der Hauptstadt Frankreichs, das unter Napoleon daran ging, das Römische Reich in klassizistischen Formen zu erneuern.

»Es gibt fünf schöne Künste: die Malerei, die Dichtkunst, die Musik, die Bildhauerei und die Architektur, deren Hauptzweig die Pâtisserie ist.« Carême begann als klassizistischer Konditor, als Kopist antiker Muster, wie es dem Zeitgeschmack gefiel und der Materie des Zuckerbäckers entsprach. Als Koch wurde er selber ein Klassiker. Hier gab er sich nicht mit dem Studium der Griechen und Römer zufrieden, so ambitiös ihm auch der Autodidakt oblag. Die Kochpraxis erlernte er ab ovo, zielstrebig, umsichtig, unermüdlich: die Fertigkeit des Bratens, die Kunst der Saucen, die »belles parties du froid«, die »élégance moderne« – bei verschiedenen Pariser Meistern, vor allem bei Laguipière, der sich noch an den ersten Erfolgen seines Musterschülers sonnen konnte, bevor er als Leibkoch Murats in Rußland erfror.

Schon bald konnte sich Carême selbständig machen, als ordentlicher Konditor in der Rue de la Paix sowie als »Extraordinaire«, der zum Aufbau von Buffets und zur Gestaltung von Diners für Privatparties herangezogen wurde. Es war die Zeit, in der die napoleonische Gesellschaft die Früchte des Empire zu genießen begann, auswärtige Vertretungen um die Gunst der Crème de la crème warben; in der Pariser Gesandtschaft des frischgebackenen Königreiches Sachsen hatte Carême alle Hände voll zu tun. Er verdiente Geld und vervollkommnete seine Kenntnisse, schuf nicht nur antiken Modellen nachgebildete Tafelaufsätze, sondern auch neue Tellerinhalte, sozusagen eine Nouvelle cuisine, die zur Haute cuisine, zur klassischen Küche Frankreichs und damit zum Vorbild der Welt wurde.

Nicht nur ein Kochkünstler, auch ein Kochwissenschaftler, ein Küchenpräzeptor wollte Carême sein. Das intuitive Können und das glückhafte Gelingen genügten ihm nicht. Er suchte die Gründe des Zustandekommens zu eruieren, das Zustandegebrachte zu fixieren, als Grundlage für weiteres Zuwegebringen – für sich und andere. Der begnadete Koch wurde ein raisonnierender Fachautor. In seiner Küche stand neben dem Herd ein Schreibtisch, auf diesem lag ein dickes Notizbuch, in Maroquin gebunden, mit Goldschnitt, in das er Beobachtungen eintrug, um daraus ein gastronomisches Resumée zu ziehen:

»Ich hatte die vortreffliche Gewohnheit, die Modifikationen niederzuschreiben, die ich bei meiner Tätigkeit gemacht hatte, bei der jeder Tag einige Änderungen und Neuerungen mit sich brachte. Die Feder in der Hand, hielt ich die Gründe fest, die mich dazu bewogen hatten. Ein solcher Rechenschaftsbericht wird stets den Fortschritt fördern. So konnte ich auch verstehen lernen, wie sehr beim selben Gegenstand die Methoden differieren können. Indessen gibt es bei jeder Sache immer eine Art und Weise, die im Augenblick die vollkommenste oder die angenehmste ist, welche der Scharfsinn eines guten Geistes leicht erkennt.«

Eine vorzügliche Substanz in der ihr am meisten entsprechenden Form – das ist das klassische Koch-Credo Carêmes. Er offenbarte es im Jahre 1815 in seinem ersten Buch: »Le Pâtissier Royal Parisien«. Darin ist sein gastrosophisches Grundprinzip formuliert: der Stil müsse männlich-aufrichtig und modisch-elegant sein, die Speisen dürften nicht mit Stoffen verkleidet werden, die mit ihrem Charakter nicht übereinstimmten, einem Dekor, das die Feinschmecker verabscheuten und zurückwiesen.

Carêmes erstes Buch enthält auch seine gastro-politische Grundanschauung: das Zeitalter der Revolution sei der Evolution der Koch- und Eßkunst nicht günstig gewesen, im napoleonischen Kaiserreich habe sie sich wieder entwickeln und er, der Meister, sich entfalten können, doch erst in der Restauration werde der »Pâtissier royal« wie der »Cuisinier royal« die Palme erringen, die Haute Cuisine erreichen, den Gipfel der nationalen und damit der universalen Gastronomie.

Mit dem französischen Nationalstaat begann die französische Nationalküche, die wie die Ideen von 1789 globale Geltung beanspruchte. Vier Entwicklungsphasen hatte sie zu passieren: Das Ancien régime weckte den Appetit, die Revolution brachte mehr Esser an die Tafel, das Kaiserreich tischte gute Gerichte auf, die Restauration sollte nun vielen den Genuß des Besten ermöglichen, den restaurierten Adeligen wie den aufsteigenden Bürgern.

Die politischen wie gastronomischen Phasen verkörperte in jeweils passender Form und Farbe Charles Maurice de Talleyrand, vom bischöflichen Violett über das Blau-Weiß-Rot der Revolution und das bonapartistische Bienengold bis zum Bourbonenweiß; als Bischof von Autun, als Außenminister des Konsuls und Kaisers Napoleon wie als Außenminister des Bourbonenkönigs Ludwigs XVIII.; von der üppigen Tafel eines burgundischen Kirchenfürsten über die Kartoffelgerichte der Revolutionszeit und die napoleonischen Fleischtöpfe bis zu den Fasanen der Heiligen Allianz.

Nirgends hätte Carême die historischen Bedingungen und die gesellschaftlichen Auswirkungen der Kochkunst besser kennenlernen und nirgends mehr zur gastronomischen Entfaltung des vaterländischen Wesens beitragen können, als in der Küche und im Speisezimmer Talleyrands, dieses französischsten aller Franzosen. Schon für den Fürsten von Benevent von Napoleons Gnaden war er als Koch und Konditor tätig, als Arrangeur großer Gastereien und intimer Soupers. In Diensten des Restaurateurs der Bourbonen diente er dann der Restauration des süßen

Lebens – zum Nutzen seiner Nation wie zur höheren Ehre und zum größeren Genuß der Internationale der Gastrosophie.

Zunächst gewann Carême den Zaren für seine Kochkunst und stimmte ihn für Frankreich günstig. Am 31. März 1814 waren die Alliierten in Paris eingezogen: Zar Alexander I. von Rußland, König Friedrich Wilhelm III. von Preußen und Feldmarschall Fürst Schwarzenberg in Vertretung von Kaiser Franz I. von Österreich. Der Mächtigste und Wichtigste war der Herrscher aller Reußen. Ihn versuchte Talleyrand in die nationalen Interessen Frankreichs einzuwickeln, das zwar die blutigen Kriege der beiden letzten Jahrzehnte verursacht hatte, nun aber im restaurierten Bourbonenweiß an die Seite der Sieger über die Französische Revolution und über den französischen Kaiser Napoleon gerückt werden sollte. Talleyrand komplimentierte den Zaren in den Elysée-Palast und ließ ihn von Carême bekochen.

»Ich wurde Chef der kaiserlichen Küchen, zuständig für allen Aufwand, beauftragt mit der Zusammenstellung der Menus. Alles glückte mir, alles hatte Erfolg, und alles fiel mir um so leichter, als ich meine Mitarbeiter selber auswählen konnte; ich war unumschränkter Herr meiner Geschäfte. Diese schöne Stellung gab mir plötzlich eine Bedeutung, die ich bis dahin nicht zu hoffen gewagt hatte.« Carême war stolz, der Zar hingerissen, Talleyrand zufrieden. Er nahm seine Küchenbrigade mit auf den Wiener Kongreß, um sie auch dort als durchschlagende Waffe einzusetzen. Wenn aus dem Kriegsverlierer ein Friedensgewinner wurde, so ist das neben Talleyrands diplomatischem Geschick der Kochkunst Carêmes zuzuschreiben. Kaiser und Könige, Prinzen und Grafen, Minister und Diplomaten, alle Davongekommenen aßen oft und viel, als wenn sie etwas nachzuholen hätten, speisten gern französisch, in der aufpolierten höfischen Form, und sprachen noch lieber darüber, französisch selbstredend, über die Alimentationen und die Konversation bei Talleyrand.

Zum Beispiel davon: Beim Dessert wurde einmal über die Vorzüge verschiedener nationaler Käsesorten diskutiert. Ein Engländer lobte den Stilton, ein Schweizer den Emmentaler, ein Holländer den Edamer, ein Italiener den Stracchino. Talleyrand schwieg, weil er vom Vorzug eines französischen Käses überzeugt war, doch im Moment keinen parat hatte, um seine Gäste davon gaumenfällig zu überzeugen. Da half ihm – wie immer – seine Fortune: Ein Kammerdiener flüsterte ihm ins Ohr,, eben sei der Kurier aus Paris eingetroffen, mit einem Sack voll Depeschen und einer Kiste mit Briekäse. Daraufhin erklärte Talleyrand seinen Gästen, er habe davon abgesehen, platonisch ein Produkt seines Landes zu preisen; nun lasse er eine Kostprobe servieren. Der Brie – sicherlich war es der unnachahmliche Brie de Meaux, der während der langen Kutschenfahrt entsprechend gereift war – kam, wurde gerochen, geschmeckt, goutiert und gefeiert – ein diplomatischer Sieg mit gastronomischen Waffen.

Als das französische Imperium Napoleons unterging, stieg das französische Küchenimperium empor und ging daran, die Welt mit Kelle und Gabel zu erobern, ihr seine Rezepte als Errungenschaften zu bringen – vornehmlich Rezepte Carêmes, wie dieses: Früchtebecher à la Carême: Frisches Obst, in Würfel geschnitten, in Kristallschalen angerichtet, mit Maraschino oder Kirschwasser parfumiert, Vanilleeis darüber gestrichen, dieses mit Crème Chantilly überzogen, darüber Himbeersauce gegossen, auf dem Ganzen ein Helm au Zuckerfäden mit Kokarden aus kandierten Kirschen.

Paris, die Hauptstadt des französischen Küchen-Empires, schickte seine Köche als Statthalter in die sich hingebenden Länder – an der Spitze Marie Antoine Carême, den Marschall der Grande cuisine, der wie ein Feldherr der Grande Armée seine Befehle gab, seiner Küchentruppe, seinem Unterkoch: »Jacques! Wenn Ihre Ente gerupft, ausgenommen und gesengt ist ... reiben Sie ihr das Bäuchlein mit Zitronensaft ein, machen Sie ein Speckkissen in Ihre Kasserolle, legen Sie die Ente obendrauf und decken Sie sie mit Speckscheiben zu ... Eine Stunde und fünfunddreißig Minuten vor dem Servieren wird die Ente aufs Feuer gesetzt, sie muß auf kleiner Flamme vor sich hinbraten, bis zum Augenblick des Auftragens. Sie lassen sie abtropfen, zäumen sie ab und richten sie auf der Platte an ...«

Das Resultat solcher Taktik und Strategie, von einer Sauce mit dem Saft einer Bigaradie flankiert, eroberte die Friedensmacher auf dem Wiener Kongreß 1814/15, bei dem ein in seinen vornapoleonischen Grenzen belassenes Frankreich in den Fünferklub der Großmächte aufgenommen wurde, wie auf dem Aachener Kongreß von 1818, bei dem der Rückzug der Besatzungstruppen aus Frankreich beschlossen wurde. In Aachen bekochte Carême wieder den Zaren und becircte ihn von neuem. Alexander wollte ihn nach Sankt Petersburg mitnehmen, bot ein Monatssalär von 2400 Goldfranken und eine Verfügungssumme für die Küche von 80 000 bis 100 000 Goldfranken im Monat.

Doch Carême nahm nicht an, sei es, weil er für den Augenblick seine patriotische Küchenpflicht für erfüllt ansah, sei es, weil ihm Petersburg zu weit von Paris entfernt lag. Ein Abstecher in das sowohl metereologisch wie gastronomisch problematische London – wo er für ein Jahresgehalt von 1000 Pfund Sterling den damaligen Regenten und späteren König Georg IV. regalieren sollte – war ihm nicht gut bekommen; schon nach wenigen Monaten kehrte er nach Paris zurück, mit dem bestätigten Grundsatz: »Man kann nur in Frankreich leben.« Dann flog er doch wieder aus, nach Wien, wo es ihm einigermaßen gefiel, in dieser

Phäakenstadt, beim britischen Botschafter Lord Stewart, der nicht nur zu essen, sondern auch den Koch zu behandeln verstand – nicht als besseren Dienstboten, sondern beinahe als seinesgleichen in der Gourmandise.

Mit Lord Stewart wagte sich Carême sogar noch einmal nach London, wo es ihn aber wiederum nicht lange hielt. Inzwischen hatte der stete Tropfen des russischen Angebots den Stein gehöhlt. Schon während der Schiffsreise bereute Carême seinen Entschluß: In der Ostsee kam man wegen einer Flaute nicht voran, und er mußte sich – wollte er nicht auch im Magen eine Flaute haben – mit der Kost der Matrosen begnügen. Die Enttäuschung in Sankt Petersburg blieb nicht aus: Der Zar ging auf Reisen, der neue Küchenchef blieb zurück, dem Neid der Kollegen und dem Mißtrauen der Schranzen ausgesetzt; jedes seiner Gerichte wurde bekrittelt und in allen seinen Schüsseln herumgeschnüffelt. Carême segelte zurück, geriet in einen schrecklichen Sturm und landete endlich in Calais, mit dem festen Vorsatz, im Lande zu bleiben und auch gegen geringeres Salär andere redlich zu ernähren.

Einen Kompromiß fand er als Küchenchef und Maître d'hôtel der russischen Fürstin Bagration in Paris. Wegen ihrer gewagten Dekolletés wurde sie »der nackte schöne Engel« genannt; sie hatte ein Kind von Metternich, war die ungekrönte Königin des Wiener Kongresses gewesen und machte nun in der französischen Hauptstadt Furore. Auch mit ihrer von Carême beschickten und bedienten Tafel, mit raffinierten Entremets und noch raffinierteren Saucen, wie der in küchenfranzösischem Understatement »Sauce Allemande« genannten Grande dame der Haute cuisine:

»Der Boden einer mittleren Kasserolle wird leicht angebuttert, mit einigen Scheibchen mageren Specks belegt, Kalbfleisch und zwei fette Hühner kommen hinein, mit blonder Brühe noch eben bedeckt. Die fest zugedeckte Kasserolle wird auf die helle Glut gebracht und sorgsam abgeschäumt, und wenn die Feuchtigkeit fest eingekocht ist, wird das Feuer verringert, um die Quintessenz des Fleischsaftes zu erhalten. Nach dem Einkochen müssen Hühner und Fleisch mit dem Messer gekerbt werden, und man hat nun sorgsam darauf zu achten, daß die gebundene Sauce sich nicht färbt. Deshalb muß die Außenwand der Kasserolle mit einem nassen Tuch abgewischt werden, und sowie die hineingeschüttete Brühe aufkocht, muß sie abgeschäumt und auf den Herdrand gerückt und zugedeckt werden. Wenn das Fleisch gar ist, wird es herausgenommen und sein Saft durch ein Tuch getrieben. Wenn dieser sofort wieder zum Kochen gebracht worden ist, tut man vier große Löffel davon in eine Kasserolle, in der ein Pfund kaum bräunlich angehauchte Butter zergeht. Sind sie glatt verrührt, kommen wiederum zwei Löffel hinzu undsoweiter, dann wird das Ganze der Kasserolle mit der großen Fleischbrühe zugefügt. Man lasse einmal aufkochen und rücke die Kasserolle wiederum auf den Herdrand. Nachdem noch einmal abgeschäumt worden ist, wirft man drei Handvoll ohne Zitrone gekochter Champignons hinein, klein geschnitten, und ein Würzkrautbündel. Fest verdeckt muß die ›große Gebundene‹ sanft weiter ziehen. Nach eineinhalb Stunden wird sie entfettet und ein großer Löffel Brühe zugesetzt. Wenn nun das Fett nach oben steigt, wird sie entfettet und immer wieder Brühe nachgefüllt. Wenn endlich alles Fett verschwunden und durch weißen Schaum ersetzt ist, teilt man die Velouté-Sauce in zwei Teile, von denen jeden ein besonderer Mann überwachen muß; denn er darf seine Sauce keinen Augenblick verlassen, damit sie nicht am Boden der Kasserolle anhängt, während er sie einkochen läßt. In die eine Kasserolle kommen dann drei Pinten einer guten Vollsahne, woraus dann die Béchamelsauce, köstlich, weiß und vollendet entsteht. Die andere wird mit acht bis zehn Eigelb gebunden, mit Butter und geriebener Muskatnuß. Man läßt aufkochen, bis etwa an zwanzig Blasen gestiegen sind. Dann sind die Eier völlig gebunden und die Gefahr besteht nicht, daß die Sauce nachher zusammenklatscht. Die ›Sauce Allemande‹ ist entstanden!«

Voilà – wer diese komplizierte Kunst beherrscht, ist ein Meister der Haute cuisine, und wem sie zu hoch oder zu kompliziert ist, wird ein Avantgardist der Nouvelle cuisine werden. Carême, der Großmeister, machte es sich immer schwerer: Er gab sich nicht mit eßbaren Kompositionen zufrieden, sondern schuf auch Werke der bildenden Kunst, zur Zierde der Tafel, als Rahmen für seine Menus, zur optischen Steigerung der Gaumenfreuden, zur höheren Ehre der Restauration. Für ein diplomatisches Souper in Wien kreierte er aus Kitt die fünf Wappen der alliierten Mächte. Den Sieg des Herzogs von Angoulême über die spanischen Liberalen feierte er mit sieben Trophäen, an denen er sechs Wochen lang arbeitete und die er für würdig befand, die Tafel des Königs zu zieren – was allerdings nicht die Ansicht des Hofes war, vornehmlich der Kosten wegen.

Die Restauration sei nicht immer groß und großzügig gewesn, raisonnierte Carême. Jedenfalls zog es ihn nicht in die Dienste Ludwigs XVIII., dieses Gargantua mit Zopfperücke und Podagra-Samtstiefeln, der nicht nur in der Regierung, sondern auch in der Küche alles selber machen wollte, immerhin die Truffes à la purée d'ortolans erfand und damit seinen Haushofmeister, den Herzog d'Escars, zu Tode fütterte. »Wie, er stirbt?«, wunderte sich der König, »stirbt an meinen Truffes à la purée d'ortolans? Dann habe ich doch recht gehabt. Ich habe immer gesagt, daß ich den besseren Magen hätte.«

An einen solchen Reaktionär wollte Carême seine Kunst nicht verschwenden. Er wandte sich von der Hocharistokratie ab und dem Großbürgertum zu, dem die Zukunft gehörte und das angemessen bezahlte. Den Höhepunkt seiner Laufbahn erreichte er als Küchenchef des steinreichen Bankiers Baron Jakob Rothschild, der sich den besten Koch und die berühmteste Tafel von Paris leistete, als Ausweis seines Aufstiegs.

Diesen akzeptierte auch Lady Morgan, begeistert von der disziplinierten Großzügigkeit des Gastgebers und dem distinguierten Genie des Kochs: »Das Speisezimmer befand sich vom Hause entfernt in der Mitte eines Orangenhaines; es war ein eleganter Pavillon von griechischem Marmor, durch funkelnd in die Luft sprudelnde Springbrunnen Kühlung erhaltend ... Kein geglättetes Gold funkelte im Glanze der untergehenden Sonne, kein glänzendes Silber blendete das Auge; Porzellan, durch seine Schönheit und Zerbrechlichkeit den Wert aller kostbaren Metalle übersteigend, jeder Teller ein Bild, harmonierte trefflich mit dem in der ganzen Anordnung vorherrschenden Charakter verschwenderischer Einfachheit ... Die charakteristische Eigentümlichkeit des Essens bestand darin, daß es der Jahreszeit wie dem Zeitgeiste angemessen war – daß sich in seiner Komposition keine Perücke, in keinem einzigen Gerichte eine Spur von der Weisheit unserer Vorfahren zeigte; da gab es keine stark gewürzten Saucen, keine dunkelbraunen Brühen, kein Vorschmekken von Cayennepfeffer und Gewürznelken ... Das Ganze bestand aus Läuterungen der leckersten Speisen, mit chemischer Genauigkeit ›auf lauen Wolken aufsteigenden Dampfes‹ abgezogen. Jedes Fleischgericht hatte sein eigenes natürliches Aroma, jedes Gemüse seine eigene grüne Färbung.«

Ein neuer Äon stieg empor, nach dem gewaltsam restaurierten und nur vorübergehend festzuhaltenden Feudalismus die Epoche des Bürgertums – und der klassischen Kochkunst. Sie wollte jede Speise nach ihrem Verdienst behandeln und jeden Speisenden nach seinem Vermögen bewirten. Das Suum cuique, das der aufgeklärte Absolutismus den Untertanen versprochen hatte, sollte nun auf mündige Bürger angewandt beziehungsweise von diesen selber praktiziert werden, auch mit vollen Mündern.

Zwischen den Zeiten, auf selbst geschaffenem Sockel, steht Marie Antoine Carême. So gern er am Wohlleben der Restauration partizipierte, so sehr er zum Luxus der wiedergekommenen Altreichen wie der aufkommenden Neureichen beitrug – er entwickelte das Kochen von einem gesellschaftlichen Hilfsmittel zu einer selbständigen Kunstgattung und einem anerkannten Wissenschaftszweig, erhob den Koch, der bis dahin ein dienstbarer Handwerker gewesen war, zu einem freischaffenden Künstler, erzog den aufwartenden Lakaien zum Maître d'hôtel, der souverän bediente, Herr jeder Situation blieb. Carême hat Tafelformen und Menufolgen des Ancien régime übernommen, sie jedoch von unnützem Flitter und unangebrachter Üppigkeit befreit, sie mit solider Substanz erfüllt und harmonisch abgestimmt, kühn in der Erfindung des notwendigen Neuen, besonnen in der Wahrung des bewährten Alten, mit der Intuition des Kochgenies und dem durch Nachdenken und Experimentieren herangebildeten Geist des Gastrosophen.

Carême kochte nicht nur – er schrieb über das Gekochte und das noch zu Kochende, er hielt das Geglückte schriftlich fest, zu seiner Genugtuung und zur Beglückung anderer, barg seine Erfahrungen in Büchern, die zu Klassikern der Kochkunst geworden sind: »Le Pâtissier Pittoresque«, »Le Maître d'Hôtel Français«, »Le Cuisinier Parisien« und – das Hauptwerk, 1833 in fünf Bänden erschienen – »L'Art de la Cuisine Française au XIX. Siècle«, die Küchenbibel des bürgerlichen Zeitalters.

Marie Antoine Carême starb am 12. Januar 1833 in Paris, bei der Begutachtung von Quenelles de sole, die ihm ein Freund ans Krankenbett gebracht hatte.

»Weißt du, deine Klößchen waren ausgezeichnet zubereitet, doch nicht gut gewürzt, und die Sauce war nicht richtig gebunden. Das nächste Mal solltest du...« Weiter kam er nicht mehr. Der Satz erstarb ihm auf den Lippen, die Hände, mit denen er die Bewegung einer Kasserolle demonstrieren wollte, sanken herab. Talleyrand kondolierte sich selber und uns allen: In den nächsten Jahrhunderten werde man vergeblich auf einen Carême warten.

Der Ästhetiker

Die erste Auflage seines Buches »Geist der Kochkunst« veröffentlichte der Kunsthistoriker Karl Friedrich von Rumohr 1822 unter dem Namen seines Mundkochs Joseph König. In der Hochzeit des deutschen Idealismus, in der man anzunehmen hatte, daß sich Iphigenie – wenn überhaupt – von Nektar und Ambrosia ernährt habe, wäre es für einen Menschen von Stand und Bildung unschicklich gewesen, sich zu einer so profanen Wissenschaft wie der Gastrosophie zu bekennen und sich dadurch den deutschen Idealisten als Materialist zu offenbaren.

Erst bei der zweiten Auflage, 1832, als der Idealismus schon vom Realismus konterkariert wurde und das Buch eine nicht unfreundliche Aufnahme gefunden hatte, verleugnete Rumohr sein Kind nicht mehr. Wobei er allerdings nicht auf den Hinweis verzichten zu können glaubte, daß sein Werk nicht etwa egoistisch-lüsternen Motiven, sondern »höchst sittlichen, philanthropischen und patriotischen Beweggründen« seinen Ursprung verdanke. Sittlich und philanthrophisch – weil der Mensch edel, hilfreich und gut zu sein habe und deshalb seinen Mitmenschen dazu verhelfen müsse, daß sie »aus Gesundheit freudig, aus Überzeugung mäßig, aus Verständigkeit gut essen«. Und patriotisch – weil der Gutsherr von Wachwitz sich veranlaßt sah, mit dem Absatz seiner Produkte die Volkswirtschaft zu fördern, in Vorwegnahme späterer Werbekampagnen des Bauernverbandes, nach dem Motto: »Aus deutschen Landen frisch auf den Tisch!«

Das ökonomische Motiv stellte der Agrarier Rumohr ungeniert an die Spitze. Der landwirtschaftlichen Überproduktion könne nur begegnet, ein Rückschritt des Feldbaus nur vermieden werden, wenn ihm durch eine allgemeine Verbesserung der Volksnahrung ein fester, unveränderlicher Markt gesichert werde, etwa durch vermehrten Verbrauch eines feiner ausgesichteten Mehles oder durch Gewöhnung an ein besser genährtes, fetteres Schlachtvieh und Geflügel. »Diese Gedanken mit Bescheidenheit und Feinheit anzuregen, dem verständigen, leicht-fassenden Deutschen gleichsam Appetit zu machen, das Produkt seines Bodens für den freilich vorübergehenden Tafelgenuß, allein auch für den mehr dauernden einer gut unterhaltenen Gesundheit, ganz auszunutzen; da hast du, großgünstiger Leser, den ernstlichen Zweck des vortrefflichen Buches... Möge diese Auflage auf deine Lebenseinrichtung mehr Einfluß ausüben, als der ersten verliehen war.«

Der erwünschte Erfolg war dem deutschen Gastro-Ökonomen nicht beschieden. Seine Mitagronomen mochten für derartige Spitzfindigkeiten nicht das richtige Verständnis aufbringen; jedenfalls fuhren sie fort, über Absatzschwierigkeiten wie über Verdauungsbeschwerden zu klagen, weil sie einen Großteil des Überschusses, wie gewohnt, selber vertilgten. Bei den deutschen Hausfrauen trat Rumohr buchstäblich ins Fettnäpfchen, weil sie dieses Männerwerk – wie er feststellen mußte – »teils als Eingriffe in ihre Befugnisse, teils auch als lästige, unwillkommene Anmahnung an veraltete, vergessene Pflichten« ansahen. Und weil die deutsche Frauenehre durch Spitzen wie diese mitten ins Herz getroffen war:

»Es scheint, daß auch die deutschen Frauen bei vorrükkender Bildung täglich unfähiger werden, mit der gemeinen Notdurft des Lebens sich zu befassen, ihre Vorräte auf

Jahre hinaus im voraus zu sammeln, festzuhalten und auszuteilen ... Den Köchinnen fehlt es vollends an aller Gründlichkeit der Bildung. Putz- und Modesucht, verliebte Narrheiten und mehr desgleichen lassen gar keinen rechten Zusammenhang der Begriffe in ihnen aufkommen. Insgemein treiben sie heutzutage ihr Geschäft mit Unlust. Doch sind sie deshalb nur um so eigensinniger und lassen sich durch nichts aus ihrer gewohnten Bahn bringen. Vergebens habe ich viele hundert deutsche Köchinnen zum Besseren zu leiten versucht. Was ich auch sagen und durch Beispiele belegen mochte, so sah doch jede deutsche Frauenküche, in die ich morgens hineinlugte, jederzeit aus wie ein Waschhaus. Hier ein Napf voll Küchenkräuter, die im Wasser schwammen, dort flutete der künftige Salat; hier laugte das Suppenfleisch, dort der Braten und Fisch in kaltem oder gar in lauem Wasser.«

Dies schmerzte ihn, und jenes kränkte ihn: Das geistiggebildete Deutschland, dem er angehörte und das er auch gastrosophisch bilden, zu vollkommenem Menschentum erziehen wollte, mied seinen Katheder, verkannte den Meister. Es rumore in Rumohr, spottete die literarisch hochmögende, in Amouren hochkarätige, doch für Gaumenfreuden anscheinend weniger empfängliche Caroline Schlegel, und sie präzisierte: Der Freßsinn sei vortrefflich bei ihm ausgebildet, und es ließe sich gar nichts gegen seine Ansicht der Küche sagen, wenn es nicht so abscheulich wäre, »einen Menschen über einen Seekrebs ebenso innig reden zu hören wie über einen kleinen Jesus«. Heinrich Laube, die großen Anliegen im Auge und darüber die kleinen Notwendigkeiten übersehend, kritisierte: Rumohr habe in seinem »Geist der Kochkunst« das niedrigstgestellte Sinnenpaar, Geruch und Geschmack, mit künstlerischen Gesetzen versorgt. Und der Arzt Carl Gustav Carus, ein Romantiker, der theoretisch dem Zusammenhang zwischen Natur und Geist nachspürte, glaubte bei der Sezierung von Rumohrs Schädel Anomalien des Gehirns entdeckt zu haben.

Ats Kunsthistoriker wurde er durchaus ernstgenommen. Am 6. Januar 1785 in Reinhardsgrimma bei Dresden geboren, studierte der sächsische Freiherr in Göttingen Kunstgeschichte, was damals den Winckelmannschen Klassizismus bedeutete. Deutsche Romantik kam hinzu: Rumohr schloß sich in Dresden Ludwig Tieck an und wurde katholisch. Zum Einklang vermochte er beides in Italien zu bringen, antike Humanität und römische Katholizität. 1804 ging er zum erstenmal nach Rom und Neapel, 1816 nach Florenz, wo er Studien zu seinem Hauptwerk machte, den 1826 bis 1831 in drei Bänden erschienenen »Italienischen Forschungen«. Seine Methode vereinte klassizistischen Idealismus mit romantischem Realismus; Rumohr begnügte sich nicht mit der Beschreibung und Bewunderung des Kunstwerkes an sich, sondern suchte durch historisches Quellenstudium die Bedingungen seiner Entstehung zu verstehen. Als praktizierender Kunstgelehrter betätigte er sich auf seiner dritten Italienreise im Jahre 1828: Er sammelte Statuen für das königliche Museum in Berlin.

Italien wurde ihm nicht nur – wie Goethe – zum entscheidenden geistigen, sondern auch zum prägenden kulinarischen Erlebnis. In Rom speiste er bei Palmaroli, dem damaligen König der Fettucine, kostete und lobte die italienische Volksküche – für ihn die gastronomische Entsprechung zur »edlen Einfalt und stillen Größe« der antiken Kunst. Schnecken und Schnörkel schätzte er weder in der Architektur noch in der Küche: »Der oberste Mundkoch des heiligen Pius V., Bartolomeo Scappi, gab um 1570 ein vortreffliches und lehrreiches Kochbuch heraus, dessen vereinzelte Bemerkungen sehr schätzbar sind, wenngleich der Geschmack seiner Zeit sich bereits zum Manierierten hinüberneigte. Gegenwärtig ist in der italienischen Küche nur das Volksmäßige lobenswert; wo man mit Anspruch auf Feinheit kocht, ist Kampf des Geizes mit der Übermengung.«

So wurde der Kunstästhetiker zum Küchenästhetiker,

in der Nachfolge von Johann Joachim Winckelmann, auf der Suche nach dem Wahren und Schönen, dem Einfach-Guten, mit dem kunstwissenschaftlichen wie gastrosophischen Leitsatz: »Überall, wo man die Schminke gebraucht, fehlt es an der Wesenheit.« Nicht unbedingt in wesenhafter Nacktheit, doch ohne eine das ureigene Wesen verfälschende Maskierung wünschte er vom Koch die Nahrungsmittel-Materie künstlerisch gestaltet. Als Beispiel »von Würdigung der arthaften, jedem Nahrungsstoff eigentümlichen Güte« galt ihm die antike Art, das Gemüse schön grün zu sieden, worin die Italiener Meister geblieben seien. Auf das Sein, nicht das Scheinen komme es an: Verzierungen seien nur angebracht, sofern sie aus dem Charakter der Speise hervorgingen. »Der anmutige Stil der Kochkunst, ein Gipfel, auf dem es schwer ist, lange zu verweilen, verbindet mit der Nahrhaftigkeit den Reiz und die Zierde. Dieser Stil ist es, den ich vorzüglich ins Auge zu fassen bemüht bin ... Aber gerade aus dem anmutigen Stile pflegt der überfeinerte, gleißende hervorzugehen, der die Ernährung, den Gehalt mehr und mehr vernachlässigen, alles in die Zierde und Zurichtung setzen wird.«

Die klassizistisch geschulten Seh- und Geschmacksorgane stört vieles in Geschichte und Gegenwart. Schon unter Augustus sei die römische Küche im Begriffe gewesen, die natürliche Bestimmung der eßbaren Dinge zu verkennen. Der Spätrömer Apicius habe dann in seinem – leider viel zu viel beachteten – Kochbuch den Unfug verbreitet, »den Charakter jeglicher Speise durch Mischung und Verarbeitung zu vernichten«. Die Franzosen seien seine gelehrigsten Schüler geworden: von altersher und gegenwärtig von neuem befinde sich ihre Küche auf »dem Abwege der Übermischung«. Rumohr, der Zeitgenosse La Reynières und Carêmes, kritisiert deren »Überfeinerung«, rät den deutschen Köchen, ihre Werke nur mit Mißtrauen zu benutzen. Und jene angeblich deutschen Kochbücher zu verwerfen, die nur ein Abklatsch der französischen seien:

»Denn es sind selbst die gemeinsten und scheinbar hausgebackensten unserer zahlreichen Kochbücher nichts weiter, als kleine Winkelinstitute der Schlemmerei, in denen wenig von dem die Rede ist, was jede gute Hausmutter oder jeder andere Vorsteher einer Haushaltung eigentlich zu wissen bedarf; viel mehr nur von allerlei Vermischungen, Surrogaten und Verkleidungen, welche teils an sich selbst überflüssig sind, teils ihrer Natur nach der freien, schaffenden Phantasie und dem subjektiven Geschmacke müssen überlassen bleiben ... Diese Kochbücher nun, oder besser diese planlosen Anhäufungen von allerlei häufig höchst widersinnigen Vorschriften, haben sämtlich die Tendenz, die National- und Provinzialgerichte zu verdrängen, welche doch stets in der Volks- und Lebensart begründet, und fast ohne Ausnahme schmackhaft und nahrhaft sind.«

Nicht nur als Winckelmann, sondern auch als Herder der Kochkunst kann Karl Friedrich von Rumohr bezeichnet werden. Das Einfach-Gute ist sein klassisches Ideal, das er in den individuellen Eigenarten und gastronomischen Besonderheiten der Küchen der Völker aufzuspüren sucht, mit ähnlichem Einfühlungsvermögen wie Johann Gottfried Herder, der den ureigenen, natürlichen Geist eines Volkes unter dem gleichmachenden Mantel des zivilisierten Weltbürgertums entdeckte. Was für die Literaturgeschichte Herders Schrift »Ursache des gesunkenen Geschmacks bei den verschiedenen Völkern, da er geblühet«, ist für die Geschichte der Gastrosophie Rumohrs »Geist der Kochkunst« – Kritik an der für allgemein gültig erklärten französischen Haute cuisine, Aufforderung an die gesitteten Völker im einzelnen und an die Deutschen im besonderen, zum natürlichen Geschmack ihrer Volksgerichte, der gastronomischen Volkspoesie zurückzufinden.

Lektüre wie Erfahrung, theoretische Überlegungen wie praktische Experimente haben Rumohr wahrnehmen lassen, daß die Kochkunst mit dem Nationalcharakter wie der Geistesbildung der Völker in Verbindung stehe, jedem seinen Rang und seine Bedeutung im Menschheitsvereine zuweise. »In der Tat möchte die Behauptung nicht gewagt sein, daß die Bildungsstufe eines Volkes jedesmal an dem Sinn und Verstand erkannt werden könne, der in der Wahl und Zurichtung seiner Speisen dem geschichtlichen Blicke sich darlegt. Von der ekelhaften Nahrung eines Eskimo oder Koräken, bis zu der schmackhaften und reichlichen Frugalität eines gebildeten, aber noch lange nicht überbildeten Volkes, gibt es unendlich viele Mittelstufen, welche, wenn man nur darauf Bedacht nehmen wollte, jederzeit der gesamten sinnlich-sittlichen Bildung der Nationen Stück für Stück entsprechen. Stumpfsinnige, für sich hinbrütende Völker lieben mit schwerverdaulicher, häufiger Nahrung gleich den Masttieren sich anzustopfen. Geistreiche, aufsprudelnde Nationen lieben Nahrungsmittel, welche die Geschmacksnerven reizen, ohne den Unterleib sehr zu beschweren. Tiefsinnige, nachdenkende Völker geben gleichgültigen Nahrungsmitteln den Vorzug, als welche weder durch einen hervorsprechenden Geschmack noch durch eine schwerfällige Verdauung die Aufmerksamkeit zu sehr in Anspruch nehmen.«

Zu welcher Kategorie gehören nun die Deutschen? Als Volk aus Völkern haben sie Anteil an allen dreien. Am deutschen Esser schlechthin kritisiert Rumohr eine Neigung zur Völlerei, zur Schlemmerei, die er als »vergeudende Gefräßigkeit oder gefräßige Vergeudung« bezeichnet. Und einen Hang zur Schleckerei: »Wo es nun jenen sinnlosen Anhäufungen der wunderlichsten Vorschriften gelungen ist, alle Nationalspeisen zu verdrängen oder sie wenigstens so zu verschlechtern; wo mithin von den meisten bürgerlichen Tafeln alle Genüglichkeit zu verschwinden beginnt: da tritt die Schleckerei, wie leider bereits in mehr als einer Gegend Deutschlands geschehen ist, gleichsam durch beide Torflügel ein. Die Schleckerei ist eine unregelmäßige Begierde nach allerlei zufälligen Reizen des Gaumens; eine Bezahlung à conto an einen Magen, dem die landesüblichen Termine nicht mehr in vollen und hinreichenden Summen eingehalten werden.«

Wie die alten, so trinken auch die neuen Germanen immer noch eins, verlegen sich aufs Saufen, was den Magen verderbe, die Verdauung ruiniere und eine Verfeinerung des Geschmackssinnes verhindere. Die Germaninnen trösteten sich indessen mit den Produkten der Backwerkfabriken, mit Torten, »in denen schichtweise alle säuerlichen Obstarten, Schokolade, Vanille, Mandelbrei, bitterliches Eingemachte und fadere Süßigkeiten« angebracht seien, ein Gemisch, wovon schon der erste Biß die aufsteigende Magensäure übertünche. Und wie die Alten sungen, so zwitschern die Jungen: Gymnasiasten und Studenten stemmen Bierkrüge und schlecken Rosinen und Mandeln, das sogenannte »Studentenfutter«: »Weshalb die Studierten von Schulen und Universitäten eine so von Grund aus verdorbene Verdauung hinwegzunehmen pflegen, daß ihnen späterhin weder Brunnenkur noch Reitpferd jemals zu einem gesunden und freudigen Leben verhilft. Wer wird verkennen, daß hierin der erste Beweggrund aller literarischen Fehden, Unzufriedenheiten und Parteisachen verborgen liegt?«

Und eine ständige Störung des häuslichen Friedens. Der Hausherr gehe mit verdorbenen Zähnen, geschwollenen Augen und einem träumerischen Aussehen einher, könne dem häuslichen Tisch nichts mehr abgewinnen, zerstöre den Rest seiner gesunden Eßlust durch unangebrachte Zwischenhappen, falle schließlich dem Apotheker oder einem anderen Giftmischer anheim. Die Hausfrau gebe sich keine Mühe mehr, gute und regelmäßige Mahlzeiten zu servieren, herzhafte und redlich sättigende Hausmannskost zu kochen, aus reellen Landesprodukten und nach den bewährten Rezepten der Altvorderen. Die betrübliche Folge: »Das ruhige Genügen an der Befriedigung gesunder Eßlust« ist dahin. Der Tisch, der so etwas wie ein Hausaltar der Familie sein sollte, wird zum häuslichen Kampfplatz.

Dieser deutschen Zwietracht stößt Rumohr mitten ins Herz. Er trennt die Kontrahenten, fordert die Esser auf, sich auf deutsche Art zu sättigen, und die Köche und Köchinnen, deutsche Lebensmittel auf deutsche Weise zu verwenden und zuzurichten – in der Hoffnung, auch seine Landsleute zu Kochkünstlern und Eßkünstlern heranbilden zu können. Beides hängt untrennbar zusammen: »Die gesamte Kochkunst wäre nur eine unnütze Einrichtung, wenn sie den Zweck nicht erfüllen würde, ein gesundes Lebensgefühl zu erhöhen und dauernd zu erhalten. Dieses jedoch kann nur durch ein verständiges Essen erreicht werden, welches zwar auf den ersten Blick eine bloße Naturgabe zu sein scheint, doch in der Tat eine größere Kunst ist und mehr Bildung voraussetzt, als man wohl denken möchte.«

Das erste Gebot für den Esser lautet: Er soll Geschmack finden an den Dingen, wie sie sind, am Brot also das Brot schätzen (und den seinen Eigengeschmack überdeckenden Kümmel weglassen), am Braten dessen ehrlichen Eigengeschmack goutieren und ihn nicht durch täuschende Soßen oder verfälschende Gemüse verfremden. Das erste Gebot für den Koch lautet: »Entwickle aus jedem eßbaren Dinge, was dessen natürlicher Beschaffenheit am meisten angemessen ist« – brate also eine Ochsenlende im ganzen oder in angemessenen Stücken und mache kein Gehäcksel für die Kasserolle daraus, oder vermeide es, den Spinat folgendermaßen zu malträtieren: »In einigen Gegenden ist der Mißbrauch eingerissen, den Spinat in Wasser abzusieden, das Wasser alsdann wegzuschütten, um endlich durch Hacken und durch Dämpfen in Butter oder Fleischbrühe ein Gemüse daraus zu bereiten. Man gibt ihm, also zugerichtet, auch wohl durch Zwiebeln, einen ganz neuen und fremdartigen Geschmack, und bindet ihn mit abgerührtem Mehle, mit Semmelbrösel oder mit ähnlichem. Nichts kann wohl vernunftwidriger sein, als diese Art der Zurichtung.«

Und dieses Gebot ist den beiden anderen gleich: Deutsche Köche wie Konsumenten sollten sich stets daran halten, was ihr Vaterland in regionaler Vielfalt in die Töpfe und auf den Tisch zu bringen vermag. Der Klassizist gerät in romantisches Schwärmen, wenn er an die Produkte heimischer Schlachtpartien denkt: an »Würste ohne Zahl, in tausendfältigen Abänderungen«, an Gesalzenes und Geräuchertes, an Schinken und Speck. Oder an das geräucherte und luftgetrocknete Rindfleisch aus Hamburg, an pommersche Gänsebrüste, Salzburger Zungen, Lachse aus dem Rhein, Aale aus dem Plöner See, Teltower Rüben, bayerische Semmelknödel, schwäbische Spätzle, oberdeutsche Nudelsuppen und norddeutschen Braunkohl, an die auf allen deutschen Weiden ihrer gastronomischen Bestimmung entgegengrasenden Rinder, Kälber und Schafe.

Nicht nur das Was und Wie, sondern auch das Wann ist wichtig. Wohl dem, der eine ordentliche Hausfrau hat, die all das Gute in entsprechender Zubereitung zur rechten Zeit auf den Tisch bringt – was auch Goethe zu loben wußte: »Alles, was ihr die Jahreszeit gibt, das bringt sie bei Zeiten dir auf den Tisch und weiß mit jeglichem Tage die Speisen klug zu wechseln.« Wie Goethe schätzt Rumohr die frohen Feste, doch er versucht auch den sauren Wochen etwas abzugewinnen: durch eine einfache, aber gute Gestaltung der häuslichen Mahlzeiten. Denn – das ist ein Kernsatz seiner grundsoliden Gastrosophie – es komme ungleich mehr darauf an, alle Tage des Jahres ein hinreichendes, wohlanständiges, reinliches, einladendes Mahl zu haben, als von Zeit zu Zeit ein prachtvolles und reiches Gastgebot. Denn es sei »doch nur der Umlauf der täglichen Mahle, welcher wahrhaft ernährt und belebt, die Kräfte ersetzt und aufrichtet«. Was Rumohr indessen als einfaches alltägliches Mahl bezeichnet, vermag unsere Vorstellung zu nähren, die alte Zeit sei besser, jedenfalls üppiger gewesen:

»Nach einer kräftigen Suppe, sie möge nun aus der Brühe von Fleisch oder Fischen oder nur aus Wasser mit allerlei Mehlfrüchten verfertigt werden, wird es nunmehr einer vorsorgenden Hausmutter nicht fehlen an allerlei Gesalzenem oder säuerlich Eingemachten . . . Diese Sächlein nämlich werden ihr zum zierlich in kleinen Tellern aufgetragenen Imbiß dienen: Gesalzene Heringe und gesäuerte Gurken; Radieschen und frische Butter; einige Schnitten guter Wurst oder hartgeräucherten Schinkens; oder Überreste von gekochtem Gesalzenem aller Art werden ihr auch ohne großen Aufwand die Mittel an die Hand geben, zwei oder vier Tellerchen zum Imbiß aufzusetzen. Dann folgt das Gesottene; dann das Gemüse, mit Beilagen von gebackenem oder auf dem Rost gebratenem Fleisch, und Fische, wenn etwa dem beschränkten Hausstande nicht täglich den Braten zu geben gestattet ist. Endlich beschließen das Mahl leichte Mehlspeisen, geronnene Milch, oder Käse und Früchte, welche die Jahreszeit gibt oder die Kunst aufbewahrte.«

Und das nennt Rumohr ein »häusliches Mahl an einem Fasttage«: »Suppe von aufgeriebenen Kartoffeln, mit Fischbrühe bereitet, oder von Krebsen mit durchgetriebenen Erbsen, oder von Grünigkeiten, die man in heißer Butter leicht übergangen hat, oder andere. Imbiß: Frische Heringe oder Sardinen, geräucherter Lachs, Kaviar, auch andere geräucherte Fische, welche, wie der Aal, oder wie die schwarze Forelle von Berchtesgaden, des Erwärmens auf dem Roste bedürfen; endlich auch marinierte Fische. In Seegegenden dafür Austern, Muscheln oder Strandkrebse. Gegenüber gesäuerte Gurken oder kleine Gurken, Veitsbohnen, Blumenkohl und andere mit Spezereien in Essig eingesottene Vegetabilien . . . Eingang: Ein gesottener Fisch, auf trocken gesottene Kartoffeln gelegt, welche erst auf der Platte selbst die Fischbrühe eingesogen haben. Ist der Fisch mager, so belegt man die Schüssel mit etwas frischer Butter. Leicht verdauliche Gemüse, als Spinat, Sauerampfer, Gemengsel von Kräutern u. dergl. mit gebakkenem Fisch, oder in Ermangelung mit Eiern oder gebakkenem Weißbrote. Endlich ein Fisch am Spieß oder auf dem Roste gebraten, mit Salat; oder auch eine Mehlspeise, die mit Obst oder Zucker versüßt ist.«

Der Deutsche Karl Friedrich von Rumohr begnügt sich nicht wie ein Franzose mit Aperçus; er rückt den Dingen auf den Leib und geht den Sachen auf den Grund – ein Doctor gastrosophicus, der Kochanweisungen und Menuvorschläge gibt, eine Nahrungsmittelkunde und eine Gesundheitslehre vorträgt, den Kochlöffel schwingt und den Zeigefinger hebt, ein Volkspädagoge, der die Esser zu verständigem Genuß erziehen und den Koch an Ordnung, Pünktlichkeit und Reinlichkeit gewöhnen will, ihm verbietet, Romane zu lesen, und ihm gebietet: »Übrigens lese er mein Buch und nichts als mein Buch!«

1966 – 123 Jahre nach Rumohrs Tod am 25. Juli 1843 in Dresden, und 144 Jahre nach dem ersten Erscheinen des »Geist der Kochkunst« – ist dieses Werk in Deutschland neu aufgelegt worden, mit einem trefflichen Vorwort von Wolfgang Koeppen. Es mußte im sogenannten »modernen Antiquariat« verramscht werden.

Eugen von Vaerst

Der Enzyklopädist

Die Fortschritte der Wissenschaften und der Kochkunst liefen gleich parallelen Linien nebeneinander und sie liefen schnell – konstatiert Eugen von Vaerst in seiner 1851 erschienenen »Gastrosophie oder die Lehre von den Freuden der Tafel«. Drei Jahrzehnte vorher – was die Historiker eine Generation nennen – war Rumohrs »Geist der Kochkunst« erschienen. Mißt man die beiden Standardwerke an

Vaersts Fortschritts-Diktum, wird man feststellen: Keineswegs die Kochkunst – ohnehin die konservativste aller Künste – war rapide vorangeschritten, wohl aber die Wissenschaft, und mit ihr die Möglichkeit einer wissenschaftlichen Systematisierung der Gastrosophie.

Karl Friedrich von Rumohr, ein Repräsentant der Goethe-Zeit, war ein Ästhetiker der Koch- und Eßkunst, ihr Winckelmann und Herder. Eugen von Vaerst, geboren 1792, war im Geiste der Klassik und Romantik erzogen, doch im Zeichen des Realismus erwachsen geworden. Beeinflußt wurde er von der neuen Geschichtswissenschaft, die wissen wollte, wie es im einzelnen gewesen sei, und von der neuen Naturwissenschaft, die erfahren wollte, welche Gesetze dem Kosmos zugrunde lägen. Beeindruckt war Vaerst davon, wie Wissenschaftler explorierten, analysierten, experimentierten – und das Herausgefundene kompilierten, zum Nutzen des wissenschaftlichen Fortschritts und zum Frommen der bürgerlichen Fortbildung. Zwischen 1840 und 1852 erschien in 46 Bänden plus 6 Supplementen zum erstenmal Meyers »Großes Konversationslexikon«. 1851 veröffentlichte Eugen von Vaerst seine zweibändige »Gastrosophie« – so etwas wie eine Enzyklopädie der Tafelfreuden.

Wenn sie nicht den Halbledercharakter eines Kompendiums annahm, so liegt das zunächst am Gegenstand, vor allem aber in der Person und im Stil des Autors begründet. Eugen von Vaerst war ein in allen Sätteln gerechter, durch ganz Europa gereister, an allen Tafeln bewanderter Kavalier, der seine Neigung nicht zügelte, mit dem, was er getrieben und genossen, zu paradieren, mit dem schweren Säbel des Experten, doch liebenswürdigerweise auch mit dem Florett des Bonvivants. So entwickelte er sich zu einem der hierzulande seltenen Spezies eines schriftstellernden Weltmannes, der freilich im Leben und Werk zu Extravaganzen tendiert. So wenn er vorschlägt, man solle Süßwasserkrebse mit dem Stöckchen auf die Weide, das heißt auf eine tauige Wiese treiben, um ihnen den muffigen

Erdgeschmack zu nehmen. Oder wenn er als kulinarisches Nonplusultra den Braten à l'impératrice empfiehlt:

»Der edle Schüler, der uns vertraut, nehme aus einer Olive den Kern und tue eine Sardelle an seinen Platz. Die so gefüllte Frucht kommt in eine Leipziger Lerche, diese in eine Wachtel, diese in ein Rebhuhn, dies in einen Kapaun, dieser in einen Fasan, der in einen Truthahn, der sich in ein Schwein versteckt. Ein tüchtiges Feuer vereinigt Saft und Kraft dieser Geschöpfe, und die Stunde naht, wo diese köstliche Mischung – doch halt ein, Unglücklicher! Nahe dich nicht mit dem Messer! Deine Sinne, durch die unübertrefflichen Wohlgerüche in fieberhafte Aufregung gebracht, lassen dich schon in Gedanken die verschiedenen Stücke dieses Gerichtes kosten. Halt ein, Unglücklicher! und wirf alles zum Fenster hinaus, alles – bis auf das Zentrum, bis auf die Sardelle, welche die Quintessenz aller Elemente enthält, die sie umgaben. Genieße diese Sardelle, aber mit Vorsicht; halte ein Riechfläschchen mit Äther an deiner Seite, damit, wenn dich vom Übermaß des Entzükkens eine Ohnmacht anwandelt, du die lusttrunkenen Sinne sogleich beleben kannst. Es ist wahr, daß einige Gourmands bloß das Filet der Sardelle genießen. Das scheint denn doch eine kleine Spielerei, die dem Ernst, der Würde des Gegenstandes nicht angemessen ist.«

Da grau die Theorie, aber grün des Lebens Baum ist, sollte die Vita dieses Schmeckleckers näher betrachtet werden, der Stamm, der – trotz mancher Auswüchse – ein ernsthaftes und ernst zu nehmendes gastrosophisches Werk hervorgebracht hat. Als Sohn eines Offiziers wurde Eugen von Vaerst am 10. April 1792 in Wesel geboren. Die Familie stammt aus Westfalen, dem Lande der biederen, deftigen Genüsse, nach denen der hochgezüchtete Gaumen des Gourmets mitunter Heimweh bekam, nach Schweinefleisch, Schinken und Würsten.

Als Kadett wurde Vaerst auf schmale Kost gesetzt, denn die Verpflegung im preußischen Heer stand wohlbedacht in umgekehrtem Verhältnis zu dessen Leistungsfähigkeit:

Ein schlecht gefütterter sei ein guter, das heißt stets zu Eroberungen aufgelegter Krieger, von der Hoffnung getrieben, im Feindesland besser verköstigt zu werden. 1811 in Breslau zum Infanterieleutnant befördert, zog er 1812 mit dem preußischen Kontingent der Grande Armée nach Rußland, kämpfte in den Befreiungskriegen gegen Napoleon, avancierte nach dem Friedensschluß zum Hauptmann der preußischen Garde in Berlin, wo er mit E. T. A. Hoffmann zu speisen pflegte, der ihn ebenso beeinflußte wie vordem Jean Paul.

Dies konnte nicht dazu beitragen, seine Hochachtung vor preußischer Disziplin und Ordnung zu stärken. Auf einmal hatte er sie satt, die Feldküchenkost; er quittierte den Dienst und zog sich zum Überdenken seiner Situation zurück, zwar nicht wie Diogenes in eine Tonne, doch immerhin in einen Heuschober, einen Winter lang. Aus dem Helden war ein Biedermeier geworden, ein Bildungsbürger zunächst, der in Weimar bei Goethe vorsprach, einem Breslauer Dichterkreis beitrat und Sonette zu schreiben begann. Die Prosa lag ihm freilich näher, die Tat mehr als die Theorie, und so gab er sich bald dem neuen Realismus hin, dem bourgeoisen Hang zu öffentlichem Wirken und persönlichem Besitz, und er fand die ideale Kombination als Zeitungsverleger. Eugen von Vaerst wurde 1825 Mitbesitzer und Mitredakteur, 1834 Alleinbesitzer und Alleinherausgeber der »Breslauer Zeitung«.

Bildungs- und Besitzbürger war er geworden, doch seine Erfüllung fand er als Genußbürger. An einem Ort, bei einer Beschäftigung, bei einer Frau und einer Küche hielt es ihn nie lange, nicht hinter dem deutschen Ofen, wo – wie er klagte – nichts reif werde als gebratene Äpfel, gedämpfte Birnen und gebratene Pflaumen, im »rohen Lande der Biersuppen, des rohen Specks, der Knackwürste, der Neunaugen und der Butterbrote«.

So trieb es ihn hinaus – nach Holland, zu den besten Fischköchen und verständigsten Fischessern, wie er meinte, zu Englands formidabler Fleischlichkeit, wobei er stets die Substanz, nicht immer freilich die Zubereitungsart löblich fand. In Italien – wo er drei Jahre weilte – schwelgte er in Makkaroni, die man aber nur in Neapel essen sollte, in frischen Gemüsen und knackigen Salaten. Das Schlaraffenland war für ihn Frankreich. Die Spanier gebrauchten für seinen Geschmack zu viele Gewürze und Zwiebeln, was sie so lebhaft mache, auch in der Politik. Diese studierte er im Hauptquartier des Thronprätendenten Don Carlos, berichtete darüber für französische und englische Zeitungen, auch für seine eigene.

Nicht die Gastronomie konnte ihn in Spanien faszinieren, wohl aber das wilde, natürliche Land, für ihn der Kontrapunkt zum überzivilisierten Paris, der Metropole seines Plaisirs. Zwei Seelen stritten sich in seiner Brust, die des Naturburschen, eines verspäteten Stürmers und Drängers, und die des Salonlöwen, des überzüchteten Weltmannes. Die erste artikulierte sich in seinem zweibändigen Werk »Die Pyrenäen« (1847), die zweite in seinem 1836 erschienenen Buch »Cavalier-Perspektive. Handbuch für angehende Verschwender«, das er unter Pseudonym veröffentlichte, um es sich selber widmen zu können. Darin gab er auch seine Erfahrungen preis, wie man durch Börsenspekulation gemachte Gewinne auf angenehme Weise zerrinnen lassen könnte.

Jäh stürzte Vaerst vom Gipfel des Glücks. Eine Lähmung der unteren Gliedmaßen warf ihn in die »Matratzengruft«, auf ein zehnjähriges Krankenlager. Er verstand es zu einer Kavalier-Retrospektive zu nutzen: auf all das Gute, daß er gekostet und genossen hatte, das er nun wissenschaftlich fundierte, literarisch kompilierte und gastrosophisch sublimierte, ein notgedrungen saturierter Faust: Verweile doch, es war so schön. 1851 – er war inzwischen fast erblindet, vier Jahre vor seinem Tod – erschien bei Avenarius & Mendelsohn in Leipzig sein reifstes, das bleibende Werk: »Gastrosophie oder die Lehre von den Freuden der Tafel.« Es ist nicht nur die alles andere als reuevolle Generalbeichte eines alten Genießers, der mit sich selbst ins reine kommen will. Dies ist auch und vor allem ein Appell an den Leser, den Vorsatz zu fassen, die beispielhaften Gefahren, die dem Gourmand wie dem Gourmet drohen, zu meiden – und ein glücklicher, das heißt ein gesunder Gastrosoph zu werden.

»Der Gourmand, der immer zugleich starker Trinker ist, wird meist ein Opfer der Gicht und des Podagra; der Gourmet, der nur ausnahmsweise gegen das Maß sündigt, schadet oft seiner Gesundheit mehr als der Gourmand; denn dieser hat meist eine robuste Natur; jener ist schwächlich, nervös und endigt oft mit vollkommener Blasiertheit des Geschmacks, denn seine Gelüste waren launenhaft ohne geistige Herrschaft. Der Gastrosoph wird, indem er Theorie und Praxis mit überlegenem Geist verbindet, mit Gesundheit alt werden. Ja, dies ist zugleich seine eigenste Aufgabe: gesund bleiben und alt werden in der angenehmsten Weise, mit täglichem Genuß der wohlschmeckendsten Speisen und Getränke, in der schönsten Form.«

Diese auf dem Krankenlager geschriebene Gastrosophie ist nicht zuletzt eine Gesundheitslehre. Von späteren Ernährungsberichten und Diätvorschriften unterscheidet sie die Zielsetzung: Nicht wie man durch Enthaltung gesund bleiben mag, will sie lehren, sondern wie man sich die Eßfreude durch entsprechendes Verhalten erhalten soll. Dies setzt Wissen voraus, das der Altruist vermitteln will, um anderen zu ersparen, erst aus bitterer Erfahrung klug zu werden. Nicht alles bekommt, was schmeckt, und nicht alles schmeckt, was bekommt – ein Dilemma, dem man entgehen kann, wenn man lernt, was gleicherweise schmeckt, bekommt und nährt.

Auf das subjektive Empfinden wie die individuelle Konstitution kommt es dabei an, aber nicht ausschließlich: Der Gastrosoph leitet aus einer Fülle von Einzelerfahrungen allgemeingültige Regeln ab. Positive wie: Fleisch, das am offenen Feuer und nicht stärker gebraten ist, als daß, wenn man hineinsticht, der Jus herausläuft, sei am nahrhaftesten und dem Geschmack am angenehmsten. Negative Regeln wie: Speisen, die man zu heiß genießt, beeinträchtigten die Geschmacks- wie die Verdauungsorgane. Binsenwahrheiten wie: wer gut kaue, habe nicht nur schon halb verdaut, sondern auch mehr Genuß bekommen.

Die wichtigste Handlung des Lebens sei die Wahl der Lebensmittel, meint der Meister. Um seinen Schülern eine richtige Wahl zu ermöglichen, widmet er den Großteil seiner Gastrosophie der Klassifizierung der Nahrungsmittel. Von ihnen überhaupt und im einzelnen handelt Vaerst, wo sie herkämen, welche Eigenschaften sie mitbrächten, wie sie herzurichten seien, wie sie genossen werden sollten und wie sie verdaut werden könnten: Haustiere, Wild, Hausgeflügel, Wildgeflügel, Fische und Schalentiere, Vegetabilien – und die Getränke davor, dazu und danach, Wasser, Wein, Kaffee, Tee und andere.

Ein Kompendium der Nahrungsmittelkunde, eine Enzyklopädie der Eßlehre hat Vaerst zusammengetragen, ein beinahe wissenschaftliches Handbuch, das – wie er es in Kauf nahm – die Gelehrten nicht zufriedenstellen konnte, doch – wie er es erwartete – den Genießern Gewinn und Freude zu verschaffen vermag. Ihnen genügt das Was, und sie amüsiert das Wie, selbst wenn sie Vaersts Warum nicht immer beipflichten. So wenn er – der Schwadroneur – sich über das Spanferkel hinwegsetzt, weil es mit seiner »leichenfarbigen Haut an Embryonen in Spiritus erinnert«. Oder wenn er – der Raisonneur – die Taube schlecht macht und die Leber heruntersetzt. Oder wenn er – der Snob – die einfachen Gerichte häuslicher Mahlzeiten verachtet: »Sogenannte Hausmannskost ist in der Regel ein plumpes, ungeschicktes Essen, ohne Geist und Verstand, ohne System und Ordnung, grob gehandhabt; man steht hungrig davon auf.«

Auch von seinen Exkursionen in die Eßgeschichte brachte Vaerst eine volle Botanisiertrommel mit: Varia, Kuriosa, und manche Stilblüte: von der biblischen Geschichte, da Sarah buk und Abraham briet, über das klassische Altertum, das Kanaan des Humanisten, bis zu den neuen Franzosen, von denen der Deutsche zehrte, kulinarisch wie literarisch. Der Marquis de Cussy, Ex-Hofmarschall Napoleons und Gastgeber Vaersts in Paris, imponierte ihm besonders: An seinem Tische habe sich nicht das Seltenste, sondern das Beste gezeigt, nicht bunteste Mannigfaltigkeit aller Zonen und Länder, aber das Zeitgemäße in möglichster Güte.

Und in entsprechenden Saucen. Ihnen widmet der Gastrosoph ein besonderes Kapitel: den Saucen, welche die Prosa eines Gerichtes in Poesie verwandeln. »Das größtenteils als idealätherisch schwebende Gebiet der Saucen verhält sich zu den realen, wahrhaft nährenden und sättigenden Elementen der Tafel wie der gesamte Mythenzyklus zur eigentlichen Weltgeschichte. Die Götterlehre macht uns diese letztere eigentlich erst genießbar, indem sie uns lehrt, jene Höhe und Würde in den Ereignissen unseres eigenen Lebens aufzusuchen, wie sie im Walten der Götter und Heroen, denen wir uns verwandt fühlen, sich bekunden. Aber auch der luftige Mythus gewinnt erst Ruhe und Haltung, wenn wirklich historische Fakta aus ihm herausblicken oder wir solche ihm unterzulegen imstande sind; denn wer wollte Saucen allein essen? ... Überall verhält sich die Sauce zu dem mehr Materiellen wie der Geist zu dem Körper ... Mit den Saucen beginnt erst das ideale Streben der Kochkunst. Wenngleich ein klassischer Koch in allen übrigen Bereitungen Verstand und Geist zu entwickeln mannigfaltige Gelegenheit findet, so geht doch die rechte Romantik der Kochkunst erst mit den Saucen an, und dort kann er sich bis zur Schwärmerei verirren ... Die Saucen, die das Einhüllungsmittel für die meisten Speisen bilden, dienen den verschiedenen Teilen zur Einigung, zur Abwechslung des Geschmacks und endlich, um ihnen den verführerischen Glanz zu geben, der uns die Gerichte an- und einschmeichelt, unsere Eßlust durch den ersten Anblick erweckt und durch ihr Aroma aufregt.«

Mit dieser Huldigung ist Eugen von Vaerst auf dem Gipfel der Gastrosophie angelangt, bei der »Apotheose«, wie er das kulminierende Kapitel seines Werkes nennt – ein Finale mit Scheinwerferbeleuchtung. Die Grundmotive des Buches erklingen – und dann noch einmal im da capo – in schlüssiger Zusammenfassung, in schönster Harmonie. Der Dreiklang der Sinne, der Grundakkord der Gastrosophie: »Der Wetteifer der drei Sinne – Geschmack, Gesicht, Geruch – ist kein Luxus. Eine Substanz entzieht sich der Aufsicht des Geschmacks und Geruchs, welche das Gesicht verschmäht; eine andere, von Anblick und Geruch gleich anlockend, wird vom Gaumen zurückgewiesen, der dritten geht es so im bezug auf den Geruch. Keiner dieser drei Schiedsrichter hat vorschnell geurteilt, keinen darf man ungestraft verachten, nur ein einstimmiges Urteil entscheidet.«

Der Dreiklang der Sinne und die gastrosophische Dreieinigkeit: der gute Koch, der gute Gastgeber, der gute Esser. Ein Koch, der diesen Namen verdiene, habe viel zu lernen, zu wissen und zu praktizieren. Ein solcher Koch könne mit einem Dichter, das von ihm Gekochte mit einem Gedicht verglichen werden. Mit einem Unterschied: Ein Dichter liefere im allgemeinen Sonette, Oden und Lieder, während man einen eigenen Koch für das Rindfleisch, das Kalbfleisch, das Schöpsenfleisch haben sollte, und wiederum einen eigenen für Ragouts, Gemüse und so fort. Und selbst diese Spezialisierung genüge noch nicht: »Ich bemerke, noch keinen Koch gefunden zu haben, der sich in allen Kalbfleischverhältnissen klassisch auszeichnete. Philosophisch gesprochen erfordert die beste Tafel den besten Koch für jede Schüssel; nur muß er eine recht praktische Kenntnis von allem übrigen haben. Denn wie man mit Recht von jedem bedeutenden Menschen nicht nur etwas Ausgezeichnetes verlangt, sondern eine weit umfassende, allgemeine Bildung voraussetzt, so sei es auch mit jedem bedeutenden Koche.«

Ein guter Gastgeber tut sich deshalb schwer, die entsprechenden Köche zu finden, um das Gebot der gastrosophischen Nächstenliebe zu erfüllen: »Gib den anderen nicht so zu essen, wie du nicht willst, daß dir die anderen zu essen geben.« Bei mehreren Geladenen wird es noch komplizierter. Baron Vaerst beispielsweise erwartet zum Diner einen Fisch, Geflügel, Wild, ein großes Morceau de résistance und ein Ragout. Damen werden leichte Speisen verlangen, Engländer große Fleischmassen und Franzosen kleine Schüsseln, zahlreich, bunt und lecker. Wie soll sich da ein Gastgeber, der gefallen möchte, verhalten?

Nicht verzagen, Vaerst fragen: »Ein verständiger Wirt muß vor allen Dingen ein liebenswürdiger Mensch sein; das andere findet sich, und wenn nicht, so sieht man der Liebenswürdigkeit gern und selbst vieles nach, und dann korrigiert sich der Liebenswürdige auch bald; er will gefallen, und das macht ihn aufmerksam auf gute Muster, überall, gern und schnell eignet er sich das Gute an; es wird ihm sofort zur anderen Natur ... Die Wahl der Gerichte, die der Gänge, die Reihenfolge der Speisen und Getränke, kurz, alle Anordnungen hängen von Umständen ab, und schon Pindea, ein altspanischer berühmter Exeget, behauptet, daß ein Fest nicht durch die Menge der Gerichte, sondern durch die Art, wie selbige genossen werden, seine Bedeutung erhält.«

Vaersts Ansprüche an Gastgeber wie Köche mögen zeitbedingt sein, seine Anforderungen an den Esser sind zeitlos. Zu einem guten Esser gehöre, daß er, bevor er sich zu Tisch setzt, eine genaue Prüfung über den Zustand seines Magens anstelle, damit er seine Fähigkeiten genau ermesse und die Einnahme damit in Einklang bringe. In dunkleren Zeiten habe man viel essen gut essen genannt; einer aufgeklärten Epoche stünde es an, durch maßvolles Verhalten bei Tische, durch verständiges Essen und Trinken Leib und Seele harmonisch zusammenzuhalten und damit unser Schreibtischdasein zu beflügeln: »Mäßigkeit fördert Verdauung: der Mäßige ist unbelastet vom Gewichte der Speisen; ihm ist der Kopf frei, seine Ideen sind demnach klar, und hat er die trockensten Akten zu schreiben, so bekommen sie aus seinem nicht umwölkten Geiste einen netten Stil zu- und angehaucht, und können ein Beispiel werden von witzigen Akten. Mit Lust geht der Mäßige an seine Geschäfte; er wird alt ohne Krankheit und genießt das Gute im Wohlsein. So gewährt ihm die großmütige Natur für eine einzige Tugend tausendfache Belohnung.«

Diese Tugend – Vaerst beklagt es – ist in deutschen Landen kaum zu Hause. Die Germanen essen ohne Maß und sie trinken immer noch ein Maß, letzteres, um sich über das deutsche Essen hinwegzutrösten, und ersteres, weil sie sich vielleicht der unstillbaren Hoffnung hingeben, in vermehrter Quantität vielleicht doch noch ein Quäntchen Qualität mitzubekommen. Dem Füllen eines Danaidenfasses ähnelt daher die schöpferische Tätigkeit des Gastrosophen: Dem Faß fehlt der Boden, der deutschen Gastronomie die Grundlage:

»Wer in Deutschland ein Kochbuch schreiben will, der muß damit anfangen, den Töpfer zu lehren, den Herd zu bauen, damit er nicht bloß Feuer von unten oder oben, sondern auch beides zugleich haben könne; er muß den Fleischer lehren, das Fleisch zu hacken, und vor allen Dingen den Bäcker, das Brot zu backen, namentlich die Semmel, die oft eine Art von Leder und vollkommen unverdaulich ist. Es ist ferner nötig, mit dem Gärtner, der Gemüseverkäuferin, dem Viehhändler und Viehmeister, mit hundert Leuten bis zu dem Küchenjungen, damit er ... den Salat nicht wäscht usw., Rücksprache zu nehmen, und alles das ist um so gründlicher notwendig, als alle schlechten Handwerker – und ihre Zahl ist Legion – keine Belehrung lieben und in dem Glauben leben und sterben, alles besser zu wissen.«

Eugen von Vaerst gebührt Dank und Anerkennung, daß er nicht die Flinte ins Korn beziehungsweise den Kochlöffel in den Kartoffelbrei geworfen hat. Dazu gehörte der Optimismus seiner Zeit, die an die Möglichkeit einer Erziehung des Menschengeschlechtes zum Guten, an den ständigen Fortschritt zum Besseren glaubte. Hat dieser Glaube die Berge der deutschen Gastronomie versetzen können?

Noch 1918 saß der Verleger auf unverkauften Exemplaren der 1851 erschienenen »Gastrosophie«. Dennoch veranstaltete 1922 Carl Georg von Maassen eine Neuausgabe: mit der Erfahrung, daß es ihm noch nie geglückt sei, in Deutschland einer Tafelfreude im Vaerstschen Sinne beizuwohnen, in der Erwartung, daß dieses Buch dem einen oder anderen »der neuen Armen« eine köstliche Fata morgana vorzaubere. Und in der Hoffnung, daß es vielleicht aus ein paar gourmandesken Sauli ein paar gastrosophische Pauli machen könne.

Ein solches Damaskus lasse immer noch auf sich warten, meint Karl Heinz Kramberg, der 1975 Vaersts »Gastrosophie« erneut vorgestellt hat: In einem trostlosen Zustande befinde sich die Kultur der vaterländischen Speisebereitung und Nahrungsaufnahme beim Wiedererscheinen dieses einzigartigen Standardwerkes deutscher Magenweisheit.

Von Dumas zu Escoffier

Von der gross- zur gutbürgerlichen Küche

Aus einem hohlen Bauch komme kein wackerer Streich, lautet einer der Sprüche der »Drei Musketiere«, die Alexandre Dumas, der Vater, seinen lesehungrigen und abenteuerdurstigen Zeitgenossen vorführte und die heute noch, degenklirrend und messerwetzend, auf der Filmleinwand und auf dem Fernsehschirm schwadronieren. Auch kulinarisch: Bei der Belagerung von La Rochelle – das war 1628 – frühstückten sie, wie sie gewettet hatten, unmittelbar vor den Mauern der Stadt; in einem Hagel von feindlichen Kugeln hieben sie eine Stunde lang auf Schinken, Würste und Käselaibe ein, unter dem Feuerschutz einer Batterie von Bouteillen.

Effektvoll aufgemachte Quantitäten servierte Alexandre Dumas, der Ältere, seinem Publikum. Zwischen 1829 und 1870 füllte er 257 Bände mit Dramen, Reisebeschreibungen und Romanen, darunter »Die drei Musketiere«, »Vicomte de Bragelonne« und »Der Graf von Monte Cristo«, betrieb eine literarische Fabrik, produzierte Spannung am Fließband und stanzte Figuren, die Gustave Flaubert karikierte: »Seine Personen, hurtig wie Affen, stark wie Stiere, fröhlich wie Buchfinken, kommen und sprechen unvermutet, springen von den Dächern auf das Pflaster, empfangen schreckliche Wunden, von denen sie geheilt werden; man hält sie für tot und sie kommen wieder.«

Die belletristische Unsterblichkeit genügte ihm nicht. Die Apotheose seines Œuvres sollte ein Sachbuch über Kochen und Essen sein, das 1872 aus dem Nachlaß des 1870 verstorbenen Autors herauskam: »Grand Dictionnaire de Cuisine«, ein Werk von 1200 Seiten, Quantität auch hier, doch mehr Qualität; denn die Gastronomie ist etwas, das ein Franzose nicht so leichtfertig betreibt wie die schöngeistige Literatur.

Ein Romancier, der gerne kochte und noch lieber speiste, war auch Honoré de Balzac gewesen. Er hatte zwar nie viel zu beißen gehabt, doch sich mit gastrosophischen Bonmots zu stillen versucht, wie: »Die Sauce ist der Triumph des Geschmacks in der Ernährung«. Immerhin war er Realist genug, kein Kochbuch zu verfassen, doch er träumte davon, ein Café an den Grands Boulevards zu besitzen, dekoriert à la Tausendundeinenacht, an dessen Kasse die Schriftstellerin George Sand säße, in dem der Schriftsteller Théophile Gautier als Kellner bediente und er, Balzac, die Serviette unter dem Arm, jedermann schicklich bewirten und selber nach Herzenslust essen und trinken könnte.

Ein konkreteres Vorbild war Gioacchino Rossini, der nicht nur den »Wilhelm Tell«, sondern auch die große Oper der »Tournedos à la Rossini« (mit Gänseleber und Trüffeln) komponierte, den »Barbier von Sevilla« und die Opera buffa italienischer Pastasciutta. Einen professionellen Küchenmeister wie Carême lobte er in höchsten Tönen; mit ihm, behauptete er, würde er sogar nach Amerika gehen. Den dilettierenden Kochkünstler Dumas schätzte er weniger, seitdem dieser – der kulinarische Snob, der er war – ein von ihm mit Passion und Perfektion zubereitetes Makkaronigericht verschmäht hatte. Geweint hat darüber Rossini nicht – das soll er nur dreimal im Leben getan haben: Als sein »Barbier von Sevilla« ausgepfiffen wurde, als er Carafa eine Arie singen hörte und als ihm bei einer Bootspartie ein getrüffelter Truthahn über Bord fiel.

Alexandre Dumas liebte es, in Pariser Restaurants in illustrer Gesellschaft Exquisites zu speisen und es entsprechend publik zu machen. Bei »Philippe« in der Rue Montorgueil, das neben dem »Frères Provençeaux« und dem »Café de Paris« für besonders schick galt, dinierte er im Frühjahr 1850 mit Lord Brougham, Lord Dufferin und dem Grafen d'Orsay: Bisque d'homard, Fritures italiennes, Gigot à la bretonne, samt Dessert, doch ohne Wein, für zwanzig Francs das Couvert – eine Demonstration, daß die feine Gesellschaft, das solide Essen und die bürgerlichen Preise unter dem sich in den Sattel schwingenden neuen Napoleon genauso galten wie unter dem abgehalfterten Bürgerkönig Louis-Philippe.

Ein britischer Mitesser behauptete indessen, die einst so gepriesene französische Gastronomie sei nach England ausgewandert, das unter Königin Victoria mächtig und reich wurde und es sich leisten konnte, die schönsten Sängerinnen aus Italien und die besten Köche aus Frankreich einzukaufen. Die Arroganz des Dandy barg etwas Wahres: Die französische Kochkunst hatte ihren Gipfelpunkt hinter sich, zu dem sie im Empire aufgestiegen war und auf dem sie in der Restauration geglänzt hatte.

Die Spitze hatte sich abgestumpft, doch die Basis war breiter geworden. Es gab – dank des Beispiels eines Starkochs wie Carême und der Erziehungsarbeit eines Gastrosophen wie Brillat-Savarin – mehr geschulte Küchenchefs und mehr gebildete Esser. Die Menschen vermehrten sich im allgemeinen und besonders diejenigen, die sich ein gepflegteres Essen leisten konnten. Während der Juli-Monarchie war die Bourgeoisie die in der Politik herrschende und in der Gastronomie tonangebende Klasse geworden – das Großbürgertum, das dem Bürgerkönig, der sich seine Mahlzeiten aus einer Stadtküche kommen ließ, zwar nicht kulinarisch nacheiferte, aber die von ihm ausgegebene Parole »Bereichert Euch!« in jeder Beziehung auskostete.

Im Zweiten Kaiserreich Napoleons III. wurde die Basis der Gastronomie noch mehr verbreitert. Neben die großen Genußbürger traten kleinere Genußbürger, der alte wie der neue Genußadel war noch da – man brauchte mehr Köche, mehr Restaurants, noch immer »feudale« und immer mehr »bürgerliche« Gerichte. Die Anzahl und Auflage der Kochbücher stieg, die gastrosophische Literatur nahm zu, die Landwirtschaft produzierte mehr, die Transportmöglichkeiten wurden ausgebaut und die Küchentechniken verbessert. Auf der Weltausstellung 1867 präsentierte sich Paris als die Welthauptstadt des zivilisatorischen Fortschritts und des fortgeschrittenen Plaisirs. Wo die Grenzen der Progression lagen, zeigte das Tafelgeschirr aus Aluminium, auf dem Napoleon III. durchaus noch Gerichte der Haute cuisine servierte – doch das Eßgeschirr für künftige Feldküchenverpflegung und Betriebskantinenkost war auf dem Tisch.

Der Eklektizismus war das Kompositionsgesetz des Second Empire, aus Gehabtem und Vorhandenem, aus geborgenen Bruchstücken der Vergangenheit wie aus visionären Elementen der Zukunft wurde das Gegenwärtige zusammengestellt: das plebiszitäre Kaisertum aus revolutionären Relikten, napoleonischen Mythen, mit bürgerlichen Stützpfeilern und einer monarchischen Kuppel, die – wie das Pantheon in Rom – einen Ausblick in den blauen Himmel des demokratischen Fortschritts offenließ. Eklektizismus in der Kunst: die Große Oper in Paris aus Materialien vieler Länder und Stilformen aller Zeiten. Und Eklektizismus in der Gastronomie: das »Grand Dictionnaire de Cuisine« des Allerweltschreibers Alexandre Dumas.

Ein Sammelsurium von Rezepten, Kochanweisungen, Anekdoten, historischen Exkursen und Reise-Erlebnissen hat der Sohn eines napoleonischen Generals und der Enkel eines Kreolen zusammengeschrieben. »Meyers Großes Konversationslexikon«, das Verständnis für die literarischen Gascomaden des Franzosen zeigte, schien dessen gastronomische Eskapaden nicht zu verzeihen; hinter der deutscher Akribie zuzuschreibenden Erwähnung auch des Küchenwerkes stand, in Klammern, ein indigniertes Ausrufezeichen. Fragezeichen setzten Gastrosophen wie der Schweizer Harry Schraemli: Dumas habe sich zwar für einen gottbegnadeten Kochkünstler gehalten, sei aber weit davon entfernt gewesen, es wirklich zu sein. »Auf alle Fälle aber war er ein ›kochendes Original‹ und verdient daher, auch in allen Klassikern der Kochkunst aufgeführt zu werden.«

Die Franzosen, die alle, gleich welcher Couleur, ins nationale Pantheon stellen, die am Ruhm der Nation gewebt haben, und jeden in die gastrosophische Akademie aufnehmen, der sich so oder so um den Küchenzettel verdient gemacht hat, schätzen das »Grand Dictionnaire de Cuisine« in einer Weise, welche die wackeren Musketiere und den edlen Grafen von Monte Cristo vor Neid erblassen läßt.

Bonmots werden goutiert, die von einer spitzen Zunge kommen, auf den Bereich der Zunge zielen und auf derselben zergehen. Wie Dumas' Definition der drei Arten von Appetit: Erstens der Appetit, an dem der Nüchterne leide, der nicht mit dem rechte, was es zu essen gebe, sondern mit einem Stück rohen Fleisches ebensogut gestillt werden könne wie mit einem Fasan oder einem gebratenen Birkhahn. Zweitens der Appetit, den man fühle, wenn man sich zwar an die Tafel ohne denselben gesetzt, aber von einem Gericht gekostet habe, welches das Sprichwort bestätigte: »Der Appetit kommt beim Essen.« Drittens der Appetit, der erregt werde, wenn nach den sättigenden Hauptgerichten am Ende der Mahlzeit eine deliziöse Speise erscheine – als letzte Anfechtung der Sinnlichkeit.

An Sentenzen findet man Geschmack, die unmittelbar den Gaumen berühren, so wenn Dumas die Auster den Hermaphroditen des Meeres nennt, den Schatz der Feinschmecker, die einzige Nahrungssubstanz, die keine Verdauungsstörung verursachen könne. Und Rezepte gefallen, die das Wasser im Munde zusammenlaufen und den Wunsch aufkommen lassen, sie auszuführen, wie jenes von Dumas vorgeschlagene Mixtum compositum aus Carêmescher Raffinesse und bürgerlicher Biederkeit – Kohl surprise: »Ein Kohlkopf wird einige Minuten in kochendes Wasser gelegt, dann herausgenommen und abgetropft. Der Strunk wird entfernt, das Blattwerk sorgfältig zur Seite gedrückt. Sodann wird der Kopf mit Kastanienmasse, mit Würstchen und nach Belieben mit Geflügelfleisch gefüllt. Darauf werden die Blätter zusammengedrückt, der Kopf fest zusammengebunden und auf Holzkohlenfeuer in Wasser gekocht. Wenn er gar ist, nimmt man ihn heraus und läßt ihn gut abtropfen. Er wird dann mit einer Sauce mit geschmolzenem Rindermark, gewürzt mit Muskat, gereicht.«

Besonders gerne lasen Franzosen der Belle Epoque von der guten alten Zeit, die ihr vorausgegangen war, vornehmlich vom Tafelluxus des alten Königtums oder über solche Zeitgenossen, die sich noch feudale Vergnügungen mit standesgemäßen Mahlzeiten leisten konnten, wie jenes »Jagdfrühstück für zwanzig Gedecke«: Hors d'œuvre, Melone, Geflügelpastete und Schinken. Hasenpfeffer à la minute. Geschmorte junge Kaninchen auf Jägerart. Lammkeule mit weißen Bohnen. Salat. Crème nach Bäuerinnenart. Dessert: Gefüllter Kuchen, Käse, Obst und Petits Fours. Weine: Chablis, Fleury, Champagner. Kaffee und Cognac.

Ein Kompendium der Tafelfreuden, gehabter wie gewünschter Genüsse ist das »Grand Dictionnaire de Cuisine« von Alexandre Dumas. 1872 erschienen, wurde es sogleich ein Bestseller, nicht zuletzt deshalb, weil sich die Pariser nach der Hungersnot, die sie eben erlebt hatten, satt essen und lesen wollten. Von Mitte September 1870 bis Ende Januar 1871, 132 Tage lang, war die französische Hauptstadt von den Deutschen belagert worden. Die »Hauptstadt des Genusses« hatte sich tapfer gehalten, nicht – wie Preußen gehofft hatten – kapituliert, »wenn sie nur einen Tag ohne Erdbeeren wäre«. So wurde ihr eine »Hungerkur mit Eisenpillen« verordnet: Bomben und Granaten, und immer weniger Nahrungsmittel.

Zunächst wurden die Armeerösser und Kutschengäule verzehrt: Pferdebouillon, gekochtes Pferd mit Kohl, Pferdefilet gebraten. Dann aßen die Pariser ihren Zoo auf: Büffel, Antilope, Känguruh; als Leckerbissen galten die von Alexandre Dumas empfohlenen Bärensteaks. Dann waren Katzen und Hunde an der Reihe, schließlich Ratten. Ein diesbezügliches Kochbuch erschien, unter dem

Titel »Cuisinière assiégée ou l'Art de Vivre en Temps de Siège« (»Der belagerte Herd oder die Kunst, in der Belagerungszeit zu leben«). Im Jockey-Club speiste man »Hundebouillon à la Bismarck« und Ratten auf Wildart. Ihr Geschmack sei wie eine Mischung aus Schwein und Rebhuhn, behauptete ein Gourmet.

Im Februar 1871, nach Abschluß des Waffenstillstandes, war dieser Spuk zu Ende. Halb verhungerte Pariser schwärmten in die ländliche Umgebung aus, von Edmond de Goncourt bei der Rückkehr beobachtet: »Bürger tragen auf den Schultern fünf oder sechs Hühner und als Gegengewicht zwei oder drei Kaninchen. Ich bemerke eine kleine Frau, die in einem Spitzentaschentuch Kartoffeln trägt. Und nichts ist beredter als die Glückseligkeit, fast möchte man sagen die Zärtlichkeit, mit der diese Leute in ihren Armen die Vierpfund-Brote tragen, diese schönen weißen Brote, die Paris so lange entbehrt hat.«

Die Belle Epoque begann, in der es genug und gut zu essen gab – für die tonangebenden Großen und für die sich immer zahlreicher zu Worte meldenden kleinen Bürger. Die zunehmende Demokratisierung in der »Dritten Republik« fand gastronomischen Ausdruck augenfällig bei Massenbanquets. 1889, beim Bürgermeister-Banquet mit zwölftausend Couverts, speisten Maires mit Trikolorenschärpen um die Bäuche. 1905 aßen 40 000 Bürger auf dem Marsfeld; die Zeitung »Le Matin« hatte das organisiert, das Gedeck kostete drei Franken fünfzig, und es gab reellen Gegenwert: Hors d'œuvre, Schinken und Würste, Hammelkeulen, Hähnchen und verschiedene Gemüse, zum Dessert drei verschiedene Käse, ferner Gebäck und Obst, Kaffee und Liqueurs, und als Wein weißen Burgunder, roten Bordeaux und Champagner.

Bei solchen Quantitäten mußte die Qualität zu kurz kommen. Der Weg von der großbürgerlichen zur kleinbürgerlichen Küche ist nicht unbedingt eine Bahn des Fortschritts. Dieser brachte jedoch immer mehr Menschen in den Genuß einer »gutbürgerlichen Küche« – dank jener Köche, welche die Haute cuisine weiter pflegten, sie als Haute couture den oberen Zehntausend servierten, doch sich auch Gewinn versprachen, wenn sie gewissermaßen in Massenkonfektion unter die Leute kam.

Wie immer korrespondierte die Kochkunst mit den schönen Künsten. Auch in der Küche begann die Belle Epoque mit der Gestikulation der Gründerzeit, Pathos und Portieren, überflüssigen Garnierungen und schweren Saucen. Das Fin-de-siècle schaute nostalgisch zurück und nicht ohne Zuversicht nach vorne. Der Jugendstil verlangte mit der Absage an die historisierende Kunst und Architektur des 19. Jahrhunderts und der Hinwendung zu Materialtreue und Werkgerechtigkeit auch eine abgeschminkte, natürliche, verjüngte Küche für das 20. Jahrhundert.

Auch mit dem wissenschaftlichen Fortschritt blieb der gastronomische im Gleichschritt. Das ganze Jahrhundert über hatten Gelehrte die Natur erforscht, die Geschichte dargelegt, die Gegenwart durchleuchtet, Altes ergründet und Neues entdeckt, den Horizont der Menschheit erweitert. Nun war die Zeit reif für eine Zusammenfassung der Erfahrungen, die Systematisierung der Erkenntnisse, eine Codifizierung des Wissens und die Demonstration des Erreichten – in wissenschaftlichen Sammelwerken, Universal-Lexika, bürgerlichen Gesetzbüchern, Weltausstellungen und Kochenzyklopädien.

Den Code de cuisine schuf der Franzose Auguste Escoffier, der Vollender der Haute cuisine und der Initiator einer Nouvelle cuisine. Er faßte die Entwicklung der Kochkunst zusammen, gliederte wissenschaftlich das Resultat, leitete verbindliche Regeln ab, gab Gesetze, allgemein gültige Rezepte, deren Beachtung dem Gemeinwohl nützen und deren Mißachtung dem Eigennutz schaden würde – der Code Escoffier, mit dem Prinzip, eine gute Küche sei das Fundament allen Glückes, und der Schlußfolgerung:

»Die Kochkunst hängt in ihrer Entwicklung vom psychologischen Stand der Gesellschaft ab und folgt notwendigerweise den von ihr empfangenen Impulsen. Wo keinerlei Besorgnisse bestehen, sich das Leben angenehm zu gestalten, wo die Vermögensverhältnisse für die Zukunft gesichert sind, mit einem Wort, wo man nicht auf das Geld zu sehen braucht, hat die Kochkunst das beste Feld zu ihrer Entwicklung, weil sie den wichtigsten Faktor bei einem der angenehmsten Vergnügen, die den Menschen gegeben sind, bildet.«

In eine solche glückliche Zeit und begünstigte Gesellschaft, in derartige Möglichkeiten für die berufliche Entwicklung war Auguste Escoffier 1847 in Villeneuve-Loubet hineingeboren worden. Von seinem zwölften Lebensjahr an stand er in der Küche, zunächst im Gasthof einer Tante in dem eben französisch gewordenen Nizza, dann bei Ulysse Rohant im »Petit Moulin Rouge« in Paris. 1870 rief ihn das Vaterland an die Feldküche, eine ziemlich komfortable, bei einem Obersten in Metz und – in deutscher Kriegsgefangenschaft – beim General Mac-Mahon, dem späteren Präsidenten der Dritten Republik. Endlich konnte er in sein »Petit Moulin Rouge« zurück; schon bald aber zog es ihn an die heimatliche Côte d'Azur. 1881 erschien er wieder in Paris, zuerst als Küchenchef im Restaurant »Maire«, dann in dieser Eigenschaft im »Maison Chevet«, das damals für die Höfe Europas bis Sankt Petersburg Festessen samt Silber, Geschirr und Personal lieferte, wie es heute ähnlich das Münchner Haus »Käfer« für die bundesdeutsche High-Society oder für einen Staatsbesuch des Bundespräsidenten in Moskau tut.

Wie zu Beginn des 19. Jahrhhunderts Marie Antoine Carême, so gelangte an dessen Ende Auguste Escoffier zur Meisterschaft bei der Gestaltung von festlichen Tafeln, was das Aufgetischte wie die Aufsätze betraf. Bei letzteren sollte sich Escoffier wesentlich von Carême unterscheiden. War dieser Neo-Klassizist ein Bildner von Tafel-Nippes aus Knetmasse, so kam jener zu der naturalistischen Ansicht, daß alle Tafelverzierung und

Speisegarnierung aus eßbarem Stoff zu bestehen hätte.

Zunächst schien er allerdings in Carêmes Fußstapfen zu treten; in seiner ersten Schrift, dem 1885 erschienenen »Traité sur l'Art de travailler les Fleurs en Cire«, zeigte er das Verzieren von Sockeln und Platten mit Wachsblumen. Davon rückte er später ab, geführt vom Zeitgeschmack und seinem mediterranen Realitätssinn: »Der Zweck, den ein Koch beim Anrichten einer schönen Platte verfolgt, soll immer und ausschließlich durch eßbare, harmonisch aufgelegte Beigaben erreicht werden. Die absolute Regel für die Zukunft soll sein, daß alles Uneßbare von der Platte verbannt bleibt und eine geschmackvolle Einfachheit das Anrichten charakterisiert.«

Zurück zu Marie Antoine Carême und vorwärts zu Paul Bocuse blickte Auguste Escoffier, Papst der klassischen Kochkunst und ihr Reformator zugleich. Er servierte opulente Menus, raffinierte Gerichte wie Tournedos Mistinguette (mit folgender Sauce: Schinken, Karotten, Zwiebeln, Champignons und Lorbeer, fein gehackt, in Butter gekocht, mit Cognac, Weißwein und Fleischsaft gelöscht und mit durch ein Haarsieb getriebener Gänseleberpastete und Butter gebunden) und predigte: »Wir werden die Vereinfachung des Anrichtens und des Servierens soweit nur irgend möglich weiterführen, aber gleichzeitig auch die Schmackhaftigkeit und den Nährwert der Gerichte auf die höchste Stufe zu bringen suchen, wobei wir jedoch danach trachten, die Speisen leichter und für den Magen leichtverdaulicher zu machen. Die Kochkunst muß sich – ohne ihren Charakter als Kunst einzubüßen – zur Wissenschaft erheben und ihre Rezepte, die oft noch zu empirisch sind, einer Methode und Präzision unterwerfen, welche jeden unliebsamen Zufall ausschließt.«

Ein Küchenpräzeptor wurde der Meisterkoch: mit der Fachzeitschrift »L'Art culinaire«, mit seinen Kochfibeln »Le Livre de Menus«, »Le Carnet d'Epicure«, »L'Aide mémoire culinaire«, »Le Riz, l'Aliment le meilleur, le plus nutritif«, »La Morue: la Vie à bon Marché«, »Ma Cuisine« – und mit seiner Kochbibel »Le Guide culinaire«, die in Prachtausgaben mehrfach aufgelegt, in andere Sprachen übersetzt wurde, auch ins Deutsche.

Ein Küchenmissionar ist Escoffier geworden, der anderen Völkern das Evangelium der französischen Kochkunst predigte, durch Sendschreiben und sein persönliches Beispiel in europäischen Grandhotels: vornehmlich im Savoy und im Carlton-Ritz in London, woselbst er viele Jahre wirkte, sei es, weil die Bekehrung der Engländer so langwierig war, sei es, weil er in der Hauptstadt des viktorianischen und edwardianischen Empire entsprechende Konsumenten seiner Kochkunst fand. Da waren britische Lords, die es für ihre patriotische Pflicht hielten, durch das Verspeisen französischer Luxusmenus die Überlegenheit einer Weltmacht und jene Aufgeschlossenheit gegenüber Errungenschaften einer zweitrangigen Nation zu demonstrieren, mit der sich schon die alten Römer das Griechische einverleibt hatten. Und es gab europäische Künstler, die gegen würdiges Honorar in London auftraten, sich anschließend gern zu üppigen Soupers einladen und sich noch lieber von Auguste Escoffier persönliche Widmungen auf den Tisch bringen ließen.

Sarah Bernhardt, die französische Schauspielerin, der Star der Comédie Française, erhielt ein Gedicht aus Erdbeeren, »Fraises à la Sarah Bernhardt«. Für die australische Sängerin Nellie Melba, Primadonna und Diva, komponierte Escoffier die »Pêches à la Melba«: halbierte Pfirsiche, in Vanillesirup gekocht, auf Vanilleeis gelegt, mit Himbeerpüree überzogen. Dieses klassische Dessert wurde erstmals im Londoner Carlton-Ritz serviert, in einem weißen Schwan aus Eiweißmasse – eine Huldigung an Richard Wagners »Lohengrin« und seine Interpretin.

Es war die Zeit der großen Opern und der Grandhotels, auf deren Prunkbühnen der Geldadel und das Großbürgertum ihre aufwendigen Vorstellungen gaben. Portiers, die wie Generäle uniformiert waren, Kellner, die sich wie Hofmarschälle bewegten, Gäste, die sich wie Könige fühlten – in den Schlössern der Bourgeoisie. In sie brauchte man nicht hineingeboren zu sein, man konnte sich einmieten, in die Marmorhallen, Himmelbetten und Wintergärten, wo man sah und gesehen wurde und sich für ein paar Goldstücke in einem strotzenden Speisesaal Luxusgerichte vom Küchenweltmeister auffahren lassen konnte. Im Ritz, dieser Melange aus französischer Eleganz und englischer Behaglichkeit, einer der ersten Stahlgerüstkonstruktionen, mit traditionell behauenen Steinen verkleidet – ein neuer Stil und alte Formen.

Schon gab es schwimmende Grandhotels, Passagierschiffe, Dreadnoughts moderner Technik, Archen des 19. Jahrhunderts, überdimensionierte Luxusjachten. Alles bisher Dagewesene überbot das Deutsche Reich. Im Mai 1912 lief in Hamburg der Welt größter Passagierdampfer vom Stapel, von Kaiser Wilhelm II. auf den Namen »Imperator« getauft. Im Mai 1913 war das Schiff der Superlative fertiggestellt: 4000 Passagiere und 1000 Mann Besatzung, in der Bibliothek 1300 Lederbände, für die Speisesäle 8500 Tischtücher und 12 000 Teller, in der Küche drei Doppelherde für 18 Köche – und Auguste Escoffier, den man sich zur Einweihung holte. Er wurde Wilhelm II. vorgestellt, der ihm schulterklopfend sagte: »Wir sind beide Kaiser – ich Kaiser aller Deutschen, Sie Kaiser aller Köche!«

Der deutsche Kaiser mußte bald gehen, der Küchenkaiser blieb. Ihm verlieh die Französische Republik, die nach dem Ersten Weltkrieg die Belle Epoque verlängern wollte, 1920 das Band und 1928 die Rosette der Ehrenlegion. Das Festbanquet im Hôtel du Palais d'Orsay, von Kollegen Escoffiers gestaltet, war eine der letzten Prachtentfaltungen der Haute cuisine – bevor auch in Frankreich der Vorhang über der ein Jahrhundert lang gegebenen Galavorstellung fiel: »Crème de volaille – Consommé riche. Saumon de la Loire braisé au Cliquot, accompagné d'écrevisses d'Isole.

Baron de Béhague garni aux primeurs de la Provence. Coq en pâte Palais d'Orsay. Salade Rosette. Glace Légion d'Honneur. Roseaux pralinés des bords du Loup. Corbeille des fruits. Friandises. Vins: Médoc et Graves, Bâtard Montrachet, La Tache Monopole 1921. Les Champagnes: De Saint Marceaux en Magnum. C. H. Mumm, Cordon Rouge. Delbeck brut 1919. Veuve Cliquot brut 1920 en Magnum. Heidsieck Monopole brut 1919.«

Auguste Escoffier starb 1935, mit 88 Jahren. Sein Geburtshaus in Villeneuve-Loubet, am Ufer des Loup, ist heute Museum. Ausgestellt sind Photographien, Rezeptbücher, Küchenutensilien und Tafelaufsätze. Von einem Schokoladenengel haben unlängst zwei Jungen die Flügel abgebrochen und verdrückt – eine späte Bestätigung des Lehrsatzes des Meisters, daß alles, was auf den Tisch komme, verführerisch und eßbar sein soll.

Angewandte Gastrosophie: Essen in Europa

Paris sei die Stadt der Welt, wo man am vorzüglichsten esse und trinke, wo aus den besten Grundstoffen der größte Genußgewinn erzielt werde – so Grimod de la Reynière zu Beginn des vorigen Jahrhunderts.

Nun meint Robert Courtine, der unter dem Pseudonym La Reynière schreibende Gastro-Kolumnist von »Le Monde«: »Wenn ich einen alten Küchenchef seufzen höre, die französische Küche sei tot, weil niemand mehr sich die Mühe mache, eine Poularde à la Maréchale zu bestellen, und dann einen Augenblick später bemerken muß, daß er seine Pâté in einen Margarine-Mantel gehüllt hat, dann muß ich schließen, daß etwas faul ist in diesem Küchenreich.«

Zwischen La Reynière I. und La Reynière II. liegen ein und dreiviertel Jahrhunderte und die hohe Zeit der französischen Gastronomie, die Epoche der Haute cuisine, in welcher der französische Koch der Präzeptor der Weltküche, das Küchenfranzösisch zur Lingua franca des Weltgenußvereins und Paris die kulinarische Welthauptstadt geworden war.

Auch der französische Küchenmissionarismus – weit erfolgreicher als der ideologische und politische – begann mit Rousseau: »Was ist Glück? Ein entsprechendes Vermögen, eine gute Köchin und eine gesunde Verdauung.«

An guten Köchinnen beziehungsweise Köchen hat es in Frankreich nie gefehlt, da aber das nötige Geld vielen Franzosen abging, mußte es zur Französischen Revolution kommen. Es blieb das leidige Problem der Verdauung, das nicht durch ein Wohlfahrts-Komitee zu lösen ist – die Diskrepanz zwischen theoretischen Gleichheitspositionen und ungleichen natürlichen Dispositionen.

Immerhin, Gleichheit und Gastronomie waren eine brüderliche Verbindung eingegangen, zur Genugtuung von Anthelme Brillat-Savarin: »Nun wurden die Feinschmecker auf eine Stufe mit den anderen Liebhabern und Kennern gestellt, die wie sie ein bevorzugtes Gebiet haben. Ein allgemeiner Geist von Gastlichkeit hat alle Klassen der Gesellschaft erfaßt . . . Auch die Restaurants sind auf der Bildfläche erschienen, eine ganz und gar neue Einrichtung, die es jedem glücklichen Besitzer von drei oder vier Dukaten ermöglicht, sich unverzüglich, ungehindert und ohne andere Mühe als die des Bestellens alle nur erdenklichen Geschmacksgenüsse zu verschaffen.«

Als Avantgarde des politischen wie des gastronomischen Fortschritts bewegten sich die Franzosen in das 19. Jahrhundert, was Heinrich Heine, den Deutschen, der zum Franzosen wurde, zu dem Lob veranlaßte, die Franzosen sorgten »für die größten Bedürfnisse der menschlichen Gesellschaft, für gutes Essen und bürgerliche Gleicheit«. Die gastronomische Expansion ging weiter als die politische, das Küchenimperium dauerte länger als das Reich Napoleons I., der es nicht verstanden hatte, die unterworfenen Völker für die überlegene französische Kochkunst zu gewinnen, dieser Fresser, der seine Machtgelüste nicht zu stillen und seine Gaumenlust nicht zu befriedigen vermochte.

Das Zweite Kaiserreich Napoleons III. blieb kleiner und dauerte etwas länger – weil der Appetit des Neffen dem Essen galt und er zudem mit anderen Eroberungen hinreichend beschäftigt war. Napoleon III. gab Paris das bis heute erhaltene städtebauliche Gesicht und schuf die lange gültig gebliebene Vorstellung von der Lichterstadt Europas, der Metropole der Zivilisation, des Babels des Plaisirs – und der besten, reichsten und schönsten Tafel der Welt.

Das war die Zeit, da französische Alt- wie Neureiche, russische Fürsten, orientalische Würdenträger und Balkanpolitiker im Chambre séparée numéro seize des »Café Anglais« soupierten: Suppen: Kaiserin- und Fontange-

Suppe, Königinnen-Auflauf. Erster Gang: Seezungenfilets auf venezianische Art. Steinbutt-Schnitten gratiniert. Hammelrücken mit bretonischem Weißen-Bohnen-Purée. Zweiter Gang: Hähnchen auf portugiesische Art. Heiße Wachtelpastete. Hummer nach Pariser Art – Weinsorbet. – Dritter Gang: Ente nach Art von Rouen. Fettammern auf Kanapees. Zwischengerichte: Auberginen auf spanische Art, Spargel, Prinzeßbohnen. – Eisbomben. Weine: Madeira 1810, Sherry 1821, Château d'Yquem 1847, Chambertin 1846, Château-Margaux 1847, Château-Latour 1847, Château-Lafite 1848.

1871 kamen die Preußen – Bismarck, der zum Frühstück bis zu elf hartgesottene Eier verzehrte, und Wilhelm I., der nach jeder Mahlzeit den Stand des Weins in der Flasche markierte. Frankreich wurde Republik, die Dritte, und da aller guten Dinge drei sind, brachte sie die Belle Epoque, die den Heutigen als die »gute alte Zeit« erscheint. Die neue Gleichheit fand ihren gastronomischen Ausdruck in den »Bouillons Duval«, einer Speiselokalkette, in der man für ein paar Sous essen konnte, während das alte Aristokratische weiterhin gepflegt wurde, etwa bei »Larue«, wo ein Gourmet wie der Marquis de Rougé seine Bestellung also kundtat:

»Ich möchte eine Ente nach Art von Rouen, die rosa gebraten sein muß, Monsieur. Sie sollen die Filets in kleine Streifen schneiden, über das Ganze ein wenig Salz und Pfeffer geben; Sie sollen das Gerippe auspressen und die Filets mit dem eigenen Saft des Vogels ehrerbietig begießen. So servieren Sie mir dann das Gericht, sehr warm, wenn ich bitten darf. Sie plazieren neben mich eine Flasche Musigny 1884 oder 1885, und dann lassen Sie mich ganz allein das Mahl zelebrieren.«

Es gibt noch solche Tempel des kulinarischen Kults in Paris – obschon die Zeiten nach der Belle Epoque immer unschöner geworden sind, die ebenso raffinierten wie verschwenderischen Gourmets immer weniger wurden und die Preise immer höher stiegen. »Auf die Suche nach der verlorenen Zeit« können sich Nostalgiker begeben, die viel Geld zur Erlangung der Erkenntnis aufbringen wollen, daß Nostalgie es eher mit Formen als mit Substanzen zu tun hat – auch und gerade in der Gastronomie.

Eine Kultstätte der Haute cuisine ist »La Tour d'Argent«, das älteste Restaurant von Paris, in dem einst Haselmaus-Pastete aufgetragen wurde und heute die auf mittelalterliche Weise strangulierten Enten mit Gold aufgewogen werden. Vor dem »Grand Vefour«, in den Galerien des Palais Royal, verkündet eine Marmortafel in englischer Sprache, daß dieses Etablissement im Jahre 1760 gegründet worden sei und eine »American Bar« unterhalte. Man braucht dieses Lokal nicht zu betreten: Große Spiegel an der reich verzierten Decke, sichtbar durch die hohen Fenster, erlauben dem Vorübergehenden einen Blick auf die Spécialités de la maison: Hühnchen mit Hummer oder Taube à la Fürst Rainier III., oder gar auf den Wirt, Koch und gastrosophischen Schriftsteller Raymond Oliver, genannt »das heilige Monstrum des kulinarischen Theaters«.

Bei »Maxim's« scheinen die amerikanischen Gäste durch arabische ersetzt zu werden; bei den Damen ändert sich nur die Mode. »Lucas-Carton« hat 1974 im Restaurant-Führer »Gault-Millau« seine dritte Kochmütze verloren, ist heruntergestuft worden, mit der Begründung: »Es genügt nicht, das reinste Dekor ›1900‹ zu haben, den aufwendigsten Weinkeller, die raffiniertesten oder in ihrer Einfachheit geglücktesten Gerichte. Bei diesen Preisen muß auch jeder Gast vollständig befriedigt von dannen gehen. Doch es gibt Schwächen in diesem Haus, man muß zu oft die Nachlässigkeiten einer ungleichmäßigen und manchmal unverschämten Bedienung mitansehen, und das beginnt die Treuesten zu entmutigen.«

Nostalgie gibt es auch zu kleineren Preisen – bei größeren Risiken freilich. Im »Café de la Paix« ist die Belle Epoque etwas billiger zu haben. Die Gäste sind im Glaskasten der Veranda ausgestellt wie Nippesfiguren in der Vitrine eines gutbürgerlichen Wohnzimmers. Umsonst ist der Blick auf die Zuckerbäckerfassade der Oper – ein platonischer Genuß. Und es gibt das unter Denkmalschutz stehende Bahnhofsrestaurant »Le Train Bleu« im Gare de Lyon. »Der schönste Speisesaal der Welt!« So sah ihn Salvador Dalí, und so ist er auch: Vergoldeter Stuck, dick aufgetragen, pompöse Fresken, Samtportieren, Spitzenvorhänge, Mahagony, Spiegel, Plüsch, Messing – und Preise, die entfernt an die demokratische Funktion der Eisenbahn erinnern. Und Gerichte, die so üppig raffiniert und dabei so grundsolide sind wie unsere Vorstellung von der Belle Epoque. Das Côte de Veau Foyot etwa, ein Kalbskotelett, das, nachdem es auf einer Seite mit Ei und Parmesan paniert worden ist, in einer Fondue aus Zwiebeln, Schalotten, Weißwein und Bouillon gebrutzelt wird – was dem Fleisch seine Saftigkeit erhält.

Am billigsten – im Doppelsinn des Wortes – war die Nostalgie in den Hallen zu haben – aber das ist nur noch eine wehmütige Erinnerung, der wir uns hingeben, bevor wir uns an die gastronomische Topographie des heutigen Paris begeben.

Schlossen die letzten Cafés auf den Grands Boulevards, flanierte man die Rue Saint-Denis hinab, in Richtung der Markthallen. Eine Hauptstraße der Stadt war sie lange gewesen, dann ziemlich heruntergekommen: Fassaden, von denen der Verputz abblätterte, schief hängende Schlagläden, abgetretene Trottoirs. An den Eingängen der schäbigen Hotels hingen die billigsten Mädchen von Paris wie Trauben.

Weiter unten verstopften Lastwagen die enge Rue Saint-Denis. Männer luden Kisten und Spankörbe ab: mit Gurken und Radieschen, Äpfeln und Pfirsichen, Spargel oder Artischocken. An den Häuserwänden wurden sie aufgestapelt, wie eine unschuldig-üppige Verschalung der verkommenen Fassaden. Vor einem Bistro dampfte ein Kessel mit heißen Würstchen. Am Zinc – der Theke –

standen ein paar Großhändler, tranken schwarzen Kaffee und Calvados, blickten durch den Qualm der Gauloises zu ihren Handlangern hinaus, die sich im Nebel wie Schatten bewegten. In den Stunden nach Mitternacht glich diese Gegend einer Bühne vor dem Heben des Vorhangs: Wie auf Zehenspitzen eilten die Statisten hin und her, mit gespielter Gelassenheit fieberten die großen Akteure ihrem Auftritt entgegen.

Im Morgengrauen begann das Spektakel, das Prüfen, Handeln und Feilschen, die Markt-Orgie der Millionenstadt. Gleichzeitig wurde auf mehreren Bühnen gespielt: unter den Eisenschirmen der Hallen, in den umliegenden Straßen, in Läden und Gewölben. In schier endlosen Reihen hingen die geschlachteten Tiere, kopflos und ausgeweidet, Rinder, Schweine, Hammel – die tägliche Hekatombe für den Moloch Paris. Beinahe kultisch gekleidet waren die Metzger. Sie trugen lange, weiße Kittel, verschmiert vom Blut ihrer Opfer. Scherenschleifer wetzten unentwegt die Messer. Das Wasser in der Gosse war rot gefärbt. Auf den Trottoirs standen Kisten mit Gedärmen und Fettschmollen.

Appetitlicher erschienen die Geflügelbänke: die Divisionen gerupfter Enten und Poularden, die Regimenter der Rebhühner, die Schwadronen der Fasanen. Baumstämmen glichen die gußeisernen Pfeiler der Halle des Wildbrets, der Wildschweine und Hirsche, Rehe und Hasen. Eine Armada toter Fische war inmitten von Paris gestrandet; mit toten Augen klagten die Daurades und Rougets, mit ersterbenden Bewegungen die Krebse und Langusten. Blumen gab es so viele wie auf einem Großstadtfriedhof an Allerseelen.

Einem gigantischen Sackbahnhof glich die Zentralmarkthalle von Paris. Das unermeßliche, unerschöpfliche Frankreich schickte seine Lebensmittelzüge in die Hauptstadt. Das ganze Land war hier allgegenwärtig. Man roch das Meer, ergötzte sich an der Üppigkeit der Provence, schnupperte den Cidre-Duft der Normandie. Die Pariser nahmen den Tribut der Provinz entgegen, geschäftig, genießerisch, als Selbstverständlichkeit. An fremden Müßiggängern fehlte es nicht. Nach einer durchbummelten Nacht ging man gerne auf eine Zwiebelsuppe in ein Hallenbistro, um das Morgengrauen angenehmer zu machen. Wenn Mrs. Brown oder Frau Müller im Abendkleid neben Metzgerburschen mit blutbespritzten Kitteln an der Theke standen, verspürten sie einen Hauch von Grand-Guignol, jenes Pariser Schauertheaters, das – wie die Hallen – eine Attraktion gewesen war.

Am späten Vormittag verebbte das Markttreiben in der Rue Montorgueil. Unter dem Wursthimmel ihrer Läden, zwischen den Gebirgen aus Fleisch, Butter und Käse drängten sich die später aufgestandenen Hausfrauen. Ein Pfarrer ging vorüber, in einer zu langen Soutane, mit der er Obstschalen und Papierfetzen am Boden zur Seite wischte. Unbewegt blickte die goldene Schnecke, das Aushängeschild des Restaurants »Escargot-Montorgueil«, auf die Hast der Menschen hinab.

Es war Zeit für den Apéritif, an den Zincs, wo man zwischen Marktarbeitern mit pastis-getönten Gesichtern ein Gläschen Weißwein trinken, zuhören und romantische Eindrücke realistisch korrigieren konnte. Hier nahm man den Apéritif nur aus Gewohnheit; denn den Appetit brauchte man nicht erst anzuregen.

Ihn zu stillen, gab es genug Möglichkeiten: schicke Restaurants und solide Bistros, die nur mittags geöffnet waren, für Leute, die morgens lediglich ein Croissant in den Milchkaffee getaucht und bei ehrsamer Arbeit einen rechtschaffenen Hunger bekommen hatten. Um in das Lokal zu gelangen, mußte man oft über leere Gemüsekisten und Käseschachteln steigen, was den Gast mit Genugtuung und Zuversicht erfüllte: Direkt vom Marktstand, ohne Umweg und Zeitverlust, waren die Lebensmittel in die Küche gekommen, morgenfrisch, impeccable, tadellos.

Den Hallengaben ihren unverdorbenen Charakter zu

erhalten, waren die Hallenköche bemüht. Es gab meerfrische Austern, Coquilles Saint-Jacques nur in der Saison und möglichst im Stande der Unschuld, gegrillte Blut- und Kuttelwürste, adreßbuchdicke Steaks, saignant natürlich, und – schon die sybaritische Spitze – Tripes à la mode de Caën oder ein Cassoulet Toulousain, den schier unerschöpflichen Eintopf voller Geheimnisse und Genüsse: Hammelschulter, gepökelte Schweinshaxe, Gansjung, Speck, Toulouser Salami, Knoblauchwürstchen; als Accessoires Zwiebeln, Tomaten und Kräuter, als Fundament weiße Bohnen. Die Käseplatte danach zeigte sich von einer so einnehmenden Beschaffenheit, daß als I-Pünktchen Kirsch-Clafoutis, leicht und duftig, das schlußendlich einzig Mögliche und Richtige blieb.

Wo der Markt seit Ludwig dem Dicken gewesen war, öffnete sich vor unseren Augen ein Mondkrater; aus Zolas »Bauch von Paris« wurde Pompidous »Loch von Paris«, worüber nun Giscard d'Estaing Gras wachsen läßt. Neue Restaurants sind wie Pilze aus dem Boden geschossen, Edelreizker und Feld-Schwindlinge. Einige der alten sind geblieben, die sich rührend um frische Produkte bemühen, als läge der Markt immer noch daneben, und die redliche Gerichte und Portionen für Lastträger servieren.

Der Markt für Groß-Paris ist nach Rungis, in die Nähe des Flughafens Orly, verlegt worden. Sich in seine Betonsilos freiwillig zu begeben, wird keinem einfallen, auch nicht zum Essen, obwohl sich einige Etablissements dort bemühen, die gastronomische Tradition der alten Hallengegend fortzusetzen. Probleme ergeben sich nicht nur aus dem neuen Milieu, sondern auch aus den Fährnissen moderner Nahrungsmittel-Beschaffung.

Es gibt – nicht nur, aber eben auch und nicht zu wenig – umweltgefährdete Austern, tiefgefrorene Jakobsmuscheln, am Fließband produzierte Hühner, mit Drogen aufgeputschte Kälber, von Chemikalien zersetzte Gemüse, degenerierte Butter, in Kühlwagen verblichenen Käse, von gängigen Handelsmarken gewisser Weinindustrieller ganz zu schweigen.

Ein Berg von Problemen, der heute rund um das Schlaraffenland gezogen ist. Der Gastrosoph der Gegenwart, meint Robert Courtine alias La Reynière II., müßte sein Vergnügen eher in der »Qualité« als in der »Richesse« des Produktes suchen. Und weniger nach raffinierten Saucen, eleganten Maskierungen und kostbaren Verzierungen verlangen, als in sybaritischer Schlichtheit bestellen: »Ich möchte ein gebratenes Hähnchen, aber eines, das direkt vom Bauernhof kommt. Der Jus darf nicht zu gesalzen sein, Monsieur! Ich werde selber Pfeffer hinzufügen – aber aus der Pfeffermühle. Zum Begießen bringen Sie mir einen Burgunder. Aber nur einen, der direkt vom Weinbauern kommt. Ich trinke überhaupt keinen anderen mehr.«

Aus der Not der neuzeitlichen Nahrungsbeschaffung hat die Nouvelle cuisine eine Tugend gemacht. Die Haute cuisine brauchte sich kaum den Kopf über die Qualität der Rohstoffe zu zerbrechen; die Phantasie konnte sich der Haute couture der Quantitäten zuwenden. Hingegen hat ein Küchenchef der Nouvelle cuisine eine gehörige Portion Zeit und Findigkeit in die Besorgung entsprechender Produkte zu investieren. Mancher begibt sich in aller Herrgottsfrühe höchstpersönlich auf den Markt, zieht selber kunstdüngerfreie Gemüse und Salate oder sucht per Annonce Bauern, die ihm die Eichelmast von Schweinen garantieren.

Der Rückgriff auf Qualitätsprodukte ist ein wichtiges, doch nicht das wesentliche Element der Nouvelle cuisine. Das entscheidende Kriterium ist die Art der Zubereitung, die eigentliche Kategorie der Kochkunst. »Die Küche soll die Wahrheit und nichts als die Wahrheit sagen«, die Substanzen sollen nach dem schmecken, was sie sind, die Gerichte haben transparent zu sein, ihr ureigenes Wesen zu offenbaren – ohne Verkleidungen, die in der Haute cuisine kostbar und köstlich sein können, aber bei vielen Jüngern der Meister nur Verhüllungen von Unzureichendem sind.

Die Nouvelle cuisine ist auf Konsumenten von heute zugeschnitten, denen die Kalorientabelle eine Gesetzestafel ist, die loben, was schlank hält oder macht, und deshalb in einem Küchenreformhaus für ein Omelette à la moderne einen Preis zahlen, für den sie auch eine altmodische Ente à l'orange bekommen könnten.

Die Nouvelle cuisine würde jedoch diese Bezeichnung nicht verdienen, wenn sich ihre Bahnbrecher nicht um etwas tatsächlich Neues bemühten. Nicht unbedingt neu ist das Bestreben, das Frischeste und Beste auf dem Markt zu besorgen; es gab schon immer und gibt noch immer die Pariser Patrons, die sich sorgfältig um den richtigen Einkauf bemühen, ohne sich als Küchenrevolutionäre zu gerieren. Neu ist auch nicht die Forderung nach Ehrlichkeit und Aufrichtigkeit beim Kochen, es sei denn, man würde die Wiederholung eines leider nicht immer befolgten Urgebotes als Novum bezeichnen. Die Wahrheit und nichts als die Wahrheit in der Küche verlangten Gastrosophen des 19. Jahrhunderts wie Karl Friedrich von Rumohr und Gastrosophen des frühen 20. Jahrhunderts wie Maurice Saillant alias Curnonsky. Er predigte den Köchen, die beste Ware auszusuchen und diese dann so zuzubereiten, daß die Eigenart, die Besonderheit, der Charakter der Nahrungsmittel zur Geltung komme.

Er habe niemals besser gegessen als bei den Weinbauern im Anjou, bei den Bauern in den Landes, den bretonischen Fischern, bei den Canuts in Lyon und den Pariser Arbeitern – bekannte Maurice Saillant. Das Lob der regionalen Küchen Frankreichs, das Verlangen nach ihren originären wie originellen Gerichten ist weit älter als der Zurück-zur-Natur-Ruf der neuen Küchen-Rousseaus.

Nicht von ungefähr ist die Nouvelle cuisine in der Provinz und nicht in Paris kreiert worden, etwa im Lyonnais von Fernand Point, Paul Bocuse und den Frères Troisgros, in den Landes von Michel Guérard, in der Provence von Roger Vergé. In Paris gehört eigentlich nur Claude Peyrot vom »Vivarois« zur Avantgarde, die sich verstärkt hat, seitdem Präsident Giscard d'Estaing im Elysée-Palast die Spitzenköche aus der Provinz empfangen und der Nouvelle cuisine mit der nationalstaatlichen die hauptstädtische Weihe gespendet hat.

Was ist nun das Neue an der Nouvelle cuisine, also das, was beachtenswerte Küchentraditionen schöpferisch weiterentwickelt? Sicherlich nicht das Servieren von rohem japanischem Fisch mitten in Frankreich, was auch schon als Fortschrittstat ausgegeben worden ist. Hier ein paar gerühmte Beispiele: die Trüffelsuppe von Paul Bocuse, die er in patriotischer Gesinnung und mit untrüglichem Reklamesinn V. G. E. (Valéry Giscard d'Estaing) getauft hat, die mit Curry gratinierten Austern und die Spargeln Vinaigrette à l'orange im »Vivarois« an der Avenue Victor Hugo, oder das weiche Ei mit Kaviar und der Kohl mit Zucker und Knoblauch im »Pactole« am Boulevard Saint-Germain.

Man sieht und schmeckt: Die neuen Köche versuchen, wie die alten schöpferisch tätig zu sein, Extraordinaires zu kreieren, bis an die Grenze des Erträglichen und manchmal darüber hinaus – besser verdaulich zweifellos als die Haute cuisine, doch zu keineswegs geringeren Preisen; die Etablissements der Nouvelle cuisine gehören zu den teuersten Restaurants Frankreichs. Ihr Publikum haben sie wie ihre Vorgänger, echt Entzückte und solche, die es nicht wagen, nicht entzückt zu sein, ihre Rückständigkeit auch in gastronomischer Hinsicht zu offenbaren.

Paris verstehe alles und verzeihe alles, konstatierte schon der römische Kaiser Julian Apostata. In dieser großzügigen Stadt kann jeder nach seiner Küchenfaçon selig werden: Wer von der Haute cuisine nicht lassen kann, wer die Nouvelle cuisine voranbringen will, oder – in anspruchsvoller Bescheidenheit – die Pariser Küche sucht, die vor der Haute cuisine dagewesen ist und noch da sein wird, wenn die Wellen der Nouvelle cuisine längst verrauscht sein werden.

Dies ist die Küche der Concierges, der Frauen der Arbeiter und Kleinbürger, der kleinen Bistros und mancher großen, die sich Boeuf miroton oder Haricot de mouton, Hammelragout, mit ähnlichem Aufpreis bezahlen lassen wie eine Boutique einen Trachtenhut. In der Zubereitung von Saucen zeigte sich schon immer – trotz entgegengesetzter Zweckbehauptungen – der Küchenmeister. Typisch pariserisch: die Sauce Bercy, benannt nach dem Stadtviertel der Weinlager, eine Sauce aus Weißwein und Schalotten. Und ihre Zwillingsschwester, die mit Rotwein und Schalotten zubereitete Sauce marchand de vin.

Pariserisch ißt man, immer noch, in gewissen Restaurant-Relikten der ehemaligen Hallengegend und in ungebrochener Tradition in La Villette, dem alten Schlachthausviertel. Hier ist Fleisch Trumpf: Rindfleisch von vollendeter Qualität, korrekt nach Wunsch gegrillt. Als Vorgericht etwa Kalbsfüße mit einer warmen Vinaigrette, dann Côte de boeuf, auf dem goldgelbe Markscheiben dahinschmelzen, Pommes frites, die sich bewußt geblieben sind, daß sie in Paris erfunden wurden, ein paar Bissen Brie de Meaux und – wenn es November oder Dezember ist – eine Flasche ganz jungen Beaujolais (vom Weinbauern natürlich) – die weite Fahrt ins 19. Arrondissement, in die Avenue Jean-Jaurès oder in die Avenue Corentin-Cariou hat sich gelohnt.

Pariser essen auch gern die regionalen Spezialitäten Frankreichs, zubereitet von den Anhängern der wahren Lehre Maurice Saillants, den unbewußten und bewußten, den naiven und sentimentalischen, den Naturtalenten aus der Provinz und den Pariser Köchinnen und Köchen, die ihnen in die Töpfe geguckt haben. Was Regierung und Verwaltung anbetrifft, mag Paris zentralistisch sein – in der Gastronomie ist es eine föderalistische Gemeinde, die jedem Franzosen seinen regionalen Küchenzettel zubilligt und jeden Fremden mit der Vielfalt der Küchen Frankreichs bekannt werden läßt.

Da ist zunächst der vielstimmige Chor der Nahrungsmittel, der täglich, ja stündlich aus allen Ecken und von allen Enden Frankreichs kommend, die Metropole erklingen läßt – in einer vielversprechenden Küchenouverture: Austern aus der Bretagne, Gänseleber aus dem Elsaß, Trüffeln aus dem Périgord, Würste aus Lyon und Toulouse, Schinken von Bayonne, Schnecken aus Burgund, Bachkrebse aus dem Jura, Karpfen aus dem Poitou Rougets von der Côte d'Azur, Hummer aus der Normandie, Fettammern aus den Landes, Poularden aus der Bresse, Enten aus der Gegend von Nantes, Rindfleisch aus dem Charolais, Lämmer aus der Provence, Wild aus Savoyen, Gemüse von der Ile de France: Spargel, Erbsen, grüne und weiße Bohnen. Und Käse von überallher.

Nahrungsmittel aus allen Gegenden, regionale Spezialitäten in manchen großen und vielen kleinen Restaurants – das ist das ständige Geschenk der Provinzen an die Metropole. Von einem täglichen Tribut an Rohstoffen, für die Haute cuisine nämlich, hat Grimod de la Reynière im vorigen Jahrhundert gesprochen. Heute erweisen die Pariser ihre Reverenz den Genüssen der Provinzen. In einem bretonischen Restaurant kann man natürlich Hummer schlemmen oder bei einem Périgord-Wirt Truffe sous la cendre, eine ganze Trüffel in der »Asche«, eine ebenso köstliche wie kostbare Extravaganz. Den Alltag des Gastrosophen vergolden die Regionalküchen mit den Gerichten der Bauern, Winzer und Fischer, der kleinen Leute, die durch die Qualität des Nahrungsmittels und die Perfektion seiner Zubereitung die mangelnde Quantität ihrer Geldmittel ausgleichen müssen.

Als da sind: Soup aux choux aus der Auvergne, die viel Kraut und mehr oder weniger Fleisch enthält; Makrelen-Cotriade, eine Fischsuppe aus der Bretagne; Pipérade basquaise, Rührei mit Tomaten, Peperoni und Zwiebeln; Brandade de morue, ein Stockfischbrei aus der Provence; Andouillette, Kuttelwurst aus dem Beaujolais; Boudin de la Corrèze, gegrillte Blutwurst; Pieds de porc à la Sainte-Menehould, Schweinsfüße aus dem Departement Marne; Gratin savoyard, überbackene Kartoffeln mit geriebenem Käse, Butter und Bouillon.

Für Wissenshungrige geben die drei Restaurant-Führer - Michelin, Kléber und Gault-Millau – erste Orientierungshilfe. Eine Grundregel: die Viertel meiden, in denen Touristen oder sonstige Laufkunden verkehren, Gegenden frequentieren, in denen Einheimische und Ansässige ihren Mittagstisch haben, Geschäftsleute und Büroangestellte, welche die wichtigste Mahlzeit des Tages nicht durch den Verzehr von mitgebrachten Stullen vergeuden wollen. Im ersten Arrondissement, um das Palais Royal, oder im zweiten Arrondissement, bei der Börse, gibt es viele dieser kleinen Lokale, die der Franzose Bistro nennt und der Engländer Alexander Watt in seinem lesenswerten Pariser Bistro-Büchlein zu definieren sucht:

»Ein Bistro ist ein kleines Restaurant, wo le Patron oder la Patronne selber die Pflichten des Küchenchefs, des Obers und des Weinkellners ausüben. Daraus ergibt sich sogleich eine freundliche ›en-famille‹-Atmosphäre oder ›ambiance‹, wie die Franzosen sagen, die charakteristisch ist für diesen Restauranttyp . . . Das echte Bistro ist klein und einfach eingerichtet. Die Theke oder Bar besteht meist aus Zink – daher der Slang-Ausdruck le Zinc für eine Bar oder ein billiges Café. Der Boden ist mit Sägemehl bestreut, und an den Wänden hängen einfache Spiegel.«

Es gibt Variationen - Bistros, die Kellner beschäftigen, stets dieselben Kellner freilich; Bistros, die auf das Sägemehl verzichten, Bilder an die Wände hängen und feine Tafelwäsche auflegen – Edel-Bistros, die man als »Petite maison, grande table« bezeichnet hat. Sie findet man im Guide Michelin mit einem oder zwei Bestecken, mit und ohne Stern, verzeichnet, oder im Guide Kléber, der ihnen meist eine Marmite, einen schwarzen Kochtopf, mit oder ohne Krone, verleiht; der Guide Gault-Millau gibt genauere Auskünfte über die Gerichte und die Atmosphäre.

Ob schlicht oder anspruchsvoll – gemeinsam ist allen echten Bistros die nicht umfangreiche, oft kleine Karte mit den Spezialitäten des Hauses, einem oder zwei Plats du jour und einem roten und einem weißen Vin du patron. Ein richtiges Bistro hat nur wenige, eng aneinandergerückte Tische, vielleicht noch ein paar zusätzliche im ersten Stock; es empfiehlt sich also, seinen Platz reservieren zu lassen.

Das Pariser Bistro ist kein Tempel der Haute cuisine und keine Versuchsstation der Nouvelle cuisine, vielmehr das Stammlokal der soliden und reellen, der einfach-guten Küche. Hier sitzt weder die Nostalgie noch die Vision mit am Tisch: Es ist beglückende, befriedigende Gegenwart.

Speisekarte Frankreich

Leben wie Gott in Frankreich, heißt es, nicht leben wie Gott in Paris. Die französische Küche kann zwar – wie fast alles in diesem Land – in der Hauptstadt konzentriert genossen werden, im Singular der nationalen Haute beziehungsweise Nouvelle cuisine wie im Plural der Provinzspezialitäten.

Diese freilich schmecken am besten an Ort und Stelle, in der Harmonie von Region, Regionalküche und Regionalwein. Frankreich will nicht nur mit den Augen, sondern auch mit dem Gaumen erkundet werden. Sein natürlicher Reichtum und seine kulturelle Reichhaltigkeit erschließen sich nicht zuletzt in seiner gastronomischen Vielfalt.

In diesem Lande, bemerkte Friedrich Sieburg, genüge es nicht zu wissen, wo Montaigne oder Ronsard gelebt hätten oder wo der Sandstein für Kathedralen gebrochen worden sei – »nein, Frankreich war nicht vollständig, wenn nicht ausgesprochen wurde, wo die besten Pilze wuchsen, wo man Weißkohl mit Speck und Karotten füllte, wo die saftigsten Hühner gebraten und der beste Feldsalat mit weißen Bohnen bereitet wurde«. Und er erzählte von Kennern, die ihr Land »wie eine ungeheure Speisekarte vor sich sahen, jede Provinz genau kannten und jedes Rezept aus der Landschaft, dem Klima, dem Boden und selbst aus dem Wesen der Bewohner abzuleiten verstanden«.

Essführer

Wer solchen Experten – in aller Bescheidenheit – nachfolgen will, im Probieren, das über das Studieren geht, der braucht Zeit, ein Automobil, aufgeschlossene Sinne, einige Grundkenntnisse und entsprechende Eßführer. Sie gibt es, alljährlich in neuer Auflage, nicht nur aus naheliegenden Geschäftsgründen, sondern auch und vor allem, daß selbst die geringsten Veränderungen in einer an sich so stabilen Gastronomie wie der französischen registriert werden können. (Die angegebenen Preise sind ohnehin nur Anhaltspunkte – sie sind meist schon bei Drucklegung von der Inflation überrollt.)

Der älteste – und nur deshalb wird er hier an erster Stelle genannt – ist der rote »Michelin France« mit seiner Klassifizierung von erwähnenswerten Hotels sowie Restaurants in alphabetischer Reihenfolge der Orte und der Auszeichnung von gastronomischen Stätten mit einem, zwei oder drei Sternen. Die – ohne Begründung – gegebenen

Urteile werden heute nicht mehr so gläubig hingenommen wie früher, die Stadtpläne sind immer noch unerreicht. Eine wichtige Ergänzung zum »roten« ist der »grüne« Michelin, in mehreren, jeweils einer Region gewidmeten Bänden. Sie enthalten nicht nur präzise und prägnante Beschreibungen von Reiserouten, Landschaften, Städten und Sehenswürdigkeiten, sondern auch erste Hinweise auf regionale Küchenspezialitäten.

Solche gibt auch – im Telegrammstil – der »Guide Kléber«, der von der mit »Michelin« konkurrierenden Reifenfirma publiziert wird. Er hat ein anderes, etwas verfeinertes Bewertungssystem – für Restaurants schwarze und rote Gockel, ohne oder mit Krone, für einfachere Restaurants und Bistros schwarze Kochtöpfe ohne oder mit Krone. Spezialitäten der ausgezeichneten Restaurants werden noch spärlicher als im »Michelin« aufgeführt. Man muß die Ex-cathedra-Entscheidungen der Kléber-Päpste wie der Michelin-Päpste zunächst akzeptieren, wird ihre Gültigkeit in der Erfahrung aber nicht immer bestätigt finden. Für Reisen in die Provinz ist der »Kléber« sehr nützlich: Er stellt die Départements und innerhalb dieser die erwähnenswerten Lokalitäten in alphabetischer Reihenfolge vor, gibt für jedes Département eine übersichtliche Karte, auf der die empfohlenen Hotels und Restaurants eingezeichnet sind. Man kann also seine Etappen planen, vom Mittagsrestaurant zum Abendrestaurant, das gewöhnlich mit der Übernachtungsstätte identisch sein wird.

Als Eß-Führer im engeren und eigentlichen Sinne hat sich in den letzten Jahren der Guide »Gault-Millau« unentbehrlich gemacht. (Es gibt auch eine Zeitschrift gleichen Namens, die Pate für ähnliche Periodika in anderen Ländern gestanden hat.) Hier wird das verfeinertste Bewertungsprinzip praktiziert, zwischen den Ziffern 10 und 20, wobei es ab 13 beziehungsweise 14 eine Kochmütze, ab 15 beziehungsweise 16 zwei, ab 17 beziehungsweise 18 drei und mit 19 vier Kochmützen gibt; 1976 erreichten diese bisherige Hauptziffer sieben Restaurants, sechs in der französischen Provinz (Bocuse in Collonges, Le Prés et les Sources d'Eugénie in Eugénie-les-Bains, Haeberlin in Illhäusern, Chapel in Mionnay, die Moulin de Mougins in Mougins, Troisgros in Roanne) und ein Restaurant in der französischen Schweiz (Girardet in Crissier), also kein einziges in Paris. Solche Tempel mögen an Festtagen goutiert werden; für die Alltage begrüßt man die Empfehlungen am unteren Ende oder in der Mitte der Bewertungsskala. »Gault-Millau« gibt detaillierte Angaben über Spezialgerichte, Weine, Atmosphäre, Bedienung und Preise der aufgeführten Restaurants, und nur die allernotwendigsten Hinweise auf eventuell vorhandene Hotelkapazitäten – denn das Speisen, nicht das Nächtigen hat er im gastronomischen Visier.

Der Landgasthof

Den ambulanten Gastrosophen interessiert der Zusammenklang von beidem: der französische Landgasthof. In geglückter Substanz und gepflegter Form ist er eine kulinarische Kultstätte, kein Tempel, sondern ein Vaterhaus, in dem der Reisende beinahe wie ein heimgekehrter verlorener Sohn empfangen wird: von Madame begrüßt, von Monsieur beraten, von der Tochter bedient, von der Köchin oder vom Koch verwöhnt (was Madame oder Monsieur oft in Personalunion sind) – gegen entsprechende Bezahlung, versteht sich.

Eine solche Hospitalität sollte man erst gegen Abend beanspruchen, weil man sie nur einmal am Tage erträgt, was das Fassungsvermögen des Magens wie die Strapazierbarkeit des Geldbeutels betrifft. Mittags könnte man ein »Routier« ansteuern – ein Restaurant für Fernfahrer, das man an einem rot-blauen Schild mit der Aufschrift

»Les Routiers« erkennt und nach der Anzahl der davor geparkten Lastwagen taxiert. Für die Planung ist der jährlich erscheinende »Guide des Relais Routiers« nützlich, mit Adressen und Karten. In diesen über das ganze Land verstreuten Lokalen bekommt man solide Kost zu reellen Preisen, keine Offenbarungen, doch genug, was den mittäglichen Appetit befriedigt und die Verheißung auf das Nachtmahl nicht beeinträchtigt. Zwischen den Mahlzeiten essen sollte man ohnehin nicht; der Franzose weiß, warum er es nicht tut, und der Frankreich-Reisende wird es bald verstehen. Am Ferienort ist der französische Zyklus einzuhalten: karges Frühstück (Croissant oder Weißbrot mit Butter und Marmelade), das Mittagessen als Hauptmahlzeit, ein eher leichtes wenn auch vollständiges Abendessen. Für unterwegs wäre eine Akzentverschiebung ratsam, vom Mittag auf den Abend. Nur so sind die Genüsse eines einfach-guten Landgasthofes oder (so man will und kann) eines komfortablen »Relais de Campagne« auszukosten.

Landgasthöfe liegen meist an oder in unmittelbarer Nähe der Landstraßen. In der Postkutschenzeit ist hier das Nützliche des Pferdewechsels mit dem Angenehmen einer guten Mahlzeit und eines weichen Bettes verbunden worden. Heute läßt man die PS auf dem stets vorhandenen Parkplatz, vor dem Haus oder im Innenhof. Über der Tür steht oft noch »Post« (wie in Avallon) oder der Name der Familie, die seit Generationen bewirtet (wie »Pernollet« in Belley) oder »Hôtel de Paris« (wie in Moulins oder Arbois), eher ein Ausdruck patriotischer Gesinnung als das Versprechen, sich nach Maßstäben der Metropole zu richten. An den Fenstern hängen Tüllgardinen, das Grand lit gleicht einer Arche, und es gibt Badewannen, in denen man Galeerenschlachten veranstalten könnte.

Der Speiseraum – das Sanktissimum des Hauses – ist meist zweckmäßig proportioniert. Seine Größe hält die Mitte zwischen Salon und Saal. Die Höhe ist so bemessen, daß die Düfte nicht entschwinden, doch genug Luft zum

Atmen bleibt. Rustikal ist der Dielenboden, blütenweiß die Tischwäsche, und die Blumenbouquets sind arrangiert wie auf Interieurs der Biedermeierzeit. Oft sind alte Möbel vorhanden – aber nicht solche, die eben beim Antiquar erstanden worden sind.

Meist bringt der Patron oder die Patronne persönlich die Speisekarte – je nachdem, wer von beiden das Zepter in der Küche schwingt oder das Kommando im Restaurant führt. Mit einem Menu zu festem Preis ist man fast immer gut beraten – was die Kosten wie das Kulinarische betrifft. Die Zusammenstellung eines Menus gleicht der Komposition einer Symphonie, die dem Wirt im Zweifelsfall besser gelingt, vom Präludium des Hors d'Œuvre über das Andante des Zwischenganges und das Adagio des Hauptgerichtes bis zum Finale des Desserts. Meist werden mehrere Menus angeboten, vom einfachen (oft zu einfachen) »Menu touristique« bis zum »Menu gastronomique«, welches das Ausmaß eines Banquets und den Charakter eines Schlemmerfestes erreicht.

Selbstverständlich kann man sich sein Menu auch selber zusammenstellen, was gewisse Kenntnisse und eine hinreichende Erfahrung voraussetzt sowie die Bereitschaft, für ein Gericht à la carte fast so viel zu bezahlen wie für ein ganzes Menu zu festem Preis. So oder so: Ein Menu sollte es schon sein, und wenn es nur aus einem Gaumenkitzler, einem Hauptgericht und einem Bissen Käse oder einem süßen I-Tüpfelchen bestünde. Das Essen im allgemeinen und in Frankreich im besonderen ist eine der Musik verwandte Kunst: eine geordnete Bewegung im Reich der Töne.

Die Partitur ist die Speisekarte. Wer sie studiert, gerät in polyphone Stimmung, ist der Versuchung ausgesetzt, die Vielstimmigkeit zu überziehen. Man halte sich im regionalen Rahmen eines Landgasthofes an die Melodie der regionalen Spezialitäten, begleitet von regionalen Weinen – es wird harmonieren. Am nächsten Abend kann man in einem anderen Landgasthof in einer anderen Region von neuem beginnen, andere regionale Spezialitäten probieren, andere regionale Weine trinken, da capo den Kanon der französischen Küche kosten.

Das tägliche Brot

Beginnen mag man damit, wenn man kaum die Grenze überschritten hat. Dabei kann man die ersten entscheidenden Unterschiede zwischen dem deutschen und dem französischen Essen kennenlernen – wie weiland Goethe während der »Campagne in Frankreich« im Jahre 1792. Als er mit zwei französischen Bauernbuben, die mit ihren Pferden für ihn requiriert worden waren, sein Kommißbrot teilen wollte, lehnten sie ab: Dergleichen könnten sie nicht essen. Auf die Frage, was sie denn gewöhnlich äßen, versetzten sie: du bon pain, de la bonne soupe, de la bonne viande … Dann liefen sie davon, unter Zurücklassung ihrer Pferde, und Goethe schloß, daß »das dargebotene Kommißbrot sie zu diesem letzten entscheidenden Schritt, als ein furchtbares Gespenst, bewogen habe. Weiß- und Schwarzbrot ist eigentlich das Schiboleth, das Feldgeschrei zwischen Deutschen und Franzosen.«

Gutes Brot – anders in Farbe, Konsistenz und in seiner Bedeutung als Nahrungsmittel. Das Weizenbrot ist in Frankreich seit jeher das »tägliche Brot« gewesen. Der Versuch des Agronomen Antoine Augustin Parmentier

(1737-1813), als Grundnahrung des Volkes die Kartoffel einzuführen, war zum Scheitern verurteilt. Sein Gönner Ludwig XVI. konnte sich mit den Franzosen nicht das erlauben, was Friedrich der Große mit den Preußen machte: die Oktroyierung der zur Massenverpflegung taugliche-ren Kartoffel anstelle der von Individualisten beanspruchten Brotsorten. Der absolute Monarch zog den kürzeren, obwohl oder vielmehr weil er eine Kartoffelblüte im Knopfloch zu tragen pflegte. Die Pariser Kommune von 1871 stolperte nicht zuletzt über ihr Verbot der Nachtarbeit in den Bäckereien. Heutige Kommunisten scheinen daraus Konsequenzen gezogen zu haben: Einer suchte mir unlängst an einer Bistro-Theke weiszumachen, daß es auch nach einer Machtergreifung seiner Partei in Frankreich weiterhin morgens, mittags und abends frisches Weißbrot geben würde.

Nach wie vor ist die Baguette – was eigentlich Trommelstock heißt – der kulinarische Marschallstab, den der Franzose im Tornister beziehungsweise in und auf Händen trägt. Der wahre Feinschmecker kauft sein Brot selber, weiß zu jeder Mahlzeit, beinahe zu jedem Gericht eine ihm zusagende Brotsorte zu wählen, kann in Verlegenheit kommen, wenn sein Stammladen Ruhetag hat. Denn Bäckereien gibt es zwar zuhauf, doch nicht jede konveniert jedem. Viele bedienen nur die unmittelbare Nachbarschaft, zu manchen macht man Umwege, steht an, vom Duft des frischgebackenen Brotes vertröstet, von der Aussicht auf die goldgelben, knusprigen Stangen und Laibe erquickt, vor eine nur angenehm quälende Wahl gestellt: Baguette, Ficelle oder Restaurant, Pain de Campagne, de Seigle oder au Levain, Petit Parisien, Épi de Charente, Palette, Bagnat, Pain Alsacien – und viele andere mehr, nationale und regionale Sorten.

Ungeduldige knabbern auf dem Heimweg den Brotstab an, Geduldige bringen ihn unversehrt nach Hause, zur Stütze der Mahlzeit. Zu keiner darf frisches Brot fehlen. Eines der Grundgeräusche Frankreichs ist das Knirschen der Stangen und Laibe, wenn sie aufgeschnitten werden. Die Speisefolge wird vom Brot begleitet: ein Biß Rinde zum ersten Schluck Wein, eine Scheibe Landbrot mit Rillettes, einer Art Schmalzfleisch. Baguette-Brocken zum Aufsaugen der Sauce des Hauptgerichts, Weißbrot als Transporteur des Käses, und Brösel, mit den Fingerspitzen aufgetupft, zum letzten Schluck Wein.

Der Grundakkord: Suppe, Fleisch, Käse

Du bon pain – und der Grundakkord des französischen Essens: Suppe, Fleisch und Käse. Schon der erste Klang hat Goethe fasziniert, in Sivry in Nordfrankreich: »Die landsittliche Kochvorrichtung – Pot-au-feu (Topf am Feuer) – konnte ich zum erstenmal genau betrachten. Ein großer eiserner Kessel hing an einem eisernen Haken, den man durch Verzahnung erhöhen oder erniedrigen konnte, über dem Feuer; darin befand sich schon ein gutes Stück Rindfleisch und Wasser mit Salz, zugleich aber auch mit weißen und gelben Rüben, Porree, Kraut und anderen vegetabilischen Ingredienzien . . . Der Tisch war gedeckt, ein großer irdener Napf aufgestellt, schönes weißes Brot in Scheibchen hineingeschnitten, die heiße Brühe darüber geschüttet und guter Appetit empfohlen. Hier hätten jene Knaben, die mein Kommißbrot verschmähten, mich auf das Muster von bon pain und bonne soupe verweisen können.«

Die gute Suppe – sie ist ein nie versiegender Urquell Frankreichs. Seit Karl dem Großen war der Suppenkessel über dem Feuer der Mittelpunkt des Hauses, das Symbol der Häuslichkeit, der Wundertopf der Hausmannskost. Ursprünglich kam alles hinein, was man hatte, und dieses und jenes versuppt heraus, Schätzenswertes und weniger Schätzenswertes, Nahrhaftes in jedem Fall. Später wünschte Heinrich IV., daß jeder Bauer am Sonntag ein Huhn im Topf habe – ein Wunsch, den er natürlich nicht erfüllen konnte, der ihm aber die dauernde Dankbarkeit des Franzosen sicherte, der als Jean Potage veräppelt wurde, nach seiner Leibspeise, wie der Deutsche als Hanswurst. Ludwig XIV. meinte dann nicht nur »Der Staat bin ich«, sondern auch »Die Suppe ist mein« – unter drei Suppen tat er es jedenfalls nie, zur Einstimmung auf ein üppiges Menu, nicht zum Sattwerden wie seine Bauern, die sich nach wie vor mit einer Suppe begnügen mußten.

Zum Ärgernis der Königskritiker, nicht zum Nachteil der Gastrosophie, wie Brillat-Savarin feststellte: »Es ist allgemein anerkannt, daß nirgends so gute Suppen gekocht werden wie in Frankreich, und ich habe diese Tatsache auf meinen Reisen bestätigt gefunden. Dies kann nicht verwundern, denn weil die Suppe die Grundlage der französischen Nahrung bildet, ist es nur allzu verständlich, daß sie in jahrhundertelanger Erfahrung zur Vollkommenheit gebracht wurde.« Die heutigen Franzosen, die sich von Suppe nicht mehr ernähren müssen oder wollen, pflegen nichtsdestoweniger die nationale Suppentradition – am Abend, zu dem das Süpplein gehört wie früher der Plausch und nun die Television.

Die leichten, in kleineren Portionen aufgetragenen Suppen werden bevorzugt. So die fast in jedem Gasthausmenu auftauchende Gemüsesuppe (Potage Julienne), an der man sich im doppelten Sinne des Wortes nicht sattessen kann. Oder eine schlichte Fleischbrühe (Consommé) beziehungsweise eine gebundene Suppe: Crème à la Parmentier (Kartoffelsuppe), Crème Argenteuil (Spargelsuppe),

Crème aux poireaux (Lauchsuppe), Crème de chou-fleur à la Dubarry (Blumenkohlsuppe). Neben dieser leichten Suppenkavallerie gibt es immer noch die schweren Reiter, die gewichtig anpreschen, herzhaft attackieren und schon im ersten Anlauf die Stellung des Feindes einnehmen, seinen Magen besetzen.

Diese Nachhut der alten Bauernsuppen reitet unter regionalen Bannern. Etwa Garbure nach Béarner Art, Weißkohl, Bohnen, weiße Rübchen, Gänse-, Enten-, Schweinefleisch oder Würstchen; das Thema kann variiert werden. Als Gewürz-Grundton ist freilich Knoblauch unerläßlich – als Huldigung an den größten Béarner, Heinrich IV., dem schon unmittelbar nach der Geburt die Lippen mit Knoblauch eingerieben worden waren. Die Potée Bourguignonne enthält in einem irdenen Topf Wirsing, Karotten, Kohlrabi, Lauch, Kartoffeln, Speck, Schulter und Haxe vom Schwein. In der Soupe Tourangelle dominieren Erbsen, Kohl und Schweinebauch, die Potée Lorraine erhält ihren herzhaften Geschmack von geräuchertem Schweinefleisch und Bauernwurst, eine Potée Auvergnate ist ein Querschnitt durch die Gemüsegärten und Metzgereien dieser Region. Der klassische nationale Suppeneintopf ist der Potaufeu geblieben, so wie ihn Goethe serviert bekommen hat: nach der Fleischbrühe mit Weißbrot das Zugemüse und das Rindfleisch.

Ob das Suppenfleisch zur bonne viande à la Française zählt, ist eine alte Streitfrage. In der Kombination des Potaufeu dürfte sie wohl zu seinen Gunsten entschieden sein – vorausgesetzt, daß ein gutes Stück nicht zu lange zugesetzt war. Gekochtes Rindfleisch ist bekömmlich, was den Magen wie den Geldbeutel betrifft. Die sparsamen Franzosen, die sogar das Wasser, in dem Gemüse gekocht wurde, als Grundsubstanz einer Gemüsesuppe wiederverwenden, mögen es nicht bei der ersten Schuldigkeit des Suppenfleisches bewenden lassen.

Ein Stück Rindfleisch mit vollem Saft und ganzer Kraft schätzen sie natürlich mehr. Das bedeutet aber nicht unbedingt ein kurzgebratenes, mehr oder weniger blutiges Steak. Dies ist – wie schon der Name sagt – eher eine angelsächsische denn eine französische Angelegenheit, auch wenn das Biffteck in Frankreich eingebürgert wurde: weil es schick, bekömmlich und für viele erschwinglich ist, weil es schnell gemacht werden kann, weil es frisch gemacht werden muß, weil es mit Pommes frites und einem leichten Rotwein so trefflich harmoniert und weil die Franzosen dem zwar substantiellen, aber etwas formlosen angelsächsischen Steak ihren Küchenschliff gegeben haben: so dem Entrecôte mit Sauce Béarnaise, dem Filetsteak mit Senfsauce (Steak à la moutarde), dem Steak au poivre, dem Chateaubriand.

Das schätzen Pariser und Pariserinnen, die weniger Zeit, mehr Geld und einen kosmopolitischen Zug haben. In der Provinz, wo die Uhren langsamer gehen, richtet man sich noch immer nach den Hausvätern, die ihr bescheidenes Stück Rindfleisch geschmort oder gedünstet haben wollten, in einem Topf, mit Gemüsezukost, in einer alles verbindenden und veredelnden Sauce. Und nach den Hausmüttern, die Zeit und Geduld für die klassischen Rindfleischgerichte aufbrachten und über die dafür notwendigen Herde – mit einem entsprechenden Backrohr – verfügten: Für Boeuf à la mode etwa, dem in Weißwein, mit Zwiebeln und Karotten geschmorten Rindfleischstück. Oder Boeuf en daube, Rindfleisch, in Würfel geschnitten, in Rotwein gedünstet. Oder Boeuf bourguignon, Rindfleischstücke, in rotem Burgunder geschmort – ein Regionalgericht, das zum Nationalgericht aufgestiegen ist.

De la bonne viande ist in Frankreich nicht nur vom Rind. Geschätzt wird Kalbfleisch, das sich so gut zu Eintopfgerichten eignet, geradezu nach Geschmacksgebung durch Mitgekochtes und Saucen verlangt – etwa in der klassischen Blanquette de veau à l'ancienne (Kalbsragout mit Räucherspeck, Zwiebeln und Weißwein). Schweinefleisch wird keineswegs verachtet, sei es als Spanferkel am Spieß (Cochon de lait à la broche), ein Festtagsschmaus, oder an die im Alltag anzutreffenden gegrillten Schweinekoteletts (Cotelettes de porc grillées), denen die Sauce Robert den Pfiff gibt – aus Butter, Zwiebeln, Fleischbrühe, Senf, Essig, Salz und Pfeffer. Lammfleisch ziehen viele Franzosen allem anderen vor: ein im Rohr gebratenes junges Lamm zur Osterzeit, eine rosig-zarte Lammkeule (Gigot d'agneau) mit weißen Bohnen oder auch nur ein hausbackenes Hammelragout (Navarin de mouton).

Eine Besonderheit der französischen Küche – in ihren regionalen Spielarten wie in ihrem nationalen Zusammenklang – sind die Innereien. Ein Romane rümpft darüber keineswegs die Nase, im Gegenteil, er schnuppert ständig danach. Was ursprünglich ein Anliegen der Armseligkeit und dann der gewohnten Sparsamkeit gewesen sein mag, ist längst eine kulinarische Angelegenheit geworden. Kalbsbries (Ris de veau) Périgueux, mit Trüffelsauce, oder Kalbsnieren (Rognons de veau) Liégeoise, mit Wacholdersauce, sind Superstars. Selbst Kalbskopf (Tête de veau) kann eine gesuchte Delikatesse sein, Ravigote etwa, mit einer kalten Sauce aus Eigelb, Estragon, Brunnenkresse, Schnittlauch, Pimpernell, Kerbel, Öl, Essig, etwas scharfem Senf und einem Hauch Knoblauch. Was die Blutwurst (Boudin noir) angeht, ein Grundthema französischen Essens in regionalen Abwandlungen, so fällt es schwer, auf der Suche nach Vergleichen, die ihrer Bedeutung angemessen wären, nicht nach Metaphern zu greifen, die Nicht-Franzosen eher vom Genuß abhalten könnten.

Ohnehin sind noch die Tripes zu loben, die Kaldaunen, die Kutteln, die im feinschmeckerischen Frankreich eine Rolle spielen, die nach Vorstellung vieler Ausländer keineswegs etepetete ist. Dabei setzt jede Region ihren Ehrgeiz darein, ein besonderes Kuttelgericht anzubieten – von den Tripes à la mode de Caën (Schweinskutteln, die mit Kalbs- und Ochsenfuß, Schwarten, Karotten, Zwiebeln, Knoblauch, mit normannischem Apfelwein, Cidre, mit normannischem Apfelschnaps, Calvados, und viel Geduld gegart werden) bis zu den Pieds et paquets von Marseille (Lammkutteln und Hammelfüße, mit verschiedenen Gemüsen, Kräutern und selbstredend Knoblauch in Weißwein gekocht). Dies ist keine Liebe auf das erste Schmekken – ich sehe vor mir noch das Entsetzen einer Familie aus Hannover, die aus Versehen oder Verwegenheit an die Pieds et paquets geraten war und stante pede die unerwünschten Pakete zurückgehen ließ.

Vielleicht kommt man mit Kutteln eher in Kontakt über die Andouillettes, die meist gebratenen Kuttelwürste, die es in den verschiedensten Kompositionen und mit den köstlichsten Saucen gibt; dafür ist den Franzosen kein Wein zu schade, auch nicht Champagner. Die besten Andouillettes werden mit »A's«, ihren speziellen Sternen, ausgezeichnet; fünf sind das höchste: »A. A. A. A. A.« Das sind auch die Laute, die dem Kenner entschlüpfen, wenn er eine Spitzen-Andouillette verzehrt. Und wer A sagt, wird auch B sagen, den Charakter einer Region auf der Zunge verspüren und definieren können. Denn: An ihren Andouilletten sollt ihr sie erkennen!

Man kann sie natürlich auch an ihren Käsen erkennen. Wenn sie von Engländern bewohnt wären, würde vielleicht jede Region von sich behaupten: »My cheese is my castle«. Wie Richelieu, der Schöpfer der staatlichen Einheit, daran laborierte, ist nicht überliefert. Charles de Gaulle, dem Bewahrer des Nationalstaates, entrang sich der Seufzer: »Wie wollen Sie ein Land regieren, in dem es zweihundertsechsundvierzig verschiedene Käsesorten gibt?« Dabei hatte sich der Präsident noch verzählt: Experten sprechen von vierhundertdreiundachtzig Käsearten. Die Mannigfaltigkeit Frankreichs und der Individualismus der Franzosen kommt darin zum Ausdruck. Und ihre hochentwickelte wie breitgefächerte Eßkunst: Der allgemeinen Gewohnheit, eine Mahlzeit mit Käse zu beschließen, kann ja nach persönlichem Geschmack, dem Charakter des Hauptgerichtes und den Gegebenheiten des Zeitpunktes wie des Standortes Genüge getan werden.

Region wie Saison sind bei der Wahl der Käsesorte zu beachten. Namentlich Schafs- und Ziegenkäse haben ihre Zeit, wie die Lämmlein und Zicklein, also das Frühjahr, auch noch die anschließenden Monate, und sie munden dort am besten, wo ihre Milchspender weiden: in der Provence, in der Dauphiné, an der Loire oder in Guyenne. Ähnliches gilt von den Kuhkäsen: Ihre Hauptzeiten sind im Herbst, Winter, Frühjahr, vielleicht noch im Frühsommer, nicht im Hochsommer, und ihre Hochburgen liegen in den grünen Gefilden der Normandie, der Auvergne, im Norden und Osten. Kuhkäse aus den Alpen oder dem Jura sind meist das ganze Jahr über beständig: so der Reblochon aus Savoyen oder der Comté aus der Franche-Comté. Dies gilt auch von anderen Grundstöcken der französischen Käseplatte wie Roquefort (dem klassischen Schafskäse aus dem Rouergue) oder den Kuhkäsen Port-du-Salut aus der Bretagne und Pont-l'Evêque aus der Normandie.

Käse von der Kuh, von der Ziege, vom Schaf, kleine und große, runde und rechteckige, flache und hohe, säulenartige und pyramidenförmige, Rollen, Torten, Laibe und Räder, weiße, gelbe, bräunliche, rötliche und blau-geäderte, mit oder ohne Rinde, mit Traubenkernen überkrustet oder in Weinblätter gewickelt, junge, mittelalterliche und alte, magere, halbfette und fette, weiche und harte, milde und strenge, sanfte und scharfe, zarte und kräftige Käse aus allen Ecken und von allen Enden Frankreichs – wer zählt die Sorten, kennt die Namen!

Eine größere Musterkarte bietet ein Marktstand, eine kleinere die Käseplatte eines Restaurants. Welchen wählen? Das hängt nicht nur vom subjektiven Geschmack, sondern auch vom objektiven Zustand des Käses ab. Er darf nicht – was in unseren, aber auch in französischen Supermärkten vorkommt – durch zu zeitigen Marschbefehl, durch unsachgemäßen Transport, in hermetischer Verpackung und durch Unterkühlung auf Null gebracht worden sein. Die Lagerung ist wichtig: in frischer und feuchter Luft, zwischen 6 und 10 Grad, am besten in einem entsprechenden Keller oder, wenn schon im Kühlschrank, dann wenigstens im Gemüsefach. Vor dem Servieren sollte er auf Zimmertemperatur gebracht werden, eine Stunde vorher. Reif muß er sein: Ein Camembert etwa darf keinen Kern mehr haben. Aber auch nicht zu reif: ein Camembert, der fließt, ist schon hinüber, riecht nach Ammoniak.

Ißt man die Rinde eines Käses mit? Das tun auch viele Franzosen, freilich mehr aus Sparsamkeit als aus Gourmandise. Gastrosophen raten ab. Paul Reboux meint sogar, Käse dürfte niemals in der Rinde serviert werden. Pierre Androuët, Käsehändler und Käsegastronom in Paris, »le pape du fromage français«, lehrt: Von keinem Käse soll die Rinde gegessen werden, so wie man beim Wein auch nicht die Flasche vertilgt.

Brot gehört zum Käse, aber – je nach dessen Charakter und dem Geschmack des Essers – es muß nicht unbedingt Weißbrot sein. Generell wird in Frankreich Käse ohne Butter gegessen, doch manche Sorte ruft nach ihr, beispielsweise der Roquefort. Ein Comté mag auch zum Bier schmecken, doch im allgemeinen verlangt französischer Käse nach französischem Wein, nach weißem, roséfarbenem oder – in den meisten Fällen – nach rotem Wein. Dann ertönt der Dreiklang Käse-Brot-Wein, ein permanenter Wohllaut, die Erkennungsmelodie Frankreichs.

Im Wein liegt Wahrheit, was den Genuß im allgemeinen und den Genießer im besonderen betrifft. Welchen wann und wozu, wie und wieviel man trinkt, gibt Aufschlüsse über einen Menschen, über eine Nation.

In der Regel trinkt der Franzose seinen Wein nur zum Essen, einen kleinen oder mittleren zu den alltäglichen Mahlzeiten, einen oder mehrere große bei besonderen Anlässen. Jeder weiß, daß man zu gekochtem Fisch weißen und zu rotem Fleisch roten Wein trinkt, den weißen vor dem roten, den leichteren vor dem schwereren, den gewöhnlicheren vor dem besonderen. Viele wissen, wozu Wein nicht paßt, zu Gerichten mit Essigsaucen oder Süßspeisen mit Schokolade, und sie haben mehr oder weniger detaillierte Speisen-Weine-Kombinationen im Kopf, zum Beispiel: zu Austern einen trockenen frischen Muscadet, zu gebratenem Huhn einen sanften und leichten Roten, etwa einen Fleurie aus dem Beaujolais oder einen Bourgeuil von der Loire; zum Rehbraten einen kräftigen Côtes-de-Nuits aus Burgund oder Saint-Emilion aus Bordeaux. Manche komplizieren die Kombinationen, wie jener Sybarit, von dem Raymond Dumay berichtet (der bisher besten Einführung in die französische Weinkunde, »Französische Weine«, München, 1969): Befragt, zu welchem Gericht ein besonders »morgonierender« (nach seiner Erde schmeckender) Morgon aus dem Beaujolais passen würde, antwortete er: »Damit sollte man ein Bauernfrühstück aus dem Charolais servieren oder auch ein Schweinsfrikassee.« Und er fügte hinzu: »Natürlich meine ich ein Frikassee im November, um 9.00 Uhr morgens, mit ein wenig Nebel über der Saône.«

Vieles ist bei der Wahl des Weines zu beachten: Wo er gewachsen ist, in welcher Region, in welcher Lage. Wie er klassifiziert wurde: als ordinärer Vin de table, oft mit algerischer Blutgruppe, als reeller Landwein (Vin de pays), als »Wein beschränkter Menge von gehobener Qualität« (Vin délimité de qualité superieure, abgekürzt V. D. Q. S.), als Wein mit kontrollierter Ursprungsbezeichnung (Appellation d'origine contrôlée, abgekürzt A. O. C.), wobei die untere Qualitätsklasse unter »Origine« nur die Region, die obere Qualitätsklasse eine genauere Ursprungsbezeichnung angibt, etwa im ersten Fall »Appellation Beaujolais contrôlée«, im zweiten »Appellation Morgon contrôlée«.

Wichtig ist, wo der Wein herkommt: von einem Großhändler oder direkt vom Erzeuger (was vorzuziehen ist), vom Weinbauern oder einer Genossenschaft. Ein guter Jahrgang sollte es sein (fast jeder französische Taschenkalender hat eine diesbezügliche Tabelle; viele Franzosen haben sie im Kopf). Bei dem einen stimmt der Spruch, daß der Wein alt sein müsse, etwa bei einem großen Bordeaux, bei dem anderen stimmt er nicht, so beim schlichten Beaujolais oder einem Provence-Rosé, die jung getrunken werden. Auf die Temperatur ist zu achten, wobei die – variable – Grundregel gilt: Trockene Weißweine und Rosés haben kalt, aber nicht eiskalt zu sein, junge und einfachere Rotweine kühl, jedenfalls unter Zimmertemperatur, gehobenere und ältere Rotweine chambriert, aber eben so, wie es früheren Chambres und nicht zentralgeheizten Zimmern entspricht.

Als letztes, aber nicht unwichtigstes: Wo soll der Wein getrunken werden? Am besten an Ort und Stelle, in seiner Region, in einem regionalen Lokal, zu einem regionalen Gericht, je nachdem: offener, lokaler Landwein in einem Dorf-Café im Languedoc, weiß zu Schnecken, rot zu warmen Specktörtchen. Ein Viertele Riesling in einer Straßburger Altstadtkneipe zu Zwiebelkuchen oder Munsterkäse. Ein Pichet jungen Beaujolais in einem Weinberglokal über der Saône mit Landsalami oder hausgemachter Pâté. Eine Karaffe Rosé von Pierrefeu in einer Hafenkneipe von Toulon zu einer Petite friture (winzige, mit

Haut, Kopf und Schwanz frittierte Fische). Eine Flasche weißen Seyssel in einem Gasthof an der oberen Rhône zu gratinierten Süßwasserkrebsschwänzen. Eine Flasche roten Pernand-Vergelesse, ein Kleinadeliger aus Burgund, in einem Bistro in Dijon zu einem Boeuf bourguignon. Eine Flasche Saint-Emilion prémier grand cru classé, etwa »Château Cheval Blanc«, mindestens zehn Jahre alt, in einem Restaurant in Bordeaux, zu Entrecôte und Cèpes (Steinpilzen) à la Bordelaise. Und so weiter, und so fort.

Es muß (und kann) nicht immer ein großer Wein, es soll aber immer der richtige sein. Das hängt vom Gericht und Lokal ab, von der Gegend. Zu den einfachen, stark gewürzten Platten der Provence, die auf allen gastronomischen Ebenen in fast gleicher Qualität zu unterschiedlichen Preisen zu haben sind, harmoniert eben ein überall erschwinglicher, stets großzügiger Côtes-de-Provence, namentlich der Rosé, der alle provençalischen Variationen zu begleiten vermag. In einem Landgasthof oder Stadtrestaurant in Burgund oder im Bordelais, den beiden Zitadellen der französischen Weinkultur, soll man sich zu einem einheimischen Menu einen entsprechenden einheimischen Wein (oder Weine) genehmigen, auch wenn man tiefer und manchmal ganz tief in die Tasche greifen muß. Die Weinkarte bietet eine hinreichende Auswahl, der Wirt kann und will beraten, und nur ein Snob würde in Burgund einen Bordeaux oder in Bordeaux einen Burgunder verlangen. Woanders mag man sich dann darüber streiten, welchem von beiden die Krone gebühre, und vielleicht das salomonische Urteil eines Pariser Richters bestätigen: Bei Tisch befragt, ob er Burgunder oder Bordeaux vorziehe, antwortete er: »Das ist ein Prozeß, bei dem ich mit solchem Vergnügen die Akten studiere, daß ich die Urteilsverkündung immer erst nach acht Tagen vornehme.«

Man soll die Weine feiern, wie sie fallen. In Gläsern, die durchsichtig – nicht farbgetönt! – sind, groß genug, daß man durch leichtes Schwenken die Farbe funkeln und den Duft aufsteigen lassen, sich an beidem vorfreuen kann.

Man nimmt einen guten Schluck, läßt ihn im Munde kreisen, wie ein Sonnenrad. Dann schluckt man ihn bedachtsam hinunter, der angespannte Geschmackssinn wird sich wissend und wohlig entspannen – voilà, man hat einen Tropfen Frankreich auf der Zunge, am Gaumen, im Blut, Tropfen auf Tropfen eines unerschöpflichen Meeres.

Champagne, Lothringen

Wer vom Norden kommt, kann zunächst die Bekanntschaft des Champagners machen, jenes Weines, den Ausländer gerne für die Offenbarung des französischen Wesens und Stimulans wie Essenz des süßen Lebens halten. Champagner – das ist Pfropfenknall zum Aufgalopp, Überschäumendes, Spritziges, Prickelndes, Frivoles, Jacques Offenbach, Belle Epoque, Fin de siècle und da capo.

Franzosen selber verhalten sich differenzierter zu diesem ihnen eher angedichteten als selbst verliehenen Nationalsymbol. Paul Reboux distanziert sich von ihm: »Der Champagner ist der Wein der Freudenhäuser. Dieses chemische Getränk, dieser Weinersatz gehört an die Orte, wo auch der Liebesersatz gehandelt wird.« Noch schlimmer: Der Champagner sei der Wein der politischen Versprechungen, der Empfänge und Trinksprüche, leerer Versprechungen mithin, ein Blender und Täuscher. Ein

Kunstwein überdies, dem Likörartiges zugesetzt, an dem ständig gerüttelt werde, eine vermanschte, verkorkste Sache.

Die Wahrheit liegt in der Mitte, zwischen den Einschätzungen derer, die ihn lieben wie die Sünde, und der anderen, die ihn verachten wie dieselbe. Ein Franzose wird kaum – wie der Steward der Ersten Klasse einer internationalen Fluggesellschaft – auf die etwas lüftige Idee kommen, den Champagner für den ständigen Begleiter eines vollkommenen Menus zu halten. Auf einem vormittäglichen oder nachmittäglichen Empfang trinkt er gern ein Glas – lieber aus der Schale als aus einem Kelch – und knabbert dazu ein Champagnerbisquit, Petit-Four oder eines jener hauchdünnen Sandwiches, die aus dem Inhalt eines Brotlaibes geschnitten und in dessen übriggebliebene Form geschichtet worden sind. Die Einladung zu einem Champagnerfrühstück werden wenige Franzosen, wenn auch viele Französinnen ausschlagen: zu Austern, Kaviar und auch zur Gänseleber ist Champagner brut akzeptabel. Für beinahe unerläßlich wird er – in seinen halbtrockenen oder halbsüßen Weisen – zum süßen Dessert bei einem festlichen Mahle gehalten, als etwas flatterhaftes Tüpfchen auf dem I, ein Barockwölkchen sozusagen. (Manche, und nicht die Unerfahrensten, ziehen indessen ein Glas Sauternes vor.)

Wer durch die Champagne fährt, sollte die eine oder andere renommierte Kellerei (es gibt deren weit mehr, als an Markennamen gemeinhin bekannt ist) aufsuchen – weil sich diese das Renommee etwas kosten lassen, und man dabei etliches lernen kann: daß der schäumende Champagner gegen Ende des 17. Jahrhunderts von dem Benediktinermönch Dom Pérignon entwickelt wurde, wofür er zwar nicht von seiner Kirche, aber von den Kellereibesitzern heiliggesprochen worden ist. Daß ein brut mit Jahrgangsangabe nicht gezuckert sein sollte, alle anderen Sorten aber gezuckert sind, demi-sec und doux bis zu zehn Prozent und darüber hinaus, mehr als seine Bezeichnung ahnen läßt auch der sec, und selbst noch der extra-sec bis zu zwei Prozent und darüber hinaus. Daß Champagner das Altern im Keller nicht verträgt, er nicht zu kalt serviert werden darf, vor allem die besseren Sorten, und er in keinem Fall im Kühlschrank geschockt, sondern im Sektkübel durch Eiswasser temperiert werden sollte.

Zu den Hausgerichten der Champagne passen die normalen, natürlichen, nicht schäumenden Weine der Region – etwa wein weißer Blanc-de-Blanc aus Avize oder Mesnil-sur-Oger, oder ein Roter aus Bouzy oder Sillery – zu Quenelles de brochet (Hechtklößchen), Andouillettes und Pieds de porc (Schweinsfüße) à la Sainte-Menehould, zum eingebackenen Schinken nach Art von Reims, zu Ente mit Bouzy, und Brie, einem Käseklassiker Frankreichs; der beste kommt aus Meaux.

Gute Hausmannskost – kaum gastronomische Raffinessen. Ähnliches gilt von Lothringen, einem Gebiet, um das sich in der Geschichte Frankreich und Deutschland gestritten haben, was an seinen Gerichten nicht spurlos vorübergegangen ist. Überdies ist es ein Pflanzboden für Heroen, und diese haben – das weiß man seit Anno Sparta – zwar Heroisches im Vertilgen ertüchtigender Verpflegung geleistet, aber kaum Muße und Gelegenheit für kulinarische Genüsse gehabt.

Was man in lothringischen Wirtshäusern zwischen Bildern von Jeanne d'Arc und Charles de Gaulle serviert bekommt, ist kaum dazu geschaffen, von der Heldenverehrung abzulenken. Es gibt Ausnahmen, einige Landgasthöfe und »Relais de campagne«, von den Eßführern benannt, sowie das eine oder andere Stadtrestaurant, etwa in Nancy oder Metz. Im letzteren hat sich die martialische Vergangenheit in einem wilhelminischen Bahnhofsrestaurant verschanzt, jedoch nur architektonisch, denn die französischen Bahnhofswirte haben in gastronomischen Gegenangriffen die Erinnerung an die deutsche Besatzungszeit verdrängt. Ihr Friedensangebot und Versöhnungsgericht ist eine überzeugende Choucroute – deutsch-massiv und französisch-elegant.

Diese Ambivalenz kommt in mehreren lothringischen Regionalplatten zum Ausdruck, beispielsweise: Cochon de lait en gelée (Spanferkel in Aspik), Lothringer Speck, ebenso zart wie herzhaft, Grillae à la Champigneulles (gebackener Schinken mit Käse und Biersauce). Schweinefleisch wird in tüchtigen Portionen und leckeren Garnierungen geschätzt. So etwas wie eine romanisch-germanische Pizza ist Quiche Lorraine, eine Mürbe- oder Blätterteigtorte mit Speck, Eiern und Rahm – ein harmonischer Zusammenklang, in der Theorie, nicht immer in der Praxis. In Lothringen wird viel Bier getrunken, das besser ist als weiter westlich und südlich, aber nicht so gut wie weiter östlich und nördlich. Und ein einheimischer Wein, der das Probieren lohnt, jedenfalls origineller und preiswerter ist als die gewöhnlich angebotenen Flaschen aus den großen französischen Anbaugebieten: Côtes de Toul, ein »vin gris«, ein »Grauer«, frisch und lebhaft, solide und säuerlich – ein lotharingisches Gewächs, Produkt eines Zwischenreiches.

Das alte Lotharingien, der Mitteltrakt des geteilten Karolingerreiches, ist gastronomisch eine Zwischenzone geblieben, eine Übergangszone geworden: zwischen Französischem und Deutschem. Mehr noch als für das lothringische Kernland gilt dies für die Randregion Elsaß. Sie liegt der transrhenanischen Küche am nächsten, kopiös wie diese, doch ohne sie kopieren zu wollen. Und sie liegt nicht so weit von der französischen Küche entfernt, als daß sie deren Vorzüge nicht erkannt und übernommen hätte. Das Ergebnis ist die sozusagen zweisprachige Küche des Elsaß: deutsche Satzgegenstände und französische Satzaussagen.

Ein Musterbeispiel: das Sauerkraut, im alemannischen Elsaß nicht von ungefähr als Choucroute bezeichnet. Was Stendhal ein »verdummendes Gericht« nannte, war das deutsche Thema, wie es auch ihn als napoleonischen Intendanturbeamten im besetzten Deutschland nicht verschont hatte – mitnichten die elsässische Variation. Choucroute garnie ist ein Fleischkoloß auf Sauerkrautbeinen, mit gekochtem, gepökeltem und geräuchertem Schweinefleisch, Speck, Schinken, Koteletts und Würsten – von diesem, jenem oder allem. Ein germanischer Koloß, aber romanisch poliert, mit Weißwein, Kirschwasser und Wacholder, veredelt mit Rebhuhn oder Fasan, sogar – doch hier wird Raffinesse zur Frivolität – garniert mit einem Krebs oder einer Trüffel.

Dazu kann eine kühle Blonde genommen werden, Elsässer Bier, das beste und bekömmlichste in Frankreich. Oder Elsässer Weißwein, der sich natürlicher und trockener gibt und sich dem Essen besser anpaßt als gemeinhin sein deutscher Artverwandter – doch selbständig, lebhaft, fruchtig und süffig genug bleibt, daß er sich zum »Kneipen« eignet: der Durstlöscher Chasselas, der Kumpel Sylvaner, der feine, vornehme Riesling, der vielseitige Pinot, der manchmal etwas verbildete Edelzwicker, der anspruchsvolle Muscat und der mitunter etwas überzüchtete Gewürztraminer. Um sie zu degustieren, begibt man sich am besten auf die Wanderschaft, die Elsässer Weinstraße entlang, 110 Kilometer. Man kann auch das Auto nehmen, weswegen die Strecke aber nicht schneller und kürzer wird. Zum Verweilen verführt Vieles und Gutes, Eßbares und Trinkbares, Beschwingendes und Beschwerendes. Zu Fuß verdaut man in der Fortbewegung; wer sich als Autotourist mit Gebranntem behilft, ist zur Seßhaftigkeit gezwungen, kein gebranntes Kind indessen.

Aus der Not der Verdauung haben die Elsässer die Tugend ihrer Obstschnäpse gemacht, aus gutem Grund »Eau de vie« genannt, »Lebenswasser«, weil sie das Leben erträglich machen und das Überleben ermöglichen. Auch den Agronomen: 33 Apfelsorten, 27 Birnensorten, 36 Pfirsichsorten, 29 Pflaumensorten und 10 Aprikosensorten hat man im Elsaß gezählt. Man kann sie nicht alle essen, frisch oder eingemacht; ein Großteil muß verflüssigt, vergeistigt werden, zu Kirsch, Quetsch (Zwetschgenwasser), Mirabelle und Framboise (Himbeergeist). Man zelebriert sie: In ein Schwenkglas kommen Eisstücke, werden hin- und herbewegt, schließlich entfernt. Nun erst wird Eau de vie eingegossen; denn im Kühlen entfaltet es sein Aroma – ein nordisches Mysterium. Heinrich Heine kam ihm nahe, wenn er bemerkte, blonde Frauen seien wie gefrorener Champagner. Hätte er Elsässer Obstwasser getrunken, wäre ihm vielleicht dieses eingefallen: Eine gekühlte Framboise sei wie eine Elsässerin, und umgekehrt.

Die deutschen Ahnen haben den Elsässern eine Vorliebe für Schweinefleisch vererbt, nicht zuletzt in der Form von Koch- und Siedewurst, was man in Frankreich sonst weniger antrifft. Was den Käse betrifft, so bestehen Verbindungen über den Rhein: Nach Allgäuer Vorbild wird Romadour gemacht. Der elsässische Munster hat etwas vom Allgäu und etwas von der Normandie: Resches-Scharfes und Weiches-Aromatisches, eine Kreuzung aus Alpenland und Douce France. Wer behaupten wollte, er stinke, hätte seinen Charakter verkannt und sich im Ton vergriffen. Das Geflügel wird allgemein goutiert: Ein Coq au Riesling oder eine Poularde in einer Sauce aus Morcheln und Rahm (aux morilles et à la crème) sind Glanzstücke der elsässischen Küche, deren Vorbilder weiter südlich, in Burgund, zu suchen sind.

Genuin französisch ist die Gänseleberpastete, auch wenn alemannische Gänse daran beteiligt sind, die dazu genötigt wurden, in der Entwicklung einer möglichst großen Leber ihren Daseinszweck zu erfüllen. Die Gänseleberpastete wurde in Straßburg erfunden, als es bereits französisch war, von keinem Elsässer, sondern von einem Normannen, Jean-Joseph Close, dem Küchenchef des Marschalls de Contades, des französischen Militärgouverneurs. Close gab der Gänseleber Konsistenz, hauchte ihr mit einer Trüffel aus dem Périgord die Seele ein, umgab sie mit Dessous aus gehacktem Kalbfleisch und einem Mantel aus goldbrauner Teigkruste – voilà: Pâté de foie gras Strasbourgois. Dann heiratete Close die Witwe eines Straßburger Pastetenbäckers, eine Vernunftehe par excellence, die der Vermehrung seiner Schöpfung diente.

Zweiundvierzig Arten soll es heute geben. Inzwischen werden neben Trüffeln aus dem Périgord auch Trüffeln aus dem Elsaß verwendet. Wesentlich ist dies nicht, aber jenes: Foie gras sollte man – wenigstens an Ort und Stelle – nicht als ein in Metallbüchsen oder Steinguttöpfen versenktes Produkt der Nahrungsmittelindustrie zu sich nehmen, sondern frisch, au naturel, vom Wirt selber komponiert und frisch aufgeschnitten, rosig und duftend – o Straßburg, du merveilleuse Stadt!

Franche-Comté, Savoyen, Dauphiné

Durch die Burgundische Pforte, das Belforter Loch zwischen Vogesen und Jura, gelangt man weiter in das lotharingische Zwischenreich hinein. Zunächst in die Franche-Comté: historisch in die ehemalige Freigrafschaft Burgund (die zum Heiligen Römischen Reich gehörte, staufisch, habsburgisch-österreichisch und habsburgisch-spanisch war und seit 1678 zu Frankreich gehört), landschaftlich in den Jura und gastronomisch in ein Kanaan des Käses, der Rahmsaucen, der Forellen und Krebse, der Pilze und Welschnüsse, und eines Weines, in dem die spanischen Farben verblassen: im Rosé von Pupillin, im Gelb des Château-Chalon, im Rötlichbraun eines Arbois rouge.

So könnte ein regionales Menu sein: Jésus de morteau, eine mit Anis gewürzte Räucherwurst, kuhfrische Butter (mit der auch gekocht wird) und Landbrot. Quenelles de brochet Sauce Nantua (Hechtklößchen in einer Béchamelsauce mit Krebsbutter und Krebsschwänzen, Champignons und vielleicht sogar Trüffelscheibchen). Coq au vin jaune – wo sich der Château-Chalon prächtig entfaltet. Ein Morchelgericht oder Grüner Salat mit Welschnußöl angemacht. Käseplatte mit Comté (nicht zu fest, mit Löchern wie kleine Kirschkerne), Morbier, Vacherin (weich, zart, schmelzend) und Bleu du Haut Jura – alles Kuhkäse, versteht sich. Und zum Dessert eine Süßigkeit, wie sie in einem der zahlreichen Klöster erfunden wurde: Pets de nonne (kleine Krapfen aus Baume-les-Dames) oder Pain d'oeuf au caramel aus Château-Chalon oder ein Beignet, mit Akazienblüten, Quitten und Apfelgelee gefüllt. Das kommt einem dann schon spanisch vor, mehr noch als Matefaim, ein Eierkuchen, den die Spanier der Franche-Comté hinterlassen haben sollen.

Das Städtchen Arbois eignet sich zum gastronomischen Standquartier. Dort kann man alte Weine probieren, üppig, aber auch einfach essen, und sollte dies tun, wenn man den Charakter dieses rauhen Landstriches erkosten möchte. Eine Croûte Jurassienne (mit Käse, Speck und Zwiebeln), eine lokale Käsefondue, mit weißem Côtes-du-Jura natürlich, oder »Les Gaudes«, eine dicke Maissuppe mit Milch, mitunter auch Speck. Sie deutet darauf hin, daß die Franche-Comté dazu prädestiniert war, dem französischen Bauernsuppenreich einverleibt zu werden.

Savoyen – Savoie – kam erst 1860 zu Frankreich, wohl deshalb, weil es sich hinter höheren Bergen und eigenwilligeren Gerichten verschanzt hatte. Die Wegweiser zeigen heute noch nach Turin. Italienisches in alpenländischer Version ist dageblieben, glücklich vermählt mit Französisch-Alpinem. Ein Drittel Savoyens ist von Firn und Eis, ein weiteres Drittel von Wäldern und das letzte Drittel von Weideland bedeckt, in das einige Kartoffel- und Getreidefelder sowie vereinzelt Weinberge eingesprenkelt sind. Von dieser Bodenbeschaffenheit und Bodennutzung ist der Speisezettel abhängig: Er wird von Milchprodukten, Kartoffelgerichten und Schweinespeck beherrscht und durch Wildbret und Rindfleisch bereichert.

Savoyen hat aber auch Anteil am Genfer See und besitzt Binnenseen, den Lac d'Annecy und den Lac du Bourget. Hier – und nicht in den Alpentälern, um die oder gar in den Betonburgen des Wintersports – ist die savoyardische Gastronomie konzentriert. Man muß dabei nicht unbedingt an Talloires am See von Annecy denken, einen kleinen Ort, dem die von den Eßführern verliehenen Sterne, Kronen und Kochmützen zu Kopf gestiegen sind, der einen etwas parvenuhaften Luxus zur Schau trägt. Aix-les-Bains am Lac du Bourget hat den betulichen Charme eines zweitklassigen Badeorts des Fin de siècle und eine gewisse gastronomische Biederkeit behalten.

Die Fische aus den Seen sind etwas Besonderes: Lavaret, Omble Chevalier und Féra. Gebirgsbäche liefern Krebse – Gratin de queues d'écrevisses ist eine Spitze dortzulande. Savoyardische Käse, die auf jeder besseren Käseplatte in Frankreich anzutreffen sind, lohnen den Lokaltermin: Reblochon, der in der Konsistenz eher einem Butterkäse gleicht, aber einen ausgeprägten Charakter besitzt. Bis auf die Almen muß man mitunter steigen, um einen nach frischer Alpenmilch schmeckenden Beaufort zu bekommen, wie der Comté eine Art Gruyère. Tomme de Savoie, ein turmartiger Käse, ist kaum zu übersehen.

Auf Moränenhügeln der Gletscher wächst Wein – eine Scheidemarke zwischen alpenländischer Unwirtlichkeit und la Douce France: La Roussette de Seyssel, ein Weißer, herb-frisch und lebhaft-leicht, und der weiße Crepy, klar und schimmernd. Sie steigen rasch zu Kopf, ermuntern die

Phantasie, lassen den Duft von Weißdornblüten oder schwarzen Trüffeln verspüren.

Auf der Erde bleibt man bei der einfachen, aber keineswegs vulgären Kernnahrung der Alpenhirten und Bergbauern: Gratin Savoyard, überbackene Kartoffeln mit geriebenem Käse, Butter und Bouillon. Letztere unterscheidet ihn von dem Gratin Dauphinois, der nicht mit Fleischbrühe, sondern mit Milch zubereitet wird. Beide sind trefflich, wenn sie à point serviert werden, ein – wie gesagt wurde – »blondes Meisterstück« geblieben und keine Aschblonde oder gar Brunette geworden sind.

Im Unterschied zum Gratin Savoyard ist Gratin Dauphinois in ganz Frankreich bekannt. Das kommt wohl daher, daß die Dauphiné – die sich südlich an Savoyen anschließt – schon seit 1349 zu Frankreich gehört, die Apanage der französischen Kronprinzen, der Dauphins, war und gastronomisch schon immer zum französischen Westen und Süden tendierte: mit Krammetsvogelpastete (Pâté de grives) und dem aus Ziegen- und Kuhmilch hergestellten Saint-Marcellin, mit Wachtelragout und einheimischen Trüffeln, mit den roten Rhôneweinen Hermitage, Croze und Mercurol. Eine genuin französische Küche sei die der Dauphiné, resümiert Maurice Saillant: »Sie hat die liebenswürdige Courtoisie, die niemals auf den äußeren Effekt zielt, diese Sicherheit, diese Ehrlichkeit, diese leichte Grazie, die das Kennzeichen des französischen Geschmacks sind.«

Was Paris im Fin de siècle gewesen ist, war Dijon im Herbst des Mittelalters – die Kapitale des Essens und Trinkens. Damals war Burgund ein respektables Reich, eine – wenn auch verminderte – Neuauflage des alten Lotharingien, politisch seine letzte. Die burgundischen Herzöge, die sich »princes de bon vins« nannten, die in Saus und Braus lebten, strapazierten die Eifersucht der französischen Könige, die sich auch gastronomisch für die Alleinzuständigen hielten. Am Ende des 15. Jahrhunderts wurde das Herzogtum Burgund dem französischen Königreich einverleibt.

Das Prädikat »königlich« hatten seine Weine längst verdient, »die besten Weine der Christenheit«, wie sie ein burgundischer Herzog zu rühmen wußte. Nachdem die alten Römer die Weinrebe gepflanzt und seitdem die mittelalterlichen Mönche – vornehmlich Zisterzienser – die Weinkultur entwickelt hatten, wurde das Lob des Burgunders gesungen. Erasmus von Rotterdam, der Humanist, dem nichts Menschliches fremd war, pries: »O glückliches Burgund, das es verdient, die Mutter der Menschheit genannt zu werden, denn aus seinen Brüsten fließt eine so köstliche Milch!« Sachlicher und sachverständiger konstatierte Eugen von Vaerst: die Burgunder seien die ersten Weine der Welt, mit herrlicher Farbe, exquisitem Geruch und Geschmack, Feinheit mit Stärke und Fülle des Körpers verbindend, zart und kernig, sanft und schwer zugleich.

Der Zusammenklang des Entgegengesetzten ergibt den großen Wein. Nur aus zwei Rebsorten werden die Tausende von Burgunder gekeltert, die Roten aus Pinot noir, die Weißen aus Chardonnay. Große Lagen wachsen auf kleinen und kleinsten Parzellen: Der Chambertin – gemäß Gaston Roupnel »der größte Burgunder, der nur möglich ist« – hat 27 Hektar für sich, und der Romanée-Conti, »fast schon ein Symbol und kaum noch ein Wein« (Raymond Dumay), wächst auf einem Äckerlein von 1850 Quadratmetern. Der Weltmeister wird nach Dörfern, nach Weinbergen, nach Teilen von Weinbergen klassifiziert. Der Hocharistokrat kommt aus bescheidenen Verhältnissen: einem Landstreifen von nicht einmal vierzig Kilometern Länge und kaum vier Kilometern Breite, unansehnliche Hügel, Kalk- und Mergelböden, von der Sonne nicht allzusehr verwöhnt, mitunter von Frösten heimgesucht.

Burgunder im engeren und eigentlichen Sinne ist der Côte d'Or. Diese Goldküste besteht aus zwei Teilen: Die Côte de Beaune, die zweifarbig ist, mit den Roten von Corton, Pernand-Vergelesse, Savigny, Beaune, Pommard, Volnay, Santenay und den Weißen (die sich ebenbürtig an die Seite der Roten stellen) von Corton, Charlemagne, Meursault, Montrachet. Dann und vor allem die Côte des Nuits mit ihren großen Roten: Chambertin, Chambertin-Clos-de-Bèze, Charmes Chambertin (Gevrey-Chambertin); Clos-de-la-Roche, Clos-de-Tart, Clos-Saint-Denis (Morey-Saint-Denis); Musigny, Bonnes-Mares (Chambolle-Musigny); Clos-de-Vougeot (Vougeot); Romanée-Conti, Richebourg, La Tâche, Echezeaux (Vosne-Romanée).

Neben diesen Grandseigneurs können sich auch die weniger Großen sehen und trinken lassen, die Nuits-Saint-Georges wie die Côte-de-Beaune-Villages, selbst noch die als »Bourgogne grand ordinaire« bezeichneten, wie der rote Passe-Tout-Grain, der weiße Aligoté oder der bemerkenswerte Rosé von Marsannay.

Die Côte-d'Or ist das prächtige Mittelstück im Tryptichon des Burgunders, doch auch dessen Seitenflügel sind schön: Niederburgund mit den Weißen von Chablis, die als klassische Austernweine gelten, weniger zu Portugaises als zu Belons, doch ihren ambivalenten Charakter – trocken und saftig, feingliedrig und muskulös – am besten zu Süßwasserkrebsen und Süßwasserfischen entfalten, zu Heimischem eben. Südlich an die Côte d'Or – mit dem Übergang des Chalonnais, den der rote Mercurey markiert – schließt das Maconnais an, mit vielem Flachen und einer Spitze: dem weißen Pouilly-Fuissé.

Sich durch die burgundischen Weinorte und Weinkeller durchzutrinken, ist ein genußbringendes, wenn auch zeitraubendes Unternehmen; es soll Leute geben, die damit schon vor langem angefangen haben und noch immer damit beschäftigt sind. Erste und bleibende Eindrücke kann man im Weinschloß Clos-de-Vougeot bekommen. Oder in Beaune, bei der Weinversteigerung am dritten Sonntag im November und ganzjährig bei einer Weinprobe in einer der großen Kellereien. Oder auf dem einen oder anderen Weingut an Ort und Stelle. Zur stilechten Weinprobe wird ein Tastevin benutzt, eine Schale aus Silber oder auch aus Glas – ein beliebtes Souvenir, das man jedoch nicht als Aschenbecher benutzen sollte.

Am besten erschließen sich burgundische Weine bei burgundischem Essen. Der eine scheint für das andere geschaffen und da zu sein, und vice versa. Meist kann der Wein es gar nicht erwarten, zum Essen getrunken zu werden; er hat sich schon mit den Speisen vermählt: bei Jambon persillé, Schinken in Weißweinaspik. Bei Schnecken, die hier nicht nur in ihren Häuschen mit Kräuterbutter, sondern auch in einem Chablis-Sud gekocht werden. In der Pauchouse, einem Ragout aus Süßwasserfischen mit weißem Burgunder. Und in roten Burgundersaucen zu Eiern (Oeufs bourguignons), Coq au vin bourguignon,

Rindfleisch (Boeuf bourguignon). Die allgegenwärtigen Weinsaucen heißen Meurettes. Ist Sahne mit im Spiel, wird von Saupiquet gesprochen – der Schinken hört es besonders gern. Und wenn schon nicht Wein, dann wird ein anderes Produkt der Region bevorzugt, der Senf von Dijon, in der Senfsauce, à la Dijonnaise.

Die festen Materien sind den flüssigen angemessen. Der Schinken von Morvan schmeckt roh wie gekocht. Von den weißen Rindern des Charolais kommt das beste Rindfleisch Frankreichs. Die Bresse schickt Hühner, die sich dem Wein, in dem sie präsentiert werden, würdig erweisen wollen – auch sie tragen eine »Appellation contrôlée«. Einheimische Schnecken haben sich in den Weinbergen einen Vorgeschmack von dem geholt, mit dem sie später begossen werden. An Kuhkäsen wäre der Saint-Florentin zu nennen, der ganz frisch und unschuldig gegessen werden soll; der Chaource, der einem Teenager gleicht, halb standhaft, halb dahinschmelzend; der Epoisses, der schon einige Erfahrungen hinter sich hat; und die vollreifen, schon etwas räßen Soumaintrain und Langres.

Schwarze Johannisbeeren werden auf Feldern angebaut – sie sind vielbegehrt, vor allem zur Crème de Cassis, dem schwarzen Johannisbeerlikör. Mit Weißwein vermischt, ergibt er den Apéritif »Kir«, benannt nach dem Dijoner Domherrn und Oberbürgermeister Kir, der ihn zur Hebung einheimischer Grundprodukte erfunden haben soll. Mit Erfolg: Mit »Kir« beginnt ein burgundisches Essen, mit Sorbet de cassis und Johannisbeerlikör hört es auf – und man ist eingestimmt, bald und gern wieder von vorne anzufangen.

Das ist auch der Grund, warum Burgunder Ähnlichkeit mit ihren Weinflaschen haben: breites Fundament, ausladend, behäbig, doch keineswegs schwerfällig – weil sie eben nicht nur viel essen, sondern auch gut trinken. Davor, dazwischen und vor allem danach singen sie gern, als Menschen, bei denen man sich ruhig niederlassen kann. Wie schon Jean-Jacques Rousseau befand: »Ich habe immer bemerkt, daß falsche Leute sehr mäßig sind, und die gar zu große Enthaltsamkeit bei Tische verrät oft zweideutige Sitten, ein doppelsinniges Gemüt. Ein gerader Mensch scheut nicht so den freundschaftlichen Schwatz und die herzlichen Seelenergießungen, die aus dem Rausche hervorgehen.«

Lyonnais

Eine Reise nach Lyon ist ein Gang zu den Müttern, den »heiligen Müttern«, wie sie etwas blasphemisch und kaum zutreffend bezeichnet worden sind. Denn sie sind keine ätherischen, sondern erdverbundene Wesen – die besten Köchinnen und die gemütlichsten Gastgeberinnen Frankreichs.

»Die Präsenz der Frau ist ein Symbol der Küche von Lyon«, heißt es in dem lokalen Eßführer »Mini Guide Lyon Gourmand«. Feministinnen nehmen daran kaum Anstoß, und Patriarchen geraten in Versuchung, dem Matriarchat zu huldigen. Vestalinnen der traditionellen Gastronomie nennt Raymond Oliver die Köchinnen. Da Kochen im allgemeinen eine konservative Kunst ist und die Lyoner ganz besonders das Hergebrachte schätzen, sind Mütter am Platz: die Bewahrerinnen des Bewährten, die Erhalterinnen des Einfachen, die Garantinnen des Guten. Sie walten an häuslichen Herden, in Bistros – hier Bouchons genannt –, wo für eine größere Familie gesorgt wird, kaum noch in Restaurants, selbst nicht in jenen, die das »Mère« immer noch als Markenzeichen im Namen tragen.

Das Küchenmatriarchat hat Männer herausgefordert, Köche angespornt. »Pères« sind darunter, welche die Tradition patriarchalisch pflegen, das heißt das Bewährte durch Verbesserungen zu erhalten, dem Gewohnten den Reiz des Originellen zu geben versuchen, mehr oder weniger zu kulinarischen Seitensprüngen bereit. Und es gibt »Söhne«, die Neues wollen, eine Nouvelle cuisine kreieren, dabei Ererbtes unter anderem Namen, in modischer Aufmachung und zu höheren Preisen servieren, nach den Sternen greifend und sie gelegentlich auch ergreifend, dabei stets in Gefahr, den goldenen Boden der Lyoner Küche unter den Füßen zu verlieren.

Dem Wettstreit der kochenden Generationen und Geschlechter verdankt Lyon seinen Ruf als Küchenmetropole Frankreichs und – nicht zuletzt wegen der missionarischen Geschäftigkeit seines bekanntesten »Sohnes«, Paul Bocuse – als Welthauptstadt der Gastronomie. Jedenfalls besitzt sie einen Wesenszug des Kosmopolitischen: die Toleranz. Hier kann jeder nach seiner Eßfaçon selig werden. Mit einem zwar fern vom Mittelmeer angebotenen, doch vorzüglich zubereiteten Loup en croûte sauce choron bei Paul Bocuse in Collonges-au-Mont-d'Or. Mit einer Poularde en vessie, in Schweinsblase gegart, wobei ein Bresse-Huhn all seinen Duft behält und seinen ganzen Geschmack entfaltet, bei Alain Chapel in Mionnay. Mit Oreille de veau farcie (Kalbsohr, mit Hechtfarce gefüllt, in

Weißwein gekocht) oder Poularde demi-deuil (in Halbtrauer, mit schwarzen Trüffelscheiben versehen, in einer mit Gemüse angereicherten Fleischbrühe schön weiß gekocht) in einem klassischen Stadtrestaurant in Lyon. Mit Gâteau de foies blonds (was man erst goutieren sollte, und dann erst fragen, was es ist) oder Entrecôte du Charolais, sauce marchand de vin, à la moelle (mit Rotweinsauce, mit Mark) in einem der zahlreichen kleineren Restaurants.

Oder – und nicht zuletzt und immer wieder – in einem Bouchon an der nächsten Ecke die einfachen, soliden, beständigen Hausgerichte. Würste – luftgetrocknete Rosette; Saucisson Lyonnais, Zervelat mit Trüffeln und Pistazien, in Bouillon heißgemacht oder en brioche. Kutteln – Andouillette aus dem Beaujolais, mit Weißweinsauce; Gras-double, in zwiebelsatter Fleischbrühe gekocht oder gegrillt als Tablier du sapeur (Schürze des Pioniers). Saladier Lyonnais – aus Hammelfuß, Geflügelleber, hartem Ei und mariniertem Hering, ein pikantes Hors d'oeuvre. Rindfleisch – grillade de boeuf marinière oder Boeuf mariné braisé aux oignons. Zwiebeln – mild und saftig – spielen überhaupt eine wichtige Rolle; »Lyonnaise« heißt in der Regel, daß Zwiebeln den Ton angeben, etwa bei Galette lyonnaise, dem überbackenen »Kartoffelkuchen«, der einheimischen Beilage zu Fleischgerichten. Lokale Käse sind der Mont-d'Or, der Weißkäse Cervelle de canut (was »Hirn des Seidenwebers« heißt) und die kleinen Ziegenkäse (Chevrotins) aus dem Beaujolais.

In Lyon fließt die Saône in die Rhône, in der Gastronomie kommt noch ein dritter Fluß hinzu: der rote Beaujolais. Von dessen Ursprung zu seinen Mündern ist es nicht weit. Er löscht den Durst und macht die Hausmannskost geschmeidig, in seinen Konsumsorten Beaujolais, Beaujolais-Superieur und Beaujolais-Villages. Frisch und fruchtig, werden sie jung und kühl getrunken, schon ab November, zwei Monate nach der Ernte. Auch die Lagenweine aus dem Beaujolais werden im allgemeinen nicht alt, obwohl sie es mit Anstand und Gewinn vermöchten, weniger der Fleurie, Chiroubles, Brouilly und Côte de Brouilly als der Morgon, Chenas, Juliénas, Saint-Amour und vor allem der Moulin-à-Vent, fast ein Burgunder schon.

Von den Ufern der Rhône südlich von Lyon kommen Weine verschiedener Farbe und andersartigen Charakters: die Weißen von Condrieu, namentlich der Château-Grillet, die zu Krebsschwänzen, Hechtklößchen und Froschschenkeln, den auf Weiß gestimmten Spezialitäten des Lyonnais passen. Und die Roten der Côte-Rotie, die so schön im Munde rotieren und so rasch zu Kopfe steigen.

Das Herz des Lyoners hängt am Beaujolais. Am Sonntag fährt er gern hinaus in das schmeichelnde Hügelland über der Saône, zu distinguierten Restaurants und behäbigen Wirtschaften, in Probierstuben und Weinkeller, um deftig zu essen und entsprechend zu trinken, um den Goût eines reiferen Beaujolais nicht zu vergessen und den Schmelz des Neuen zu probieren. Der Friede des Herrn liegt über dem Land, es duftet nach gebratenem Rindfleisch und fruchtigem Wein, und die Zufriedenheit der Herrschaften ist in roten Samt und rote Seide gehüllt.

Provence

Die Provence ist anders, als es sich ein Nordländer erträumen mag – ein südliches Land zwar, aber keines, in dem einem die goldenen Früchte in den Mund wachsen. Die Provence ist ein von der Sonne ausgeglühtes, vom Mistral ausgefegtes Land, kein Palmenpark und Orangengarten, sondern karge Berge, windige Ebenen, kräuterduftende Schafweiden, steinige Felder mit Tomaten und Zwiebeln, künstlich bewässerte

Obstplantagen, schüttere Ölhaine und traubenschwere Weinäcker. Und mit einem Meer, das Segen spendet und Schaden anrichtet, dem Mittelmeer, das zu Extremen neigt.

Auch die Küche der Provence ist eigentlich nicht so, wie sie im Norden Frankreichs und darüberhinaus oft vorgestellt wird: mit Gerichten, denen Knoblauch den Geist dieser Region einhauchen soll, so übertrieben und übertönt, daß das Provenzalische dabei seinen Geist aushaucht. Bei Froschschenkeln etwa, deren zarter Eigengeschmack durch ein Zuviel an »provenzalisch«, sprich Knoblauch, erdrückt wird. Das kann ein Fehler des Kochs sein, und dies ein Fauxpas des Konsumenten: Bringt er zuviel Rouille – »Rost«, die scharfe Mayonnaise aus rotem Pfeffer und Knoblauch – in die Fischsuppe, verbrennt er sich den Gaumen, schlägt die Geschmacksnerven bewußtlos, bringt sich um den besonderen Genuß der Soupe de poissons, die eben en detail im würzigen Fischgeschmack besteht – ohne, wie er wähnen mochte, den allgemeinen Charakter der Provence en gros erschmeckt zu haben.

Genaugenommen gibt es auch nicht »die« provenzalische Küche. Römisches ist dageblieben, Französisches dazugekommen, vom Westen Spanisches, vom Osten Italienisches hereingekommen. Man könnte von zwei provenzalischen Küchen sprechen: die der Küstenprovence, die eher fremden Einflüssen ausgesetzt gewesen ist, und die der Binnenprovence, die eigenständiger blieb, charakteristischer erscheint; denn die Provence grenzt zwar ans Meer, kehrt ihm aber den Rücken zu.

Was die Küche des Binnenlandes und die Küche des Küstenstreifens miteinander verbindet, sind vier Essentials: das Öl, die Tomate (und andere Gemüse), der Knoblauch (und andere Gewürze) sowie der Wein. Die Olive ist allgegenwärtig: in Fruchtform vielfältig variiert und mannigfach verwendet, zu Öl verflüssigt die einzige und einzigartige Fettquelle – eine gute, wenn es kalt gepreßtes

Jungfernöl ist, das Aroma genug hat, den Speisen Akzent zu geben, doch nicht so viel, daß es deren Eigengeschmack übertönt. Das Öl von Aix-en-Provence wird seit altersher geschätzt und vielerorten gebraucht, für einen Gemüseeintopf des Innern wie für eine Fischsuppe an der Küste, wo es heißt: »Der Fisch lebt im Wasser und stirbt im Öl.«

Das Öl ist genuin mittelmeerisch, die Tomate eher atlantisch: Sie kam erst nach der Entdeckung Amerikas nach Europa, wurde in dessen Süden schnell heimisch, vornehmlich in der Provence, wo sie »Pomme d'amour« genannt wurde, ein Beweis für die zärtlichen Gefühle, die sie erweckte. Tomaten entwickelten sich hier zu Musterexemplaren ihrer Gattung: junonische Formen, vollsaftig, hocharomatisch. Am provenzalischsten geben sie sich als Tomates provençales (mit Öl und Knoblauch natürlich), anderen Gerichten schenken sie ihre Farbe und ihre Würze, so der Aigo-saou-Suppe (mit Weißfischen und Kartoffeln). Die Tomate hat sich an die Spitze der alteingesessenen Gemüse gesetzt, ohne diese zu verdrängen: Artischocken und Auberginen, Courgettes und Poivrons (Paprikaschoten), Pois chiches (Kichererbsen) und Cardons (Speisedisteln). Sie werden allein oder mit anderen zubereitet, kalt oder warm – man hat 67 provenzalische Gemüsegerichte gezählt.

Fast bei allem ist Knoblauch dabei. Er ist für die Provence das, was für das Périgord die Trüffel ist, manchmal so viel und so laut, daß man die Zunge hüten und die Ohren zuhalten muß, manchmal so wenig und so leise, daß man Silentium gebietet, um ihn zu vernehmen. In vielen Gerichten spielt Knoblauch eine tragende Nebenrolle, in einigen die Hauptrolle: bei Aigo bouido, der Knoblauchsuppe, bei Aioli, der Knoblauch-Mayonnaise (»Aioli« auf der Speisekarte bedeutet: Fisch und Gemüse gekocht, mit der Knoblauch-Mayonnaise). Wer einen provenzalischen Markt besichtigt – die unabdingbare Einstimmung auf die regionalen Gemüse – wird außer den zahlreichen Gemüsesorten auch verschiedene Knoblaucharten bemerken –

mitunter in Zöpfe geflochten, die Blütenkränze der Provence –, herzhafte und milde, aufdringliche und sanfte; bevorzugt wird der von Cavaillon. Auch Zwiebeln und Gewürzkräuter sind in Hülle und Fülle zu haben, wodurch das Gebot des sparsamen Gebrauchs manchmal unterlaufen wird: Thymian, Rosmarin, Salbei, Oregano, Basilikum, Petersilie, Kerbel, Fenchel – alles und jedes für eine würzige, stark duftende, nach viel wilder Natur schmekkende Küche.

Dazu sind die einheimischen Weine genau die richtigen Copains. Auch und gerade die Rosés der Coteaux-du-Tricastin, Côtes-du-Ventoux, Côtes-du-Luberon, Coteaux-de-Pierrevert, Coteaux-d'Aix-en-Provence und die weithin bekannten Côtes-de-Provence – prima Kumpels, die alles mitmachen, denen nichts zuviel ist, die dem Freund den Vortritt lassen, ohne von seiner Seite zu weichen – der Rouille, dem gegrillten Fisch, dem gebratenen Lamm, den regionalen Ziegenkäsen wie dem Obstkuchen. Rosés, diese Passepartouts der Provence, sollten aber schon die Klassifizierung V. D. Q. S. haben, ebenso wie ihre weißen und roten Brüder. Es gibt auch »Appellations contrôlées«: Cassis, der weiß, oder Bandol, der rot zu bevorzugen ist (und im Unterschied zu den Weißen und Rosés ein paar Jahre liegen und nicht zu kühl serviert werden soll). Und schließlich gehört das untere Rhônetal zur Provence, mit seinen kräftigen, bukettreichen Roten: dem berühmten Châteauneuf-du-Pape und dem weniger berühmten, doch fast ebenso guten Gigondas sowie den Rosés von Tavel und Lirac. Sie wurden schon von den Kardinälen in der Papstresidenz Avignon geschätzt, so sehr, daß es sie nicht mehr nach Rom zurückverlangte. Der Papst wunderte sich, nicht Petrarca, der es ihm erklärte: »Die Kirchenfürsten lieben die Weine der Provence und wissen, daß diese in Rom seltener sind als Weihwasser.«

Das As der Binnenküche ist Agneau von den Alpilles oder von Sisteron, Lämmer, die ihre Bergkräutlein zu finden wußten, zu gegebener Zeit das Futtern einstellen mußten, im April oder Mai gebraten werden – mit Rosmarin versehen oder auf andere Weise die Elogen Eugen von Vaersts verdienen: ein Lammkotelett sautée aux champignons, sauce tomate sei das Sublimste, was die Küche bieten könne, ein Lammragout mit Trüffelsauce sei der Triumph der Küche:

»Denn wo das Starke mit dem Zarten,
Wo Kräft'ges sich und Mildes paarten,
Da gibt es einen guten Klang.«

Trüffeln gibt es am Ventoux, aber sie sind nicht typisch für die Küche der Provence, die einfach ist, südlich-schlicht, nicht nordisch-bieder. Ein Musterbeispiel: der Tian, den der provenzalische Dichter Frédéric Mistral beschrieb: »Der Tian ist eigentlich eine große, flache irdene Pfanne, die sehr breit, aber wenig tief ist. Man nennt sie in der Provence auch Gavette oder Grasal, und alles, was in diesem Gefäß gekocht, oder meistens im Backofen gebraten oder gebacken wird, nennt man einen Tian. So gibt es einen Tian mit Spinat, einen Tian mit Kürbis, einen Tian mit Sardinen, Auberginen, Äpfeln, Birnen und so weiter, aber der echte Tian stammt aus Carpentras und ist eine Mischung von Kräutern und Gemüsen aller Art wie Porree, Spinat, Petersilie, die zusammen mit Stockfisch oder anderem Fisch gebraten und die reichlich mit Knoblauch, Salz und Pfeffer gewürzt und mit Eiern, Käse, Milch, aber vor allem mit Öl gebunden wird. Man garniert den Tian mit Scheiben von hartgekochten Eiern und bestreut die Oberfläche mit Weißbrotbröseln. Kommt der Tian aus dem Backofen, muß er eine goldbraune, knusprige Oberfläche haben.«

Der Stockfisch – das ist eher das Signum einer Binnen- als einer Küstenküche, in Rom wie in der Provence. Aus Nîmes kommt Brandade de morue, ein Puree aus Stockfisch, Öl und Milch; Sybariten bestreuen es mit gehackten Trüffeln. Eine Brücke zwischen Bauern und Fischern schlagen einfache Fischgerichte: Moules farcies (mit Knoblauch, Zwiebel und Öl angereicherte und überbackene Miesmuscheln), gegrillte Sardinen (eine oft verkannte, weil unbekannte Delikatesse), Tintenfische frittiert oder – besser – in einer Sauce à l'armoricaine, die trotz der auf die Bretagne – lateinisch Armorica – verweisenden Bezeichnung eine originalprovenzalische Angelegenheit ist: mit Tomaten, Knoblauch, Kräutern und Öl.

Provence und Fisch – die Bouillabaisse scheint das gastronomische Synonym zu sein. Doch selbst in Marseille, wo sie zu Hause ist, fällt es nicht leicht, eine klassische Ausgabe zu bekommen. Denn wie vieles Einfache ist sie höchst kompliziert: Frisch gefangene Fische von der Klippenküste gehören dazu, unbedingt Rascasse, die kleine Seekröte, die gerade giftig genug ist, um ihre etwas langweiligen Compagnons entsprechend aufzumöbeln, ferner Tomaten, Fenchel, Porree, Knoblauch, Zwiebel, Safran, Olivenöl und Meerwasser. Nicht dazu gehören Muscheln und andere Schalentiere, eigentlich auch nicht Langusten, mit denen Restaurateure kostbare Akzente auf substantiell Unzulängliches zu setzen suchen. Die klassische Bouillabaisse ist ein Hochgericht des Niedervolkes, mit gewöhnlichen Fischen – die besseren, so man hätte, würden auf dem Rost gebraten –, das dem kleinen Geldbeutel billig wie dem großen Appetit und feinen Gaumen recht sein muß: durch eine gekonnte, geduldige, in Generationen erprobte Zubereitung, Volkskochkunst eben.

Leichter zu machen und deshalb eher zufriedenstellend zu haben ist die andersartige, doch nicht minder charakteristische Bourride. Ihr Fischreservoir ist, was die Lokalität betrifft, nicht so eng begrenzt, und was die Quantität angeht, nicht so weit gesteckt wie bei der Bouillabaisse. Es brauchen und dürfen sogar keine Klippenfische sein, es können weit weniger Sorten (etwa drei) sein, Fische mit festem Fleisch: so Daurade, Merlan und Lotte. Diese werden, in Stücke geschnitten, in einer Court bouillon gekocht, in tiefe Teller auf Weißbrot-Croutons gelegt, die Suppe darübergegossen und etwas Aioli dazugegeben.

Vorzüge der Bourride: der Fisch ist besser, sein Eigengeschmack erhalten, der Goût der Provence dabei.

Die Daurade wird auch auf Holzkohlenglut gegrillt, mit Fenchel aromatisiert. Ebenso und vor allem der Fischkönig der Küste: Loup de mer. Leider werden davon immer weniger gefangen, was zu erhöhten Preisen und Kunstgriffen von Wirten führt: So mancher Loup ist eigentlich ein Bar und ist vom Atlantik auf dem Weg über den Pariser Fischmarkt an das Mittelmeer gelangt. Vorsicht ist geboten, wenn Loup in Portionen, mit raffinierten Saucen, unter phantasievollen Namen angeboten wird – es könnte ein nordischer Riese sein, der dazu verurteilt wurde, im Kühlschrank zu liegen und sich nach und nach Stück für Stück abhacken zu lassen. Ein Loup de mer ist am besten, wenn er gerade für einen Esser als Hauptgang ausreicht; größer als für zwei Personen sollte er nicht sein. Man muß ihn sich vorher zeigen lassen, nachschauen, ob die Augen wie Glasmurmeln glänzen, die Kiemen noch rosig sind und dann dem Koch einschärfen, daß er ihn à point grillen soll – nicht zu fest und trocken, aber auch nicht zu wenig und noch etwas blutig. Das Prachtstück sollte man selbst zerlegen, sich die Vorfreude vom Kellner nicht wegnehmen und bei diesem keine Neidgefühle aufkommen lassen. Zwischen Lipp' und Kelchesrand (am besten weißen Cassis) lauert noch die Gefahr, daß man von der warmen, zerlassenen Butter, die oft dazu serviert wird, unangemessenen Gebrauch macht. Wenn schon Butter, dann frische, kalte – lieber gar keine, denn das weiße Fleisch des Loup hat sein eigenes Fett, zart, delikat, mitunter von feinem Nußgeschmack, den man selbst durch das Edelprodukt einer normannischen Kuh nicht beeinträchtigen sollte.

Ein Leckerbissen im wahrsten Sinne des Wortes ist Rouget, genau genommen un petit Rouget, denn fingerlang schmeckt er am besten. Fünf solcher Finger ergeben eine Hand, eine normale Portion. Unerläßlich ist, daß die Rougets frühestens in der Nacht vor dem Mittagessen gefangen worden sind. Wenn sie auf der Karte stehen, der

Kellner jedoch erklärt, daß es keine gebe, weil keine gefangen worden oder die gefangenen bereits aufgegessen seien, dann sollte man dieses Lokal frequentieren, bis das Roulette auf Rougets zeigt. Dem Glücklichen bleibt die Sorge, daß sie auch richtig gegrillt werden, nämlich so, daß sie gar sind, ohne daß ihre Rothaut angesengt, mit das Beste beschädigt worden wäre. Wer das Risiko scheut, greift nach den Röcken der Müllerin (meunière), wobei die Rougets in einer artfremden Butterkruste erscheinen. Oder bestellt sie en papillotes, wobei die Haut zu weich und ausdruckslos wird. Wer wagt, gewinnt nicht immer, doch oft, zwar nicht viel, aber Exquisites: ein kulinarisches Goldfischlein, das ungeschuppt und unausgenommen gegrillt und verspeist wird. Das Leberlein ist eine besondere Delikatesse – »sot-l'y-laisse« nennt so etwas der Franzose: Nur ein Dummkopf läßt es liegen.

So einfach ist es, gut zu essen, und so schwer. Auch und gerade an der Côte-d'Azur. An Gaststätten und Gästen mangelt es hier nicht, aber gerade deshalb ist die Gastronomie in Gefahr, in die Mangel zu geraten. Vor allem die originär-provenzalische Küche. Sie verliert ohnehin nicht unschwer das Gleichgewicht zwischen Sein und Schein, Tat und Zutat, Eigengeschmack und Gewürz, neigt zur gastronomischen Maskierung, zur folkloristischen Maskerade. So mancher Koch ist ihr verfallen, in eigener Schwäche dahingesunken, und dahingezogen vom Irrglauben vieler Gäste, sie könnten auf Knoblauchwolken in den provenzalischen Küchenhimmel auffahren. So wie mancher Urlauber wähnt, er könne durch das Anziehen von Blue Jeans und das Stehenlassen eines Bartes das einfache Leben eines Provenzalen gewinnen.

Feriengebiete sind grundsätzlich keine Hochburgen der Gastronomie. Die Côte d'Azur ist die Ausnahme von der Regel. Erstens: weil genügend betuchte, ans Wohlleben gewöhnte Leute dorthin kommen und noch aufwendiger speisen wollen als daheim; die Grandhotellerie und zahlreiche Luxusrestaurants sind dafür gerüstet. Zweitens:

weil hier vornehmlich Franzosen Urlaub machen, die mittelmäßiges Essen zu meiden und zu tadeln und gutes Essen zu finden und zu loben wissen, was den gastronomischen Ausleseprozeß fördert. Drittens: weil an der Côte das ganze Jahr über Franzosen wohnen, die sich kein Saison-X für das U einer beständigen, soliden und reellen Küche vormachen lassen.

Sie sind an der ganzen Côte zu finden, die gehobeneren und die einfachen Restaurants, um derentwillen – nicht nur der Sonne wegen – sich eine Reise lohnt. Vor allem in den Städten, die aus sich selber heraus leben, in denen aus dem Vollen genossen wird. Und im Hinterland von Cannes, Antibes und Nice, wo das Regionale gepflegt, die provenzalische Küche gehütet wird – mit den italienischen Zugaben, welche die Grafschaft Nizza eingebracht hat: Pissaladiera (Zwiebelkuchen mit Anchovispüree und schwarzen Oliven), Pan Bagnat (ein kleines rundes Weißbrot, gefüllt mit Tomaten, Zwiebeln, Oliven und Anchovis), Pistou (Gemüsesuppe mit ligurischem Pesto), Ravioli, Ratatouille (ein Gemüse-Potpourri) und farciertes Spanferkel, der überall bekannte und geschätzte Nizza-Salat und der nur an Ort und Stelle getrunkene weiße Bellet.

Westlich von Marseille kommt einiges aus Katalonien hinzu – tortillaähnliche Omeletts, derbe Eintöpfe, Anisbrot und süffiger, süßlicher, schwerer Wein. Ein Katalysator von Französischem, Italienischem und Spanischem ist die Provence, mit eigenem, unverwechselbarem, immer noch unverändertem Charakter – beim Essen zumal. Wird er sich wandeln? Dem sei und ist der Pastis vor!

Wenn er Wasser wolle, solle er Wein nehmen, hat neulich ein Wirt in Bordeaux einem Kunden bedeutet. Die Weinskandale der jüngsten Vergangenheit haben den Ruf des Bordeaux etwas ramponiert, ihm jedoch nichts anhaben können. Die – entsprechend angeprangerten – Ausnahmen haben die Regel bestätigt: Der rote Bordeaux ist und bleibt – neben dem Burgunder – der Spitzenwein Frankreichs. Jedenfalls wird er wie ein Nationalheiligtum gehütet. Die französische Regierung widersprach unlängst dem Verkauf des Weingutes Château-Margaux – eines der vier Großen – an die amerikanische Firma National Distillers & Chemical Corporation. Zwei Stimmen des Starquartetts sind ohnehin schon in ausländischer Regie: der Amerikaner Dillon kaufte Château-Haut-Brion, der Brite Lord Cowdray Château-Latour. Unangefochten französisch ist bisher nur Château-Lafite geblieben, und schließlich ist auch das gefährdete Château-Margaux von einer französischen Firma, Félix-Potin, gerettet worden.

Nun, rund drei Viertel der Bordeaux-Weine gehen ohnehin ins Ausland, vornehmlich in die angelsächsischen Länder. Und dreihundert Jahre lang – von der Mitte des

12. bis zur Mitte des 15. Jahrhunderts – saßen die Engländer im Bordelais als Besatzungsmacht. Deshalb wohl mochten sich die Franzosen lange Zeit nicht an den Bordeaux gewöhnen. Hoffähig machte ihn erst im 18. Jahrhundert der Marschall Richelieu (nicht zu verwechseln mit dem Kardinal Richelieu). Der Statthalter von Bordeaux erklärte König Ludwig XV.: es gebe zwei oder drei Rotweine im Médoc, nicht besonders edel und kräftig, doch mit einem Bouquet, das nicht schlecht sei. Majestät fanden eine Probe Château-Lafite passabel, und so machte er seinen Weg.

Eher für einen Engländer als für einen Franzosen wurde der Bordeaux noch lange gehalten. Jules Janin, der Pariser Feuilletonist, nannte ihn im 19. Jahrhundert einen »kalten, glatten, indifferenten Weltmann«. Und Raymond Dumay – ein etwas voreingenommener Burgunder – meint noch heute: »Bordeaux-Weine, die bei all ihrer Delikatesse robust sind, ihren Geist im Glas zurückhalten, ein Pokergesicht aufsetzen und doch immer gerecht sind, von ihnen möchte man beinahe sagen, sie hätten Humor! Es ist ein englischer Wein, aber nach der Art Wilhelms des Eroberers, der England gegründet hat.«

Zum Understatement neigt er jedenfalls, der – gute – Bordeaux: Er gibt nicht an, drängt sich nicht auf, nimmt einen nicht sogleich ein, aber schon bald wird man gewahr, was man an ihm hat, wieviel er wert ist und wie sehr er bekommt – ein Gentleman comme il faut, diskret, korrekt, ehrenhaft, verläßlich, edel, hilfreich und gut. Eher der englischen als der französischen Grammatik scheinen sein Bau wie seine Gesetze entnommen zu sein. Ein roter Burgunder wird in klassischer Einfachheit nur aus einer Rebsorte gekeltert, ein roter Bordeaux oft aus mehreren, zu unterschiedlichen Zeiten geernteten Rebarten. Der Burgunder erhält seinen Charakter durch seinen Weinberg, ein Bordeaux hat verschiedene Erbanlagen (im günstigen Falle stammen sie vom selben Besitztum), die in der richtigen Mischung, durch die Kunst des Kellermeisters zur Entfaltung gelangen. Burgunder kommt aus wenigen Gemeinden, wenn auch vielen kleinen und kleinsten Lagen, Bordeaux aus großen und zahlreichen Besitzungen, etwa 3.000 Châteaux mit Appellations contrôlées – aus dem größten Weinanbaugebiet Europas.

»Es ist keine Kleinigkeit, die Weine von Bordeaux zu kennen«, konstatierte Stendhal. Was das Alter angeht: Im allgemeinen altern Bordeaux-Weine gut (es gibt stattliche Vierziger, ja rüstige Achtziger), manche jedoch besser, manche weniger, aber welche Châteaux, welche Jahrgänge? Erste Hilfe: der jährlich erscheinende »Code des Millésimes« der »Académie du vin de Bordeaux« mit seiner Angabe der besten Jahrgänge und ihres gegenwärtigen Zustandes. Noch komplizierter sind Klassifizierung und Charakterisierung der Bordeaux-Weine. Dazu benötigt man einen Spezialführer, zumindest folgende Elementarkenntnisse:

Die wichtigsten regionalen Appellationen sind – für Rotweine Médoc, Saint-Emilion, Pomerol, Côtes-de-Fronsac; für Weißweine Entre-Deux-Mèrs, Sauternes, Barsac, Graves supérieures; für Rot- und Weißweine Blaye, Bourg, Prémières-Côtes-de-Bordeaux, Graves. Die Klassifizierung von 1855 gilt für rote Médocs: Premiers crus (Lafite, Margaux, Latour); Deuxième crus (Rote Médocs wie Château-Mouton-Rothschild und Châteaux-Weine der Gemeinde-Appellationen Pauillac, Margaux, Saint-Julien, Saint-Estèphe); Troisième, Quatrième und Cinquième crus. Ähnliche Klassifizierungen gibt es auch für andere Bordeaux-Regionen. Ein Premier crus – der vierte im Bunde der ganz Großen – ist der Château-Haut-Brion aus Graves. Die Klassifizierung der Roten von Saint-Emilion lautet: Premier grand cru classé, A und B; Grand cru classé, Grand cru und nur Saint-Emilion. Zwischen den Klasseweinen und den Konsumweinen stehen die rechtschaffenen Crus bourgeois.

Die Roten von Bordeaux sind im allgemeinen fein und

füllig, wohlproportioniert, nicht allzu schwer. Die Besonderheiten der einzelnen Regionen und der vielen Châteaux zu erspüren, ist ein angenehmes, wenn auch langwieriges Studium. (Als Anfangsunterricht wäre eine Exkursion auf den Weinstraßen des Bordelais angebracht.) Die Weißen von Bordeaux sind im allgemeinen nervös und robust, schwer und bouquetreich, trocken, halbtrocken oder edelsüß. Letzteres gilt für die Sauternes, vor allem für den Größten: Château-d'Yquem. Ein Fingerhut davon als Apéritif, ein Gläschen zum Dessert, zu Walnüssen oder Mandelgebäck, ein Glas zur Gänseleber – dann versteht man, warum er »die Milch der Gourmets« genannt worden ist.

Die trockenen Weißen passen zu den Austern von Teste-de-Buch (den etwas ungeschlachten Portugaises, die »Pferdefüße« genannt werden) und von Arcachon (den flachen, delikaten Gravettes). Ein typisches Fischgericht ist Lamproie (Neunauge), ein aalartiger Fisch, der in Rotwein schwimmen muß – in einem Bourg oder gar in einem Saint-Emilion.

Die Hauptgerichte des Bordelais sind auf den roten Bordeaux hin komponiert: Er soll die erste Stimme haben, in der Sauce, als Tischwein. Bei und zu Entrecôte à la bordelaise (mit einer Sauce aus Rotwein, Butter, Ochsenmark, Schalotten und Gewürzen), zu Agneau de Pauillac, das »pré salé« genannt wird, weil es auf Salzwiesen des Küstenstrichs geweidet hat; oder zu Cèpes à la bordelaise, den mächtigen Steinpilzen der Gegend, die mit Scharlotten, Öl und Petersilie zubereitet werden.

Mit dem Käse hapert es im Bordelais, aber das ist keine Malaise. Außer gängigen französischen Sorten wird bevorzugt Edamer gegessen, was auf alte Handelsbeziehungen mit den Niederlanden hindeutet. Überhaupt ist Bordeaux eine sympathische Mischung aus provinzieller Selbstbescheidung und der Weltoffenheit einer Hafenstadt – was in seiner Küche (welche die Balance zwischen Hausmannskost und Grande cuisine hält) wie in seinen

Gaststätten (eleganten Restaurants ebenso wie gemütlichen Bistros) zum Ausdruck kommt.

Und nicht zuletzt in der Aufgeschlossenheit gegenüber den Produkten und Spezialitäten der Regionen, die das Bordelais wie Flügel umgeben: die Gascogne, Béarn und Baskenland im Süden und die Charentes wie die Vendée im Norden. Gascogne – das bedeutet Gänse- und Entenleber aus den Landes; die Ortolans (Fettammern), die Amphibien gleichen: auf dem Land und in der Luft gelebt, im Wein verendet; Fische aus dem Meer, aus den Etangs und dem Adour; Wildbret aller Art. Béarn und Baskenland – das bedeutet Sardinen, Thunfisch und Langusten; herzhafte Landwürste; Schinken von Bayonne; die Pipérade, fast eine Tortilla schon; die Poule au pot des Landeskindes und Landesvaters Heinrich IV. – und der Weißwein von den Hängen der Pyrenäen, vorab der Jurançon, an den sich die Colette erinnerte: »Als junges Mädchen machte ich die Bekanntschaft eines entflammten Prinzen, der herrschsüchtig und verräterisch war wie alle großen Verführer: des Jurançon.«

Die Vendée war historisch und ist gastronomisch allen Neuerungen abhold, begnügt sich mit dem, was das Meer anlandet (Moules de Bouchot, wohl die besten Frankreichs; Crevetten und Makrelen), was das Weide- und Akkerland gibt (Schweinefleisch, Hammelfleisch, Kartoffeln, Kohl und weiße Bohnen). Die Charentes sind vielseitiger, anspruchsvoller, experimentierfreudiger. Caviar de Gironde schmeckt interessant, doch ist er eher ein Ausdruck des Autarkiebewußtseins denn der Gourmandise. Nicht wegzudenken sind von den Tafeln Frankreichs die Austern der Charente-Maritime, die Marennes, Fines des Claires und Spéciales. Ein Trio der Volkskochkunst sind Chaudrée (kleine Fische aus der Bucht von La Rochelle, in einem Chaudron, einem Kupferkessel, gekocht), Mouclade (Miesmuscheln, ohne Schalen, in einer Sauce aus Muschelsaft, Butter, Ei, Zitrone, Petersilie und etwas Knoblauch), Cagouille (Ragout aus Weinbergschnecken).

Es gibt schlichte, ja mittelmäßige einheimische Weißweine, die nach entsprechender sorgfältiger und wohlwollender Behandlung zum Gold der Charente werden: Cognac. Ein Grande Fine Champagne oder ein Fine Champagne ist ein würdiger Abschluß eines großen Essens, ein würdiges Finis hinter den großen Weinen von Bordeaux. Man zögert mit diesem Schlußstrich, wenn die Gascogne den Konkurrenten des Cognac auf die Tafel schickt, den Armagnac. Seine Ausgangsweine wuchsen auf einem anderen Boden, reiften in Kastanien- und nicht in Eichenfässern, wurden weniger stark gebrannt. Ein Grand Bas Armagnac ist ein Grandseigneur mit dem Temperament eines Musketiers – ein Gascogner eben. Uns kann es nur recht sein, wenn er mit dem Cognac unablässig die Klingen kreuzt.

Périgord

»Wer Trüffeln sagt, spricht ein großes Wort aus, das erotische und feinschmeckerische Erinnerungen beim rocktragenden Geschlecht und feinschmeckerische und erotische Erinnerungen beim barttragenden Geschlecht wachruft.« So Brillat-Savarin, die Autorität im Savoir vivre, zumindest was die gastrosophische Seite anbelangt. George Sand, die eher für die andere Seite zuständig war, bestätigte: »Die Trüffel ist der schwarze Zauberapfel der Liebe.«

Das Périgord zu lieben, die von der Dordogne durchflossene Landschaft im Südwesten, bedarf es nicht der Trüffeln, doch mit denselben könnte man es leidenschaftlicher tun. »Périgourdine« – dieses neben dem Substantiv eines Gerichtes stehende Adjektiv bedeutet in ganz Frankreich, daß Trüffeln mit im Spiele sind oder es sein sollten. Sie an Ort und Stelle zu kosten, wäre besonders reizvoll, im Périgord, wo abgerichtete Schweine und Hunde die Truffes noires in Eichenwäldern aufspüren. Sie wachsen wild unter der Erde, an den Wurzeln der Eichen, werden von Dezember bis Februar, wenn sie reif sind, gesucht – und werden immer gesuchter.

Denn die schwarzen Trüffeln machen sich rar. Da man sie nicht züchten kann, muß man sie zunehmend in die zu ihrem Synonym gewordene französische Region einführen (vor allem aus Spanien), wo sie auf den Namen Périgord getauft, als Landeskinder ausgegeben und wieder ausgeführt werden. Billiger macht sie dieser Umweg nicht. Aber Franzosen lassen sich den »schwarzen Diamanten« einiges kosten. Seine Hochschätzung ist zeitlos. In der Epoche der Haute cuisine schwärmte Alexandre Dumas: »Die Trüffel ist das Sacrum sacrorum, das Allerheiligste – ein Name, den Gourmets aller Zeiten nie aussprechen, ohne dabei zu salutieren.« Die Nouvelle cuisine liegt vor ihr auf den Knien, verehrt sie allüberall, auch in der Suppe und im Salat. Die Trüffel sei ein Luxus, meinte James de Coquet, und dessen erstes Charakteristikum bestehe darin, daß man damit nicht knausern dürfe. So werden in Pariser Trüffel-Tempeln ganze Trüffelmenus zelebriert. Vielen Leuten, mutmaßt »Le Monde«, schmeckten die unansehnlichen Knollen nur deshalb so gut, weil sie so teuer seien.

Der Trüffel kann es nichts anhaben, wenn sie als Prestigepilz und Modeartikel angesehen wird. Wer auf ihren Geschmack kommen will, braucht keineswegs eine Truffe sous la cendre zu speisen, wobei eine ganze teure Knolle die Hauptrolle spielt, begleitet von Gänseleber und Gänseschmalz. Am besten (und relativ preiswert) probiert man sie über Rühreier gehobelt oder in ein Omelett eingeschlagen – dann stört nichts oder fast nichts das erdig-kräftige und doch delikate Aroma, das der Zeitschrift »Elle« wie »der Duft von allen königlichen Forsten« vorkam.

Im allgemeinen wird der Daseinszweck der Trüffel darin gesehen, daß sie gewissen Materien ihre Duftseele einhaucht, etwa einem Kapaun oder auch nur einer Weißwurst (Boudin blanc), vornehmlich aber dem zweiten Glanzprodukt des Périgord, der Gänseleber. Was dem regionalen Schöpferstolz als vollkommen erscheint und bislang als klassischer Akkord der Gourmandise galt, wird neuerdings in Frage gestellt: Man schätzt das eine wie das andere tout seul, nicht in einer Alliance. Und – was die Gänseleber allein betrifft – nicht in der nun als Mesalliance angesehenen Verbindung mit verschiedenem Fleischgemengsel, das hauptsächlich dazugegeben wird, um das Ganze zu verbilligen. Die reine, ungetrüffelte und unverdünnte, die nicht konservierte Gänseleber gilt als die einzig wahre, die ganze Gänseleber, frisch präpariert und eben angeschnitten.

Ob in diesem Naturzustand oder in getrüffelter Raffinesse – jedenfalls ist die Gänseleber eine klassische Vorspeise. Maurice Saillant wandte sich gegen die von der Haute cuisine wie von der Nouvelle cuisine gepflegte Sitte, Gänseleber auch am Ende der Mahlzeit (»und mit einem Salat!«) zu servieren, »gerade als ob Essig und Zitrone des Salats nicht die unvereinbarsten Zutaten zum Genuß guter Weine wären!« Gänseleber sei die Königin des Hors d'oeuvre: »Sie muß zu Beginn der Mahlzeit gereicht werden, damit man ihre ganze Würze genießen kann. Ihr Reichtum verlangt, daß man sie mit frischem und fröhlichem Appetit zu sich nimmt und nicht erst, wenn der Magen schon mit vier oder fünf anderen Gerichten beschwert und gemästet worden ist.«

Leider ist zu vermelden, daß Gänseleber, auch wenn sie den Namen »Périgord« im Schilde führt, zunehmend nicht mehr von einheimischen, sondern von osteuropäischen oder israelischen Gänsen stammt. Zu verachten ist sie deshalb nicht. Immerhin ist das Périgord, was das Übrige von der Gans betrifft, autark geblieben. Gänseschmalz wird zum Kochen und Braten verwendet; dortzulande riecht es das ganze Jahr über wie bei uns an Weihnachten. Keineswegs nur an Festtagen gibt es Pommes de terre sarladaises – in Gänseschmalz gebratene rohe Kartoffeln, wozu natürlich auch Trüffeln gehören. Cou d'oie farci ist ein Gänsehals, der den Hals nicht voll genug mit Schweinefleisch, Gänseleber und Trüffel bekommen konnte. Eingemachtes Gansfleisch kommt aufgebraten als Confit d'oie auf den Tisch, rösch und fett, ein Genuß nicht ohne Reue. Was für fast alles im Périgord gilt, etwa Lièvre à la royale (ein üppig farcierter und umständlich haschierter Hase), Steinpilze (Cèpes) und Sauce Périgueux (mit Trüffeln, Gänseschmalz, Weißwein und Trester).

Erste Hilfe spendet der Cahors, ein Roter, fast schon ein Schwarzer, ein halber Spanier, kräftig und herzhaft. Der Pécharmant ähnelt ihm, ohne – wie sein Name schon besagt – uncharmant zu sein. In die gleiche Familie der zu landesüblichen Speisen passenden landesüblichen Weine gehören auch die roten Bergerac. Mit Gänseleber harmoniert ein Blanc de blanc de Dordogne, der likörartige Monbazillac eher mit dem süßen Dessert, etwa kandierten Walnüssen. Dieses Grundprodukt des Périgord hat schon in Form von Nußöl den Salat bereichert; als Eau de noix, gutgelagerter Walnußschnaps, soll er verdauen helfen – aber auch er ist leichter geschluckt als verdampft.

»Eh bien, es lebt sich gut im Périgord, vorausgesetzt, man hat eine gute Verdauung«, pflegte der alte Wirt in Saint-Cyprien zu sagen, und die melancholisch herabhängenden Enden seines Schnauzbartes deuteten darauf hin, daß letzteres bei ihm zu wünschen übrig ließ. »Königreich des Maules« nennen die Franzosen das Périgord, und sie denken dabei an den Anfang, nicht an das Ende. Das Wasser im Munde läuft schon während der Sightseeing-Stunden zusammen. So im Städtchen Sarlat, wo es nur Metzgerläden, Geflügelhandlungen und Delikatessengeschäfte zu geben scheint, in denen man Trüffel-Diamanten in den Ausmaßen des Kohinoor bewundern kann, im Hauptort des Périgord noir, wo die Antiquitätenhändler auf Bratpfannen spezialisiert sind. Oder in einer Tropfsteinhöhle bei Les Eyzies-de-Tayac, in der die lüsterne Natur Stalaktiten und Stalagmiten geschaffen hat, die an Geflügel am Spieß erinnern, fettglänzend, fetttriefend, zum Hineinbeißen.

Auvergne

In jedem Auvergnaten stecke ein Viehhändler, wird behauptet. Wie er Schweine, Schafe und Rindviecher, die es dortzulande herdenweise gibt, an die Pariser Markthallen verkauft, soll uns hier nicht interessieren. In der Auvergne jedenfalls gibt es reelle Schinken, reelle Braten, reelle Butterbemmen, reelle Käselaibe. Nirgendwo in Frankreich besteht ein so ausgewogenes Verhältnis zwischen Preiswertem und Preiswürdigem wie in dieser Region, deren Bergweiden an das Allgäu und deren Bewohner an die Schwaben erinnern.

Natürlich ist es eine ländliche Küche, ohne zeitraubenden Firlefanz und kostspielige Finessen, eine kräftige Kost für Leute, die beim Arbeiten verdauen, oder für Touristen, die bei anstrengendem Klima ansehnliche Berge besteigen. Nicht minder stattlich, zwar schwer zu bezwingen, aber mit Genugtuung zu genießen, sind die Berge der einheimischen Schinken und Würste. Die Spitze bildet der rohe Bergschinken, den man essen sollte, wo man ihn richtig bekommt: der ganze Schinken auf einem metallenen Piedestal, schon so weit angeschnitten, daß die Schnittfläche in behäbiger Breite, im rosigen Rot der mageren Kernlandschaft und im lieblichen Weiß des schmalen Fettrandes den Betrachter fasziniert und veranlaßt, den Metzger oder Wirt ein paar Scheiben abschneiden zu lassen – mit einem Messer, das an einen Reitersäbel erinnert, das aber mit der Behutsamkeit eines Skalpells angesetzt wird.

Darüber sollte man die Würste nicht vergessen: die luftgetrockneten Schweinswürste, die gefüllten Schweinsfüße, das ganze Massiv der auvergnatischen Charcuterie, dessen Ausläufer bis in die Pariser Märkte reichen. In den rustikalen Gasthöfen des Landes, wo die Tischwäsche aus buntkariertem Leinen ist und die Servietten kratzen, hat man sich durch den Berg der Schinken und Würste, kernigen Bauernbrots und sahniger Butter zu essen – bevor das eigentliche Menu beginnt, ist man schon im Schlaraffenland angelangt.

Ein auvergnatisches Menu besteht aus mehreren Gängen, von denen jeder einzelne einen nicht-auvergnatischen Magen füllen kann. Schon die Suppe. Der Löffel bleibt stecken in der Soupe aux choux, in der viel Kraut, aber eben nicht nur Kraut, sondern auch Schweinernes enthalten ist. Die Truffade hat nichts mit Trüffeln zu tun – es ist eine Art Kartoffelauflauf, besser, ein Soufflée aus Kartoffeln, Käse, Speck und Knoblauch; es zergeht auf der Zunge und zementiert den Magen. Chou farci, mit Hackfleisch und Wurstbrät gefüllter Weißkohl, kann ein Hochgericht der Hausmannskost sein. Ähnliches gilt für Petit salé aux lentilles, frisch gesalzenes Schweinefleisch mit den grünen Linsen aus Puy.

Ein Festtagsschmaus ist der Coq au vin, ein Hahn in der

Blüte seiner Mannesjahre, eingebettet in Chanturgue, dem feurigen Roten des einstigen Vulkangebietes. Der Weißwein von Saint-Pourçain ist ein echter Auvergnate – herb und doch anpassungsfähig. Es gibt auch fruchtige Rosés, die auffallend hell sind; es sei die Farbe von Rebhuhnaugen, sagen die Auvergnaten, die allenfalls beim Essen und Trinken poetisch werden.

Ökonomisch wie gastronomisch ist die Milch wichtiger als der Wein in diesem Land, das von kastanienbraunen und rostroten Kühen mit prallen Eutern bevölkert ist, über dessen grüne Weiden der blaßblaue Himmel wie eine Käseglocke gestülpt ist. Cantal ist der größte, der typischste Käse der Region. Man sieht ihn mitunter auch auf Pariser Käseplatten, wo er aber das Leben eines Einsiedlers führt, zu alt und etwas seifig geworden. In der Auvergne, namentlich im Département Cantal, ist er im Vollbesitz seiner Kräfte und Säfte, ein mürber, kerniger, goldgelber Hartkäse, der einem in großen Stücken, als ganzer Kerl entgegentritt. Sollte er nicht in einer Molkerei, sondern nach Urvätersitte in einem Buron, den sonderbaren Steinhütten der Hirten, in zylindrische Fourmes gefüllt und herangereift sein – dann ist allein dieser Cantal eine Reise ins Cantal wert gewesen. Sein blaugeäderter Bruder heißt Fourme d'Ambert. Ein etwas entfernter Verwandter ist der Saint-Nectaire, weicher und sanfter; in ihm ist noch der Duft der Wiesen zu verspüren.

Nach einem landesüblichen Dessert – Cornets de Murat oder Tarte à la crème von Vic-sur-Cère – wären wir am Ende der auvergnatischen Speisenfolge angelangt. In ein paar Stunden – beim Abendessen oder beim nächsten Mittagessen – beginnt sie wieder von vorne. Wenn man vorher den einheimischen Apéritif, den Gentiane aus Salers, einen gelben, würzigen Enzian, zu sich genommen hat, wird man kaum mehr mit der Wimper zucken.

Der »Garten Frankreichs« wird das Herzstück des Stromgebiets der Loire genannt, die Gegend zwischen Sancerre und Saumur. Es war der Lustgarten der Könige und der Hain der Dichter, es ist immer noch ein Obstgarten, Gemüsegarten, Weingarten – la douce France, wie es leibt und lebt. Die Loire selber gibt nicht mehr allzuviel her. Der Lachs hat sich rar und teuer gemacht, und nicht so ohne weiteres kann man sich an einem Zander oder an einem Hecht delektieren. Wenn sie auf der Karte stehen, sollte man zulangen, vor allem, wenn der Lachs hausgeräuchert ist oder alle drei au beurre blanc angeboten werden, mit jener cremigen Sauce aus Butter, Schalotten und Weißwein. Kleinere Fische, die wie überall auch hier häufiger vorkommen, ißt man in Ragoutform (Matelote), die ganz kleinen Fische als Friture.

Die Loire führt im Sommer wenig Wasser, zeigt ihre Sandbänke. Unaufhörlich fließt der Wein an ihren Ufern, vom Oberlauf bis zum Unterlauf. Laßt uns mit weißem Pouilly-Fumé beginnen, weil seine Flaschen gezählt sind und er zu den Loire-Fischen au beurre blanc so gut paßt. Auch ein weißer Quincy ist etwas für die Kenner des Raren; er ist trocken, doch ohne Säure. Der weiße Sancerre ist häufiger anzutreffen und muß möglichst sofort getrunken werden, weil seine fruchtige Frische rasch verblüht.

Die Touraine wartet mit einem Wein-Bouquet auf und mit der Visitenkarte einer Legende: Kein Geringerer als der heilige Martin von Tours habe die erste Rebe aus Pannonien (Ungarn) mitgebracht und am Ufer der Loire gepflanzt – eine Legende, die wahr zu sein scheint, verdanken wir doch diesem Heiligen auch andere leibliche Genüsse, beispielsweise die Martinsgans. Jedenfalls probieren die Winzer der Touraine am 11. November, dem Namenstag Sankt Martins, die neuen Weine, was sie »martinieren« nennen. Es gibt einiges zu versuchen: den Weißen von Vouvray, der natürlich-ruhig, perlend und moussierend sein kann; wohl an die beiden letzten Arten hat Rabelais gedacht, als er lobte: »Ein Wein wie Taft«. Weniger bekannt, aber fast ebensogut ist der weiße Montlouis. Die leichten, duftenden, rassigen Roten von Bourgueil und Chinon sollte man nehmen, wo man sie kriegt.

Das Anjou ist durch seine Rosés berühmt, was man kaum glauben kann, wenn man nur das unter diesem Namen bei uns Vertriebene kennt. Georges Clemenceau meinte, das Anjou sei einer der Winkel der Welt, wo man die vorübergehende Süße des Daseins am besten empfinde. Im Rosé will man sie allerdings weniger finden, und dazu noch eine dauerhafte Süße. Es gibt dortzulande aber auch trockene beziehungsweise halbtrockene Rosés, die eine Probefahrt auf der Weinstraße und ein Mitnehmen lohnen: zwischen Brissac und Murs, Tigné und Vauchrétien, besonders diejenigen mit der Appellation »Cabernet d'Anjou«. In dieser Gegend wachsen rechts und links der Loire auch bedeutende Weißweine, trocken-feurige und likörig-süße, und die nervösen Coteaux de Saumur, die daran erinnern, daß das Loire-Gebiet schon immer ein Turnierplatz der Intellektuellen gewesen ist.

Die Kost kenne keinen Überschwang und keine Übertreibung, meint Maurice Saillant, der hier geboren ist. Seine Vorliebe für die einfach-gute, die vernünftige Küche hat er hier gelernt. An Rillons, kleinen Stücken von Schweinebauch, gesalzen, gepfeffert, gekocht und goldgelb abgebraten. Rillettes, Schweineschmalzfleisch, streicht man auf Bauernbrot. Andouillette, Kuttelwurst, ein Grundthema der deftig-guten Küche, gibt es in verschiedenen Variationen. Bäuerlich-raffiniert sind Noisettes de porc aux pruneaux (Schweinsnüßchen mit Backpflaumen). Géline au sang ist ein einheimisches Huhn, bei dem man nicht einmal auf das Blut verzichten will; es wird der Sauce beigegeben. Caneton Saint-Martin ist eine herzhafte Huldigung für den Hausheiligen, unter Einsatz der wichtigsten Hervorbringungen des Landes: außer der Ente Rillons, Schweinehack und Schinkenwürfel, Vouvray und Marc de Touraine.

Käsesorten sind an der Loire mehr als Schlösser zu finden, was etwas heißen will. Es sind vor allem Ziegenkäse, etwa Sainte-Maure, Valençay, Levroux, Selles-sur-Cher, Tournon Saint Martin, Chabris und der weitgerühmte Crottin de Chavignol.

Obst und Gemüse gibt es in Hülle und Fülle: Äpfel (Reinette du Mans), Birnen (Bon Chrétien), Pflaumen, Kirschen, Quitten – und Spargel, Champignons, Bohnen, Erbsen, Karotten. Im Schloßpark von Villandry, das sich »Schloß der Gärten im Garten Frankreichs« nennt, bilden sogar die Kohlköpfe geometrische Figuren – das Signum einer Landschaft, in der Kulturgeschichte und Küchengeschichte in einem reichen Gobelin verwoben sind.

Wenn man Asterix und Obelix, den derzeit bekanntesten Bretonen, glauben darf, dann haben sich die Leute dortzulande hauptsächlich von Wildschweinen ernährt. Jedenfalls ist noch heute die Küche in der Bretagne bäuerlich-deftig und wenig abwechslungsreich – eine Kost, die nach wie vor zum Bäumeausreißen und Römerjagen instand setzen kann.

Das Schwein, in der gezüchteten, verweichlichten Form, spielt immer noch eine wichtige Rolle: seltener gebraten als in Form von Petit salé, dem frisch eingesalzenen Schweinefleisch, in ländlichen Pâtés, Kuttelwürsten (Andouilles de Guéméné), den Blut- und Weißwürsten von Rennes, dem Schinken von Morlaix und dem unverwüstlichen Speck. Auf der Kirmes verzehren Bretonen Landesübliches in der Potenz: Schweinswürstchen, in einen Pfannkuchen gewickelt, die Crêpe. Dieses aus einer kargen Gegend erwachsene Volksnahrungsmittel ist in Frankreich und darüber hinaus zum Inbegriff eines frugalen, doch nicht frustrierenden Essens geworden, zumal es in geradezu gourmandesker Weise variiert werden kann. Die echten bretonischen Crêpes sind aus Buchweizenmehl, weil früher kein anderes Getreide zur Verfügung stand. Und sie werden gesalzen, mit Ei oder Wurst gegessen, oder gezuckert, mit Marmelade oder Honig. Getrunken wird dazu Cidre, der einheimische Apfelwein, an den man sich rasch gewöhnt.

Neuerdings werden in der Bretagne Hühner en masse gezüchtet und doch nicht ohne individuelle Note: Man läßt sie in den letzten Wochen ihres Daseins auf die grünen Wiesen. Seit jeher bekommen die Pré-salé-Lämmer auf den meernahen, vom salzigen Meerwind bestrichenen Weiden ihren pikanten Geschmack. Auch bretonische

Butter ist gesalzen – die See ist in Armorica, dem »Land des Meeres« allgegenwärtig.

Natürlich auch auf den Fischmärkten. Früher scheint es keine Selbstverständlichkeit gewesen zu sein, wie wir von Asterix wissen: Der Fischhändler seines Dorfes lieferte ständig Anlaß zum Bruderstreit, weil seine Fische nie frisch ausgeliefert wurden. Der Grund: die Fische wären nicht direkt aus dem unmittelbar vor der Haustüre liegenden Meer gekommen, sondern hätten die Bretagne erst auf dem Umweg über Pariser Markthallen erreicht. Dies wird heute noch von französischen Eßkritikern behauptet – ein Zeichen dafür, daß gewisse Vorstellungen so dauerhaft sind wie die Menhire der Bretagne.

Daß es sich wahrscheinlich um Vorurteile handelt, wird der Augenschein auf einem bretonischen Fischmarkt erweisen. Er nährt die Hoffnung, daß das mit den Augen Geschmauste anschließend auf den Platten und Tellern den Gaumentest bestehen wird – wenn schon nicht in jeder Hotelpension, so doch in einem Restaurant, das nicht nur Touristen frequentieren.

Wer die Wahl hat auf der bretonischen Fischkarte, hat die Qual: Barbe, Barsch, Makrele, Rochen, Sardine, Scholle, Seezunge, Steinbutt, Thunfisch. Und Crevetten, Taschenkrebse, Hummer – um nur die bekannteren zu nennen. Und Muscheln: Moules, Palourdes, Coquilles Saint-Jacques.

Und Austern, vornehmlich die Belons, mit denen man getrost beginnen kann. Die größten und teuersten sind nicht unbedingt die besten. Bei Belons müssen es nicht solche sein, die eine oder mehrere Nullen hinter ihrem Namen haben, als Gradmesser ihrer Größe und Rechtfertigung ihres Preises. Eine Belon Numéro Un hält die rechte Mitte, wie eine Spéciale Numéro Trois: nicht zu groß und nicht zu klein, nicht zu fett und nicht zu mager; man kann ein paar mehr essen, hat öfter den Genuß, mit einer neuen Auster zu beginnen, und in diesem Format werden Austern häufiger verlangt, bleiben weniger lange liegen, sind eher frisch.

Wie viele Austern? Sechs sind fast zu wenig, zwölf manchmal schon zu viel, neun ist das Angemessene als Vorspeise für das, was Horaz »grate ingluvies« nennt, den angenehmen Gaumenreiz. Neun zu bestellen, ist auch ein Test, ob man es mit einem gastfreundlichen Lokal zu tun hat, in dem des individuellen Wunsches wegen von den Normen des Dutzends und Halbdutzends abgewichen wird. Überdies ist bei neun die Chance größer als bei zwölf, daß das Meerwasser in den Schalen bleibt; drängen sich zu viele auf der Platte, kippen sie beim Servieren mitunter um und verlieren Unwiederbringliches. Nicht zuletzt hat man Blumröders Ratschlag befolgt: »Der mit Geschmack und Sinn essende Mensch wird, Austern mit Maß genießend, finden, daß weniger besser schmecken als zu viel, und so Lust behalten, sich öfters daran zu erquikken.«

Wann ißt man Austern? Die Regel, man solle sie nur in Monaten mit R zu sich nehmen, ist grundsätzlich richtig, bedarf jedoch der Differenzierung. Man kann sie, auf einem bretonischen Fischmarkt etwa, auch im Sommer essen – sie sind dann zwar frisch, doch von ihrem Fortpflanzungsstreben ermattet. Erst langsam erholen sie sich wieder; mit dem richtigen Reifegrad beschert uns die Natur zur Weihnachtszeit. Jedenfalls sollte man eine Auster nicht essen, wenn sie nicht nach Meer, sondern nach »mehr«, aufdringlich nach Jod riecht, ihr Wasser weitgehend verdunstet und sie selber verschrumpelt ist, wenn ein Tropfen Zitrone auf den dunklen Spitzenrand des Lebewesens dieses nicht mehr zusammenzucken läßt – dann ist es der Verwesung näher als dem Leben. Eine Auster aber muß quicklebendig gegessen werden.

Wie genießt man Austern? Selbstverständlich mit allen Sinnen. Zunächst mit den Augen: Wie sie eben geöffnet vor uns liegen, wie Susannen im Bade! Mit dem Tastsinn: Man erwählt eine, nimmt sie von der Platte, befingert ihre

Schale, die rauh ist wie der windgekräuselte Atlantik und zerklüftet wie die Küste der Bretagne. Mit der Nase: Man riecht das Meer, das man gleich auf der Zunge und am Gaumen haben wird. Um auf den ganzen Geschmack zu kommen, beträufelt man sie, wenn überhaupt, mit ein, zwei Tropfen ganz frischer Zitrone, löst sie mit dem Gäbelchen von ihrer Schalenhaftung, führt sie mit diesem vorsichtig zum erwartungsvoll geöffneten Munde, begrüßt sie mit der Zunge, drückt sie an den Gaumen, kaut sie andächtig, schluckt sie bedächtig hinunter. Dann führt man die Schale zum Munde, schlürft das verbliebene Wasser daraus, nimmt – der Kontrastwirkung wegen – einen Bissen leicht gebutterten Roggenbrots und krönt das Ganze mit einem Schluck trockenen Weißweins. Schließlich sind auch noch die Ohren beteiligt: Man hört mit Genugtuung sein eigenes Schlürfen und vernimmt hoffnungsvoll das Knacken beim Öffnen neuer Austern, das zu einem da capo des Genusses einlädt.

Warum ißt man Austern? Nicht unbedingt wegen der aphrodisischen Wirkung, die moderne Ernährungswissenschaftler ohnehin in Frage stellen und der Gastrosoph nie als Hauptgrund anerkannt hat, weil ihm die Auster als Mittel zum Zweck zu schade ist. Auch kaum aus dem eher sophistischen, ja snobistischen Motiv, weil sie ein außergewöhnliches Geschöpf einer exzentrischen Natur sei, worauf Vaerst verweist: Austern und Trüffeln schmeckten deshalb so gut, weil sie auf der letzten Grenze beider Naturreiche stünden, Trüffeln auf der letzten Stufe der Vegetabilien zum Übergang in das Mineralreich, Austern als Übergang der Mineralien zu den Animalien. Und schon gar nicht ißt sie der Gastrosoph, weil sie reines Eiweiß, Phosphor, Kalk, Jod, verschiedene Vitamine und mehrere Spurenelemente enthalten und überdies leicht verdaulich sind. Rahel Varnhagen kam der Wahrheit nahe: »In Austern kann man sich tiefsinnig essen.« Es gibt kaum ein Eßding, in dem der Doppelcharakter des Nahrungs- und Genußmittels so sublimiert wäre, welches das Wesen eines Elementes so geschmacksrein komprimierte wie die Auster – dieses mit allen Sinnen zu erfassende und zu genießende Stück Meer.

In der Bretagne verlockt noch mehreres aus dem Meer. Cotriade heißt die für die Region typische Fischsuppe: Es gibt eine einfache, in der nur Makrelen sind, und eine bessere, die aus verschiedenen Fischsorten besteht – so oder so enthält sie viel Fisch, hat sie den Charakter einer dicken Bauernsuppe, wozu Kartoffeln gereicht werden, getrennt, doch in Verbindung mit dem Fischragout – so wie in der Bretagne Land und Meer sich gegenüberstehen und ineinander übergehen. Der Homard à l'armoricaine ist sicherlich keine bretonische Erfindung; Ingredienzien – Tomaten, Olivenöl, Knoblauch – lassen eher auf eine provençalische Herkunft schließen. Meinen besten habe ich in Paris bekommen: Der Hummer kam aus Camaret in der Bretagne, der Koch aus Marseille, und dieser Schmelztiegel zweier Küchenwelten wurde Homard à l'américaine genannt.

Coquilles Saint-Jacques aus der Bretagne, in Paris mit viel Knoblauch versehen und »provençale« genannt, sind weniger empfehlenswert. Überdies reißt die Unsitte ein, diese Kammuscheln auch außerhalb der R-Monate anzubieten – verführt von den Möglichkeiten der Tiefkühltechnik. Die Jakobsmuschel, eine der preiswürdigsten und immer noch preiswerten Gaben des Meeres, verdient es, zur gegebenen Zeit und am rechten Ort gegessen zu werden – und in Zubereitungsarten, die ihren Eigengeschmack nicht verdrängen, sondern ihn hervorheben: au beurre blanc, au cidre, oder gar à la nage, gekocht in einer kurzen Gemüse- und Kräuterbrühe.

Dazu gibt es auch bretonischen Wein, den Muscadet, einen unentbehrlichen Begleiter zu allen Fischgerichten, ein Gefährte, jung und frisch, trocken und leicht, der von sich kein Aufhebens macht, welcher der Belon-Auster oder der Coquille Saint-Jacques das Sagen läßt.

Als die Normannen zum ersten Male in Gallien auftauchten, wunderten sich Asterix und Obelix über deren seltsame Eßgewohnheiten. Maulaf, der Häuptling der Nordländer, vertilgte Scholle à la crème, Schnitzel à la crème, Hühnchen à la crème – alles und jedes mit Crème, dicker, fetter, elfenbeinfarbiger Sahne – beziehungsweise Rahm, welches Wort zutreffender ist für das, was in der Normandie nicht abgeschöpft ist, sondern allem und jedem belassen bleibt.

Inzwischen haben sich die Franzosen an die Besonderheiten der normannischen Küche gewöhnt, mehr noch: sie schätzen sie, obwohl sie sich viele eigentlich gar nicht leisten können, der Kalorien wie der Leber wegen. Butter und Rahm – die unter Apfelbäumen weidenden normannischen Kühe mit ihren schwarzumrandeten Augen und feuchtwarmen Blicken produzieren sie nimmermüd, die Köchinnen und Köche des Landes verwenden sie unentwegt. Selbst die Fische des Meeres, an das dieses Weideland stößt, schwimmen im Rahm weiter, bis an ihr Ende in Mund und Magen des seligen Essers.

Sole normande oder gar à la normande ist ein Prunkstück der Regionalküche. Schon der bloßen und nackten Seezunge wegen, die sich im Ärmelkanal besonders wohlfühlt und dies durch besonderen Wohlgeschmack vergilt. Da dieser Plattfisch schon immer als vornehm galt und sich mit seinen Filets leicht hantieren läßt, trieben die Köche der Haute cuisine ihre Experimente mit ihm, legten Hunderte von Kreationen vor, darunter zahlreiche, in denen die schöne Seezunge in ein fremdes Geschmackskorsett gezwängt wurde, das niemand mehr aufzuschnüren vermochte.

Liebhaber unverfälschter Natur bevorzugen daher die Seezunge gegrillt, was freilich einen Bratkünstler voraussetzt, der den dünnen Fisch weder vergrillt noch zu roh beläßt, sondern ihn rose à l'arête (rosa an der Gräte) zuwege bringt. Oder sie bestellen Sole meunière, was ebenfalls eine Angelegenheit mit ungewissem Ausgang ist: Eine Seezunge nach Art der Müllerin kann von dieser mit einem Mehl-Mühlstein versehen und in einem Fetteich versenkt worden sein. Sie kann aber auch so munden, wie es die Amerikanerin Mary Frances Kennedy Fisher, anspruchsvoll, aber von Hause aus nicht verwöhnt, in Frankreich empfand: Die Sole meunière »wird nach nichts anderem schmecken als nach frischer Butter, in der sie rasch gebraten wurde, und sie wird, im Unterschied zu einer richtig zubereiteten Forelle, ohne Kopf sein. Die in der Pfanne verbliebene Butter wird darüber gegossen, und alles ist goldbraun und von köstlichem Wohlgeschmack, nicht beeinträchtigt von Kräutern, gestiftelten Mandeln oder selbst einem Schuß Weißwein.«

Frische Butter ist in der Normandie vorhanden, und vorzüglicher Rahm, den die dortigen Köchinnen und Köche für den vornehmsten Adjutanten einer Seezunge halten, aus gutem Grund, wie der Gast feststellen wird. Schon Sole normande, die häufigere Gattung, befriedigt: Seezunge mit einer Sauce aus dem Fischsud, Mehl, Eigelb, Butter und Rahm. Ein – leider immer seltener werdender – Hochgenuß ist Sole à la normande: Seezunge in purem Rahm gedünstet. In Haushalten, die noch auf sich halten, ist sie noch zu finden, und in dem einen oder anderen ländlichen Restaurant.

Ein anderer Edelfisch, vielleicht der edelste Fisch ist der Steinbutt, Turbot. Das wußten schon die alten Römer, die ihn von weither kommen ließen und ihn entsprechend teuer bezahlten, so daß der Agrarier Cato sich zu der Klage veranlaßt sah: »Schlecht steht es um einen Staat, in dem ein Meerfisch mehr gilt als ein Ochse.« Das weiße, feste Fleisch des Turbot entwickelt seinen Goût am besten à point in kurzer Brühe gedünstet oder in Dampf gesotten; und die Schnitten sollten nicht zu klein und außer frischer Butter oder einer Sauce normande oder – doch das ist schon das äußerste – einer Sauce hollandaise mit nichts weiterem traktiert sein. »Besitzt er doch die Einfachheit eines Helden, wie er dessen Majestät besitzt, und jeder Schmuck ist mehr eine Erniedrigung als eine Ehre für ihn« – wie Grimod de la Reynière feststellte.

Baron von Vaerst, der bekanntlich zu Extravaganzen neigte, wird beim Thema Turbot enthusiastisch: »Die Steinbutten werden von Gastrosophen allen ihren Verwandten vorgezogen, und das mit vollkommenem Rechte, denn sie sind die Könige aller Fische. Ich fand einen Turbot à la crème au gratin im ›Rocher de Cancale‹ einmal so überaus vortrefflich, daß ich in Begeisterung vor dieser Schüssel und den wenigen Überresten derselben auf die Knie fiel.« Später entdeckte er noch Verehrungswürdigeres: Turbotin, frisch aus der See, lediglich mit frischer Butter gegessen. Wobei er freilich anmerkte: »Unter frischer Butter sollte man eigentlich nur diejenige verstehen, die unmittelbar vor dem Genusse aus süßer Sahne in einer Flasche bereitet wird – eine Prozedur von fünfzehn Minuten.«

Dafür hat man selbst in der Normandie keine Zeit mehr, aber auch die moderne Butterherstellung führt zu respektablen Resultaten. Diese spielen auch bei vielen normannischen Fleischgerichten ihre Rolle, in rahmiger Verdichtung etwa bei Poulet Vallée d'Auge. Bei zwei anderen Spezialplatten kann man sich von den Rahmorgien etwas erholen, ohne freilich der Gefahr zu entgehen, sich in anderer Weise zu überessen. Das eine sind die unvergleichlichen Tripes à la mode de Caën – der einheimische Kutteltopf. Das andere ist ein Festschmaus: Caneton à la rouennaise, eine in dieser Gegend nicht erwachsen gewordene Ente, die kurz angebraten, tranchiert und in Rotwein wie in ihrem eigenen Blute gegart wird.

Die bekanntesten und berühmtesten Hervorbringungen der Normandie sind drei Käsesorten: der Camembert, den man überall, freilich nicht immer in richtigem Zustand, finden kann, wofür die Chance an Ort und Stelle am größten ist, auch daß er richtig schmeckt und richtig riecht, »wie die Füße des lieben Gottes«, wie ein frommer Normanne sagte. Der Pont-l'Evéque ist ein kräftiger Weichkäse, geformt wie ein kleiner Ziegelstein, mit gewaschener Rinde, die goldgelb sein muß und nicht grüngelb sein darf. Der Livarot, ein flacher Zylinder, auch Colonel genannt, ist der deftigste des Triumvirats.

Einen normannischen Rotwein dazu gibt es nicht. Doch die Weinfässer rollen aus dem übrigen Frankreich heran. Ansonsten gibt es in diesem Apfelreich süffigen Apfelwein in Hülle und Apfelschnaps in Fülle. Der Calvados wird auch bei uns geschätzt; in der Normandie ist er eine Existenznotwendigkeit. Man würde keines der schweren und endlosen Menus überstehen, gäbe es dazwischen nicht immer wieder ein »trou normand«, eine Calvados-Pause – ein »normannisches Loch«, in das man erschöpft hineinfällt und dem man gestärkt entsteigt, voller Tatenhunger.

Das alte Rom – mit einem Blick kann man es im Forum Romanum erfassen: das Comitium, der Platz, auf dem sich das Volk versammelte, seine Amtsträger wählte. Die Curia, das Sitzungsgebäude des Senats, das politische Zentrum der Republik. »Senatus populusque Romanus« – das Grundgesetz und seine Grundlagen: der Lapis niger über dem Grab des Stadtgründers Romulus, der schwarze Stein, auf den Rom gebaut ist. Daneben ein Weinstock, ein Ölbaum, ein Feigenbaum, ein paar Ähren – der Grundstock der römischen Tafel und des römischen Wesens.

Offensichtlich sind die Zusammenhänge zwischen Ernährung und Kultur. Mit der Agrikultur beginnt das Küchenlatein. Marcus Porcius Cato der Ältere, die Verkörperung altrömischen Maßhaltens, war Konsul, Censor, Feldherr; davor, dazwischen und danach war er Landmann, agricola, der seinen sabinischen Acker bebaute und die ihm daraus erwachsenen Erkenntnisse in der Schrift »De Agricultura« niederlegte. Cato preist darin die ländliche Sittlichkeit und gibt Rezepte für deren Erhaltung –

Kochrezepte für einfache Mehlspeisen und Gemüsegerichte.

Frugal war die Ernährungsweise der ganz alten Römer. Brot galt bereits als Luxus; wer es in Wein tauchte oder mit Öl beträufelte, mußte Catos Tadel fürchten. Das übliche waren Getreidebrei und Mehlfladen. Dazu kamen Kohl und Hülsenfrüchte. Geschätzt wurde – wie noch heute in südlichen Ländern – die Kichererbse, lateinisch »Cicer«; ihr verdankt der große Cicero seinen Namen. Die Feigen führten den Reigen der Früchte an, die damals keine Nachspeise, sondern ein Hauptgericht waren. Noch heute gibt es Römer, die in der Saison frische Feigen mit einem Stück flachen, mit Öl bestrichenen Brot zum Frühstück einnehmen. Im Schwange ist nach wie vor die Bruschetta: auf Holzkohlenglut geröstetes Hausbrot, mit Knoblauch abgerieben und mit Olivenöl getränkt. Als Zubrot zum weißen Wein der Castelli Romani ist dies eine immerwährende Huldigung an die Altvorderen.

Eine einfache Lebensweise ist sicherlich das Lebenselement eines kernig-kräftigen Menschenschlages; andererseits ist ein karger Küchenzettel daheim eine ständige Versuchung, ihn durch fremde Zutaten zu bereichern. Der Zusammenhang zwischen römischer Frugalität und römischem Expansionsdrang ist von den Historikern noch nicht hinreichend erforscht worden. Das Ergebnis ist bekannt: Die Römer zogen in die Welt, kamen in fremde Länder, sahen fremdartige, köstliche Speisen – und wurden von ihnen besiegt.

Das Reich brachte eine begrüßenswerte Bereicherung der Tafel. Fremdes wurde nicht nur importiert, sondern auch auf heimischem Boden kultiviert: so die Artischocke aus Afrika, die Schalotte aus Palästina, die Pistazie aus Syrien, die Aprikose aus Armenien, die Kirsche aus Kleinasien. Die Speisekarte wurde vielfältiger, man verbesserte, verfeinerte die Speisen; die Speisenden wurden wählerisch, sie lernten zu unterscheiden, zu werten, zu genießen – ein echter Fortschritt. Der Dichter Horaz hat ihn gefördert:

»Vergiß nicht in der Wahl der Eier stets
die länglichen, als feiner von Geschmack
und nährender, den runden vorzuziehen . . .
Dem nahe bei der Stadt gezogenen
Gemüs' ist, was auf trocknem Acker wächst,
an Süßigkeit und Zärte überlegen . . .
Ein wildes Schwein aus Umbrien, genährt
mit derben Eicheln, soll die Schüssel dessen drücken,
der fades Wildbret scheut...
In Gegenden, wo Wein gebaut wird, sind
die Rehe nicht die besten; und die Hasen
betreffend, wird's ein Weiser mit dem Vorderbug
der Häsin halten . . .«

Das Erfahren des Fremden hat die Römer auch die bodenständigen Genüsse entdecken gelehrt. So gesehen, hätte selbst der ältere Cato ein Auge zudrücken können. Aber schon gab es kulinarischen Kosmopolitismus, Küchenimperialismus: »Will man köstlich essen, so muß der Pfau aus Samos kommen, Hühner aus Phrygien, Kraniche aus Melos, Böcklein aus Ätolien, Thunfische aus Chalkedon, Muränen aus Tartessos, Hechte aus Pessinus, Muscheln aus Chios, andere aus Kilikien, Nüsse aus Tharus, Datteln aus Ägypten, Kastanien aus Spanien . . .«

Schon gab es gastronomischen Snobismus: Mit mehr Aufwand als Appetit kostete man Pfauenhirne, Flamingozungen, Straußeneier, Siebenschläfer, Murmeltiere. Das ursprünglich agrarische Rom hatte als Weltmacht das Meer und seine Gaben entdeckt; in der Reichshauptstadt wurde Fisch das Nonplusultra der Tafel. Aus allen Himmelsrichtungen, mit Eilstafetten, wurden Fische antransportiert; die größten galten als die besten, die raffinierteste Zubereitung als die köstlichste – ein Banause, wer meinte, die Dinge sollten nach dem schmecken, was sie sind: »Pfui, der Karpfen schmeckt ja nach Karpfen!«

Das war ein Stoßseufzer von Lucius Licinius Lucullus, dessen Name sprichwörtlich geworden ist für die Schwelgerei des arrivierten Rom. Dabei wußte er zwar nicht Maß, doch die Mitte einzuhalten zwischen geistigem und animalischem Genuß; seine Bibliothek war fast so berühmt wie seine Tafel. Lucullus lebte in der Endphase der frugal begonnenen Republik und stand am Beginn der gastronomischen Exzesse der Kaiserzeit. Von Beruf Feldherr, kommandierte er am liebsten in Küche und Keller, exzellierte er an der Tafel, hielt er es für mindestens so verdienstvoll, seinen Freunden ein geglücktes Gastmahl zu geben als die Feinde in einer Schlacht zu besiegen. Auf Feldzügen in Asien hatte er sich dermaßen bereichert, daß er im römischen Ruhestand den freigiebigsten Gastgeber spielen konnte.

Aber schon wurde das Tafelbeiwerk für wichtiger gehalten als der Inhalt der Schüsseln, die Quantität des Gebotenen für wertvoller als die Qualität des Aufgetischten, die Ablenkung durch Disputanten, Musikanten, Tänzerinnen und Konkubinen für wesentlicher als die Konzentration auf die Sache selber: das Essen. Der Luxus der Tafel eskalierte und degenerierte zur Orgie der Gelage, an die man später dachte, wenn man von den »Zuständen im alten Rom« sprach.

Darunter litt mit dem sittlichen Empfinden die wahre Kochkunst, nicht nur am kaiserlichen Hofe, sondern auch in den Häusern der wohlhabenden Römer. Das zeigt die Sammlung von Kochrezepten, die in der römischen Spätzeit erschienen ist, unter dem Namen des legendären Feinschmeckers Marcus Gavius Apicius. Evergreens der römischen Küche sind darunter: Erbsensuppe, Linsensuppe, »Fegatelli« – Schweinsleberstückchen, mit Lorbeerblättern bedeckt, in Schweinsnetz eingeschlagen, auf dem Rost oder am Spieß über Holzkohlenglut geröstet. Bei Apicius gibt es aber auch Rezepte, die nach Dekadenz schmecken: Überwürztes, Übersteigertes, Überzüchtetes, etwa Leberknödel mit Honig, Käse und Garum, das aus verwesenden Fischeingeweiden hergestellt wurde.

So etwas wies Karl Friedrich von Rumohr zurück, der Gastrosoph im 19. Jahrhundert: »Als Apicius ... jenes Kochbuch verfertigte, da war bereits jegliche Spur von Würdigung der arthaften, jedem Nahrungsstoff eigentümlichen Güte verschwunden; da schien es der Gipfel der Kunst zu sein, den Charakter jeglicher Speise durch Mischung und Verarbeitung zu vernichten ... Die denkbar größte Entartung der Kochkunst, weil daraus abnimmt, an welch' einen seltsamen Nebengeschmack der Mensch sich gewöhnen kann, wenn er, ohne zurückzudenken, oder sich selbst Einhalt zu tun, dem Reize der Neuheit sich hingibt und durch fortgehende Steigerung das Neue neu zu erhalten erstrebt.«

Den humanistischen Köchen ging es umgekehrt wie den klassizistischen Kunsthistorikern: Die letzteren hielten die Gerippe der Tempel für das wahre Kunstideal der Antike, die ersteren meinten bei Apicius die gute, weil raffinierte Küche des alten Rom entdeckt zu haben. Tatsächlich war Simplizität ihr Charakter, der Küche des römischen Volkes wie der Küche des römischen Senats. Simplicitas im Alltag, den auch während der Kaiserzeit Brot, Käse, Gemüse und Obst beherrschten. Simplicitas an den Festtagen, an denen es Kohl mit Schinken gab, vielleicht ein Huhn, ein Lamm.

Prudentia, Justitia, Moderatio, Fortitudo – die vier Kardinaltugenden galten auch und gerade für den Koch: die Klugheit, das Saisonbedingte und Marktentsprechende auf den Tisch zu bringen. Die Gerechtigkeit, jedem Eßbaren seinen Eigengeschmack zu belassen. Das Maßhalten in der Quantität. Der Starkmut, auf dem ab urbe condita – seit Gründung der Stadt – vorgezeichneten Weg der einfach-guten Küche zu beharren, allen Ablenkungsmanövern und Neuerungsversuchen zum Trotz.

»Conservare ordinem naturalem – die natürliche Ordnung bewahren« – das ist bis auf den heutigen Tag das Grundgesetz der römischen Kochkunst, der konservativsten aller Künste in Rom. Das Grundmotiv für Küche und

Tafel heißt Kontinuität. Das gilt selbst für Extravaganzen, die Gastmähler des Lucullus und die Ausschweifungen des Heliogabalus, die sich über die Festtafeln der Renaissancepäpste bis zu Fellinis Filmorgien fortgesetzt haben. Kontinuität – das gilt vor allem für die normale römische Küche und Tafel, zu Hause und in volkstümlichen Trattorien, wo archaische Rezepte in steter Anwendung ständig verbessert werden, wo nur ab und an – und erst nach reiflicher Prüfung – etwas Neues für würdig befunden wird, dem Überkommenen angepaßt, in die alte Ordnung eingegliedert zu werden – so die Tomate nach der Entdeckung Amerikas oder die Spaghetti nach der Einigung Italiens.

Das römische Küchen-Kontinuum beginnt jeden Tag aufs neue auf dem römischen Markt – dem Campo de'Fiori. Zwischen Fassaden, ockergelb und braun-violett, rissig und brüchig wie ganz alter Parmesan, wird angeboten, was die Natur beschert und die Hausfrau begehrt, je nach Jahreszeit und Geldbeutel.

In der Marktordnung ist jedem Produkt sein Platz zugewiesen. Den breitesten Raum nehmen seit alters her die Obststände ein, über die das südländische Früchtefüllhorn mit saisonalen Variationen ausgegossen ist. Und die Gemüsestände: Da sind Erbsen (Piselli), frischgrün, butterzart, jede einzelne auch in der Menge etwas besonderes – Erbsen aus der römischen Campagna, die besten der Welt. Piselli al prosciutto, Erbsen mit Streifen rohen Schinkens, sind das Größte. Dann: Artischocken (Carciofi), die ungeputzt ihren exotischen Ursprung nicht verleugnen können, die Fremdlinge aus Afrika, die erst zubereitet zivilisiert wie Cives romani aussehen: als Carciofi alla romana, mit Minze und Knoblauch in Öl gedünstet, oder als Carciofi alla giudia, auf jüdische Art, wie sie im alten Ghetto erfunden wurden und immer noch gefunden werden können: Besonders junge und zarte Artischocken werden in eine Pfanne mit brutzelndem Öl gedrückt, aufgebrochen, so daß sie dann – wie einer ihrer ungezählten Liebhaber schwärmte – knusprigen Rosen gleichen.

Ein genuin römisches Gemüse ist auch Broccoli, die Blumenkohlart der Provinz Latium. Man ißt sie im Herbst, gedünstet, mit Öl und ein bißchen Zitronensaft, warm oder kalt. Und das ist die römische Bohnen-Dreieinigkeit: Fagiolini, grüne, schlanke, feine Bohnen. Fagioli, weiße Bohnen, die sich danach sehnen, mit Speckschwarten vermählt zu werden und in den siebten Himmel einer dicken Sauce aus Tomaten, Schmalz und Knoblauch einzugehen. Fave, Saubohnen, die der Römer am liebsten roh zu Schafskäse ißt und mit viel Weißwein aus den Castelli Romani hinunterspült. Bergeweise gibt es auch andere Gemüsesorten, so Peperoni, Spinat, Zucchini, Melanzane (Auberginen), Fenchel (Finocchio), Staudensellerie (Sedano) und natürlich Tomaten (Pomodori), die den Werbespruch »An der Sonne gereift« nicht nötig haben, weil man es ihnen ansieht. Zudem sind alle Blättchen, Kräutchen und Rübchen für eine Insalata mista zu haben. Und die römische Salatspezialität: Puntarelle, eine Zichorienart, die mit Sardellen und Knoblauch angemacht wird, und – wie ein Sprichwort sagt – mit »Salz vom Künstler, Essig vom Geizhals und Öl vom Verschwender«.

Der Campo de'Fiori ist ein Markt des römischen Volkes, und das heißt, daß nicht allzu viele Stände mit Fisch und Fleisch zu finden sind. Fisch ist ohnehin nicht typisch für das sich seit Gründung der Urbs als Binnenstadt fühlende und sich ernährende Rom. Wie einst Muränen und Lampreten für die kaiserliche Tafel, so gibt es heute köstliche und kostbare Fische für die besseren Haushalte und die feineren Gasthäuser: Seebarsch (Spigola), Seezunge (Sogliola), Meeräsche (Cefalo), Zahnbrasse (Dentice), Goldbrasse (Orata), Rotbarben (Triglie), in der richtigen Größe – fingerlang – und in der richtigen Farbe – einem zarten Kardinalsrot. Wer den Lucullus spielen will, für den gibt es Mazzancolle – Meerkrebse aus dem Golf von Gaeta –, Scampi und Langusten – aber weniger auf dem Campo de' Fiori als in Trastevere, in den Vitrinen vor den schicken Restaurants, die mir immer wie Glassärge vorkommen.

Das kirchliche Fleischverbot am Freitag bringt auch und gerade in Rom Nahrungsmittel aus dem ursprünglichen Element des heiligen Petrus auf den Tisch, meist gewöhnlichere, nicht so teure Arten freilich: Stockfisch (Baccalà), der Armeleute-Fisch auch in Rom, den die Zubereitungsart zu veredeln hat, beispielsweise mit einer fast an Apicius erinnernden Sauce aus Tomaten, Sardellen, Rosinen und Pinienkernen – Baccalà in guazzetto. Dann gibt es noch einen Fisch, der nach dem heiligen Petrus benannt ist: San Pietro; paniert schmeckt er etwas trocken. Viele ziehen den massiven Palombo (Hundshai) vor oder Coda di rospo, Krötenschwanz, ein Fisch, der viel feiner ist als sein Name. Typisch römische Fischgerichte gibt es nur wenige: Tiberaale mit Campagna-Erbsen (Ciriole con i piselli) oder Tintenfische mit Artischocken (Seppie con i carciofi) – wobei nicht das Gemüse, sondern der Fisch die Zutat ist.

Auch die Fleischstände auf dem Campo de' Fiori stehen nicht im Zentrum des Marktes – so wie das Fleisch nicht das Alltägliche auf dem Tisch des Volkes war und ist. Innereien werden häufig angeboten – auch das ein Zeichen dafür, daß die catensische Frugalitas immer noch ein Charakteristikum der römischen Küche ist – freilich mehr nolens als volens. Aber auch Klassenkämpfer dürften ein daraus resultierendes Stammgericht nicht als repressiv empfinden: Trippa alla romana, Kalbskutteln, stundenlang in einem eisernen Kessel gekocht, mit einer Sauce aus Tomaten und der unvergleichlichen römischen Minze angerichtet, mit geriebenem Schafskäse – Pecorino – bestreut. Für den klassenlosen Gaumen ist auch ein anderes Volksgericht bestimmt: Coda alla vaccinara, Ochsenschwanz mit Ochsenbacken, viel Staudensellerie und etwas Tomatenmark und Suppenkräutern, lange, stundenlang geschmort, weil die Armeleute-Küche durch Geduld ersetzen muß, was ihr an Mitteln fehlt. Vaccinari hießen übrigens die Männer, welche die Rinder abhäuteten – auch hier also wieder ein Gericht, das Historiker wie Gourmets gleicherweise zu interessieren vermag.

Selbstredend gibt es auf dem römischen Markt auch richtiges Fleisch, Rindfleisch etwa, von dem Metzgerburschen mit säbelartigen Messern hauchdünne Scheiben abschneiden – für die Involtini di manzo alla romana, Rindsrouladen, mit Stangensellerie und Schinken gefüllt, in Tomatensauce geschmort. Und Kalbfleisch, fast noch dünner aufgeschnitten, für leckere Piccate, weniger für die allerorten, doch kaum in Rom als typisch römisches Gericht bekannte Saltimbocca, wörtlich Springindenmund: ein kleines Kalbsschnitzel mit Schinkenscheibe und Salbeiblatt, in Butter angebraten. Letzteres deutet darauf hin, daß es sich nicht um ein richtiges römisches Gericht handeln kann; denn Butter war den alten Römern nur als Massagefett bekannt. Noch heute wird zu Hause oder in der Trattoria mit Schweineschmalz gekocht, mit Guanciale, dem Speck der Schweinebacken, und natürlich mit Öl.

Wenn es auf den Sonntag zugeht, den Tag des Herrn, des Lamms und des Huhns, paradieren auf dem Campo de' Fiori die Abbacchii, die einzigartigen Milchlämmer. Eine Keule oder ein paar Kotelettchen, Braciolette, ein paar Bissen nur, Leckerbissen freilich, sind recht teuer geworden, immer schon teuer gewesen. Viele Kunden können nur Lamminnereien kaufen, ohne es bereuen zu müssen, oder einen Lammkopf, um den sich Altstadt-Gourmets reißen: Testa di abbacchio, entsprechend gesäubert, im Rohr knusprig gebraten; das Lammhirn ist eine besondere Delikatesse.

Appetitlicher sehen die Hühner aus, wie aus dem Ei gepellt, von satter buttergelber Farbe – Hühner, die mit den Produkten unserer Hühnerfarmen nur noch den Namen gemein haben. Huhn ist in Rom ein Festschmaus geblieben: Pollo alla romana – Hühnerstücke, in Schmalz mit Schinkenwürfeln, Knoblauch und Majoran angebraten, mit Weißwein gelöscht, mit Tomaten geschmort, mit Paprikaschoten garniert - in den Farben Rot und Gelb, den Farben Roms.

Wer die römische Küche kennenlernen will, muß sich

auf dem Campo de' Fiori Zeit lassen wie die Matronen, die mit ihren Hinterquartieren die Gänge zwischen den Ständen versperren. Am Anfang eines guten Essens steht der richtige Einkauf – diese allgemeine Wahrheit gilt im besonderen für eine Küche wie die römische, die mit ihren Naturprodukten steht und fällt. Zu meinen römischen Pflichtübungen gehört eine Visite auf dem Campo de' Fiori – kurz vor dem Mittagessen. Zum Augenschein, welches Gemüse an diesem Tag, zu dieser Jahreszeit ganz frisch erscheint, zum Einstimmen auf die Mahlzeit, zur Zusammenstellung des Menus, zum Wählen des einen und anderen, im Geist, im voraus, in Vorfreude, zum Appetitholen – der Campo de' Fiori als römischer Apéritif sozusagen. Und dann die Ohren gespitzt: Punkt zwölf Uhr tönt der Kanonenschuß von der Engelsburg, mit dem in Rom immer noch der Mittag verkündet wird – der Startschuß für alle, sich in Richtung des häuslichen Tisches oder der Gasthaustafel zu begeben, vom Geläute und Gebimmel der Kirchenglocken begleitet.

Auch strategisch liegt der Campo de' Fiori günstig – für den Anmarsch zu den Trattorien. Selbstredend kann man in Rom, der Hauptstadt Italiens, alle regionalen Küchen des Landes probieren. Aber würde man einem Italiener raten, in Hamburg Weißwurst und in München Aalsuppe zu essen? In Rom kommt eigentlich nur eine römische Trattoria in Frage. Wo sie finden? In den Quartieren, wo seit jeher volkstümlich gekocht wird: rund um dem Campo de' Fiori, im alten Ghetto, im Umkreis des Pantheon und der Piazza Navona; aber nicht auf der Piazza selber; das überlassen wir den Leuten, denen beim Essen die Aussicht auf die Umgebung wichtiger ist als die Einsicht in den Teller. Auch Trastevere ist problematisch. Dorthin werden die Touristen geschickt, aber nicht in die echten römischen Trattorien, die es in diesem volkstümlichen Viertel natürlich gibt, sondern in die Lokale im Bannkreis der Piazza Santa Maria di Trastevere, wo der Genius loci mehr als der gute Küchengeist in Erscheinung tritt.

Und wie die richtige römische Trattoria finden? Das Lokal, in das man einen Geistlichen hineingehen sieht, ist immer das richtige. Es darf natürlich kein Kaplan aus dem Norden sein, dessen etwas unsteter Blick kaum Verständnis für seßhafte Genüsse verrät. Es muß schon ein römischer Kleriker sein; man erkennt ihn an der langen Soutane, die an jener Stelle eine Ausbuchtung hat, die der Lateiner Venter nennt. Am besten ein Prälat, der seinen Thomas von Aquin kennt, der ein großer Philosoph und ein starker Esser war. Und dessen Wort »Gratia supponit naturam« – die Gnade setzt die Natur voraus – auch gastrosophisch auslegbar ist.

Wem nicht das Glück eines solchen Wegweisers beschieden ist, verzage nicht: es gibt noch andere Kriterien für eine echte Trattoria. So: Wohin Leute aus dem Quartier essen gehen, der Antiquar an der Ecke, die Büroangestellten oder gar der Rechtsanwalt. Oder: Wo man in der Küche eine junonische Mama walten sieht, am Holzkohlenherd, mit irdenen Töpfen und eisernen Kesseln. Oder: Wo die Speisekarte handgeschrieben ist, nur wenige Gerichte aufgeführt sind, typisch römische Gerichte. Oder noch besser: Wo es gar keine Speisekarte gibt, sondern der Padrone oder Cameriere, der Kellner, dem Gast im Ton des Betens einer nicht allzu langen Litanei mitteilt, was heute Mittag frisch und gut sei. Als Stammgast werden Sie auch dieses Privatissimum nicht mehr benötigen: Sie wissen dann auswendig, was es in dieser Trattoria zu dieser Jahreszeit und an diesem Wochentag für Sie gibt.

Denn in Rom ist das Küchenjahr so fest gefügt und so streng geordnet wie das Kirchenjahr. Ein paar Beispiele: Das Jahr beginnt mit Linsen; sie sollen Glück, das heißt Geld bringen. Am 19. März, dem Josefstag, ißt man Bignè die San Giuseppe, eine Art Krapfen. Das Frühjahr bringt frisches Gemüse, vor allem die einmaligen Erbsen. Ostern ist das Fest der Lämmer. Im Mai und Juni gibt es die Walderdbeeren vom Nemisee und die Kirschen aus Arezzo. In der Nacht vom 23. zum 24. Juni, in der Johannisnacht, werden Legionen von Schnecken vertilgt, Lumache alla romana, mit einer pikanten Sauce aus Tomaten, Knoblauch, Sardellen, Minze und Schafskäse. Den Sommer verkünden die Melonen, den Herbst die Pfirsiche von Castel Gandolfo, die dem Papst wie eine endlose goldene Schleppe beim Wiedereinzug in den Vatikan folgen. Den Herbst übersteht man mit Pasta e broccoli, einer kalorienreichen Gemüsesuppe. Dann hat wieder Pangiallo seine Zeit, das Früchtebrot, auf dem Weihnachtsmarkt der Piazza Navona.

Römische Ordnung im Küchenjahr – römische Ordnung in der Küchenwoche. Was eine ordentliche Trattoria ist, hat an bestimmten Wochentagen die für alle Trattorien verbindliche Spezialität. Am Donnerstag beispielsweise, dem Tag des Göttervaters Jupiter, gibt es Gnocchi, Kartoffelnockerl mit einer Sauce aus Fleischsaft und Tomatenmark. Freitags, am Abstinenztag, sind Ravioli an der Reihe, gefüllt mit Spinat und Schafsquark, Ravioli con spinaci e ricotta. Samstags hängt das Schild »Sabato Trippa« an der Tür, völlig überflüssigerweise, denn jeder Römer weiß, daß es an diesem Tag die respektablen Kutteln gibt – zum Abschluß der Arbeitswoche und zur Einstimmung auf den Sonntag. Den Tag des Herrn loben dann die Fettuccine, handgemachte Eiernudeln, mit Butter und Parmesan serviert, also etwas Außergewöhnliches.

A propos Pastasciutta. Die Spaghetti und ihre vielfältige Verwandtschaft sind keine Urküchenbürger Roms; sie wurden erst im 19. Jahrhundert eingemeindet. Ihre etwas parvenühafte Quantität bestimmt heute die Hauptmahlzeiten; ihre Qualität bekommen sie durch die Sugi, die Saucen, von denen die römische Küche viele Variationen und ein paar Grundthemen kennt: alla carbonara, mit rohen Eiern und Speck; alla carettiera, mit Pilzen, Thunfisch und Tomaten; alla amatriciana, mit Speck, Schmalz, Zwiebeln und Tomaten; Spaghetti ad aglio et olio, mit Knoblauch und Öl; Spaghetti a cazio e pepe, mit viel

Pfeffer und viel Käse, Pecorino, einheimischem Schafskäse, der zu allen herzhaften römischen Sugi besser paßt als der aus dem Norden importierte Parmesan. Das gilt auch für ein Gericht, dessen Vorhandensein – meist mittwochs – das Markenzeichen einer echten Trattoria ist: Pagliata, Kalbsdünndarm, mit Speck und Tomatensauce zu Rigatoni serviert, röhrenartigen, gegrillten Nudeln.

In einer Trattoria romana kann man auch eine halbe, eine viertel oder eine dreiviertel Portion Pastasciutta bestellen, doch man soll auf jeden Fall die vom Inhaber oder Kellner empfohlene, fast befohlene Tagespastasciutta bestellen. Sich der römischen Küchenordnung nach eigenem Gusto zu widersetzen, würde nicht nur die objektive Ordnung, sondern auch das subjektive Wohlergehen stören. Wer donnerstags statt Gnocchi unbedingt Fettuccine essen wollte, brächte die Küche durcheinander und sich selber um den ganzen Gnocchi- und den halben Fettuccine-Genuß. Wer am Freitag Abbacchio arrosto essen will, wird zu Recht mit einem aufgewärmten, etwas fasernden Stück Lamm bestraft.

Ergo: Beugen wir uns dem römischen Küchenreglement, der einzigen Diktatur, die bisher stets die Wohlfahrt des Volkes gefördert hat! Essen wir sonntags die Fettuccine und das blutjunge Lamm oder das blutjunge Zicklein, Capretto, die rosig und knusprig aus dem Bratrohr kommen, in einer Weihrauchwolke von Rosmarin und Knoblauch. Und trinken wir dazu, was jeden Tag, zu allen Zeiten paßt: den stets angenehmen, weil nie zu anspruchsvollen Vino bianco aus den Castelli Romani.

»Primum vivere, deinde philosophare – zuerst leben, dann philosophieren«, das ist eine Weisheit, befolgt von den heutigen wie von den alten Römern. Kaum während des Essens, aber stets nach dem Essen sind Römer redselig. Entsprechend gestimmt, pflegen sie – wie ein deutscher Humanist sagte – die Urbanität, welche die Mitte hielte zwischen dem Gewöhnlichen und dem Geheimnis, zwischen seichtem Gespräch und dem Sichverlieren. So abstrakt kann man sich ausdrücken, und so konkret wie jener Römer, der mich nach einem Gastmahl, einem wahren Convivium, auf den Pincio führte, mit der Geste eines Cäsaren die Ewige Stadt grüßte und sprach:

»Dies ist das Schönste, was ich kenne, wenn ich gut gegessen habe!«

Italienische Esslandschaften

Seine »Italienische Reise« unternahm Johann Wolfgang Goethe nicht primär des Essens wegen. Doch schon bald erfuhr er, der alle seine Sinne wie Segel aufgespannt hatte, daß zwischen dem Schönen, Guten und Wahren an sich, das er im klassischen Süden suchte, und einer einfach-guten Ernährung ein Wesenszusammenhang besteht. Und daß Italien – bei allen nationalen Übereinstimmungen – in seinen verschiedenen Regionen lebt, trotz aller gemeinsamen Naturgaben, Kochformen und Tafelsitten kein gastronomischer Einheitsbegriff ist.

Arkadien offenbarte sich Goethe auch in seinen Eßlandschaften: von den Birnen und Feigen sowie der Lachsforelle am Gardasee bis zur Apotheose in Neapel: »Bei Santa Lucia sind die Fische nach ihren Gattungen meist in reinlichen und artigen Körben, Krebse, Austern, Scheiden, kleine Muscheln, jedes besonders aufgetischt und mit grünen Blättern unterlegt. Die Läden von getrocknetem Obst und Hülsenfrüchten sind auf das mannigfaltigste herausgeputzt. Die ausgebreiteten Pomeranzen und Zitronen von allen Sorten, mit dazwischen hervorstehendem grünem Laub, sind dem Auge sehr erfreulich.«

Wer heute durch Italien reist, wird Ähnliches wie Goethe erfahren. Der natürliche Reichtum des Landes erschließt sich auf seinen Märkten. Die Wertschätzung der Gottesgaben zeigt sich nicht nur in deren Präsentation auf dem Markt, sondern auch und gerade in deren Repräsentation in der Küche: Das Naturgegebene wird möglichst natürlich wiedergegeben, ohne ungebührlichen Aufwand und verfälschende Verbrämungen. Darauf hat die Haute cuisine von oben herabgeschaut. In der Phase der Nouvelle cuisine müßte dies eigentlich als beispielhaft gelten –weil in Italien das, was heute verlangt wird, schon immer geboten wurde und wahrscheinlich noch geboten werden wird, wenn anderwärts wieder eine neue Mode im Gange ist: das Naturprodukt in dem ihm entsprechenden Gewand und mit dem ihm eigenen Geschmack.

Eine italienische Haute cuisine hat es nie gegeben, höchstens in einer Frankreich nachgekochten und mit italienischen Accessoires garnierten Form. Wo das Naturprodukt das A und O der Küche ist, bleibt das Kochen auf das lokal und regional Gegebene angewiesen und die Kochkunst auf die Entwicklung landsmannschaftlicher Spezialitäten gerichtet. Unter solchen Bedingungen ist eine Nationalküche, die sich als Haute cuisine über »Niederküchen« erheben müßte, nicht möglich. Die römische Küche ist nie eine Zentral-, immer eine, wenn auch hervorragende Regionalküche gewesen. Der Norden konnte zwar das ganze Land für das Risorgimento, aber nicht für seinen Risotto gewinnen, was nicht gegen den Risotto spricht, nur für das verständliche Beharren der Toskaner, Römer oder Neapolitaner auf ihrem alten, guten Recht, nach eigener Küchenfaçon selig werden zu dürfen.

In Italien bestmöglich zu essen, erfordert deshalb eine weitgehende Mobilität des Essers. Er mag in Turin nicht sizilianisch oder in Neapel nicht venezianisch essen, und in der Hauptstadt Rom, wo es Spezialitätenrestaurants aus allen Regionen gibt, will er an der römischen Küche festhalten und keine anderen Küchen neben sich haben. Er wird an Ort und Stelle das essen, was ihm die regionale Küche mit frischesten Produkten und in gekonntester Zubereitung offeriert. Um das Essen in Italien kennenzulernen, muß er sich von Ort zu Ort bewegen, jeweils an der richtigen Stelle sein. Auch gastrosophisch ist und bleibt eine »Italienische Reise« die adäquate Bildungsform.

VENETIEN

Wer es wie die Germanen macht, die – laut Heinrich Heine – »ihre kalt-nordischen Wälder verließen und über die Alpen stiegen, um sich im goldenen Sonnenschein des lieblichen Italien zu erlustigen«, wer es wie die Germanen und die Schwalben macht, wird in Verona zum ersten Mal von dem von Goethe erfahrenen »Übergefühl des Daseins« ergriffen: Auf der Piazza delle Erbe, wo die erste Marktorgie vor seinen Augen abrollt, in Osterien, Rosticcerien, Trattorien und Ristoranti, wo er sich die Tonleiter der regionalen Spezialitäten hinauf- und hinunteressen kann.

Beginnend etwa mit einer Suppe, Pasta e fagioli, die ein

Potpourri italienischer Volksnahrungsmittel in regionaler Harmonie bietet: Teigwaren, weiße Bohnen, Tomaten, Zwiebeln, Speck und Öl – eine dicke Bauernsuppe, die allen Anforderungen genügt, die ein italienischer Gastro-Poet an sie stellte:

»Sieben Geschäft' hat die Suppe erfüllt:
Den Hunger sie nimmt, den Durst sie stillt,
Füllt den Magen und reinigt den Zahn,
Macht schlafen und daß man verdauen kann,
Und färbt mit Gesundheit die Wangen.«

Gut begonnen, ist halb gewonnen – sagt man in Italien. Wenn man sich die andere Hälfte offenlassen will, könnte man mit Paparelle in brodo beginnen, mit einer Nudelsuppe, wie es im Deutschen prosaisch heißt, oder mit Paparelle e bisi, den feinen Bandnudeln mit Erbsen, die früher, am Tag des Schutzpatrons von Verona, San Zeno, gereicht wurden, heute aber öfter auf den Tisch kommen. Nicht von ungefähr wünschen sich alteingesessene Veroneser nicht »Frohe Ostern« oder »Gesegnete Weihnachten«, sondern »Buone Paparelle«. Ein Risotto ist immer angebracht, mit den verschiedensten Ingredienzien, von Frühlingsgemüse über Hammelfleisch bis zu Tintenfisch. Risi e bisi ist Reis mit grünen Erbsen, eine venezianische Nationalspeise, die im Frühjahr, wenn die Erbsen jung und zart sind, am besten schmeckt. Auch die Polenta ist in ganz Venetien daheim, seitdem Matrosen den ersten Mais an Land gezogen hatten und daraus der erste Maisbrei gekocht wurde; man ißt ihn warm mit kalten Beilagen, oder kalt mit warmen Saucen, auch mit Uccelli, gegrillten Vögelchen – doch das ist eine Sache für Italiener, nicht für jeden Deutschen.

Die venezianische Terra Ferma – wozu Verona gehört – ist ein gesegnetes Ackerland, das viel Fleischiges auf den Tisch bringt: von Huhn und Ente, Lamm, Rind und Schwein – in bäuerlicher Deftigkeit oder mit Finessen, wie sie Welterfahrenen anstehen: etwa Anara col pien, mit gehacktem Schweine- und Kalbfleisch, Salami und Eigelb, Pilzen und Pistazien gefüllte Ente. Wein, um solche Festlandsgaben wie den Segen der Adria entsprechend zu feiern, gibt es in Güte zur Genüge, überstrahlt vom Dreigestirn des roten Valpolicella (aber secco, per favore!), dem roten Bardolino (der einen Vorgeschmack auf den Chianti gibt) und den weißen Soave (dem venezianischen Compagnon venezianischer Fischgerichte).

»Es gibt kein Leben außerhalb Veronas«, heißt es in Shakespeares »Romeo und Julia«. Natürlich findet ein solches auch in anderen Städten statt, vornehmlich in Venedig selber. Leider etwas zu viel Leben, Fremdenverkehr nämlich, der an der regionalen Küche oft vorbeifährt. Das Hotel hält seine Gäste gern in der Fron der Vollpension, die als internationale Küche ausgegeben wird und sich häufig in faden Suppen und zähen Schnitzeln erschöpft. Der Tagestourist seinerseits pflegt die Tauben von San Marco aus am Platze erstandenen Tüten und sich selber meist aus mitgebrachten Brotzeit-Paketen zu füttern.

Nun kann Picknicken auch in Venedig angebracht sein, etwa auf den Stufen von San Giorgio Maggiore – und wenn man den Cestino an Ort und Stelle vollgepackt hat, in einer Rosticceria, einer jener vielseitigen Bratküchen, oder in einer Salumeria, einem Delikatessengeschäft. Mit bäckerfrischem Weißbrot und Käse, einem sanft-milden Taleggio oder einem herzhaften Gorgonzola. Oder mit Sopressa, Preßkopf, und rohem Landschinken.

Der größte Prosciutto Italiens muß freilich an einem ordentlichen Tisch und mit Messer und Gabel verspeist werden (eigentlich sollte man sich noch eine Krawatte dafür umbinden): Der Schinken von San Daniele. Er stammt aus dem gleichnamigen Ort im nahen Friaul, von kleinen schwarzen Schweinen. Seine Form ähnelt einer Geige, die durch das Preßverfahren entsteht – wohl demjenigen, dem der Himmel voller solcher Geigen hängt! Dieser Schinken ist rosig und zart, nicht fett, und er duftete wundervoll –

wenn er frisch angeschnitten ist, zum alsbaldigen Verzehr bestimmt. Seine »Blume«, wie man versucht ist zu sagen, bekommt er durch ein spezifisches Pökelverfahren und – vor allem – durch die feuchten Winde der Gegend. Prosciutto di San Daniele del Friuli bedarf nicht der aufmunternden Begleitung von Zuckermelonen oder frischen Feigen, oder gar von Oliven und Gurken. Aber Wein aus der Region braucht man dazu, am besten einen charaktervollen Weißen, den zart-bitteren Tocai, der mit dem gleichnamigen Ungarnwein nur den Namen der Traube gemeinsam hat.

Aus der näheren und weiteren Umgebung kommt in die Lagunenstadt noch ein weiteres Spitzenprodukt: Radicchio. Der von Treviso ist rot und lanzettenförmig, der von Görz, sein kleiner Bruder, ist grün und samtig, klein aber oho. Bitter sind sie beide, als Salat am besten – ein Beweis, wie die Bitternis der Erde zur Süße des Daseins werden kann. Man muß ja nicht so übertreiben, wie ein italienischer Dichter namens Molza, der behauptete, Adam habe den Salat im Paradies gefunden. Oder so hohe Ansprüche stellen, wie der Franzose Jean-Jacques Rousseau, der feststellte, derjenige Salat sei der schmackhafteste, den die zarten Hände eines Mädchens von 15 bis 18 Jahren bereitet haben.

Einem solchen Sybaritentum standen die Venezianer in der Blütezeit ihres Staatswesens nicht fern, wie man von Casanova weiß und wie ein venezianisches Sprichwort besagt: »Ei von einer Stunde, Brot von einem Tag, Wein von einem Jahr, Weib von fünfzehn, Freund von dreißig.« Noch heute legen Venezianer Wert darauf, daß die Erbsen für ihr Risi e bisi blutjung, die Kalbsleberscheiben für ihre Fegato alla veneziana hauchzart und das Meeresgetier, das sie besonders schätzen, meerfrisch ist.

Voran die Scampi, die nirgends so gut gedeihen wie an der adriatischen Lagunenküste. Etwas besonderes ist Grancevola alla veneziana: Dieser große Taschenkrebs wird gekocht, das weiße Fleisch mit Öl, Petersilie und Zitronensaft angemacht und in der Krebsschale serviert. Moleche alla muranese sind Krebse, die während des Panzerwechsels gefangen und, paniert und gebacken, gegessen werden. Seppie in tecia sind kleine Tintenfische, in der Pfanne pikant gebraten. Gut und verhältnismäßig preiswert ist fast immer Fritto di mare – ein frittiertes Potpourri aus Tintenfisch, Meerkrebsen und Fischlein.

Mehr noch als anderswo sind in Venedig Lokale vorzuziehen, in denen Einheimische verkehren. Man findet sie in der Nähe des Fischmarktes, jenseits der Rialtobrücke, oder zwischen Dogenpalast und San Zaccaria. Im Vorbeigehen kann man bei den Frittolini, den Fischbratern, etwas kosten, am Rost Gebratenes oder in Olivenöl Gebackenes. Wer groß ausgehen will, entscheide sich für eines der renommierten Restaurants, denen der Rote Michelin, der in Italien ein zuverlässiger Eßführer ist, einen Stern verliehen hat.

Die italienische Adria zieht immer mehr Touristen an und ist immer noch ein Meer der Fische und der Meeresfrüchte. Vor allem der Küstenstrich zwischen Ravenna und Pescara. Hier liegen vielbesuchte Badestrände, doch in dieser Gegend wird auch anderes gegrillt als Teutonen.

In dieser Gegend zur regionaltypischen Küche vorzustoßen ist nicht gerade leicht. Hotels setzen ihren Pensionsgästen gewöhnlich das vor, was viele erwarten, Erinnerungen an Zuhause, schon Bekanntes aus Italien. Fisch ist – selbst wenn er aus der Adria vor die Haustür kommt – teurer als importierte Fischfilets aus dem Nordmeer, und so tritt des öfteren ein Kabeljau oder Rotbarsch in landesüblicher Kostümierung auf, in einer italienischen Sauce, italienisch gewürzt.

Einheimisches Meeresgetier aus der Adria in einheimischer Zubereitung – das ist indessen noch überall zu finden, in einfachen Trattorien eher als in fashionablen Restaurants, südlich von Ascona leichter als nördlich, für den individuellen Reisenden eher als für den Reisegruppentouristen; ein Vollpensionär wird kaum eine Chance haben.

Der Küstenstrich zwischen Ravenna und Rimini gehört zur Emilia-Romagna, einer Binnenlandküche mit Meeresmarginalien. Die barockste ist die Fischsuppe, Brodetto alla romagnola, mit verschiedenen Fischen und Krustentieren – Rotbarbe, Drachenkopf, Froschfisch, Aal, Meerkrebse und was sonst noch ins Netz gegangen ist, mit Tomaten, Öl, Knoblauch, Zwiebeln, Petersilie und Pfeffer bedächtig gekocht. Es gibt nichts, wodurch man die Adria besser kennenlernen könnte, als durch deren Einvernahme, Schluck für Schluck, Bissen auf Bissen – ein Studium, zu dessen Permanenz nicht der Wille, nur die Fassungskraft fehlt. Cannocchie, Heuschreckenkrebse, ißt man in gratella, mit einer Farce aus geriebenem Brot, Öl, Petersilie und Salz gefüllt und gegrillt. In der Gegend von Comacchio ist Aal Trumpf – in der Zuppa di anguille. An Weißweinen bietet die Region den starken Albana, den blumigen Bianco di Scandino und den trockenen Sauvignon di Monte San Pietro.

Hinter Riccione und San Marino beginnen die Marken, öffnet sich eine neue regionale Küche, mit gleichen Fischen, Krebsen und Muscheln, und in anderen Zubereitungsarten. Hier wird der Fischsuppe noch größere Bedeutung als weiter nördlich zugemessen. Es gibt mehrere Variationen und zwei Grundthemen: die rote Fischsuppe von Ancona, die noch der aus der Romagna ähnelt, ihre Farbe von Tomaten erhält, und die gelbe Brodetto di Porto Recanati, die schon den Übergang in den arabischen Süden andeutet; die Fische werden leicht angebraten und in Safransud gekocht. Man muß nicht, man soll aber an dieser Küste so oft wie möglich Fisch essen, schon weil es dazu einen Fischwein par excellence gibt: den strohgelben, herben und doch süffigen Verdicchio dei Castelli di Jesi.

An den Fischabstinenztagen könnte man Vinisgrassi probieren, einen Nudelauflauf mit Hühnerleber, Kalbshirn, Schinken, Käse, Pilzen und Bechamelsauce, dessen merkwürdige Bezeichnung eine italienische Verballhornung des Namens des österreichischen Generals Windischgraetz sein soll, der an der Wende des 18. zum 19. Jahrhundert in habsburgerischer Mission dort unten gewesen ist und anscheinend nicht schlecht gegessen hat. Mestecanza ist der einheimische Salat aus jungen Zichorien, Endivien und anderen Feldsalaten, zu dem auch Kresse gehört, und Pimpernell. Uccelletti di mare allo spiedo sind auch etwas für den deutschen Vogelfreund – es sind nämlich keine Vögelchen, sondern an Tamariskenzweigen über der Glut geröstete kleine Tintenfische.

Noch weiter südlich liegt die Region Abruzzen. Dieses Bergland hat vor allem eine Hirten- und Bauernküche: Minestrone (dicke Gemüsesuppe), Cipollata (Zwiebelsuppe), Maccheroni alla chitarra, hausgemacht, mit einem gitarreähnlichen Instrument geschnitten, mit einem Sugo aus Lammragout mit Peperoni oder einem Sugo aus Tomaten und höllisch scharfen Peperoncini, auch Diavoletti (Teufelchen) genannt, angerichtet, mit Pecorino (Schafskäse) bestreut. Lamm kommt auch als Agnello a cutturo auf den Tisch – ein im Kupferkessel (cutturo) geschmortes Lammragout, oder als in Stücken gebratenes und mit Weißwein gelöschtes Agnello alla diavola, bei dem es die Diavoletti besonders arg treiben.

Auch und gerade an der Küste läßt die scharfe rote Paprikaschote von sich hören. Sie gibt Coda di rospo alla cacciatora den Pfiff: dem köstlichen Fisch mit dem unappetitlichen Namen (Krötenschwanz). Bei Triglie al cartoccio sind sie nicht zugelassen, bei den in Pergamentpapier mit Öl, Knoblauch und Kräutern gedünsteten Seebarben. Auch nicht bei einem geradezu himmlischen Gericht: Sogliole al vino bianco. Seezungen der Adria sind eigentlich Seezünglein, sie bleiben klein und fein, besitzen jedoch eine erstaunliche Überredungskraft.

Die letzte italienische Adriaregion ist Apulien. Sie bildet geographisch die Ferse des italienischen Stiefels und kulinarisch nicht die Spitze. Doch es ist eine Landschaft, deren Charakter unverfälscht in ihrer Küche zum Ausdruck kommt, im archaischen Zweiklang von Brot und Wein.

Eine Kornkammer ist Apulien – der Weizen ist die Grundlage seiner Agrikultur wie seiner Eßkultur. Pro Kopf und pro Tag sollen hier 800 Gramm Brot verzehrt werden, in Gestalt von Frisedde und anderen Brötchen. Um die vielen Frisedde nicht trocken hinunterwürgen zu müssen, werden sie nicht selten in Wasser aufgeweicht, mit Öl, Pfeffer und Salz gewürzt, mit Tomaten und Zwiebeln angerichtet und mit einem Glas Wein hinuntergespült.

Die Pasta kommt darüber nicht zu kurz. Der Hartweizen ist der Ausgangspunkt für die Teigwaren. Apulien bereichert den italienischen Pasta-Himmel mit ein paar Sternen: Orecchietti, kleine Ohren also, mit Ragout aus verschiedenen Fleischsorten, wobei Lamm oder Hammel die besondere Würze liefern. Oder Strascenate, Nudelrechtecke, die mit einer ganzen Skala von Sugi angeboten werden – von einfachen Kräutern bis zu einem raffinierten Fischragout.

Fisch gibt es in diesem Küstenland – es grenzt nicht nur an die Adria, sondern auch an das Ionische Meer – natürlich genug, teure wie Dentice und Orata und billigere aber keineswegs ungute wie Tintenfische und Polypen. Die Zuppa de pesce ist nur dort zu empfehlen, wo das Lokal darauf spezialisiert und deswegen renommiert ist – was übrigens für alle Fischsuppen rund um das Mittelmeer gilt. An die schon in der Antike berühmten Miesmuscheln oder gar Austern von Tarent wird sich nicht jeder wagen. Überhaupt ist vom alten gastronomischen Ruf dieser Gegend nicht viel übrig geblieben – immerhin lag Sybaris, die griechische Kolonie, am Golf von Tarent, die Heimat der notorischen Schlemmer, Sybariten genannt.

Ein besonderes Kapitel ist der apulische Wein. An der Quantität wäre nichts auszusetzen, ebenso wenig wie an der des französischen Midi, mit dem sich diese italienische Weinlandschaft in etwa vergleichen ließe. Es werden viele einfache, zu einfache Tischweine produziert, Verschnittweine meist. Einer heißt Primitivo, ist aber besser, als sein Name andeutet, vor allem, wenn er länger gelagert ist – ein feuriger Roter in Farbe und Charakter. In letzter Zeit ist die Qualität einiger Sorten erheblich verbessert worden, durch die Bemühungen von einigen großen Weingütern.

Ein Deutscher mag den Castel del Monte bevorzugen, weil ihn dieser Wein an die gleichnamige Burg und an den

Stauferkaiser Friedrich II. erinnert, den Inbegriff deutscher Italiensehnsucht, und weil er zu allem paßt: Der weiße Castel del Monte zu Frutti di mare, der rote zu gebratenem Lamm oder Zicklein, der Rosato zum Dessert, einem der mannigfachen Back- und Naschwerke, die nach der orientalischen Vergangenheit schmecken. Friedrich II. war nicht nur ein Märchenkaiser, sondern ein fabelhafter Weinkenner: Er ließ keinen seiner Weinberge verpachten, weil er den besten Wein für sich haben wollte und er keinem Pächter traute.

Lombardei

Vornehmlich mit Butter, und nicht nur mit Öl wird in der Lombardei gekocht, und statt Pastasciutta gibt es Risotto alla milanese, mit Safran gewürzt. Das zeigt, daß sich diese Region im Norden in gewisser Weise vom übrigen Italien distanziert. Man hat die wichtigste Industrie und den ausgedehntesten Handel, man hat Rinder, Butter und Kuhkäse, und man hat eine eigene Metropole – das geschäftige Mailand, das lange Zeit Italiens größte Stadt gewesen ist, bis ihr Rom, des überhandnehmenden Beamtenkörpers wegen, über den Kopf gewachsen ist.

Bis 1859 war die Lombardei österreichisch gewesen – was man politisch aus dem Bewußtsein verdrängt, in der Gastronomie jedoch behalten hat. In Mailand muß man seinen Kaffee nicht unbedingt stehend trinken; noch gibt es Relikte der Wiener Kaffeehausform. Auch das Bierlokal, Birreria genannt, hat sich italianisiert gehalten. Das Costoletta alla milanese jedoch ist beileibe keine Abart des Wiener Schnitzels, im Gegenteil: es ist ein Geschenk der Mailänder an die gesamtösterreichische Küche, ein Beweis dafür, daß Wien nicht nur gab, sondern auch nahm.

Felice Cùnsolo, dem wir den ausführlichsten gastronomischen Führer durch Italien verdanken, stellt fest: In einem Bericht an den Wiener Hof habe Feldmarschall Radetzky, der auch dieses wichtig nahm, darauf hingewiesen, »daß die Mailänder Küche etwas wahrhaft Außergewöhnliches hervorbringe: ein Kalbskotelett, in Ei gewälzt, paniert und in Butter gebacken. Diese Randbemerkung scheint den Kaiser sehr beeindruckt zu haben, denn als Radetzky nach Wien zurückkehrte, wurde er an den Hof gerufen und gebeten, dem Chefkoch das genaue Rezept des so gepriesenen Gerichts zu verraten.« So wurde – nach italienischer Darstellung – das Wiener Schnitzel kreiert, wobei man auf den Mailänder Kotelettknochen verzichtete und die lombardische Butter durch österreichisches Schmalz ersetzte. Die Panier muß allerorten goldgelb sein. Das wird darauf zurückgeführt, daß reiche Mailänder ihre Speisen gern vergolden ließen – aus Protzentum und weil man annahm, Gold sei eine Medizin für Herz.

Eher eine Belastung des Magens ist ein Gericht, das die Spanier dagelassen haben: Cazuela, der Eintopf aus Wirsing, mit Schwarten, Ohren, Pfoten und auch Fleisch vom Schwein, auch Schweinswürsten, Speck und Gänsemagen, mit Brot oder Polenta serviert. Diese spanische Cazuela konnte sich um so leichter einbürgern, als es die Lombarden lieben, fett und schwer zu essen, auch wenn sie nicht mehr den Pflug führen, sondern im Kontor sitzen. Das gilt für Busecca alla milanese, die Kuttelsuppe, die mit Zwiebeln, Sellerie, Karotten und Saubohnen eingedickt ist. Und selbst zwei klassische Gerichte haben einen bäuerlich-deftigen Touch behalten: Risotto alla milanese, der nicht nur eine orientalische Prise Safran enthält, sondern auch in Butter schwimmen muß. Oder Ossobuco, Kalbshaxe, die eine kräuterduftende Tomatensauce bekommt, aber ihren Pfiff durch das fette Mark erhält.

Eine originelle Küche bietet Mailand, doch es ist nicht leicht, sie in Restaurants zu finden. Die Industrie- und Handelsmetropole gibt sich gern kosmopolitisch. So kann man hier aus den Töpfen vieler Länder kosten, und auch verschiedene Regionalküchen Italiens kennenlernen. Der Bogen der Gaststätten ist weit gespannt: vom Luxusrestaurant in der Galleria Vittorio Emanuele, wo die Speisen zwar nicht mehr vergoldet sind, doch mit Gold aufgewogen werden, bis zu Restaurants am Stadtrand, wo sich Bäuerliches gehalten hat, und in mancher Trattoria in der Innenstadt, wohin das Rustikale vorgedrungen ist.

Überall ist am lombardischem Käse kein Mangel, nach dem alten Mailänder Sprichwort: »Vier g braucht jeder gute Käse: groß, gewichtig, gar und gratis muß er sein.« Gratis ist er natürlich nicht, aber preiswert, die anderen Eigenschaften sind ohnehin geblieben: beim Grana, wie hier der Parmesan heißt, dem etwas säuerlichen Stracchino, dem sahnigen Mascarpone, dem weithin bekannten Bel Paese und dem überall gerühmten Gorgonzola, diesem grüngeäderten, von Edelpilzen pikant aromatisierten Käse – Kuhkäse natürlich, wie alle anderen in der rinderreichen Lombardei.

Milch muß man dazu nicht trinken. Es gibt lombardischen Wein, nach dem nicht nur die regionalen Käsesorten, sondern alle Gerichte, von den starkknochigen bis zu den feingliedrigen verlangen. Die Roten sind besonders gefragt: Inferno, Grumello, Sassella, den auch die Schweizer gern trinken, und der unvergleichliche Frecciarossa, der zu allen lombardischen Spezialitäten paßt: weiß und trocken zum Risotto, rosato zur Busecca, als junger Rotwein zum Ossobuco und gealtert zum Grana.

Piemont – mit seiner Hauptstadt Turin – ist für den Zeitgenossen eine europäische Autoproduktionsstätte, für den Geschichtskundigen das Preußen Italiens und für den Feinschmecker das Eldorado der weißen Trüffel. Wohlgemerkt – der weißen Trüffel, die nicht nur die Lokalpatrioten von Alba der schwarzen Trüffel vorziehen, was ihr Aroma wie ihre aphrodisischen Eigenschaften betrifft. Die Trifola bianca wird mit Gold aufgewogen, was die altruistischen Leute von Alba nicht daran hinderte, dem vor der Scheidung stehenden Paar Marylin Monroe, dem Filmstar, und Joe Dimaggio, dem Basketball-Star, ein Prachtexemplar zu schicken, mit dem wohlgemeinten Rat: »Vertragt euch beim Liebesmahl!« Marylin aß die Riesentrüffel ganz allein, bekam Verdauungsbeschwerden und wurde geschieden.

Die weiße Trüffel von Alba ist gar nicht weiß. Sie sieht eher wie ein Aschenputtel als ein Schneewittchen aus: bräunlich, warzig, unscheinbar, knollenartig oder fladenförmig, von murmelgleichen Miniausgaben bis zu Prunkstücken von einem Kilo. Auf die erste Nasenprobe riecht sie auch keineswegs besonders einladend, zumindest ungewöhnlich, jedenfalls merkwürdig, etwa wie der Waldboden nach dem ersten Herbstregen. Es wird sogar behauptet, es sei in Piemont verboten, nicht luftdicht verpackte weiße Trüffeln mit in das Eisenbahnabteil zu nehmen. Wie dem auch sei: Das Aschenputtel enthüllt seinen ganzen Wert, wenn es sein Inneres offenbart, mit einem rasiermesserbestückten Spezialhobelchen in hauchdünne Scheibchen geschnitten wird und – ganz Hingabe – dem Glücklichen, mit dem es sich vermählt, seine große Aroma-Seele einhaucht.

Wie die Mädchen und die Rosen haben auch die weißen Trüffeln ihre Zeit. Am besten munden sie kurz nach der Fiera Nazionale del Tartufo in Alba, also im Oktober und November, nachdem sie unter Eichen und Linden von abgerichteten Hunden aufgespürt worden sind. Nicht nur in Piemont, in ganz Italien werden sie um diese Zeit als teure Trüffel-Garnitur über sahnige Nudeln, einen Butter-Risotto oder ein Truthahnschnitzel (Filetto di tacchino con tartufi) gehobelt. In gewissen Restaurants wird auch noch in den folgenden Monaten gehobelt, dann fallen aber zu viele Späne.

Weiße Trüffeln verdienen es, daß man sie zur rechten Zeit (im Herbst) und am richtigen Ort (in einer eher rustikalen als urbanen Trattoria in Turin) aufsucht und feiert: stilgerecht und gaumenangemessen mit dem piemontesischen Leibgericht – der Fonduta, einer Fondue aus dem schmelzenden Fontina-Käse, mit Eigelb und Milch gebunden, mit Trüffelscheibchen garniert, zu Reis gereicht – eine Komposition aus den wichtigsten Produkten der Region, denen die Trifola bianca die einmalige Duftnote verleiht. Das Nonplusultra sind Crespelle alla fonduta tartufato – hingehauchte kleine Crêpes, mit Fonduta gefüllt, mit weißen Trüffelscheiben aromatisiert – Küßchen, Küßchen! Auch bei den Agnolotti, den feinfarcierten Teigtäschchen, will der Piemontese im goldenen beziehungsweise weißen Herbst die Trifola nicht missen, ebensowenig wie beim Risotto al Barolo, dem mit dem besten heimischen Roten gedünsteten Reis.

Man kann weiße Trüffeln auch als Salat essen, mit Scheibchen roher Champignons und Käse (Insalata di tartufi), was sehr teuer ist, oder als Krönung eines Insalata di carne cruda, im Mörser zerstoßenes, elegant gewürztes rohes Kalbfleisch, was nicht jedermanns Sache ist. Manche behaupten, ein Piemontese würde am liebsten noch in den Milchkaffee etwas Trüffel geben. Solches Sybaritentum entspricht jedoch weder dem Geldbeutel noch dem Volkscharakter des Piemontesen. Schließlich ist er der Preuße Italiens, zwar um ein Erkleckliches besser und feiner ernährt als sein nordisches Gegenstück, aber wie dieser eher ein Spartaner, der ißt, um Kraft zum Arbeiten oder zum Erobern zu bekommen. Auf dem täglichen Speisezettel stehen Reis, Gemüse, Käse. Sogar Disteln werden gegessen, allerdings Cardi, eine edle Distelart. In Bagna cauda, die heiße Sauce aus Butter, Öl, Knoblauch und Sardellen getaucht, wird sie zur Delikatesse.

Die also ernährten Piemontesen haben im 19. Jahrhundert Italien erobert – und erobern es immer wieder aufs Neue, indessen mit der Gewalt ihrer Weine, der vorzüglichsten Italiens. Den robust-roten Barbera hat Paolo Monelli den Infanteristen unter den piemontesischen Weinen genannt, »ernst, kampflustig, ein ganzer Wein in seiner Farbe, in den Flecken, die er aufs Tischtuch macht, und im Duft, den er dem Atem gibt.« Den feurig-roten Barolo müßte man dann die schwere Artillerie unter den piemontesischen Weinen nennen; denn dem »stärksten Wein der Welt« – wie ihn der Historiker Cibrario nennt – kann und mag in der Tat niemand widerstehen.

Ein Schlaraffenland ist die Region Emilia-Romagna, und die Hauptstadt der Schlaraffen heißt Bologna. »Dem Bologneser Koch«, schrieb vor geraumer Zeit der Doktor Balanzòn, »kommt seit Jahrhunderten der Primat zu; niemand tut es ihm in der Kochkunst gleich; jeder kann sich ihm getrost anvertrauen, und schon wenn man nur an all das denkt, was er zuzubereiten versteht, möchte man sich Bart und Finger lecken«. Nun, Bärte sind heute wieder vorhanden, und noch immer besteht Anlaß genug, sich die Finger zu lecken, auch wenn der Doktor in seiner Aussage zur Übertreibung neigt, so wie die Bologneser in ihren Portionen.

Sie ist etwas üppig, die Küche dortzulande, vor allem in Bologna. Nicht von ungefähr wird diese Stadt la Grassa genannt. Von einem Schweineberg, den köstlichen Schweinereien der Emilia-Romagna ist dieses Schlaraffenland umgeben: Zampone (in die Haut des Schweinsfußes gestopftes, pikant gewürztes Schweinefleisch, das gekocht und in Scheiben geschnitten wird – eine ideale Beilage zu Linsen), Cotechino (eine Schweinskochwurst, die man auch mit einer Rindfleischscheibe umwickelt und schmort, was dann Cotechino in galera, Kochwurst im Kittchen, heißt), Capocollo (geräucherter Schweinekamm, den der Sybarit in ein mit Weißwein – mit viel Weißwein – getränktes Tuch wickelt und sich aus gutem Grunde auf die Enthüllung freut), Salami (die der Erwähnung, aber nicht der Erläuterung bedarf) und – das Schönste zum Durchessen – der Schinken von Parma.

Prosciutto di Parma gehört zur Weltrangklasse der Schinken und ist weit über die Grenzen Italiens hinaus begehrt. Die edelsten Teile der dortigen Schweine werden schwach gesalzen und in Spezialhäusern mit hohen, schmalen Fenstern in der Luft getrocknet, vom Wind, der vom Meer und Apennin herüberstreicht. Parmaschinken duftet zart und schmeckt etwas nach Nuß; ihn gerade richtig zu bekommen, ist nicht leicht, da er, fragil wie er ist, leicht umkippt, ranzig wird. An Ort und Stelle ißt man ihn gerne hauchdünn geschnitten zu Piada, auf Holzkohlenfeuer frisch gebackenen Fladen aus ungesäuertem Brotteig.

In Bologna angekommen, findet man eine weitere Wurstsorte vor, die Mortadella, neben der Salami die italienische Wurstspezialität besthin. Man kommt kaum dazu, sie zu würdigen – roh und dünn aufgeschnitten, oder als Mortadella fritta, wie ein Schnitzel paniert und in Butter gebacken. Denn die Hauptgerichte der Emilia-Romagna nehmen in dieser Stadt den Neu-Schlaraffen mittags wie abends völlig in Anspruch. In Restaurants aller Kategorien, vom distinguierten »Papagallo« bis zu jener Trattoria, die nur Hühnerbrühe und gekochtes Huhn serviert, ein Huhn freilich, das man zum Wappentier des guten Essens ernennen möchte, ein Huhn, das seinen Wohlgeschmack aus frischen Kräutlein und Gräslein sublimiert hat, und in der Küche so behandelt wurde, daß kein bißchen davon verlorengegangen ist.

Pasta heißt das Fundament der Bologneser Küche, ein Thema und viele Variationen. So Tagliatelle, schmale Eierbandnudeln, natürlich hausgemacht, alla bolognese, mit jenem Ragù aus Kalbfleisch, Schinken, Butter, Tomaten, Karotten, Stangensellerie, Zwiebeln und einem Hauch

Muskatnuß wie Zitronenschale, mit jenem Ragù angerichtet, das an Ort und Stelle ein Ereignis ist und anderwärts oft ein Vorwand, Fleischreste einer einigermaßen passablen Verwendung zuzuführen. Tortellini sind kleine Teigringe, die mit Erlesenem gefüllt sind: Kalb- und Schweinefleisch, Schinken, Mortadella, Hühnerbrust, Parmesan. Eine Köchin oder ein Koch, die noch auf sich halten, lassen sich für die Füllung drei Tage lang Zeit. Kein Wunder, daß behauptet wurde, nicht die Doktorhüte der Universität, der altehrwürdigsten Europas, sondern die Tortellini hätten Bologna berühmt gemacht. Und daß ihre Erfindung mit einer Legende erklärt wird: Venus höchstpersönlich sei einem Wirt in der Emilia erschienen, der von ihrem Nabel so begeistert gewesen sei, daß er sich nicht genugtun konnte, ihn in Form von Nudelteig nachzubilden.

Anolini sind etwas größere Eierteigringe, ebenfalls köstlich gefüllt, die – wie die Tortellini – in brodo, in Fleischbrühe aus Rindfleisch und Kapaun, oder asciutto, trocken, mit Butter und Parmesan, oder mit Sahne serviert werden; sind noch ein paar Scheibchen weißer Trüffel darüber hingehobelt, ist der kulinarische Montblanc, scusi, der Montebianco erreicht. Cappelletti sind Teighütchen, unter denen mehr steckt als unter manchen Kopfbedeckungen – eine geistvolle Komposition aus Ricotta, frischem Schafskäse, und Gewürzen, wenn sie Cappelletti romagnoli heißen, oder – wie in Bologna üblich – aus Truthahnbrust und Kalbfleisch, Schinken und Käse. Lasagne verdi al forno sind Teigblätter, die ihre grüne Farbe von Spinat erhalten haben, aufeinandergeschichtet, mit Ragù dazwischen und Bechamelsauce darüber, im Ofen gebacken werden. Pappardelle alla bolognese ist eine Art Pasta-Torte mit Schichten aus Nudelflecken, Fleischragout, Käse, Sahne, womöglich noch Trüffelscheiben, ebenfalls im Ofen gebacken. Niemand kann dieser Versuchung widerstehen, und jeder wird ihr in des Wortes zutreffender Bedeutung erliegen: »Pappare« heißt »sich den Bauch vollschlagen«.

Pasta, nicht basta – man hat nun erst das Vorgericht hinter sich. Was noch kommt, sind ebenfalls Glanzstücke der Küche der Emilia-Romagna. Etwa Entenragù (Anatra alla romagnola), Bollito misto (verschiedenes gesottenes Fleisch, vom Rind, vom Kalb, vom Huhn, mit Zampone und Cotechino, wozu Salsa verde, die Bologneser grüne Sauce, oder Mostarda di Carpi gereicht wird, ein Obstmostrich aus Trauben, Birnen, Äpfeln und Quitten), Agnello alla romagnola (Lamm mit Tomatenmark und Erbsen gedünstet), Capretto alla cacciatora (ein Zicklein nach Jägerart, also in pikanter Sauce), Costolette alla bolognese (panierte Kalbskoteletts, mit Schinken, Käse und Tomaten – oder Fleischsauce überbacken), Fritto misto alla bolognese (in schwimmendem Fett herausgebackene Leckerbissen – Artischocken, Zucchini, Hirn, Leber, Hühnerfleisch etcetera), Petti di tachino alla bolognese (die so ähnlich wie die Kalbskoteletts zubereitet werden), Involtini alla bolognese (Kalbfleischrouladen, mit Schinken und Käse gefüllt) – und so weiter und so fort.

Schinken und Käse spielen in der Bologneser Küche eine wichtige Rolle – der Schinken aus Parma und der Parmesan. Auch dieser Käse ist ein Musterexemplar seiner Gattung, den man sich aus der italienischen Küche nicht wegzudenken vermag, als Reibkäse zumal, als Veredler der Pasta-Gerichte vor allem. Doch Parmigiano reggiano, etwa drei Jahre gereift, von heller Goldfarbe, körnig, noch mit einer Spur Feuchtigkeit, einer kleinen Träne – ist auch, in kleinen Brocken, ein vorzügliches Käsedessert, etwas zum genüßlichen Knabbern. Es gibt dortzulande aber auch noch andere empfehlenswerte Käse: Da sind die aus einer Mischung von Kuh- und Schafsmilch hergestellten Furmai und Formaggio di Castel San Pietro, der Ziegenkäse Pecorino di Collagna und der Formaggio Val d'Aveto, ein handfester Kuhkäse.

Last not least: die Süßspeisen: Amaretti di San Geminiano, die Mandelmakronen aus Modena, La Bonissima, eine mit Honig und Mandeln gefüllte und mit einem

Schokoladenguß überzogene Torte, oder gar die Zuppa inglese, jenes likörgetränkte Creme-Biskuit-Wunder, das wenig mit England, doch viel mit Bologna zu tun hat.

Wie gut, daß diese wurstmassive, pastaschwere, ragùreiche, käsevolle und supersüße Tafel der Emilia-Romagna einen Wein zur Seite hat, einen der nicht allzu häufigen Fälle einer wohlschmeckenden Medizin, die la Grassa nicht nur bekömmlich, sondern auch erträglich macht. Es ist dies der rote Lambrusco, der nicht nur gut schmeckt, sondern auch verdauen hilft. Der beste Lambrusco kommt aus Sorbara, den Paolo Monelli nicht genug loben konnte: »Ins Glas ergießt sich fröhlicher Schaum, der sich sogleich beruhigt und glättet; nur ein leichtes Moussieren bleibt im Wein als Zeichen seiner herzhaften Natur. Er ist von leuchtender Farbe, reines orientalisches Rot. Ein Veilchenduft steigt aus dem Glase auf und verdichtet sich am Gaumen, mildert die angeborene Herbheit.«

Die erste Verdauung findet im Munde statt – sagt man in der Emilia-Romagna, und deshalb kaut man dort bedächtig, spült mit Lambrusco nach. Wer sich so verhält, kann mit Pellegrino Artusi, dem italienischen Gastrosophen, sagen: »Wenn ihr von der Küche Bolognas sprechen hört, macht eine Verbeugung, denn sie verdient es. Es ist eine ein bißchen schwere Küche, die, wenn man eine Entschuldigung dafür sucht, vielleicht durch das Klima bedingt ist, aber äußerst schmackhaft und gesund; die Langlebigkeit der Bevölkerung mit einem Durchschnittsalter von achtzig bis neunzig Jahren zeugt dafür.« Darauf noch ein Glas Lambrusco!

Ligurien, der Küstenstreifen zwischen La Spezia und Ventimiglia, ist seit langem ein touristisches Traumziel: die Riviera di Ponente westlich und der Riviera di Levante östlich von Genua. Ligurien ist aber auch und zunächst die zwar kleinste, aber am dichtesten besiedelte Region Italiens, von Menschen, die abseits der Strände ihr eigenes Leben führen.

Essen an der Riviera ist deshalb eine zwiegesichtige und zwiespältige Angelegenheit. Der Tourist wird meist in die mehr oder weniger vergoldeten Käfige der Strandhotels eingesperrt, und dort nicht schlecht, doch kaum landesüblich gefüttert. Es gibt noch Paläste, in denen die Küche nostalgisch den früheren Stammgästen nachhängt, englischen Lords und russischen Fürsten, was dem gastronomischen Fortschritt nicht förderlich ist. Wirte, die mehr mit der Zeit gehen, setzen ihren deutschen Gästen das vor, was ihnen die Trennung von der Heimat durch Grüße von der deutschen Küche erleichtern soll. Restaurants in der Nähe der französischen Grenze haben sich auf Gäste eingestellt, die der billigen Lira und der gewünschten Abwechslung wegen einmal italienisch essen wollen, ohne sich von den Normen der französischen Küche zu weit zu entfernen. Ein renommiertes Restaurant zwischen Ventimiglia und Bordighera drückt jedem Ausländer eine französisierte Speisekarte in die Hand, wer aber insistiert, wird die italienische bekommen, auf der landesübliche und preiswertere Gerichte verzeichnet sind.

Der Feriengast, der sich nicht in den Zwang der Vollpension begeben hat, kann durchaus zur ligurischen Küche vordringen, mit einiger Hartnäckigkeit und Findigkeit. In ausgesprochenen Touristenhochburgen bedarf er dieser mehr als an Orten, die aus sich heraus und für sich leben, in großen Städten zumal, vorab in Genua, wo sich entsprechende Gaststätten zwischen der Kathedrale und San Luca oder in der Gegend der Stazione Principe finden.

Doch selbst in einer Lokalität wie Portofino gibt es nicht nur Restaurants für fremde Laufkundschaft: teils der Genuesen wegen, die ihre Ausflugsstammlokale haben, teils der Einwohner selber, die nicht alle zu Hause essen. So kann man, unweit des mit Luxusjachten gefüllten und von entsprechenden Restaurants umgebenen Hafens eine Trattoria finden, die nur vier Tische aufweist, wo Mama in der einzusehenden Küche kocht und Papa plaudernd serviert – beispielsweise eine Buridda, die ligurische Fischsuppe, die ähnlich wie die provenzalische Bourride kein Meerespotpourri enthält, sondern sich auf eine Fischart, etwa Seeaal oder Stockfisch, beschränkt, die ganze Kochkunst auf das »Wie« konzentriert, die Sauce – Intigolo – mit Tomaten, Karotten, Stangensellerie, Pilzen, Petersilie und Pinienkernen.

Kräuter spielen in dem nicht nur nach Rosen und Nelken duftenden Ligurien eine wichtige Rolle – vor allem bei der ligurischsten Spezialität: dem Pesto. Wie anderwärts Komitees zur Reinhaltung der Sprache oder der Sitten für nötig gehalten werden, so an der Riviera Vereinigungen zur Reinhaltung des Pesto. Die Puristen wollen ihre grüne, kalte Sauce so und nicht anders haben: Einheimisches, frisch und kalt gepreßtes, grüngoldenes Olivenöl. Einheimische Pinienkerne mit leicht harzigem pikantem Biß. Einheimisches Basilikum, das duftendste, das es gibt, von dem schon Adamo Lonicero vor dreihundert Jahren sagte: »Ist gut den traurigen Menschen und die mit großer Phantasie umgehen.« Ferner Bröckchen von Schafskäse, und Knoblauch. Das Ganze muß in einem Steinmörser zubereitet werden – und erst, wenn die dazugehörigen Nudeln bereits im Wasser sind.

Es sollten möglichst Trenette sein, die man mit Spaghetti vergleichen könnte, wenn das die Ligurer nicht übelnähmen, einmal, weil sie zu deren Erfindung die Süditaliener nicht brauchten, und zweitens, weil diese Nudeln, ihrem Volkscharakter gemäß, nicht rund, sondern eckig sind. Eine andere landesübliche Pasta sind Lasagne, Nudelfladen eher denn Nudelflecken. Auch die Minestrone, die Gemüsesuppe, oder ein Risotto erhalten durch den Pesto ein ligurisches Prädikat. Die Ravioli sind von Hause aus Genuesen, diese Täschchen aus Nudelteig, die so apart gefüllt sind, am lokalpatriotischsten mit Kalbshirn und Kalbsbries, Mangold und Ei – Ravioli alla genovese. Pansotti sind Teigtaschen mit einer Farce aus Quark, Ei und natürlich Kräutern. Wenn Pansotti mit Salsa di noci (Walnußsauce mit Öl und gestockter Milch) auf der Speisekarte stehen, könnte man sogar den Pesto vergessen.

Ligurien ist ein schmaler, langer Küstenstreifen, doch seine Küche wird eher von Produkten des Landes als des Meeres bestimmt. Das liegt vor allem daran, daß dieses Meer nicht mehr hergibt, und in Haushalten und Trattorien man im Unterschied zu Hotels und Restaurants nicht das Geld und die Lust hat, Seezungen und Schellfisch aus dem Nordmeer zu beziehen und ihnen einen ligurischen Anstrich zu geben. Der Stockfisch ist ein Kompromiß – er kostet nicht viel und ist in alterprobten Zubereitungsarten zu einer regionalen Spezialität und einer kulinarischen Köstlichkeit geworden: als Stoccafisso alla genovese (mit Tomaten, Karotten, Stangensellerie, Sardellen, Pinienkernen und Öl geschmort) oder als Stoccafisso in agrodolce (in Traubensaft und Öl gedünstet).

Sardinen sind fast immer frisch, Triglie zwar seltener, aber um so empfehlenswerter. Muscheln gibt es genug, die überall bekannten Miesmuscheln und ihre lokalen Verwandten, die Datteri (Meerdatteln), die so aussehen, wie sie heißen, und mit Weißwein und Tomaten die unvergleichliche Zuppa di datteri ergeben. Auch eine einheimische Orata kann man bekommen, oder einen Dentice. Da wird es dann schon teurer, ohne daß man immer den entsprechenden Gegenwert bekommt. Eine Orata schmeckt gegrillt am besten, der Dentice gekocht – wenn sie frisch sind, was leider nicht immer der Fall ist.

Eher in den Bereich der Folklore als in den der Gourmandise gehört Cappon magro, ein ganzes kaltes Buffet in einem einzigen Gericht: ein Salatberg mit Schichten aus gekochtem Gemüse (grüne Bohnen, Karotten, Blumenkohl, Stangensellerie, Artischocken, Pilze) und gekochtem Meeresgetier (Fische, Krebse), das Ganze mit dicker grüner Sauce übergossen, mit gehackten Eiern und Oliven garniert, eventuell sogar mit einer Languste gekrönt. Für heutige Esser, die oft Empfänge besuchen und die entsprechenden Buffets versuchen müssen, wirkt dies eher abschreckend. Für die alten Genuesen war es eine willkommene Gelegenheit, in der Fastenzeit mit einem »mageren Kapaun« die Kraftreserven wieder aufzufüllen.

Ligurische Weine gibt es, doch nicht so viele, daß es für alle, die nach ihnen verlangen, genug gäbe. Den Nostralino trinken die Ligurier als den »Ihrigen« selber, gehobenere und teurere bekommt man auch im Restaurant. An Roten liefert die Provinz Savona den Rossese und die Provinz Imperia den Barbarossa; beide duften so, wie man es an der Riviera erwartet: der erste nach Rosen, der zweite nach Nelken. Der weiße Vermentino schmeckt nach Ginster, der weiße Pigato nach Mandeln. Der beste Fischwein kommt von den steilen Rivierahängen der Cinque Terre, herb und aromatisch, delikat und feurig zugleich. Dante und Bocaccio haben ihn bereits geschätzt. Paolo Monelli hält ihn besonders für Kardinäle und für Damen über vierzig geeignet.

Die Toskana stößt, wie fast alle Regionen Italiens, ans Meer, doch ihre Küche wendet sich von ihm ab, von einigen Spezialitäten wie Cacciucco (eine gehaltvolle, würzige Fischsuppe) oder Triglie alla livornese (Seebarben in Tomatensauce) abgesehen. Es ist eine Küche ländlicher Produkte, und eine, die sich vom übrigen Land Italien in eigentümlicher Weise abhebt.

Auf drei Dinge sind die Toskaner besonders stolz: auf die Reinheit ihrer Sprache, die Klarheit ihres Geistes und das Maßhalten ihrer Küche. Wie sie ein Einheimischer charakterisierte: »Es ist eine leichte, fettarme, wohlschmeckende Küche, duft- und geistreich, wie geschaffen für intelligente, aufgeweckte Leute, die keinen Bauch haben wollen.«

Das bedeutet zunächst, daß die Pastasciutta, die im allgemeinen für die Aufpolsterung von Italienerinnen und Italienern sorgt, keine toskanische Angelegenheit ist. Die Toskaner ziehen den Spaghetti und Maccheroni (und auch den Risotti) Gemüsesuppen vor, etwa den Minestrone alle casalinga, wie ihn die Hausfrau macht, mit Tomaten, Kohl, Sellerie, Bohnen und Teigwaren, oder die Minestra di riso con fagioli, eine dicke Suppe aus weißen Bohnen, Tomaten, Pfefferschoten, Zwiebeln und Reis. Fagioli – die weißen Bohnen – spielen überhaupt eine wichtige Rolle; das originellste Gericht heißt Fagioli al fiasco: weiße Bohnen in einer Chiantiflasche mit Öl und Gewürzen auf sanfter Glut gekocht, auf daß der Bohnengeist in der Flasche und der reine Bohnengeschmack am Gaumen bleibe.

Schlankmacher sind das auch nicht gerade, weswegen eine massive Suppe oder ein handfestes Bohnengericht als volle Mahlzeit oft mehr als genügen. Zum Einstand in ein Menu mag man sich mit Crostini begnügen, gerösteten Brotscheibchen mit pikantem Aufstrich, etwa aus Milz,

Leber, Hühnerklein oder Wildragout. Oder mit ein paar Rädchen Finocchiona, der mit Fenchelsamen gewürzten Wurst. Wie überhaupt die Wurstwaren vorzüglich sind. Wer etwa behauptet, Italien sei, im Gegensatz zu Deutschland, kein Wurstland, der hat noch nie einen italienischen Salumeria-Himmel voller Würste hängen sehen. Einmalig sind die kleinen Wildschweinwürstchen, pikant und appetitanregend, eines oder zwei vor dem Mahl geknabbert, mit Weißbrot gedämpft und mit Chianti gelöscht.

Kochen könne man lernen, zum Bratenkünstler müsse man geboren werden, wurde gesagt. Die Toskaner sind Naturtalente im Braten und Grillen – natürlich auf Holzkohlenglut. Das klassische Hauptgericht – eine Luxusspeise – ist Bistecca alla fiorentina. Wenn es diesen Namen verdient, muß es von einem Rind aus dem Chianatal stammen, das sich an duftenden Kräutern delektiert hat und in seiner Jugendblüte hinweggerafft worden ist. Das Bistecca muß so geschnitten sein, daß der Knochen in der Mitte und das Filet im Anhang ist. Es soll mindestens 600 Gramm wiegen, muß ungesalzen und ungefettet auf den Rost bei nichtflammender Holzkohlenglut gelegt und rasch gebraten werden. Erst dann wird es gewürzt und mit Olivenöl aus Lucca wie mit Weihwasser besprengt – dem besten Öl Italiens, das ins Grünliche spielt, nicht zu fett ist und verführerisch duftet.

Dies demonstriert, daß man Bistecca alla fiorentina mitnichten als »Florentiner Steak« übersetzen darf und es an Ort und Stelle essen muß, am besten in einem der Restaurants von Florenz, denen der französische Michelin respektvoll seine Sterne verliehen hat. Man kann aber auch mit weniger Geld groß genießen, in kleineren Lokalen, die als »Trattoria toscana« oder »Trattoria tipica fiorentina« bezeichnet werden. Zum Beispiel: Pappardelle alla lepre, das originäre Pastagericht der Toskana, die Ausnahme, welche die Regel bestätigt, und so gut ist, daß es die Toskaner bewogen haben mag, es bei dieser Ausnahme zu belassen: Bandnudeln mit herzhaftem Hasenragout. Oder – aus dem Bratenhausschatz der Region – Arista di maiale, einem mit Rosmarin und Knoblauch gewürzten, am Spieß oder im Ofen gebratenen Schweinsrücken. Dabei ist zu beachten, daß die Küche ein Holzkohlenfeuer unterhält beziehungsweise einen Ofen besitzt, aus dem er frisch gebraten kommt, was meistens nur in gut geführten und hinreichend besuchten Restaurants und dann auch nur mittags der Fall ist. Warm gehalten oder gar aufgewärmt schmeckt Arista weniger, kalt jedoch gut.

Das Synonym für toskanischen Wein ist Chianti, jedenfalls außerhalb der Toskana. Aus der Nähe besehen, gibt es mehrere rote Chianti: den Rufino und Montalbano, die Colli Aretine (Arezzo), Fiorentini (Florenz), Senesi (Siena), die Colline Pisane (Pisa). Und den Chianti classico, der auf ein Anbaugebiet zwischen Florenz und Siena beschränkt ist, auf dem Etikett einen schwarzen Hahn auf gelbem Grund trägt, als Ausweis seines Charakters: Stolz, keck, und toujours en vedette.

Kampanien

Neapel?«, fragte der Römer, als ob er nicht recht gehört habe, und die zusammengezogenen Brauen verkündeten Unwillen. Wir saßen in einer römischen Trattoria nebeneinander und tauschten – zwischen Fettucine und Milchlamm – Eßerfahrungen aus. Als ich meine Vorliebe für Spaghetti von le vongole bekundete und behauptete, die vorzüglichsten hätte ich in Neapel bekommen, schnitt mir der Nachbar das Wort mit einer Geste ab, deren Entschiedenheit ahnen ließ, warum die Römer einst die Welt eroberten, und in der zugleich Resignation mitschwang, weil es ihnen nicht gelungen war, Neapel zu zivilisieren. »Hinter Rom ist Italien zu Ende«, erklärte er kategorisch, »wenn ich in Neapel zu tun habe, kaufe ich mir Mailänder Salami und esse auf dem Hotelzimmer.«

Viele Deutsche denken ähnlich wie jener Römer. Sie schlagen um das laute, fremdartige, unheimliche Neapel einen Bogen, begeben sich in das touristisch erschlossene Kampanien, nach Capri, Ischia, Sorrent oder Positano, zu Hotelmenus, deren Preise fest und deren Reihen geschlossen sind, die dem nordischen Gaumen entsprechen, nicht ohne einer gewissen Neugierde nach Exotischem entgegenzukommen. Und wenn ein Tourist schon nicht umhin kann, in Neapel eine Mahlzeit einzunehmen, dann greift er am liebsten zur Pizza, dem vertrauten Exportartikel Neapels, wundert sich vielleicht, daß die in Duisburg oder Offenbach gängigen, in Belägen und vor allem in Bezeichnungen phantasievollen Variationen nicht bekannt sind, daß sie vor Ort meist in klassischer Einfachheit, mit Mozzarella (Büffelmilchkäse), Tomaten, Sardellen und Oregano (wildem Majoran) im Holzkohlenofen gebacken werden.

Üppigkeit konnte in einer Stadt nicht aufkommen, in der ein Sprichwort sagt: »Der Unterschied zwischen König und mir ist, daß der König so viele Spaghetti ißt, wie er will, und ich so viel, wie ich habe.« Und ein anderes: »Seid auf der Hut, die Spaghetti richten Familien zugrunde!« Immerhin hatte Goethe, ein Tourist im Vollbesitz eines gefüllten Geldbeutels, 1787 festgestellt: »Die Makkaroni, ein zarter, stark durchgearbeiteter, gekochter, in gewisse Gestalten gepreßter Teig von feinem Mehle, sind von allen Sorten überall um ein geringes zu haben.« Giuseppe Marotta erinnert sich, in der Zeit vor dem ersten Weltkrieg »kennzeichneten die Spaghetti mehr das Panorama Neapels als der Vesuv und das Meer: Auf jedem Balkon hingen sie zum Trocknen, an allen Ecken und Enden der Stadt wurden sie im Freien zubereitet und im Freien verzehrt – Spaghetti oder keine Spaghetti, das war die Frage.«

Der Neapolitaner Benedetto Croce, der Philosoph und Historiker, warf dann die Frage auf, ob die Spaghetti denn auch in Neapel erfunden worden seien, was bis dahin jedermann, zumal ein Bewohner dieser auf Spaghetti gebauten Stadt, angenommen hatte. Und er fand die Antwort, daß nicht Kampanien, sondern Sizilien die Quelle der Spaghetti ist, daß diese aber erst in Neapel die Breite, Tiefe und Kraft eines Stromes erreichte, der dann weite Teile Italiens mitriß und heute seine Wellen bis in bayerische Bahnhofsgaststätten schlägt.

Schon deswegen kann man die neapolitanische Küche nicht mit dem Hochmut eines Römers oder dem Kleinmut eines Touristen abtun. Sie – abgesehen von Pasta und Pizza, die sempre presente sind – an geeigneter Stätte und in richtigem Zustand zu finden, ist allerdings nicht einfach. Santa Lucia ist zwar recht romantisch, und der Schmelz der Straßensänger mag manchen über das dort verwendete Öl hinwegtrösten. Wer dem bürgerlichen Laissez-faire oder einem modernen Altruismus huldigt, wird auch darüber hinwegsehen beziehungsweise es für angebracht halten, daß der Tourist einen Obolus für den sozialen Ausgleich zu entrichten hat, es auch dem Vorsichtigsten passieren kann, daß die Kiemen des Dentice, der für frisch ausgegeben wird, rot nicht von Blut, sondern von Wasserfarbe sind.

Mit neapolitanischen Wirten und Kellnern kann man schon einiges erleben, wenn sie den Eindruck gewonnen haben, daß man nur lockere Kenntnisse der Speisekarte besitzt, dafür aber das Geld um so lockerer in der Tasche sitzt. Die Unsitte, daß bei Fischen oft nicht der Endpreis, sondern nur der Preis für das Etto (100 Gramm) oder gar nur die interpretationsfähige Bezeichnung »S. Q.« (secondo quantità) angegeben ist, läßt einem Policinello einen kleinen Spielraum. Indessen: Auch in dieser Beziehung sind Neapolitaner besser als ihr Ruf, vor allem wenn es um Großes und um das Ganze geht. Mit einem deutschen Bekannten war ich in eine Altstadt-Trattoria verschlagen worden, in der wir nicht schlecht aßen und recht gut tranken, wobei mich mein Tischgenosse nicht genug vor der

Gerissenheit der Neapolitaner warnen und mir nicht oft genug seine eben bei einem Antiquar erstandene kostbare Elfenbeinminiatur zeigen konnte. Zu später Stunde verließen wir das Lokal, in das wir nie mehr zurückkehren würden, es gar nicht wiederfinden könnten, suchten einen Ausweg aus dem Gassengewirr – bis uns nach etlicher Zeit ein junger Mann anhielt. Es war der Kellner aus dem Lokal, der uns mit der Elfenbeinminiatur, die mein Anti-Neapolitaner vergessen hatte, nachgelaufen kam.

Auch und gerade in Neapel sollte man Restaurants meiden, die in den von Touristen frequentierten Gegenden (Santa Lucia und Mergellina) liegen und folkloristisch herausgeputzt sind – und da essen, wo Einheimische verkehren, also in Geschäfts- und Bürovierteln, etwa in Trattorien um die Piazza Dante oder um die Piazza dei Martiri. Der »Michelin Italie« ist auch für Neapel ein guter Führer; nur muß man wissen, daß die Bezeichnung »Ristorante tipico« nicht unbedingt eine Garantie für gutes Essen ist, eher schon der Hinweis »Trattoria d' habitués con specialità napoletane« – also eine Trattoria, die nicht nur einheimische Speisen, sondern auch einheimische Stammkunden hat und deshalb auf »O sole mio« verzichten kann.

Spezialitäten aus Neapel und Kampanien sind zunächst und vor allem Nudelgerichte: Spaghetti oder Vermicelle con le vongole in bianco (»Teigschnüre« oder »Teigwürmchen« mit Venusmuscheln, Öl, Knoblauch und Petersilie), Spaghetti alla marinara (mit Öl, Knoblauch, Kapern, Oliven und Sardellen) – wozu kein Käse genommen wird. Auch nicht zu Spaghetti al pomodoro (mit frischen Tomaten), dem klassisch-einfachen Nudelgericht Neapels; denn Parmesan ist eine norditalienische, Pecorino eine römische Angelegenheit. Ragout alla napoletana hat – wie König Ferdinand II. befand – in einem irdenen Topf auf kleinstem Feuer vor sich hinzubruzzeln, und wird deshalb auch Türhüter-Ragout genannt – weil nur ein Portier, ein Auge auf die Pforte, das andere auf den Topf, den langwierigen Prozeß entsprechend überwachen kann. Ein solches Ragout konnte sich früher nur der König und kann sich heute der Tourist alle Tage leisten: Rindfleisch, Schinkenspeck, Schmalz, Tomaten und Rotwein sind dabei, und natürlich Nudeln, Zite, dicke Maccheroni.

Ein neapolitanisches Alltagsgericht ist Calzone (mit Büffelkuhkäse, frischem Quark, Salami oder Schinken gefüllte, im Ofen gebackene Teigtasche). Oder Mozzarella in carrozza, eine zwischen zwei Brotschnitten gelegte Scheibe Büffelkuhkäse, in Ei und Mehl gewendet und in schwimmendem Öl ausgebacken. Überall spielt Käse eine große Rolle: Neben der weißen Mozzarella (die aber so frisch sein muß, daß die Molke beim Anschneiden herausquillt) frische oder geräucherte Provola (ebenfalls aus Büffelkuhmilch), Provolone und Caciocavallo, der im Alter pikant wird.

Neapel, die Hauptstadt des Königreiches beider Sizilien, schien für den italienischen Nationalstaat prädestiniert zu sein, zumindest nahmen die Farben der kampanischen Küche diejenigen der Trikolore vorweg: Grün (das häufig verwendete Basilikum), Weiß (die Mozzarella) und Rot die Tomate, die aus Lateinamerika via Neapel in Italien eingeführt wurde. Auf einer Pizza Margherita prangen sie alle drei; die Tomate spielt die erste Geige beim Costata alla pizzaiola, dem Rindsteak mit pikanter Sauce. Beliebte Gemüsegerichte sind frittierte Zucchini, ein Auflauf von Melanzane (Auberginen), Mozzarella und Tomaten, Peperoni gratinati (mit Tomaten, Sardellen und Mozzarella).

Fische und Meereskleinzeug sind am Golf von Neapel nicht ohne Problematik. Miesmuscheln wurden gesundheitspolizeibekannt, und zwischen dem Preis von edlen Fischen und ihrer Frische gibt es oft Dissonanzen. Fritto misto di mare ist ein empfehlenswerter Mittelweg: mit Calamari, Gamberetti, Triglie und kleinen Merluzzi. Selbst auf den Inseln sind gute und frische Fische keine Selbstverständlichkeit. Auf Ischia sollte man Wachteln und Kaninchen probieren, auf Capri findet man noch am ehesten Einheimisches im Umkreis der Pfarrkirche. In Sorrent ist die Chance größer als in Positano, und in Amalfi ist sie am größten.

Der kampanische Wein erfreut allerorten: die weißen Capri und Ischia (namentlich Biancolella und Forestera); der weiße und rote Lacrima Christi vom Vesuv; der etwas enttäuschende, weil von den Alten allzusehr gelobte Falerner; der rote Gragnano, dessen Aroma an welkende Veilchen erinnert, und der deshalb wohl der neapolitanische Wein par excellence ist; der Rosé von Ravello, der mit den Rosen der Zaubergärten konkurriert. Und der weiße Asprinio, dieser strohgelbe, säuerliche, frische Champagner napolitain – das heißt also ein billiger, dünner, doch prickelnder Wein.

Sizilien

In einer Ecke der Quattro Canti – eines Platzes in Palermo – hängen zwei Briefkästen der italienischen Post. Beide sind rot angestrichen und fingerdick mit Staub bedeckt. Auf dem einen steht »Sicilia«, auf dem anderen »Continente«. So wird unterschieden zwischen Insel und Festland, Sizilien und dem übrigen, dem anderen Italien – von der Post und auch in der Küche.

Schon die Ouvertüre, der Markt, ist in Palermo polyphoner als in Rom oder gar in Verona. Am Eingang steht eine Statue des gegeißelten Christus, mit einer Aureole brennender Kerzen. Daneben werden Fangarme von gekochten Polypen in mundgerechte Stücke geschnitten; man ißt sie im Vorbeigehen wie bei uns eine Bockwurst. Dermaßen gestärkt, übersteht man die orientalische Orgie des Marktes, die Odyssee durch endlose Gemüseebenen mit einzelnen Fleischbergen, vorbei an Obstpyramiden und Barockportalen, verfolgt vom Geruch aller Fischarten, getrieben von Stakkato der Ausrufer, gequetscht zwischen marktbewußte Matronen, rotblonde Männer, mandeläugige Mädchen und Jünglinge mit griechischen Profilen.

Die Trattorien sind dankenswerterweise nicht weit. Hier wartet eine neue Aufregung: die Pasta con le sarde – Maccheroni mit einer Sauce sizilianischer Gegensätzlichkeiten: Sardine contra Sultanine, Fenchel contra Mandel, Pinienkerne contra Zwiebeln. Auf den heftigen Gaumenkrieg folgt ein überraschender Gaumenfrieden: in vollendeter Harmonie löst sich alles auf. Pasta con le sarde ist das Leibgericht des Sizilianers. Hat es ihn an die Küsten des fernen Amerika verschlagen, läßt er sich per Luftpost den wilden Fenchel nachschicken, den es nur in Sizilien und nur im Frühling gibt.

Die Pasta soll in Sizilien erfunden worden sein; jedenfalls spielen Nudeln eine Hauptrolle: mittags als Pastasciutta, abends in der Suppe. Das dort wachsende Korn – schon im Altertum eine begehrte Gabe der Insel der Ceres – liefert einen dafür besonders geeigneten Hartweizengrieß. Nudeln wurden schon unter arabischer Herrschaft gegessen, doch erst die Spanier führten die Tomate ein, die heute aus Sizilien nicht mehr wegzudenken ist, vor allem aus den Sugi der Pastasciutta: wie Maccaruna di casa (Makkaroni mit Fleischragout), Pasta con le melanzane (mit Auberginen), Pasta con le seppie (mit Tintenfischen). Auch was den Reibkäse betrifft, ist Sizilien autark: mit Schafskäsen Canestrato und Piacintinu, dem Ziegenkäse Grana di Lentini oder dem Kuhkäse Caciocavallo.

Von sizilianischen Fleischtöpfen kann kaum die Rede sein. Farsumagru ist eine mit harten Eiern, Käse, Schinken und Wurst gefüllte, geschmorte Kalbsroulade. Kaninchen (Coniglio) gibt es in pikanten Saucen; ein gebratenes Zicklein (Capretto) ist ein seltener Genuß. Gemüse ist genug vorhanden, wird entsprechend vorgesetzt: Melanzane (Auberginen) als Auflauf, gefüllt oder in Scheiben frittiert,

Broccoli (grüner Blumenkohl), Carciofi (Artischocken) und ein Gemüse-Potpourri, Caponata. Südfrüchte sind Spitzenprodukte Siziliens: Orangen, Mandarinen (die leider immer seltener werden), Clementinen und Zitronen. Arancini sind keine Apfelsinen, sondern Reiskugeln in deren Größe, mit Fleisch, Käse, Ei und Erbsen gefüllt, paniert und ausgebacken – etwas, was man im Vorbeigehen ißt.

An Fischen gibt es die vielseitige Sardine, den Thunfisch, von dem vom Rogen (Bottarga) bis zum Filet alles gegessen wird, und Pesce spada, Schwertfisch, den man bestellen sollte, wann immer er auf der Karte steht – am besten gegrillt oder gebraten. Cuscusu heißt die Fischsuppe von Trapani, in der Frutti di mare oder auch Fische in Grieß gebettet sind.

Cuscusu erinnert an die Araber, die gekommen waren, um zu nehmen, aber Sizilien auch viel gegeben haben, vorzüglich die Süßspeisen. Diese wurden dann getauft, erhielten christliche Namen beziehungsweise solche, die an eine mehr oder weniger christliche Lebensweise gemahnen: Affuca parrimu (Pfaffenwürger), Cardinali, Olivette di Sant' Agata und Sospiri di monaca (Nonnenseufzer). Kühlend und verführerisch sind die Gelati, die es halbgefroren, normal gefroren und als Granita gibt, körniges Wassereis mit den verschiedensten Parfums, von Mandel über Erdbeer zu Kaffee. Die Cassata kennt man auch bei uns, allerdings nur in fabrikmäßigen Abarten. Last not least: die kandierten Früchte, in denen der Obstsegen sozusagen sublimiert ist.

Früchte, Eis und Dolci – sie wachsen den Sizilienbesuchern beinahe in den Mund. Schwieriger ist es, an die einheimischen Küchenspezialitäten heranzukommen. Zu Sizilianern eingeladen zu werden, ist eine Rarität. Restaurants gibt es nicht allzu viele, und davon haben sich nicht wenige auf Touristen und deren kaum ins Regionale ausufernde Wünsche eingestellt. Überall sind Tavole calde zu finden, eine Art Imbißstuben mit Sizilianisch-Gängigem.

In größeren Orten sind auch Restaurants und Trattorien zu finden, die sich der Unterschiede zwischen der Insel und dem Festland bewußt geblieben sind, vorab in Palermo, aber auch in Messina, Catania und Trapani. In Siracusa sorgen die Gebrüder Bandiera für Sizilianisches: der eine auf der Insel Ortygia ist auf Fleisch spezialisiert, Involtini di vitello etwa, eine sizilianische Version der schwäbischen Kalbsvögele, der andere auf dem Festland bietet Muscheln, Krebs und Schwertfisch in sizilianischen Saucen an. Überall schmeckt das kernige Weizenbrot, das eines der nicht allzu häufigen Weißbrotarten ist, die »einen Biß« haben.

Taormina ist eine Endstation nordischer Südsehnsucht, doch kein Traumziel für Gastrosophen. Die Touristen wohnen in Normannenburgen, Klöstern, Barockpalästen oder wie sich sonst die Hotels maskieren. Auf Bougainvillea-umrauschten Terrassen gibt es zum Frühstück Ham-and-eggs und schwarzen Tee, unter Palmen werden Menus serviert, Spaghetti alla bolognese mit Messer und Gabel gegessen, und zu Calamari fritti wird dänisches Bier besonders geschätzt. Man muß schon listenreich wie Odysseus sein, wenn man ein Restaurant mit lokalem Ambiente und sizilianischen Spezialitäten ausfindig machen will – am ehesten wird man noch unten am Strand, in Mazzaro fündig werden.

Ein nie versiegender Tröster ist der sizilianische Wein. Nicht unbedingt der schwere süße Marsala, den man zum Kochen nimmt oder zum Dessert trinkt. Zum Kneipwein ist er, trotz gegenteiliger Ansicht mancher Touristen, nicht geeignet; bei Mißbrauch rächt er sich mit einem fürchterlichen Kater. Weniger bekannt, doch als Dessertwein delikat ist der Moscato di Siracusa. Der Mamertino, den die Römer liebten, wird heute als zu süß empfunden. Trockene und doch gehaltvolle Tischweine gibt es genug: die weißen Albanello di Siracusa, Etna und Zucco, die roten Corvo, Faro und Eloro. Auch die Tafelweine sind alkoholreich. Sie helfen uns, Sizilien so zu sehen, wie wir es zu sehen wünschen: als Zwiegestalt von Orient und Okzident.

Sardinien

Einer trächtigen Kuh nach sardischer Art kann kein Veterinär helfen – eher umgekehrt. Zur Kirchweih in Villagrande wird ein feistes Kalb ausgeweidet und mit einem Mufflon gefüllt. Dieses wiederum bekommt ein Spanferkel in den Bauch, jenes einen Hasen, dieser ein Rebhuhn, das seinerseits einen kleinen Vogel enthält. Ein Schuster mit Ahle und Zwirn muß bemüht werden, um jedes und alles zuzunähen. Die ganze Farcen-Farce wird in einer Grube auf glühender Asche und unter glühenden Scheiten gegart, bedeckt mit Myrtenzweigen.

Ein Tourist wird dieses Schauspiel – von dem Felice Cùnsolo berichtet – kaum zu sehen bekommen, geschweige denn von dem Happy end etwas abbekommen. Eher schon mag ihm eine andere, weniger üppige Spezialität Sardiniens beschieden sein: Porcellino furria furria – Spanferkel, auf einen Holzspieß gesteckt, unter ständigem Drehen auf einem Holzfeuer gebraten, dem das Aroma der

Macchia entströmt und sich mit dem Spießbraten – es kann auch Lamm oder Zicklein sein – vermählt.

So haben die Sarden wohl schon in den Urzeiten der Nuraghen ihr Fleisch gebraten, und sich von späteren Besuchern der Insel – Phöniziern, Römern, Vandalen, Arabern, Spaniern, Italienern und internationalen Touristen – davon nicht abbringen lassen. Wir haben es mit einem Hirtenvolk und einer Hirtenküche zu tun. Sardinien ist zwar eine Insel, doch sie trägt kontinentalen Charakter; Viehzucht und Ackerbau sind die wichtigsten Erwerbszweige, nicht etwa der Fischfang.

Das Rustikale ist das Originäre und das Originelle: Carta da musica, Notenpapier also, hauchdünne, harte Brotfladen, die eiserne Ration der Hirten. Schafskäse, Cacio fiore oder Pecorino di Gadoni; Ziegenkäse, als Quark (Fresa) oder gereift und pikant als Casu e craba di Urzulei. Favata, die nahrhafte Suppe mit Saubohnen, Speck, Wurst und Fenchel. Malloreddus, die sardische Hauspasta, winzige safrangelbe Grießnockerln, »kleine Stiere«, mit Tomaten- oder Fleischsauce, mit geriebenem Pecorino bestreut. Wildschweinschinken (Prosciutto di cinghiale) – eine Delikatesse schon.

Natürlich gibt es auf dieser Insel auch Schalen- und Krustentiere sowie Fische aller Art. In den Küstenorten, in den Touristenzentren wird man sie finden, in bemerkenswerter Qualität und zu den am ganzen Mittelmeer sattsam bekannten Preisen. Einen sardischen Akzent erhalten sie in der Cassola (der Name erinnert an die spanische Herrschaft), in der fast alle auf der Insel angelandeten Fische und Frutti di mare mit Bodenständigem wie Tomaten, Pfefferschoten, Basilikum, Knoblauch, Zwiebeln und Olivenöl in einer Fischsuppe vermählt werden. Typisch sardisch ist auch Pesce a scapece, ein marinierter Edelfisch, dem Tomaten, Knoblauch und Öl eine ländliche Note geben.

Prachtstücke sind die Aragoste (Langusten), die hier in erfreulicher Häufigkeit und respektablem Umfang auftreten, mit dicken Schwänzen und langen Fühlern, in deren Ansätzen das Fleisch besonders fein und saftig ist. Langusten haben einen ganz leichten süßlichen Biß – ein südliches Tier eben –, den man sich durch keine zu aufdringlichen Zutaten wegnehmen lassen sollte. Auch die natürliche Saftigkeit sollte man sich erhalten, was bei einer – womöglich noch zu lange – gegrillten Languste kaum mehr der Fall sein dürfte. Eine Aragosta feiert man frisch gekocht, mit ein paar Tropfen Öl und Zitronensaft.

Bereits in gekochtem Zustand wird man Langusten in den Schaufenstern von Restaurants und Trattorien in den Eßstraßen von Cagliari (Via Sardegna, Via Cagliari, Viale Regina Margherita) antreffen, was zwar, des hellen Rots wegen, einen schönen Anblick bietet, doch den Gastrosophen nicht befriedigen kann: Er will sich die Languste noch lebendig vorführen lassen, mit irritierten Fühlern und schlagendem Schwanz, und dann die Sicherheit haben, daß diese und keine andere Languste für ihn stante pede zubereitet wird. Auch das ist in Cagliari möglich, und selbst in Orten, die fast ausschließlich wenn schon nicht für, so doch von den Touristen leben.

Das Problem ist, daß man in einem Strandhotel – nicht zuletzt in einem fashionablen an der Nordspitze – in den Banden der Vollpension liegt, Seitensprünge in die genuin-sardische Küche nicht ohne weiteres möglich sind. Man sollte sie wagen, so oft sich Gelegenheit bietet. Aber auch in einem auf internationale Gäste abgestellten Hotel ist Einheimisches zu finden, weniger in regionaler, aber doch in nationaler Form. Die Chance ist größer, wenn man ein Hotel mit Menuwahl ausgesucht hat, sich bei der Bestellung auf Italienisches konzentriert: Pasta, Fisch (der zwar aus der Nordsee kommen kann, doch durch die Zubereitung eingebürgert ist), Kalbfleisch (das einen italienischen Pfiff bekommen hat), Salat, (der fast immer zwei Grundvorzüge aufweist: knackige Frische und Kräuterduft), Desserts (die hier arabisch-üppig sind).

Beim Wein ist man in Sardinien daheim. Mit weißem

Vernaccia, strohgelb-trocken als Tischwein, bernsteinfarben-likörartig als Dessertwein. Mit weißem Nuragus, der nicht so schwer ist, zu Muscheln oder weißem Fisch besonders schmeckt. Mit rotem Oliena, der mit zunehmendem Alter immer trockener wird. Die roten Monica und Girò passen zu den sardischen Süßigkeiten.

Zum guten Schluß: Caffè, und das heißt – wie überall in Italien – Espresso, stark gebrannt, frisch gemacht, in kleinen Tassen individuell serviert: lungo (mit mehr Wasser), ristretto (mit weniger Wasser), amaro (ohne Zucker), macchiato caldo (mit ein bißchen heißer Milch), cappuccino (mit mehr Milch, schaumig geschlagen). Alle Espressi kommen dadurch zustande, daß dampfendes Wasser durch frisch gemahlenen Kaffee gepreßt, das Kaffeearoma ausgepreßt wird – in den Espresso-Maschinen. Die neuesten sind nicht die geeignetsten: Der Preßprozeß darf nicht zu schnell gehen, durch Knopfdruck und Automatik; langsamer ist besser, in älteren Maschinen, bei denen Hebel wie in alten Lokomotiven heruntergedrückt werden, und die dann wie diese zischen und fauchen, bis die Quintessenz des Kaffees entweicht. Nicht das Tempo macht es, die Beschleunigung der Progression, sondern die Intensität der Bemühung, die Qualität der Hervorbringung – der wahre Fortschritt.

Die k. u. k.-Küche lebt

Der Wiener Kongreß tanzte nicht nur, er aß und trank auch und das nicht zuwenig. Der Frieden begann – wie der »Eipeldauer«, ein satirischer Beobachter, bemerkte – mit dem Krieg gegen Gänse, Enten, Kapaunen, Fasanen, Ochsen, Kälber, Lämmer, Wildschweine, Hirsche, Rehe, Hasen und Schnepfen; alles, was kreuche, fleuche und schwimme müsse nun für die nur unter ihresgleichen friedfertig gewordenen Menschen über die Klinge springen.

In der kaiserlichen Hofküche ging das Feuer nicht aus, die Befehlshaber warfen Kompanien von Köchen und Küchenjungen in die Schlacht, unermeßlich waren die Verluste des Tier- und Pflanzenreiches. Und die Kosten für den Kaiser: 500 000 Gulden kostete ihn jeder Kongreßtag, was das Aufgetischte wie das Weggeputzte betraf; bei einer Hofredoute kam mit dem Eßbaren ein Viertel der 10 000 mit der kaiserlichen Krone geprägten Löffel abhanden.

Auf dem Wiener Kongreß von 1814/15 wurden Provinzen gewonnen und wieder verfressen, und wer etwas verlor, kompensierte es an der Tafel. Für den König von Württemberg, den die Natur – wie der gestürzte Napoleon meinte – zur Versuchsperson bestimmt habe, wie weit sich die menschliche Haut ausdehnen lasse, mußte ein Halbrund aus dem Tisch gesägt werden, für allerhöchstdesselben Embonpoint. Talleyrand wetzte die französische Scharte mit dem Tranchiermesser aus; er hatte den besten Koch Frankreichs, Marie Antoine Carême, mitgebracht und ließ sich den Brie durch Kurier aus Paris kommen. Metternich wartete mit den besten Zukkerbäckern auf, darunter Franz Sacher, der die Sachertorte kreierte.

Die Großen verschoben Ländergrenzen und tauschten Kochrezepte aus. Einmal sah der Gesandte Sachsens, ein Kleiner, wie die Großen, Zar Alexander, Metternich und Talleyrand, die Köpfe zusammensteckten; er pirschte sich heran, um hinter hochpolitische Geheimnisse zu kommen – und hörte die Erklärung des österreichischen Außenministers mit, wie man Zwetschkenknödel mache.

Die gastgebende Kaiserstadt brillierte auch und nicht zuletzt mit ihrer Küche. Man könnte Wien die Heimat des Glücks nennen, schwärmte der Engländer Julius Griffith, und der Franzose Jean Charles präzisierte: »Man ißt nirgends so gut wie in Wien. Einzelnes bereitet man wohl hie und da besser, im ganzen ist für das häusliche Glück des Magens nirgends so gut gesorgt wie hier.«

Die Wiener hatten nicht nur die französisch angehauchte Hofküche, an der sich die Hautevolée delektierte und von der selbst das Niedervolk etwas abkriegte, mit den »beaux restes« der Feste wurden die Armen bedacht. Die Wiener wußten aus eigenen Mitteln und mit originalen Rezepten einen goldenen Mittelweg des gastronomischen Glücks einzuhalten – in stetiger Qualität und gelegentlichen Ausschlägen in der Quantität. So sollen sie im Fasching des Kongreßjahres 1815 acht bis zehn Millionen Krapfen verzehrt haben.

Was Metternich erhalten wollte, das Habsburger Vielvölkerreich, hat in gastronomischer Entsprechung die Wiener Küche von jeher enthalten, und auch noch behalten, als die Donaumonarchie längst untergegangen war. Die Wiener Tafel war und ist ein Abbild der donaustaatlichen Vielheit, im Rahmen der österreichischen Einheit.

Das Kronland Böhmen schickte mit drallen Köchinnen deren deftige wie liebliche Spezialitäten. Den Knödel-Kosmos vor allem: Knödel aus gekochten, aus rohen oder aus gekochten und rohen Kartoffeln; Knödel aus Mehl, aus Brot, aus Grieß; kleine, große, runde, ovale Knödel; lockere, kompakte, salzige und süße Knödel – Knödel hinten, vorne, oben, unten, zu allem und jedem. Auch und gerade zum Bratl, zum Schweinsbraten oder Gansbraten, genau genommen zur Sauce derselben, die so ein Kartoffel- oder Semmelknödel aufsaugt wie ein Schwamm, die Fettaugen hinwegzaubernd, die den kalorienbewußten Esser eben noch vorwurfsvoll angeschaut haben. Ein Kalorienmesser darf ein Liebhaber der wienerisch-böhmischen Küche ohnehin nicht sein. Es ist eine füllige Masse, die ihm in appetitlichem Aufputz entgegentritt, wie ein Bauernmädchen auf dem Tanzboden. Handfestes und Dahinschmelzendes: die Mehlspeisen, vorab die Powidltatschkerln.

Aus Ungarn kam das Gulyas, der Dreiklang aus Rindfleisch, Zwiebel und Paprika, ein Thema und mehrere Variationen – mindestens acht muß heute noch ein Wiener Kochlehrling kennen, darunter das Szegediner Gulyas, eine bukolische Kantate mit Fleisch, Zwiebel, Sauerkraut und saurem Rahm. Paprikaschnitzel, Paprikahendl und Paprikafisch gesellten sich dazu, in einer Wolke jenes Gewürzes, das die Gelehrten Capsicum nennen und dem sie einen hohen Vitamingehalt attestieren, darunter das Vitamin P, das den Blutdruck reguliere. Daß eine Juliska aus Budapest oder Wien Paprika im Blut habe, war freilich schon vordem eine durch – zugegeben – unwissenschaftliche Experimente erwiesene Tatsache. Von der Straußschen Operettenbühne kennen wir einen weiteren ungarischen Importartikel: »Borstenvieh und Schweinespeck«, die, wenn schon nicht zu einem idealen, so doch zu einem realen Lebenszweck für die Wiener geworden sind. Für Fasttage oder Festtage bleibt der Zander aus dem Plattensee reserviert, der klein Schill und groß Fogosch heißt.

Aus Richtung Balkan kamen die gefüllten Paprika, das Serbische Reisfleisch, die Raznjici und Cevapcici, Hammelruch und Knoblauchduft. Die feindseligen Türken brachten so originär anmutende Elemente der Wiener Küche wie Strudel und Kaffee, und das Kipfel erinnert immer noch an den türkischen Halbmond oder an einen Türkensäbel. Von ihren Eroberungen brachten die Österreicher gastronomische Beute mit: das Costoletta alla milanese beispielsweise, das sie ohne Käse und mit Kartoffelsalat als Wiener Schnitzel einbürgerten. Fenchel aus Italien wird »Finnoki« genannt, »Risibisi« heißt das Gericht aus Reis und grünen Erbsen, und das Salatmachen ist eine ultramontane Kunst geblieben.

Die österreichischen Erblande standen mit ihren Gaben an die Reichshauptstadt nicht zurück. Sie sind das bajuwarische Reduit der Wiener Küche: Tiroler Speck, steirisches Geflügel, Kärntner Sterz, Salzburger Zungen, oberösterreichisches Geselchtes und niederösterreichische Knödel, für den Alltag Bratwürste, Blutwürste, Leberwürste, für den Fasttag älplerischen Schmarren und Donaufische, für den Festtag Wildbret oder Bauernschmaus – mit mehrerlei Schweinefleisch und Wurst sowie genügend Sauerkraut.

Seitdem Deutsch-Österreich auf sich selber reduziert, das Rustikale Mode geworden und das Geld eher knapper geworden ist, erfreut sich die Wiener Urkost eines regen Zuspruchs – ungeachtet des Einspruchs moderner Ernährungswissenschaftler wie der Warnung des barocken Bußpredigers Abraham a Sancta Clara: Die edle Seele möge nicht von der groben Schmerwampen unterdrückt werden.

Zwischen barocker Überschwenglichkeit und moderner Schwelgerei stand die Zeit des Wiener Kongresses. Sie trug politisch wie gastronomisch ein Doppelgesicht. Das eine schaute in die Vergangenheit: Die Potentaten, die Napoleon, den Erben und Vollstrecker der Revolution, gestürzt hatten, wollten die vorrevolutionäre Welt restaurieren – die alte Staats- und Gesellschaftsordnung wie die kulinarische Üppigkeit des Ancien régime. Die Menschen im allgemeinen und die Wiener im besonderen wollten sich restaurieren, nach den Unbilden eines kriegerischen Vierteljahrhunderts. Vom großen Welttheater hatten sie genug; ihnen genügte die heimische, die häusliche Bühne: eine bescheidene Hausfrau und tüchtige Köchin, Freunde, die mitzuhalten verstanden beim stillen Genuß des kleinen Glücks, eines einfachen aber nicht eintönigen Mahles. Neben den aufgewärmten Höfling trat der neugebackene Biedermeier, und er schaute nach vorne: in die anhebende Ära des Bürgertums und in die klassische Epoche der Wiener Küche.

Der Inbegriff des biederen Phäakentums, des Einfach-Guten wurde das Rindfleisch – wovon sich nur ein Wiener einen Begriff machen kann, von der Bedeutung dieses gelassen ausgesprochenen, großen Wortes, das so viel umfaßt: »Fotzmaul, Bibergoschen, Ohrwangel, Kamm, Halsdrüssel, Stich, fettes Meisel, mageres Meisel, Brustkern, Wadschunken, Bratzel, Zapfen, G'schnattes, Hüferschwanzel, Beiried, Lungenbraten, Rindhüfel, Bauchfleisch, Rostbraten, Zwerchried, dünnes Kügerl, dicker Spitz, schwarzes Scherzel, weißes Scherzel, Kruspelspitz, Rieddeckel, Zwerchspitz, dickes Kügerl, Schulter, Schlepp«, wie Eduard Pötzl einzelne Teile des Ganzen benennt, des »einzigen, delikaten, mürben, saftigen, unübertrefflichen, herrlichen, geliebten, ersehnten Wiener Rindfleisches.«

Superlative, die einen Superlativ haben: den Tafelspitz, das gesottene, doch saftig und substanziell gebliebene Gustostückerl, von dem selbst ein Pinzgauer Mastochse nur fünf Kilo hergibt. Friedrich Torberg befand, daß der Tafelspitz vom Sacher sowohl im Zuschnitt wie in der Zubereitung, mit Apfelkren wie mit kalter Schnittlauchsauce – und umsichtig gerösteten Erdäpfeln – »einen absoluten Gipfel der Kochkunst« darstelle. Man soll diese wahrhafte Götterspeise immer noch im Sacher bekommen, trotz der etwas konterproduktiven Reklame eines durch das Fernsehen bekannt gewordenen Portiers.

Wo Rindfleisch ist, kann die Suppe nicht weit sein. Ein rechter Wiener Koch beziehungsweise eine resche Köchin weiß genau, daß es zwei Grundarten von Rindfleisch gibt:

eine, die zum Speisen bestimmt ist, und deshalb, im Stück sorgfältig ausgewählt, in kochendes Wasser kommt, wo sich die Poren sogleich schließen und Saft wie Kraft eingeschlossen bleiben. Und Rindfleisch, das zur Suppe vorgesehen ist, ein weniger kostbares, aber nicht minder inhaltsreiches Stück, das im kalt angesetzten Wasser seine Substanz verströmt, eine Suppe gibt.

Der Suppenkaspar ist kein Wiener Kind. Alexander Sacher-Masoch fragte bei Tische Franz Theodor Czokor, ob er noch Suppe wolle, und dieser antwortete: »Ja, bitte, noch zwei Teller.« Weil ein Wiener so gern und so viel Suppe ißt, konnte sich das Hors d'oeuvre in Wien nie breitmachen. Zur Freude eines Gastrosophen wie Paul Reboux, für den ein »Gemenge von Fisch, Gemüsen, Fleisch, Eiern, die man mit kalter Essigbrühe vorzusetzen pflegt«, nichts Einstimmendes, sondern den Magen Verstimmendes und die Verdauung Verletzendes hat. Und zur Genugtuung der Ernährungswissenschaftler, welche – wie Franz von Schrottenberg – die Suppe empfehlen, weil: erstens, die halbflüssige Konsistenz der Suppe es dem Körper leicht mache, sich die wichtigen Bestandteile zu entnehmen, und zweitens, vor allem eine klare und leicht gebundene Suppe den Leitsatz einer zeitgemäßen Ernährung bestätige – satt werden mit wenig Kalorien und Kohlehydraten, aber genügend wertvollen Nährstoffen.

Letzteres ist kaum das Motiv der Wiener Suppenliebhaber. Kräftig muß zwar die Suppe sein, und die Einlage ebenso nährend wie schmackhaft. Aber die Suppe – sieht man von den Eintöpfen, den dicken Bauernsuppen ab – hat keineswegs die Aufgabe, den gesegneten Appetit auf das Hauptgericht zu dämpfen, wenn nicht gar wegzunehmen. Der Wiener ißt seine Suppe, um den Magen einzustimmen, ihn mit ein paar Takten fürs erste zu trösten und sein Verlangen nach dem Einsatz des Orchesters zu steigern.

Vielfältig und vielversprechend ist dieser Auftakt. Das Grundthema ist die klare Rindssuppe, die Variationen spielen die Einlagen – die Mehlspeisen-Tonleiter hinauf und hinunter: Backerbsen und Eingetropftes (aus Einlaufteig), Gerstel und Frittaten, Grießnockerl und Lebernockerl, Bröselknödel und Markknödel, Brandteigkrapfen und Schlickkrapfen, Biskuitschöberl und Hirnschöberl, Lungenstrudel und Milzschnitten. Rindssuppe hoch Mehlspeise, das ist Wien in der Potenz.

Mehlspeise als Vorspeise – aber auch und nicht zuwenig als Hauptspeise, als Nachspeise, als Zwischenspeise. Das Fleisch liebt der Wiener eher à la nature, ohne eine das Wesentliche verbergende Verkleidung, wie beim Rindfleisch. Oder in Verhüllungen, die das Wesentliche, den Saft und den Geschmack des Fleisches erhalten, wie die Panier beim Wiener Schnitzel oder Backhendl. Klassisch-einfach sind die drei wichtigsten Fleischgerichte, klassizistisches Biedermeier und ärarisches k.u.k. Das österreichische Barock webt und lebt in den Mehlspeisen weiter, in Hülle und Fülle, in sättigender Ordnung und naschbarem Ornament, im Marmorgugelhupf und Hefekranz, in Germschnecken, Schlosserbuben-Putten, Buttercremestuck und Schlagoberwölkchen.

»Welche Flora von Mehlspeisen gibt es hier! Sie erfordern einen zweiten Linné, der sie ordnet, klassifiziert, benennt; ich vermag es nicht, ich genieße sie bloß!« Jean Charles, der französische Genießer des Wiener Biedermeier, hätte, ohne von den Proben aufs Exempel lassen zu müssen, einige Grundarten der Wiener Mehlspeisen registrieren können.

Zunächst die Suppen-Mehlspeisen, von denen wir bereits gekostet haben. Dann Mehlspeisen als Hauptgerichte oder als Beilage zu ihnen. Hier gibt es ungesüßte Mehlspeisen, die hauptsächlichen wie Fleischstrudel, Schinkenfleckerl und die mit Gemüsen oder Pilzen gefüllten Palatschinken, wie in Österreich die Pfannkuchen heißen. Ungesüßte Mehlspeisbeilagen sind unter vielen anderen Semmelknödel, Erdäpfelknödel (zu denen in Wien auch Semmel kommen) und Mehlnocken. Zu den süßen

Hauptgerichten zählen Scheiterhaufen und Kaiserschmarren; der Übergang zu den Nachspeisen ist fließend.

Zum Dessert gibt es in Wien kaum Pudding, und schon gar nicht jenes in gastronomisch gottverlassenen Gegenden als »Götterspeise« bezeichnete schwabbelige und giftrote Gericht, das ein Wiener zu beruhigen suchte: »Zitter nicht, ich freß' dich nicht!« Was der Wiener liebendgern und bis zum letzten Brösel ißt, sind göttliche Mehlspeisendesserts, etwa Rahmpalatschinken, Germknödel, Marillenknödel und die ganze Strudelschar, Apfelstrudel, Mohnstrudel, Topfenstrudel, Milchrahmstrudel, lauter Glück und Segen.

Gebäck und Torten sind zeitlich zwischem dem Dessert des Mittagstisches und dem Ende der Nachmittagsjause angesiedelt, lokal in Restaurants, Cafés und Konditoreien. Wer zählt die Arten, nennt die Namen! Von Beugeln und Buchteln über Windbeutel und Cremeschnitten bis zur Nußtorte oder Sachertorte in der Original-Sacher wie in der Demelschen Version. Dazu kommt noch saisonales Süßes: Faschingskrapfen und zu Weihnachten Lebzelten, Kletzenbrot, Vanillekipferl, Elisenbusserl, Hausfreunderl, Mandoletti und Nußkaprizen.

Der Zuckerbäcker, dieser alle süßen Materien gestaltende Barockkünstler, ist das leuchtendste Sternzeichen am Himmel der Wiener Gastronomie. Zu anderen Künsten stand es stets in günstiger Konstellation. Im Burgtheater servierten in den Pausen die livrierten »Numeros« Burgtheaterkrapfen und Linzer Torteletts aus der Hofzuckerbäckerei. Ferdinand Raimund, der Verfasser des »Verschwenders«, war Zuckerbäckerlehrling gewesen, dieser illusionslose Phantast, der wußte, daß die phantastischsten Süßigkeiten eine bittere Stimmung hinterlassen, dann nämlich, wenn man der Versuchung erlegen ist, zuviel davon zu sich zu nehmen, aber auch, wenn man zu früh damit aufgehört hat.

Ein inniger Zusammenhang besteht zwischen den süßen Sachen und dem schönen Geschlecht, nicht nur, was den Umfang der Konsumation, sondern auch was die Güte der Produktion betrifft. Eine Strudelbäckerin, sagt man in Wien, ziehe den Teig deshalb so dünn aus, damit sie durch ihn hindurch Liebesbriefe lesen könne. »Die Kochkunst ist hier eine wirkliche, heilige Kunst; unter jedem Rauchfang findest du eine Muse«, bemerkte Jean Charles. Gasterea ist hier ein weiblicher Pluralbegriff. Nicht die wenigen gerühmten Köche, sondern die unzähligen unbekannten Köchinnen haben die klassische Wiener Küche geschaffen. Sie entstand nicht in der Öffentlichkeit von Hoffesten und Nobelrestaurants, sondern in der Intimität des Bürgerhauses – wo sie immer noch gepflegt wird, von Wiener Hausfrauen, den Goldstücken dieser Gattung.

Wohl dem, der zur Tafel in ein solches Haus geladen wird; nirgendwo kann die Wiener Küche besser erfahren und angenehmer genossen werden. Wem dieses Glück nicht beschieden ist, verzage nicht: Die Wiener Gaststätten, die von früheren Reisenden als nicht gerade einladend geschildert wurden, haben sich inzwischen bemüht, die Vorurteile nach besten Kräften zu widerlegen. Jedenfalls: Im Klarinettl mußte noch keiner Purzelbaum schlagen.

Hürden gibt es noch immer. »Wer kein Stammgast ist, hat überall in Wien ein schweres Leben, aber man wird rasch Stammgast«, behauptet Otto Friedländer. Das gilt nicht für große Hotels und Moderestaurants, wo der Tourist wie eine Eintagsfliege behandelt wird. Auch nicht für eine an Tradition ebenso reiche wie davon beladene Institution wie die Konditorei Demel, deren an Stiftsdamen gemahnende Bedienerinnen nur angestammten Literaten Anlaß zu respektvollem Lob geben mögen. Bediener wie der von Friedrich Torberg gefeierte Oberkellner Franz Hnatek – ein Herr in »ungleich höherem Maße als mancher von denen, die er bediente« – sind eine rare Spezies geworden. Nur noch selten findet man einen Ober, der »mit soignierter Gebärde seine hochgewachsene Gestalt dem Wunsch des Gastes neigt«, der ihn zu fragen weiß, ob er essen, speisen oder zu speisen belieben möchte.

Mit den Bedienern haben sich die Bedienten geändert; denn selbst ein eingesessener Stammgast würde es heute kaum noch wagen, sein Leibgericht wie jener alte Wiener zu bestellen: »Bring'n S' mir ein' Tafelspitz, wenn er schön is. Daß S' mir ja nicht das Ortsstückel bringen, wo die viele Fetten dran is, und ganz aus der Mitten mag ich'n auch nicht, weil da der untere Teil immer zach is und trokken und schaun S', daß mir keine Suppenfetten draufkommt, die kann ich auch nicht leid'n, nur ein bissel klare Suppen soll draufkommen.«

Am ehesten wird man ein – wenn auch nur entfernt zu derartigen Extravaganzen berechtigter – Stammgast in einem Beisel, einer Gasthausform wie einer Bewirtungssubstanz, die Wiener Entsprechung eines Pariser Bistros oder einer römischen Trattoria. In der von Ring und Donau eingeschlossenen Altstadt ist es weniger daheim, am ehesten noch in Innenhöfen versteckt, wie der von Touristen bereits aufgespürte »Figlmüller«, was diesen aber bislang nicht von seiner grundsoliden Geradlinigkeit abzubringen vermochte. Im allgemeinen ist das Beisel ein Vorstadtgewächs, wurzelnd in einem prae-urbanen Erdreich, in einer unverbildeten, gemütlichen Atmosphäre gedeihend, mit hausgemachten Spezialitäten: Würsten aller Art, Geselchtem, Krenfleisch und Wiener Schnitzel, die über den Tellerrand hinaushängen.

Ein richtiges, sein Beisel muß man selber finden, oder es fällt dem Sonntagskind in den Schoß. Wie mir. Bei meinem ersten Wienbesuch war ich Sonntagvormittag in der Stephanskirche, bei den Sängerknaben und in den Schauräumen der Hofburg gewesen. Beflügelt vom Bewußtsein erfüllter Pflicht wie von der Vorfreude auf verdiente Belohnung schritt ich zu einer renommierten Gaststätte, deren Adresse ich dem verkehrsverbandsamtlichen Restaurant-Führer (ein wichtiges Hilfsmittel) entnommen hatte. »Sonntags geschlossen« stand an der Tür, vor der ein Gitter heruntergelassen war. Ich erinnerte mich eines weiteren empfohlenen Restaurants in der Innenstadt und eilte dorthin. Geschlossen. Die aufkeimende Existenzangst klärte meinen Kopf so sehr, daß mir der Name eines Gasthauses beim Westbahnhof einfiel, das mir ein Wiener Freund (die ideale Auskunftei) angeraten hatte.

Mit einiger Mühe und strapazierter Geduld trieb ich ein Taxi auf, bat um beschleunigtes Tempo und konnte dann schon vom Wagen aus das Schild erkennen: »Sonntags geschlossen«. Ich klagte mein Leid dem Taxichauffeur. Er hörte mich an und erhörte mich. Nach etlichen Insultationen gegen die Behörden im allgemeinen und gegen die Gastronomen im besonderen trat das goldene Herz des Wieners in Aktion; auf nur geringfügigen Umwegen brachte er mich zu seinem Beisel – in eines jener Refugien, in denen die echten Wiener und die ursprüngliche Wiener Küche das Ungute der Zeiten überdauern.

Das Beisel war grün gekachelt, Hirschgeweihe hingen an den Wänden, und es war gerammelt voll. Als Protektionskind wurde ich in eine Tischgemeinschaft aufgenommen. Die Menu-Mittellinie, die ich aus den vielfältig und detailliert gegebenen Vorschlägen meiner Nachbarn und der mütterlich besorgten Kellnerin bezog, erwies sich als höchst zufriedenstellend: Leberknödelsuppe, Lungenbraten (Ochsenlende) mit Rahmsauce und Semmelknödel, hinterher Schlosserbuben, Zwetschken, die Mandeln anstelle der Kerne bekommen hatten, in Backteig gehüllt in schwimmendem Fett gebacken worden waren und mit Vanillecreme serviert wurden. Das Bier kam aus Böhmen, Budweiser vom Faß, das Stammbier, von dem eine in Amerika vorkommende Abart aus Blechdosen getrunken werden soll.

Typisch wienerisch sind auch die »Keller«, aber diese werden nicht jedem gefallen, es sei denn, er habe gerade den zu ihm passenden gefunden. Die Unterschiede in dem, was, wie und wem es geboten wird, sind groß. Die »Keller« liegen alle tief, sind jedoch von unterschiedlichem Niveau. Die einen gleichen Katakomben der bajuwarischen Vorzeit, andere einem Untergrund, in dem unterdrückte

Völker der k.u.k.-Monarchie immer noch aufzubegehren scheinen, wieder andere ähneln Unterständen, in die sich Wiener vor dem Tagesstreß geflüchtet haben, Typen, die wie der »Herr Karl« meinen: »Wenn i traurig bin, muß i fressen« (und saufen). Es gibt auch Keller für Herren, die mit dem Nachnamen angesprochen werden, mit akzeptabler Küche, wo es aber passieren kann, daß man Geschäftsgespräche von deutschen Messebesuchern mitanhören oder gar mitansehen muß, wie eine Amerikanerin Ketchup über das Maigansl kippt.

Im Wiener Kaffeehaus staunt eher ein Amerikaner: »Hier liest man Zeitungen an Stöcken, die man in der Hand hält, trinkt weitaus mehr gewöhnliches Wasser als irgendein anderes Getränk und hat den Eindruck, daß alle Leute in dieser interessanten Stadt unsäglich viel Zeit haben.« Wichtiger als die Konsumation ist hier die Kommunikation, vorab mit sich selber. »Man kann allein sein, ohne sich allein zu fühlen – das ist dem Wiener die liebste Form der Geselligkeit«, erklärte Otto Friedländer. »Du haßt und verachtest die Menschen und kannst sie dennoch nicht missen – Kaffeehaus!«, riet Peter Altenberg. Und Alfred Polgar fügte hinzu: Das Kaffeehaus sei »kein Café, sondern eine Weltanschauung, und zwar eine, deren innerster Gehalt es ist, die Welt nicht anzuschauen«.

Immerhin wird im Kaffeehaus auch Kaffee getrunken, von jenen, denen er ein »Aphrodisiacum des Geistes« bedeutet, und den anderen, die ihn einfach mögen. Der Kaffee kam relativ spät und eher zufällig nach Wien: 1683 ließen die Türken beim überstürzten Abbruch der Belagerung mehrere Säcke zurück; der Pole Kolchitzky erhielt sie als Belohnung für seine Verdienste um Kaiser und Stadt, und errichtete auf diesem Grundstock das erste Kaffeehaus, »Zur blauen Flagge«. Das »Kamelfutter« war für die Wiener keine Liebe auf den ersten Blick. Nach und nach gewöhnten sie sich daran, lernten Kaffee schätzen, begannen den arabischen Spruch zu verstehen: »O Kaffee: du zerstreust die Sorgen, du bist das Getränk der Gottesfreunde, du gibst Gesundheit denen, die danach streben, Weisheit zu erwerben. Nur der vernünftige Mensch, der Kaffee trinkt, kennt die Wahrheit.«

Was aber ist Wahrheit? Die Pilatus-Frage haben die skeptischen Wiener mit verschieden großen Tassen unterschiedlichen Inhalts beantwortet, damit jeder nach seiner Kaffeefaçon selig werden könne. Es gibt zwei Hauptkonfessionen: Kaffee, der unmittelbar nach dem Essen getrunken wird, die Verdauung fördern soll und deshalb schwarz und bitter sein muß. Und Kaffee, der an und für sich genommen wird, aus weniger bitteren Bohnen besteht und zudem mit mehr oder weniger Milch oder Schlagobers gemildert werden kann. Da gibt es den kleinen und den großen Braunen, die Schale Gold oder Nußbraun, Kapuziner, Einspänner und Melange, ferner die leicht Alkoholisierten, Mazagran (mit Rum) und Margiloman (mit Kognak). Ihr ständiger Begleiter, Vorhut wie Nachhut, ist das Glas Wasser, das immer wieder erneuert wird, erneuert werden sollte.

Was einem zu welcher Zeit und in welcher Stimmung am besten schmeckt, muß man selber herausfinden. Ebenso, wo man den Kaffeekult am liebsten zelebriert. Natürlich sollte es eines der alten Kaffeehäuser sein, die dem Ansturm der italienischen Espresso-Bars und der Stehausschänke von Kaffeegroßfirmen standgehalten haben. Etwa das »Landtmann« neben dem Burgtheater, ein traditionsreiches Ringstraßencafé, am Schnittpunkt von Kunst, Politik und Geschäft. Oder das »Prückel«, wo im Hinterzimmer gespielt wird, von älteren Damen, die Rouge auf den Wangen haben, und älteren Herren, Illustrationen zu den Romanen von Joseph Roth, Pessimismus in jeder Falte des Gesichts. Wer künstlerische Ambitionen vorgibt und junge Mädchen treffen will, der geht ins »Hawelka«: an den Wänden Bilder, die nach Äquivalenten für Zechschulden ausschauen, ein Bretterboden, braungebeizt wie Kautabak, Marmortischchen, durchgesessene Plüschsofas, eine Wanduhr, die eine Minute nach Zwölf stehengeblieben ist – und als Gäste lärmende, schnelltourige, vorgehende Chronometer.

Eine zeitlose Einrichtung scheint der »Heurige« zu sein. Ein alter Brauch ist es sicherlich: das Ausstecken von grünen Buschen, zum Zeichen dafür, daß in diesem Haus der »Heurige«, der junge Wein der neuen Ernte, vom Weinbauern direkt und ohne Umschweife ausgeschenkt wird. Inzwischen ist der Wein in und um Wien weniger geworden – mit einem Anteil von etwa eineinhalb Prozent an der Gesamtfläche in Österreich –, doch die Heurigenlokale in Grinzing, Heiligenstadt, Nußdorf und Sievering haben sich vermehrt, und zwar um Etablissements, die mit den Weinbauernschenken (die es auch noch gibt) nur die geographische Lage gemeinsam haben. Hier darf nicht der Korb mit der mitgebrachten Zukost ausgepackt werden, es gibt opulente Buffets oder eine Menukarte – und es wird in einem Jahr mehr »Heuriger« ausgeschenkt, als in mehreren Jahren wachsen und gekeltert werden kann.

Es wird auch anderer als Wiener Wein ausgeschenkt, was für den Zecher kein Schaden ist. Österreich ist nach wie vor ein gesegnetes Weinland, und man sollte sich die Lust am Kosten der mannigfachen Arten und Lagen nicht durch die Erinnerung an einen exportierten »Gumpoldskirchner« verleiden lassen, einen Wein, mit dessen guten Namen ähnliches Schindluder getrieben wird wie mit der in Amerika konsumierten »Liebfrauenmilch«. In Niederösterreich (Wachau, Weinviertel, Südbahngebiet), im sonnigen Burgenland und in der weniger sonnenverwöhnten Steiermark wächst Wein, meist weißer, das Gros ein mehr oder weniger trefflicher Kneip- wie Tischgenosse.

Der Wiener Wein gehört nicht zu den Ruhmesreben Österreichs. Dennoch wird er von Einheimischen wie Zugereisten an Ort und Stelle getrunken. Die Erklärung gibt ein von Helmut Hochrain zitierter Weinbeißer: »Man trinkt in Wien nicht, weil der Wein besonders gut ist, sondern weil die Welt so schön ist. Und am allerschönsten ist die Welt halt beim Heurigen in einem Wiener Buschenschanklokal.«

Der »Heurige« ist im Grunde kein Wein, sondern eine Stimmung, die von den Heurigen-Liedern in der gewünschten Seelenlage gehalten wird: Man trinkt und trinkt, weil die Welt in Wien schön ist, früher noch schöner war und nie mehr so schön sein wird.

Athen

Mythen und Mystifikationen

Wer in Athen zu Abend ißt, griechisch natürlich, farcierte Weinblätter, die nach Herbstlaub schmecken, ledernen Octopus oder einen jener Eintöpfe, in denen das Fleisch einem Öltanker gleicht, der in seiner ausgelaufenen Ladung untergegangen ist – wer so genachtmahlt hat, der könnte während der dadurch bedingten schwierigen Einschlafprozedur auf den Gedanken kommen, daß ein Zusammenhang zwischen der Geschmacklosigkeit und Schwerverdaulichkeit griechischer Kost und der Entstehung griechischer Mythen bestünde.

Man denkt an die Göttermutter Hera, die dem Göttervater Zeus das Herz des von den Titanen in Stücke geschnittenen Dionysos, seines Sohnes, vorsetzte. Die Mänaden zogen durch die Lande, riefen nach Bakchos, zerfleischten Tiere des Waldes und verschlangen das rohe Fleisch. Prometheus, der den Menschen das ihnen von Zeus entwendete Feuer zurückgab, wurde von diesem an einen Felsen gekettet, und ein Adler hackte pausenlos an der Leber des Menschenfreundes. Herakles fing den erymanthischen Eber, die kerynitische Hirschkuh, die stymphalischen Vögel, den kretischen Stier und raubte die Äpfel der Hesperiden; er soll in Gefangenschaft das Sklavenbrot nicht verschmäht, doch lieber sich mit knackenden Kinnladen und knirschenden Backenzähnen an Ochsen gehalten haben; zwei davon schaffte er, mitsamt den glühenden Kohlen, auf denen sie gebraten worden waren. Der Kyklop Polyphemos verschlang sechs der Gefährten Odysseus, mit Haut und Haar, ohne Salz und Pfeffer – und nicht wie später Euripides dichtete:

»Ich ergreife euch alle, meine teuren Freunde;
Ich lasse euch schmoren, kochen, auf dem Rost über Kohlen zubereiten,
Am Spieß braten, um euch in Salzwasser zu legen,
In eine saure Sauce,
Eine bittere, eine Knoblauchsauce,
Wenn sie hübsch siedend ist;
Und derjenige, der mir am besten zubereitet scheint,
O tapfere Krieger,
Sei derjenige, den ich zuerst verschlinge.«

Das klingt schon deshalb unglaubwürdig, weil es gesicherte Tradition ist, daß Griechen noch nie schmackhafte Saucen zu komponieren vermochten. Bereits in den »Vögeln« des Aristophanes beklagen sich diese nicht etwa, daß man sie fange, töte, zum Markte trage und sie dort von jedem befingern lasse, sondern darüber, daß man sie mit einer Sauce aus Essig, Öl, Honig, Silphion und Käse begieße. Auch »hübsch siedend« kann eine griechische Sauce nie gewesen sein; noch heute werden die Gerichte höchstens lauwarm serviert.

Überdies wurde zu Homers Zeiten das Fleisch nicht gekocht, sondern über offenem Feuer am Spieß gebraten – was heute noch geschieht, zur Genugtuung der Traditionalisten wie der Esser, obschon die sagenhaften Spieße zu prosaischen Spießchen degeneriert sind. Dennoch ist ein Souvlakia, besonders mit Stückchen jungen Lammes, ein klassisches Gericht geblieben, bei dem aus Fleischduft und Feuerruch die Erinnerung an die Helden Homers aufsteigt:

»Sprach's und erhob sich in Eil', und ein Schaf weißwolligen Vließes
Schlachtet er; Freund' entzogen die Haut und bestellten es klüglich,
Schnitten behend in Stücke das Fleisch und steckten's an Spieße,
Brieten es dann vorsichtig und zogen es alles herunter.
Aber Automedon nahm und verteilte das Brot auf dem Tische,
Jedem im zierlichen Korb, und das Fleisch verteilte Achilleus.
Und sie erhoben die Hände zum lecker bereiteten Mahle.«

Die alten Griechen sollen aber nicht selten die Hände vor weniger lecker bereiteten Mahlzeiten erhoben haben, in Ergebung in Unvermeidliches. So die Spartaner vor der täglichen Ration Blutsuppe, die ihnen Lykurg als Grundverpflegung eines kriegerischen Volkes oktroyiert hatte – eine Art Schwarzsauer aus Schweineblut, Speck, Essig und Gewürzen. Opulent war auch der Speisezettel der Athener nicht: Brotfladen, Mehlbrei, Olivenöl, Eier, getrocknete Fische, Schweinefleisch, Gemüse wie Bohnen, Kohl, Lattich und Linsen, Zwiebel und Knoblauch; Schafs- und Ziegenkäse, Feigen, Honig und – schon damals – geharzten Wein. Gegessen wurde mäßig, im allgemeinen zwei Mahlzeiten am Tage. »Und doch gibt es viele«, bemerkte Hippokrates, »die drei vollständige Mahlzeiten am Tage vertragen, wenn sie sich daran gewöhnt haben«.

Die Mägen wurden größer, die Gaumen feiner, die Ansprüche größer. Weg von der heimischen Kargheit und hin zur Üppigkeit der Fremde zog es immer mehr Hellenen. Beispielsweise den Archestratos aus Gela, der die alte Welt bereiste, in jeden Kochtopf guckte, alles probierte, neue Gaumengenüsse entdeckte und sie in seinem Lehrgedicht »Hedypatheia« (»Wohlleben«) den Zuhausegebliebenen zu vermitteln suchte. Die Griechen, die in Gegenden siedelten, wo mehr wuchs und von jeher besser gegessen worden war, entwickelten sich zu Schlemmern, vorab die Sybariten in Sizilien, deren Name zum Synonym für zungenspitzfindige Prasser geworden ist.

Die gastronomischen Errungenschaften der Pflanzstädte wurden dem Mutterland, vornehmlich der Metropole Athen, nicht vorenthalten. Sizilianische Köche waren gesucht, und sie erhielten Gelegenheit, ihre Künste bei den in Mode kommenden Gastmählern zu zeigen. An das Essen, das den Hunger mehr oder weniger gekonnt stillte, schloß sich ein Trinkgelage an, das Symposion. Der starke Wein wurde mit Wasser verdünnt, was die quantitative Aufnahmefähigkeit steigerte, ohne die Wirkung des Alkoholflusses zu mindern. Immer angeregter wurde diskutiert, über die Götter und die Welt, schließlich nur noch über letztere, animiert von Flötenspielerinnen und Hetären.

Da bei einem Symposion – selbstredend bei Plato – auch philosophiert wurde, sind wir darüber einigermaßen im Bilde, während uns die asketischen Mönche des Mittelalters die meisten griechischen Kochbücher und damit eine genauere Kenntnis der Spezialitäten und Speisefolgen vorenthalten haben. Immerhin können wir aus dem Umstand, daß das Trinkgelage und die mit ihm verknüpften Verrichtungen für wichtiger als die Tafel und die auf sie kommenden Gerichte gehalten wurde, einige Schlüsse ziehen.

Dennoch haben sich Humanisten, in erster Linie französische, einige Mühe gegeben, die gastronomische Seite des

Griechentums zu rekonstruieren. So enthält Jean Jacques Barthélemys 1788 erschienene »Voyage du jeune Anacharsis en Grèce« die Beschreibung eines athenischen Gastmahls, die Eugen von Vaerst in seiner »Gastrosophie« (1851) ins Deutsche übertragen und auf den neuesten Wissensstand gebracht hat. Unter vielem anderen soll aufgetischt worden sein: Schnepfenpastete, Hummer, Muräne, Steinbutt, Stör, Kapaun, Frischling, Hase, Reh, und dies alles in raffiniertester Zubereitung und in luxuriöser Aufmachung – denn zu demonstrieren war, daß im klassischen Athen neben Philosophie und Kunst auch die Gastronomie die kaum mehr erreichbare und schon gar nicht mehr zu überbietende Spitze erlangt hätte.

Dem heutigen Athen gilt Plato nur noch platonisch, die Akropolis ist umweltgefährdet und die alt-griechische Küche, die spartanische Einfachheit wie die athenische Üppigkeit, ist schon längst von einer fremden Umwelt überlagert. Selbst ein Griechenland-Liebhaber wie Eckart Peterich muß feststellen, daß sich das Griechische, was den Menschenschlag wie die Kunstformen betrifft, in Unteritalien besser als in Hellas erhalten habe, und daß er sich jedesmal, wenn er sich in Piräus einschiffe, auf die erste Mahlzeit in Italien freue.

Wer umgekehrt von Italien nach Griechenland kommt, vermeint einen kräftigen Hauch Orient zu verspüren. Mit verbundenen Augen das Flugzeug verlassend, könnte man nicht genau sagen, ob man in Athen oder in Istanbul gelandet wäre – hier wie dort wird man vom Ruch des über Holzkohlenfeuer gerösteten Hammelfleisches empfangen. Dem Kenner steigt er vielversprechend in die Nase, ob ihn nun ein türkisches Schischkebab oder ein griechisches Arni Souvlakia erwartet. Selbst hellenische Nationalisten müssen zugeben, daß eineinhalb Jahrhunderte nach Missolunghi und Navarino immer noch das Türkische in der griechischen Küche dominiert.

Was die Türken nach fast vierhundertjähriger Herrschaft hinterlassen haben, sind eher gastronomische Pluspunkte. Schischkebab und Dönerkebab halten auch die griechische Küche in der Horizontalen wie in der Vertikalen zusammen: die Hammelfleischspießchen, die in der Waagerechten geröstet werden, und der senkrecht vor Holzkohlenglut sich drehende Hammelfleischkoloß, von dem mit Messern wie Janitscharensäbeln das Gargewordene heruntergeschnippelt wird. Von den Vorspeisen (griechisch Meses, türkisch Mezes) bis zum süßen Mandelhoniggebäck (griechisch und türkisch Baklava) ist das Türkische gegenwärtig. An die Osmanen erinnert nicht zuletzt der Kaffee, den man zwar als griechisch zu bezeichnen hat, der aber nach türkischer Art gebraut ist – und in dem eher orientalischen als europäischen Kaphenion genossen wird.

In Athen wie in Istanbul werden auf der Straße mit Sesam bestreute Weißbrotkringel angeboten, diese knusprigen, goldgelben Krönchen eines Stadtbummels. Das Weizenbrot ist hier wie dort vortrefflich, kernig, herzhaft ohne Sauerteig-Dissonanzen, zu allem harmonierend, in der Tat »das vermittelnde Prinzip« zwischen den Speisen, den Nationen, den Klassen – wie ein griechischer Kleinbauer soll der Großreeder Onassis vor und zu allem das hausgebackene Weißbrot geschätzt haben.

Die Ägypter vermittelten den alten Griechen, die von Hause aus Gerste aßen, den Weizen, der ihr tägliches Brot wurde, um das sie ihre Götter baten, vornehmlich Demeter, die Göttin der Ackerfrucht. Ihr Heiligtum war Eleusis, wohin alljährlich im Herbst, nach der Ernte, die Athener pilgerten, einen aus Weizen und Honig gebackenen Pflug vor sich hertragend. Der Mysterienkult von Eleusis galt dem Geheimnis des Werdens des Korns und damit eines Elements des Daseins, des Grundnahrungsmittels Brot. Die im Mysteriengesang als »Ährenernährerin, Allesgeberin, Göttin der Tennen« gefeierte Demeter wurde von Kallimachos, dem griechischen Ovid, begrüßt:

»Willkommen, die das Brot uns gibt, das Korn uns gibt,
Demeter.
Den Wagen mit dem Korne ziehn vier blanke Schimmelstuten:
So blinken soll der Frühling uns, soll Sommer uns und Winter,
So blinken soll uns auch der Herbst. Das bringt der großen Göttin
Allmacht uns mit, das läßt sie uns bis nächstes Jahr genießen.«

Das Brot und den Wein, den Grundakkord des Lebens. Die alten Griechen schätzten die weißen, gelben und roten Weine aus Thasos, Lesbos und Chios, den Wein überhaupt, den sie das nützlichste Getränk, die schmackhafteste Arznei und das angenehmste Nahrungsmittel nannten. Euripides sprach vom »Restaurateur der Kraft«, Aristophanes vom »Tatbeförderer«. Als Gott des Weins (und des Theaters) wurde Dionysos verehrt, vor allem beim Weinerntefest. Noch immer wird es jeden September gefeiert, in Dafni bei Athen. Einheimische wie Fremde sitzen unter Pinienschirmen, trinken den süffigen Wein, bestätigen in etwa die Meinung der Alten, wo guter Wein sei, wären auch gute Sänger nicht weit, und es wird getanzt bis in die Nacht hinein.

Der griechische Wein vermag sogar über Unzulänglichkeiten des griechischen Essens hinwegzutrösten. Etwa die trockenen, aber nicht zu trockenen Weißweine aus Achaia oder Attika in Flaschen, Cambas-Hymettos, Demestika, Santa Helena, oder der herbe Weiße aus Korfu, den das Hotel-Restaurant des »Grande Bretagne« in Athen ausschenkt. Angenehme Rotweine kommen von Rhodos und Kreta. Die oft gespritzten Süßweine – so der Moskado von der Insel Samos – werden nach Nordeuropa exportiert.

Die Griechen halten sich hauptsächlich an den Retsina, den geharzten Wein, auch an geharzten Kokkineli Rosé. Seit Homers Zeiten wird Wein mit dem Harz der Seekiefer versetzt, die dem Poseidon heilig war. Griechen schätzen diesen heimatlichen Duft, Fremde akzeptieren ihn als Tribut an den Mythos Griechenland. Retsina schmeckt nach Terpentin oder nach Apotheke; eine Magenmedizin ist er auf alle Fälle. In besseren Lokalen wird er in Kupferkännchen, in einfachen in Aluminiumkännchen serviert. Ausgepichte pflegen ihn auf die Probe zu stellen: Sie geben ein paar Tropfen in die linke Handfläche, verreiben diese mit der rechten Hand; wenn die Hände nicht essigsauer riechen, ist der Retsina approbiert.

Simpler Wein und schlichtes Brot – das Originäre ist in Griechenland das Originelle. Die griechische Kost sei liebenswert durch einen ländlichen Zug, schreibt Erhart Kästner und schwärmt vom Hirtenmahl in Arkadien, »dessen Gaben bescheiden und schlicht sind, aber geadelt von dem Dank, mit dem sie ein jeder genießt.« Auch und gerade in Athen wird man für das Einfach-Gute dankbar sein, mit oder ohne Adelsprädikat. Wie überall, wo die Kochkunst im Argen liegt, muß man zurück zur Natur, möglichst nahe an das Ausgangsprodukt heran, unter entsprechender Umgehung der Köche und Vermeidung ihrer Eingriffe. Man kann aus dieser Not eine graecophile Tugend machen oder einfach das kleine Glück genießen, das dem gastrosophischen Simplicius Simplicissimus winkt.

Das lockt und verlockt in diesem Arkadien: Oliven, Pistazien und Melonen; Tomaten, Gurken und Auberginen, die keinen Kunstdünger nötig hatten; Obst, das an der Sonne gereift ist und nicht im Lagerhaus verkaufsfertig wurde; Eier, die Hühner gelegt haben, die an wilden Kräutern naschen durften; Garnelen und Fische, frisch aus einem einigermaßen sauberen Meer; Lämmer, die sich ihre Gräslein und Hälmlein auf den Bergweiden suchen mußten; Schafskäse, der weiß ist wie das Vließ des von Achilleus seinen Freunden vorgesetzten Musterexemplars.

Gute Naturprodukte und Gerichte, in denen sie fast unverfälscht zur Geltung kommen: Tzatziki – Gurkenscheiben, verdünnter Joghurt, Öl, Dill und Knoblauch, der hier

Skortho heißt. Fassolia salata – ein Salat aus weißen Bohnen und süßen Zwiebeln. Griechischer Salat – Tomaten, Gurken, Oliven, Oregano und Feta, frischer Schafskäse. Ein kaltes Auberginengericht (Melitzanes) mit Zwiebeln, Knoblauch und Öl angerichtet, oder warmer Auberginenauflauf mit Hackfleisch (Mousaka). Frisch gekochte, knackige Garnelen (Garides). Barbounia (Rotbarben, Rougets), das Blut an den Kiemen noch nicht trocken, in der richtigen Größe, also einen guten Zeigefinger lang, auf gedämpfter Holzkohlenglut gegrillt. (Griechen verspeisen sie mit Kopf und Schwanz; die Barbouniaköpfe seien die einzigen Fischköpfe, welche die Katze nicht bekommt. Wer davor zurückschreckt, sollte wenigstens von der delikaten Rothaut kein Stückchen auslassen.) Und als Fleischgang: Lammkoteletts, mit gutem Öl eingepinselt, auf dem Holzkohlengrill à point gebraten – ein Leckerbissen à la grec.

Dennoch – und zu Recht – konstatiert der »Guide Bleu«: Griechenland sei kein Land der »raffinements gastronomiques«. Bei allem, woran sich ein griechischer Koch mehr als unbedingt notwendig versucht, ist Gefahr im Verzuge. Das beginnt schon bei frittierten Tintenfischen: Sie können zu braun und zu hart und in schlechtem Öl gebacken sein – dieses schmeckt oft ranzig, weil in Griechenland die Oliven meist nicht gepflückt, sondern heruntergeschlagen werden, und die guten gemeinsam mit den schlechten in die Ölmühle kommen. Wer Spaghetti kennt, sollte sich vor dem in Athen unter diesem Namen angebotenen Nudelbrei hüten. Wie überhaupt alles – zumindest in unerprobten Lokalen – zu meiden ist, was dem Koch Gelegenheit gibt, seine eingebildeten Künste anzuwenden und dabei überständige Reste zu verwenden: so gefüllte Weinblätter, Kohlblätter oder Tomaten, Bällchen aus Reis und Fleisch oder nur aus undefinierbarem Fleisch – alles übergossen mit einer weißen Sauce, in welcher der Zitronensaft oft vergeblich gegen den Geschmack von ranziger Butter und angebranntem Mehl angeht.

Das Schlimmste aber sind die Topfgerichte. Der Engländer Robert Liddell floh von der Themse in die Ägäis, weil man essen müsse, um zu leben, sich dies aber an einem grauen Tag in England kaum zu lohnen scheine. Er kam vom Regen in die Traufe: »Unter einsichtigeren englischen Griechenlandfreunden wird häufiger über die Frage diskutiert: Was ist ärger, das Essen in Griechenland oder im eigenen Land? Objektiv sollte man wahrscheinlich zugunsten Griechenlands entscheiden und ihm den Asketenpreis der europäischen Kochkunst zusprechen: In lauwarmem Öl liegendes Essen ist doch noch ärger als Gerichte in lauwarmem Wasser.« Das in Töpfen stunden- und tagelang vor sich Hinschmurgelnde, das seinen Geist längst aufgegeben hat und nur noch aus Pietät wie Interessiertheit in lauwarmem Zustand erhalten wird – der griechische Eintopf ist der Alpdruck des an diese Küste verschlagenen Gourmets. Immerhin gibt es den Brauch, den Gast in die Küche zu bitten und die Deckel von den Töpfen lüpfen zu lassen – was als einladende Geste gedacht ist, aber sich im Regelfall als eine, wenn auch unbeabsichtigte menschenfreundliche Warnung erweist.

Den Gast gegen derartige Anblicke zu feien und ihn für bevorstehende Abenteuer zu wappnen, ist wohl die Aufgabe des mit mehr oder weniger währschaften Zuspeisen gerüsteten Apéritifs. Die Ouzo-Stunden, am späten Vormittag oder frühen Abend, in einer Kneipe der Altstadt oder in einem Café an der Straßenpromenade von Phaleron, sind Glücksstunden. Dazu braucht man nicht viel: zwei Stühle, den einen, um darauf zu sitzen, den anderen, um auf dessen Lehne den linken Arm ruhen zu lassen; ein kleineres Glas mit Ouzo – einem klaren Schnaps, der griechischen Spielart der mittelmeerischen Anisfamilie – und dazu ein größeres Glas mit Wasser, damit man sich den Apéritif im individuell gewünschten Verhältnis mischen kann, ohne Eiswürfel natürlich; und zum Knabbern »Mese«, ein »Mit«, die hintereinander im Plural als »Meses« auftreten: eine grüne Olive, ein Gurkenschnitz, eine

Tomatenscheibe, eine schwarze Olive, ein Bätzchen Fischrogensalat, ein Krabbenschwänzchen, ein Stückchen marinierter Polypenarm, ein Kringel frittierter Tintenfisch, ein gerösteter Kuttelfleck, ein Happen gebratener Lammleber, ein Würfelchen milder und ein Würfelchen scharfer Käse, ein Bissen Weißbrot – und da capo. Die Ouzos werden vom Kellner serviert, die Meses vom Piccolo.

Das Mittagessen kann man dann überspringen, oder sich mit einem Happen in einer Rostbraterei begnügen: Wenn schon nicht Kokoratsi, das Lamm-Innereien-Potpourri, das für Griechen unwiderstehlich ist, doch vielen Fremden widersteht, dann ein Hühnerbein oder ein Lammspießchen. Das zarteste habe ich in der volkstümlichen Gegend des Omonia-Platzes bekommen; die Fleischstückchen waren nicht auf Metallspießchen, sondern auf frisch geschälte Ästchen gesteckt.

Für das Abendessen haben wir dann wieder Platz im Magen und mehrere Möglichkeiten in Athen. Man kann im Ghetto seines Hotels bleiben und sich das zumuten, was dort als internationale Küche ausgegeben wird. Man kann ein Restaurant aufsuchen, etwa in der Gegend des Syntagma-Platzes oder der Stadiou- und Panepistimiou-Straße, wo das Gebotene nicht immer im rechten Verhältnis zu den Preisen steht. Oder man kann in ein Fischlokal nach Piräus oder Phaleron hinausfahren, was schon eher zu empfehlen ist.

Relativ am besten, jedenfalls am typischsten ißt man zu Abend in der Plaka, der sich an die Akropolis schmiegenden Altstadt. Hier wird es freilich immer schwieriger, eine an der Väter Eßsitte festhaltende Taverne zu finden. Die Touristen haben die malerischen Gassen und Winkel erobert, und geschäftstüchtige Griechen sind ihnen mit aufgehobenen Händen entgegengekommen, haben die Küche dem Fremden, vor allem dem quantitativ ausschlagenden amerikanischen Geschmack angeglichen – in Tavernen, die zu Amüsierschuppen und Night Clubs umfunktioniert worden sind.

Gewissermaßen in den Untergrund sind einige der alten Tavernen gegangen. Vor ihnen steht kein Hineinkomplimentierer, sie werben nicht mit einer bemalten Hauswand, die Folkloristisches vortäuschen soll, doch die Kriegsbemalung eines Nepplokals ist. Vor einer stilechten Taverne sind keine Schaukästen mit großspurigen Schaukästen angebracht. Und keine farbigen Glühbirnen, die aufzucken wie ein erwartungsvoller Gast, der dann zurückzuckt, wenn er den servierten Teller sieht, und zusammenzuckt, wenn er die Rechnung bekommt.

Vorsichtsmaßnahmen haben rechtschaffene Tavernen getroffen. Sie haben meist zwei Speiseräume, einen am Eingang (und Ausgang) für die Fremden, einen weiteren für die Einheimischen. Diese erscheinen kaum vor 21.00 Uhr zum Essen, wenn im Touristen-Saal bereits die Sirtaki-Orgie beginnt, das Klimpern der Gitarren und das Zirpen der Sänger die Gesättigten und Angetrunkenen zu Tanzbewegungen verführt hat, die als körperlicher Ausdruck griechischer Seelenstimmung gelten, jedenfalls der Verdauung griechischer Topfgerichte dienlich sind.

Inzwischen haben die Einheimischen – und die kundigen Fremden, die sich an ihre Seite geschmuggelt haben – mit dem Essen begonnen. Der Auberginenauflauf ist eben fertiggeworden (im Fremden-Salon wurden die aufgewärmten Reste von gestern serviert); mit Mousakaduft beginnt das Speiseopfer dankbarer Plaka-Esser an die alten Plaka-Götter. Die Täubchen und die Lammkoteletts werden auf den Holzkohlenrost gelegt, der Bäcker hat eben frisches Brot gebracht, die Kellner haben sich vom Streß der Fremdenbedienung erholt und ihren melancholischen Gesichtsausdruck zurückgewonnen, der einer Stätte angemessen ist, an der so viel Gutes den sattsam bekannten Weg alles Irdischen nimmt.

Dem Weingenuß sind die Grenzen nicht so eng gezogen. Glas folgt auf Glas, und man beginnt die griechische Volksmusik zu goutieren. Diese macht schwermütig und durstig, und läßt selbst den Retsina als Geschenk der Götter erscheinen.

Madrid

Was Don Quijote speist und Sancho Pansa isst

Auf den ersten Blick scheint Madrid eine amerikanische Stadt zu sein: Wolkenkratzer, Steak Houses, Cafeterias und Hamburguesas. Schon beim zweiten Blick erkennt man die Freizügigkeit der Übersetzung, den Madrider Akzent, den spanischen Charakter – im Straßenbild wie in den Eßgewohnheiten.

Der Charakter des Spaniers sei die Übertreibung in allem, meinte Donoso Cortes. Architektonisch ist das an der Überspanntheit des Madrider Schlosses oder an der Überspitzung imitierter moderner Baustile abzulesen, an Zuckerbäckerfassaden der Gran Via oder modernistischen Skurrilitäten an der Castellana. Gastronomisch kommt dies in der erstaunlichen Anzahl von Luxusrestaurants, im überzogenen Angebot internationaler Gerichte und in der schwindelerregenden Höhe ihrer Preise zum Ausdruck. Und die originäre spanische Küche neigt dazu, ihre Originalität zu übertreiben – durch Überwürzung.

Zwiebel, Knoblauch, Pimiento – im Übermaß erschlägt der Diener den Herren, die Zutat die Hauptsache. Chorizo, die Hartwurst mit rotem spanischen Pfeffer, schmeckt oft nur nach Paprika, nicht mehr nach Wurst. Eine Salmonete – die spanische Schwester des Rouget und der Triglia – haucht in einem zu sehr mit Knoblauch versetzten Sößlein ihre Seele aus. Eine rohe Miesmuschel, die mit einer dicken weißen Zwiebelscheibe bedeckt ist, gleicht einem zarten Wesen auf dem Totenbett.

Derartige Überwürzungen mag vielleicht ein Nordländer als die geschmackliche Erfüllung seiner Spaniensehnsucht empfinden. Gastrosophen haben solche Übertreibungen stets gerügt. Karl Friedrich von Rumohr ging sogar so weit, den spanischen Köchen jedwedes Verdienst um die Kochkunst abzusprechen. Dieses Urteil mochte ihm selber als überspitzt erscheinen; jedenfalls ergänzte er sein Buch »Geist der Kochkunst« mit einem »Bruchstück aus den Reisebemerkungen meines Vetters Ernst Krüsch, ehemaligen Kammerdieners, nunmehrigen Gastgebers zum Bären in Aranjuez«. Hier heißt es:

»Die Nationalküche muß in Spanien, wie überall, in den Häusern des wohlhabenden Bauern- und des mittleren Bürgerstandes gesucht werden. Sie ist nicht mannigfaltig, nicht künstlich, und daher durch übelverstandene Willkür und Erfindsamkeit, sowie durch noch unglücklichere Nachahmung fremder Traditionen, häufig entstellt, verkünstelt und verdrängt worden.«

Diese vor eineinhalb Jahrhunderten niedergeschriebenen Sätze charakterisieren die spanische Küche heute wie damals. Eigentlich sind es zwei Küchen-Grundtypen: eine einfach-erdverhaftete und eine kompliziert-hochstrebende. Sie stehen nebeneinander wie Don Quijote und Sancho Pansa auf ihrem Denkmal auf der Plaza de España in Madrid: der Ritter, der sich in den Steigbügeln seiner Rosinante aufrichtet, mit der Rechten nach den Sternen greift, und das Bäuerlein, dessen Beine, vom Eselsrücken baumelnd, dem Boden nahe bleiben, das Dickerchen, das seine Marschverpflegung nicht vergessen hat.

Zwei Figuren braucht Spanien, um sich selber zu begreifen und von anderen begriffen zu werden – Symbole der beiden Seelen, die miteinander ringen in der einen Brust. Zwei Offenbarungen des spanischen Wesens, jede extrem ausgeprägt, grundverschiedene Seiten einer Medaille. Der Zauber der Kontraste, der versuchte, der mißlungene, der geglückte Zusammenklang des Entgegengesetzten – das fasziniert an Spanien.

Auch an seiner Küche beziehungsweise an seinen Küchen: Die Konkurrenz der einheimisch-spanischen und der importierten internationalen Küchen, die sich zueinander verhalten wie die Figuren des Cervantes-Denkmals und die Wolkenkratzer auf der Plaza de España. Der Dualismus zwischen spanischer Hausmannskost und spanischer Haute cuisine, die sich unterscheiden und ergänzen wie Don Quijote und Sancho Pansa. Der Zusammenklang der regionalen Küchen Spaniens in den Haushalten und Restaurants der Hauptstadt.

Die Küche Sancho Pansas verdient zunächst die Geneigtheit des Gastrosophen. Das Grundgericht ist der Bauerneintopf, in den kommt, was man hat, der in ganz Spanien auf offenen Feuern oder auf Herdplatten vor sich hinkocht, die Harmonie von Vegetabilischem und Animalischem erstrebend, mit unterschiedlichen Zutaten, in verschiedenen Kompositionen, mit anderen Bezeichnungen: Fabada in Asturien – weiße Bohnen, Schweinefleisch (ein Schweinsohr sollte nicht fehlen), Speck und Wurst. Pote gallego in Galicien – weiße Bohnen, Kohl, Schinken und Blutwurst. Olla podrida in Aragonien – Kichererbsen und sonstiges Gemüse, Füße und Schwänzchen – oder so man hat – Besseres vom Schwein, auch Geflügelklein oder gar Huhn. Cocido a la Madrileña – ein hauptstädtischer verfeinerter Eintopf mit Rindfleisch, Huhn, Schinken, Wurst et cetera.

Ein solcher Eintopf ist magen- und tagesfüllend, eigentlich für Leute gedacht, die steinige Äcker pflügen oder – wie Sancho Pansa – kräfteverzehrende Abenteuer zu bestehen haben. Ein Sommertourist wird ihn weniger zweckdienlich finden, es sei denn, er wollte damit einen ziemlichen Konsum von Anisschnäpsen begründen. Im Winter aber, wenn von der schneebedeckten Guadarrama der Wind durch die Madrider Straßenschluchten pfeift, kommt ein urbaner Magen in den Vollgenuß des rustikalen Geschmacks. Es muß nicht ein Bauerneintopf, es kann auch eine Bauernsuppe sein: eine Sopa de ajo, mit Knoblauch, gerösteten Brotscheiben und Ei, oder eine Sopa de boda, eine Hochzeitssuppe, in deren reichhaltigen Einlagen der Löffel steckenbleibt.

Weniger belastend, wenn auch nicht weniger einnehmend sind andere bäuerliche oder gutbürgerliche Gerichte, die sich als erster Gang oder als Zwischengang empfehlen. Gemüse vor allem, frisch und reif, etwa Guisantes con jamón (Erbsen mit Schinkenstückchen), Alcachofas (Artischocken) con jamón oder Panache de legumbres, gemischtes Gemüse, was Garten und Jahreszeit hergeben.

Oder das spanische Gericht par simplicité et excellence: Tortilla. Dieses Thema hat viele Variationen – Eierkuchen mit Zwiebeln, mit Spinat, mit Paprikawurst, mit Schinken, mit Garnelen, mit Thunfisch, mit Hirn, mit Käse und so weiter und so fort. Die einfachste und gelungenste Grundart trägt zu Recht den stolzen Namen Tortilla a la española, in ihrer klassischen Harmonie von Ei und Kartoffel.

Das Ei sei ein liebenswürdiger Vermittler, der sich überall ins Zeug lege, um die Parteien einander näherzubringen und miteinander zu versöhnen. Grimod de la Reynière hat mit diesem Wort Charakter und Funktion des Eies in der allgemeinen und besonders in der spanischen Gastronomie gekennzeichnet. Huevo ist – im Monolog, im Dialog, als ehrlicher Makler – immer respektabel, weil solid und verläßlich, zumindest so lange noch, wie in diesem Land die eierlegenden Hühner ihren freien Auslauf behalten und nicht – wie bei uns – zu kasernierten Eierproduzenten geworden sind. Huevo – das ist für manchen Nordländer das Ei des Kolumbus, das heißt die einfache Lösung der schwierigen Aufgabe, wie man sich in diesem auch gastronomisch fremdartigen Land in unkomplizierter und doch nicht atypischer Weise ernähren kann.

Wer mit zu viel Vorsicht und zu wenig Nachsicht der spanischen Küche gegenübertritt, sollte sich auch an die Mutter des Eies halten, an eine junge Mutter am besten. Angenehm überraschen Konsistenz wie Geschmack, die nur entfernt an das erinnern, was man von unseren Gummivögeln kennt. Ein Vorstoß über das gewohnte Brathühnchen hinaus (Pollo asado) in die Region genuinspanischer Gerichte lohnt sich: etwa zu Pollo a la chilindrón -- in einer Sauce mit Zwiebel, Pimiento, Tomate, Schinkenstückchen und dem gewissen Etwas eines guten Kochs, pikant, mit süß-saurem Akzent.

Das kommt uns spanisch vor, etwas sophistisch schon, eher Don Quijote als Sancho Pansa. In den höheren Regionen der spanischen Küche schwebt das Rebhuhn als Perdiz estofada oder als Perdiz en escabeche, im ersten Fall geschmort, im zweiten Fall eingelegt, in beiden Fällen veredelt durch die Saucen, eine samtige Weinsauce, beziehungsweise eine raffinierte Marinade. Das sind Spitzengerichte, für Festtage, nach dem Motto der heiligen Teresa: »Wenn Rebhuhn, dann Rebhuhn, wenn Buße, dann Buße.«

Die Heilige stammt aus Avila, die besten Rebhühner kommen aus der Gegend von Toledo – wir sind in das Herz Kastiliens, in Spaniens Mitte vorgedrungen. Dort liegt die Metropole Madrid. Ihr leisten alle Regionen gastronomischen Tribut, den sie stolz entgegennimmt, ohne die Genüsse der heimischen, der kastilischen Küche hintanzustellen. Wie sollte sie auch! Es ist eine gekonnte Küche der Kontraste.

Robustes wie die Sopa castellana, eine mit Landschinken angereicherte Knoblauchsuppe, oder die weißen Bohnen von den Nordhängen der Sierra de Gredos, gekocht mit Paprikawurst und Bauernspeck, Judías del Barco con chorizo.

Ein zarter Kontrapunkt: Lamm von jenseits der Berge, am liebsten noch als Milchlamm, Cordero lechal, am besten gebraten, Cordero asado, im richtigen Moment aus dem Backrohr genommen, außen knusprig, innen saftig, das Nierchen noch unter den Rippchen, das Ganze in Rosmarin-Wölkchen – ein solches Madrider Cordero lechal fordert das römische Abbacchio in die Schranken – und wer wollte nicht Schiedsrichter sein?

Ein anderer Moll-Akkord: Cochinillo asado, gebratenes Spanferkel, mit goldbrauner, krosser, knackiger Haut, rosigem Babyspeck, in Portionen von urväterlichen Ausmaßen, die allerdings um so kleiner werden als das Restaurant sich für vornehm hält. Überall sollte man sich vor dem Bestellen versichern, ob das Tierchen (das gleiche gilt von Cordero asado) ganz frisch gebraten ist; denn aufgewärmtes Spanferkel- oder Milchlammfleisch hat den Schmelz der Jugend verloren.

Ein Potpourri haben die Madrider selber komponiert: Callos a la Madrileña. Die Grundmelodie heißt Kuttelfleck, die Musik macht das Arrangement: Kalbsfuß und Chorizo, roter scharfer Pimiento und grüne, sanfte Pfefferschoten, Zwiebel und Thymian, Lorbeerblatt und Muskatnuß – Callos a la Madrileña sind kulinarisch das, was musikalisch die Zarzuela ist. Diese bringt Madrider Volkstypen auf die Operettenbühne, jede einzelne scharf konturiert und individuell ausgemalt, alle gegeneinander auftretend und doch alle zusammenspielend bis zum Happy-End. Nicht jeder wird Musikgehör für eine Callos-Zarzuela mitbringen. Man sollte sie sich auch nicht in der nächstbesten Garküche, sondern in einer besseren Gaststätte zu Gemüte führen. Der Mutige wird belohnt: Er hat Madrid auch mit dem Geschmackssinn gewonnen.

Der Zaghafte wird es begrüßen, daß in der Weltstadt Madrid alle Küchen dieser Welt in einschlägigen Restaurants zu haben, wenn auch nicht immer unbedingt zu genießen sind. Und daß die spanischen Regionalküchen das Ihrige beitragen, daß jeder nach seinem Gusto wenn schon nicht selig, so wenigstens gesättigt werden kann. Willkommen sind den Madridern wie ihren Besuchern die unprätentiösen Spezialitäten des im Norden gelegenen Galicien. Der schon erwähnte Pote gallego ist die rustikale Konkurrenz des schon städtischen, wenn auch eher vorstädtischen Cocido a la Madrileña. Geschätzt – namentlich zur Winterszeit – ist auch Lacón con grelos, Schweinshaxe mit Rübenkraut. Es gibt zahlreiche galicische Restaurants aller Preiskategorien in Madrid, die stets gut besucht sind – von Galiciern, die zu den Arbeitszeiten in Madrider Amtsstuben ihre sprichwörtliche Tüchtigkeit unter Beweis stellen und bei den Mahlzeiten ihr Heimweh zu stillen suchen. Und von eingesessenen Madridern, die vornehmlich das Meeresgetier aus Galicien schätzen.

Die Madrider sind große Fischesser. Einmal, weil sie ohnehin die Kontraste lieben, was sie bei einem einheimischen Fischgericht, den mit Landschinken gebratenen Forellen (Truchas), bis zur Sinnlosigkeit übertreiben. Und zum anderen, weil sie dartun wollen, daß ihre Binnenstadt auch über die endlosen Küsten Spaniens gebietet. Der Fischtransport von den fernen Fanggebieten in die Metropole ist seit langem organisiert; seit der Erfindung der Kühlwagen läßt er kaum mehr zu wünschen übrig. Ein beträchtlicher Teil des Meeressegens kommt aus Galicien auf die Fischmärkte – ein galicisches Restaurant, das neben einem solchen liegt, ist besonders empfehlenswert.

Knabbern wir uns an den Meeresschatz heran. Mit Gambas (Garnelen mit kürzerem Schwanzteil), Langostinos (Garnelen mit längerem Schwanzteil) oder Percebes, die Klauen von Teufelchen gleichen, die ihr rosiges Fleisch hartnäckig verteidigen. Mehr hat man von einer Cigala, der kleinen Langustenart, aber auch mehr Arbeit: der Panzer des Schwanzes ist ziemlich hart, und das Öffnen der Scheren ist – trotz Spezialbesteck – nicht ganz einfach. Doch die Mühe lohnt: Cigalas von mittlerer Größe haben ein unvergleichlich kerniges, saftiges, meerfrisches Fleisch. Größere Krustentiere sind die Centollas, große Krabben, riesige Meerspinnen, mit denen man einen halben Abend beschäftigt sein kann, bis man das letzte Spinnenbein ausgesaugt hat. Vieiras sind Jakobsmuscheln aus der Gegend des Heiligtums des Apostels, Santiago de Compostela, und sie wissen, was sie ihrem Namenspatron schuldig sind.

Bei Merluza a la gallega, Kabeljau, dem spanischen Allerweltsfisch in galicischer Version, ist das etwas langweilige Fischfleisch mit einer pikanten Sauce akzentuiert. Keiner Aufpolierung bedürfen die edlen Fische, die sich gekocht oder vorsichtig gegrillt am gaumenfälligsten offenbaren: Lenguado (Seezunge), Mero (Heilbutt) oder Rodaballo (Steinbutt), dem Ranghöchsten in der Hierarchie. Galicien schickt dazu auch den passenden Wein: den weißen Monterrey, klar und trocken.

Die Basken halten herzlich wenig von Madrid, doch sie bereichern die hauptstädtische Tafel, sammeln sozusagen gastronomische Kohlen auf deren Haupt. Die baskischen Restaurants zeichnen sich im allgemeinen durch Preiswürdigkeit aus, weil man durch ihre Spezialitäten bei geringen pekuniären auf seine kulinarischen Kosten kommen kann – wenn man Angulas mag, die in Öl gesottene, mit Pimiento stark gepfefferte kleine Aalbrut. Oder Chipirones, junge Tintenfische in ihrer Tinte gegart. Oder Bacalao a la Vizcaina, Stockfisch mit einer dicken Sauce aus Tomaten, Zwiebeln und Pfefferschoten – ein klassisches Beispiel, wie dieser plebejische Fisch geadelt werden kann.

Auch der Süden Spaniens steuert zum Wohlbefinden der Hauptstadt bei. Valencia mit einem Gericht, das zu einer Leibspeise der Nation geworden ist: Paella. Der Name kommt von der Paellera, der flachen Pfanne, in der das Gericht zubereitet und serviert wird. Paella ist ein Gattungsbegriff, der unzählige Arten umfaßt, die in besagtem Gefäß der safrangewürzte, gelb gefärbte Reis verbindet und zusammenhält. Die Ingredienzien variieren: Huhn, Lamm, Schweinefleisch, Schinken, Wurst, Muscheln, Garnelen, Tintenfische, Erbsen, grüne Bohnen, Paprikaschoten, Artischocken, Tomaten, Petersilie, Knoblauch et cetera – mal mehr von diesem, mal von jenem, in wechselnder Quanität und verschiedener Qualität.

Eine Paella hat durchaus ihre Probleme. Einem nicht allzu charakterfesten Koch bietet sie Gelegenheit, Reste gewinnbringend zu verwerten. Selbst eine reelle und geglückte Paella ist nicht jedermanns Sache: Das Durcheinander ist oft zu verwirrend, der Geschmack durch mitgekochte Muschelschalen oder Garnelenpanzer zu befremdlich, der Safran zu aufdringlich, der Reis zu viel, das Ganze zu fett und zu schwer. Dennoch wird Paella von Einheimischen geschätzt, die mehr auf ihren Geldbeutel als auf ihre schlanke Linie achten müssen. Und von Touristen geliebt, die sich vorstellen, ganz Spanien in einer Pfanne zu haben.

Südsehnsucht – falls sie ein Madrider kennt, wird sie vom andalusischen Beitrag zur hauptstädtischen Tafel gestillt. Als typisch andalusisch herausgestellte Lokale sind indessen weniger geeignet, Einheimische wie Fremde den kulinarischen Zauber dieser Südregion genießen zu lassen; man wird zu häufig von folkloristischem Flitter abgelenkt. Andalusisches bestimmt die Madrider Gastronomie denn auch weniger en bloc als en detail; es durchzieht und durchtränkt das Menu vom Apéritif bis zum Dessert.

Mit einem trockenen Jerez Fino oder einem weniger schweren, doch kaum minder fülligen Montilla oder Moriles beginnt es, mit einem Jerez Oloroso oder Dulce, oder auch einem unverfälschten Málaga (etwa Moscatel oder Lágrima) hört es auf. Dazwischen liegt, vorab in der heißen Jahreszeit, der andalusische Beitrag zur spanischen Tafel besthin: Gazpacho. Dies ist – im nüchternen, an medizinische Rezepte erinnernden Stil von Kochbüchern gesagt – eine kalte Suppe aus ungekochten Zutaten: Gurken, Tomaten, grünen Pfefferschoten, Zwiebeln, Knoblauch, Öl, Essig und Salz, sozusagen ein verflüssigter Salat. Tatsächlich ist der Gazpacho eine Komposition mit einem Grundthema und ungezählten, wenn auch winzigen Variationen, über deren Bevorzugung Meinungsverschiedenheiten bestehen, die das Ausmaß von gastrosophischen Bürgerkriegen annehmen können.

Beim Dessert offenbart Andalusien die andere Seite seines Wesens: die süße, sanfte, verspielte, verbindliche, die mit dem Ende alles gut sein läßt. Da ist zunächst der Segen der Huertas: Früchte aller Art, vornehmlich die goldenen Orangen. Dann und vor allem: die Schätze der Zuckerbäcker. Die Araber waren lange genug dortzulande, um die Süßspeisen, für die sie sattsam bekannt sind, zu derartiger Unwiderstehlichkeit zu entwickeln, daß die spanischen Eroberer von ihnen eingenommen wurden. Vom Flan vor allem, dem spanischen Standarddessert, das die Franzosen als Crème caramel übernommen und vervollkommnet haben. Die »Armen Ritter« (Pestiños) finden Verständnis bei den Damen, honigsüß wie sie sind. Die Folgen sind unausweichlich. Spanier scheint dies nicht zu stören. Jedenfalls sagen sie, die Birnen seien dort am süßesten, wo sie am schwersten sind.

Dieser Umstand wird auch durch den aus Andalusien stammenden, doch in ganz Spanien und vornehmlich in Madrid überschwenglich aufgegriffenen Brauch gefördert, bei allen möglichen und unmöglichen Gelegenheiten Tapas zu sich zu nehmen, Häppchen aller Art, zum Beispiel: grüne und schwarze Oliven (Aceitunas), Boquerones en vinagre (in Essig eingelegte Silberfischlein), Muscheln (Almejas), Garnelenschwänzchen, frittierte Calamares (Tintenfische), Flußkrebse (Cangrejos de río), eine Ölsardine, Radieschen, ein halbes hartes Ei mit Majonnaise, eine Scheibe Chorizo, Artischockenherzen, ein Stück Blutwurst (Morcilla), etwas Kartoffelsalat, Fleischbällchen (Albondigas), Kuttelfleck, gedünstete Nierchen (Riñones), eine marinierte Wachtel (Codorniz), ein Würfel Manchego (ländlicher Hartkäse) – und so weiter und so fort. Dazu wird Brot serviert, kerniges, herzhaftes Weizenbrot.

Die spanischen Namen braucht man sich nicht zu merken, denn diese Tapas sind in Schalen, Schüsseln und Warmhaltebehältern auf der Theke angerichtet, weniger in Bars, mehr in Tascas, den dafür zuständigen Lokalen. Man kann mit dem Finger auf das zeigen, was man möchte, braucht nur noch ein Gläschen Wein zu bestellen und entsprechend nachzubestellen: Apéritifwein aus Andalusien, weißen oder roten Valdepeñas, oder auch Bier (Cerveza) vom Faß, das nicht zu verachten ist, auch wenn die Fingerhutgläser einem deutschen Biertrinker, namentlich einem Bayern, Existenzangst einflößen mögen. Die Tapas spießt man mit Zahnstochern auf, mitunter – so beim Aufbrechen von Krebsschwänzen – werden die Finger direkt benützt. Papierservietten – etwas dünn freilich – stehen zur Verfügung. Abfälle läßt man ungeniert auf den sägemehlbestreuten Boden fallen.

Wer einmal angefangen hat, mag kaum mehr aufhören mit den Tapas und dem, was zum Hinunterspülen gehört. Die Verführungskunst ist perfekt. Sie setzt auf den uralten Reklametrick »Variatio delectat«, weiß aus Erfahrung, daß die Augen meist größer sind als der Magen und der Trieb stärker als die Vernunft. Indem sie große Massen in kleinen Bissen anbietet, lullt sie Gewissen wie Kalorienbewußtsein des Umworbenen ein und lockt ihn, von Kleinigkeit zu Kleinigkeit zur »grande bouffe«. Auf die polygame Veranlagung eines Gourmands wird spekuliert, ihm vorgegaukelt, er könnte von allem naschen, viel und lange genießen, ohne sich im Einzelfall zu übernehmen und das Ganze bereuen zu müssen.

Spanier widerstehen im allgemeinen dieser Versuchung; sie wissen Maß zu halten, bei den Tapas und den dazugehörenden Gläschen, den Chatos. Vielleicht auch deshalb, weil sie den verführerischen Anblick gewöhnt sind und Gewohnheit bekanntlich abstumpft. Oder weil für sie die Bissen und Schlucke nicht unbedingt Selbstzweck sind, sondern eher ein Hilfsmittel für gesellige Konversation: Man trifft sich an der Bar, schwätzt, plaudert, diskutiert, nippt am Glas, um sich die Lippen zu befeuchten, greift nicht allzu oft nach den Tapas, weil man die Hände für die Gesten braucht.

Der Disput bricht ab, wenn hinter der Theke zu einer feierlichen Handlung geschritten wird: dem Abschneiden einer Ración rohen Landschinkens, was nicht allzu häufig vorkommt, denn Jamón serrano ist teuer. Im allgemeinen hängen die Schinken im Hintergrund der Bar, den Zechern und Rauchern entrückt, doch nahe genug, daß ihre goldgelbe Farbe oder eine angeschnittene, rote Seite zum Bestellen verleiten mag.

Die kleineren Schinken sind die besseren: Sie stammen von Schweinen, die halbwild herumgelaufen sind, sich das Futter selber suchen mußten, mehr Muskeln als Fett angesetzt haben. Zu hellrot sollte die angeschnittene Seite nicht glänzen; dann wäre der Schinken noch zu jung und vielleicht noch etwas zäh. Sattrot muß die Farbe sein – dann ist Jamón serrano, in mundgerechte Bissen zerlegt, ein spanischer Vollgenuß: robust und doch gaumenschmeichelnd, würzig und doch mild – ein Zusammenklang der Kontrapunkte.

Im Jamón serrano kulminiert der Tapas-Kult. Wer ihn schon vormittags zelebriert, für den erübrigt sich meist das Mittagessen, nicht die Siesta. Vor 14.00 Uhr kann man ohnehin nicht zum Almuerzo gehen – in ein Lokal für Spanier, nicht in ein Touristen-Etablissement, versteht sich –, wenn man nicht vor geschlossenen Türen stehen oder mit vorzeitig alarmierten und deshalb etwas nachgehenden Kellnern allein sein will. Zum Abendessen (Cena) schreitet ein Spanier, oder wer es ihm aus gutem Grunde gleichtun will, nicht vor 21.00 Uhr. Und zwar sommers wie winters; die Magenuhr ist dortzulande von der Dauer des Tageslichtes und den Wärmegraden unabhängig. Zwischen 20.00 und 21.00 Uhr schlägt in Madrid die Tapas-Stunde – jedem Glücklichen, der sie am rechten Ort zu nützen weiß.

Man schlendert die Gran Via entlang, besichtigt die Schaufenster eines Delikatessengeschäftes, verliert sich in den Gassen um die Puerta del Sol, in der Calle de la Cruz, Calle de Echegaray oder Calle de Postas. Hier und in den Nebengassen herrscht um diese Stunde Hochbetrieb in ungezählten Bars, Tascas und Cafés. Nicht jedes Lokal empfiehlt sich dem Fremden, mögen sich in ihm noch so sehr Einheimische drängen. Der beste Wegweiser ist die eigene Nase: Wo es nach minderwertigem Öl riecht, übe man Abstinenz, verlockten das Frittierte im Schaufenster oder das Treiben an der Theke noch so sehr. Es riecht oft nicht gut; denn spanische Garköche hängen am Überkommenen, zweitklassigem Öl, das durch ständige Neuverwendung nicht besser wird.

Der Geruchssinn muß oft abgeschaltet, der Geschmackssinn darf nicht auf die Probe gestellt werden – doch Gesicht und Gehör kommen stets auf ihre Kosten. Die Spanier in den Bars sind immer eine Tasca-Runde wert. Männer, die sich wie Toreros in Zivil geben; Frauen, die moderne Mäntel wie Mantillas tragen; Mädchen, die immer noch in Gruppen erscheinen und sich durch übermütige Geräusche Mut machen – Auftritte, Szenen, Theater, permanente Zarzuela.

Auf der Plaza Mayor wird eher Oper gespielt, an Sommerabenden zumal. Ein Fassaden-Karree, Arkaden, das Reiterstandbild Philipps III. in der Mitte. Auf den Balkonen sitzen Spanierinnen und genießen die Brise, die von der Guadarrama Kiefernduft herunterweht. Auf dem Platz spielen Kinder, flanieren Madrider und Touristen. Die Restaurants haben Tische und Stühle auf den Platz hinausgeschoben, in konzentrischem Angriff auf die Gäste. Die Eingenommenen sind durch Wände grüner Topfpflanzen gegen die Gäste des Nachbarrestaurants und gegen die Einsicht abgeschirmt, daß die nebenan auch wenig Verlockendes auf den Tellern haben.

Die Plaza Mayor ist zum Schauen da, zum Schlendern, für einen Apéritif und einen Digestif – nicht zum Essen. Wo dann? Es muß nicht eines jener Luxusrestaurants sein, über die der Michelin seine Sterne leuchten läßt, altehrwürdige wie »Horcher« und »Jockey« oder die neugerühmten in der schicken Gegend an der Avenida del Generalísimo, um das Stadion. Man braucht auch nicht bis zu den nördlichen und nordwestlichen Ausfallstraßen hinauszufahren, wo elegante Sommerrestaurants locken, oder in die Nähe des Flughafens Barajas, wo volkstümliche Lokale das ganze Jahr über Meeresfrüchte und Lämmer feilbieten.

Jedenfalls sind Restaurants zu meiden, in denen Fremde weitgehend unter sich bleiben. Das ist gegendbedingt, so an der Plaza Mayor oder unterhalb des Arco de Cuchilleros. Es gibt auch allgemeine Erkennungszeichen für ein auf Touristen spekulierendes und mit ihnen kalkulierendes Lokal. So eine Speisekarte im Aushang, die mehrsprachig ist und internationale Gerichte herausstellt. Oder eine Vitrine, in der die Quantität der ausgestellten Fleischstükke, Fische, Obst- und Gemüsekörbe sich in offensichtlichem Gegensatz zur Qualität befindet. Oder wo die folkloristische Aufmachung zu dick aufgetragen ist, oder gar als Briganten verkleidete Kellner ahnen lassen, was dem eingefangenen Gast bevorsteht.

Genuin-spanische Restaurants sind über die ganze Stadt verstreut, häufen sich dort, wo viele Büromenschen und Geschäftsleute mittags verpflegt werden müssen, oder in einem Quartier, in das Spanier abends gerne gehen. So unterhalb der Plaza Mayor, jenseits des Bannkreises für Touristen, in der Gegend der Kathedrale, des Rathauses und des Marktes auf der Plaza de la Cebada. Es gibt auch allgemeine Kriterien: Wenn das Lokal erst um 21.00 Uhr öffnet, die Speisekarte bis dahin unbeleuchtet geblieben ist, nicht allzu viele Gerichte, jedenfalls Spezialitäten der kastilischen Küche oder anderer spanischen Regionalküchen aufzählt. Wo alle Tische schon reserviert sind – dorthin sollte man am nächsten Tage mit Reservierung zurückkehren; man wird sich unter lauter spanischen Kennern wiederfinden.

Auch in einem solchen Restaurant kann es vorkommen, daß die Bedienung nicht mehr den hergebrachten Vorstellungen von spanischen Bediensteten entspricht – eine Erfahrung, die den Demokraten hoffen und den Gastrosophen resignieren läßt. Auch in Spanien wird einer Tischgesellschaft nicht mehr unbedingt gleichzeitig serviert. Die wohlbegründete Sitte, daß der Kellner aus einer frisch entkorkten Weinflasche den ersten Schuß abgießt und beiseitebringt (weil spanische Korken nicht immer halten, was sie versprechen), scheint in Vergessenheit zu geraten.

Auch in einem allgemein zufriedenstellenden Madrider Restaurant ist Umsicht bei der Wahl der Gerichte geboten. Das gilt in erster Linie bei der Bestellung der besten Dinge, Cordero asado oder Cochinillo asado, gebratenem Lamm oder Spanferkel. Wenn der Kellner nicht auf Ehre und Gewissen versichern kann, daß beides ofenfrisch vorhanden ist oder – noch besser – extra zubereitet wird, sollte man sich mit Bescheidenerem, doch angemessen Gebotenem begnügen: gegrillten Lammkoteletts (Chuletas de cordero) oder einem gegrillten Kalbskotelett (Chuleta de ternera). Auch spanisches Steak ist zwar nicht besonders originell, doch meist zufriedenstellend: Solomillo (Filet) oder Entrecot. Vor spanischen Abarten des Wiener Schnitzels wird gewarnt.

Am wenigsten Kopfzerbrechen macht der Wein. In einem soliden Restaurant ist auch der offen ausgeschenkte Hauswein – Vino de la casa – reell. In Madrid ist es meist junger roter Valdepeñas, ein Allerweltskerl wie der französische Beaujolais. Wem der Sinn nach Besserem und Teurerem steht, wähle einen Rioja, der kein bäuerlicher Kastilier ist wie der Valdepeñas, sondern ein ritterlicher. Troubadours gleichen die Weißen: blumig, elegant, unwiderstehlich. Die Claretes (die Hellroten) erinnern an Knappen, jung und süffig wie sie sind. Der Vino tinto von Rioja ist ein schwerer Reiter, wuchtig und würzig; zum Hochadel gehören die Marqués de Riscal oder Marqués de Murrieta. Andere zuverlässige Kellereien sind »Federico Paternina«, »Bodegas Franco-Españolas«, »Bodegas Bilbaínas« oder »Compañía Vinícola del Norte de España«.

Ein spanisches Mahl rundet ein spanischer Coñac ab – fruchtig und kräftig wie alles Weinige in Spanien. Es gibt zahlreiche einfache und preiswerte Sorten; und zwei Spitzenmarken aus Jerez-de-la-Frontera in Andalusien: »Carlos Primero«, nach dem Habsburger benannt, den die Spanier in stolzer Bescheidenheit nicht als den fünften römischen Karl, sondern als den ersten spanischen Karl bezeichnen – so oder so ein majestätischer Coñac, dekoriert mit dem Goldenen Vließ. Und »Cardenal Mendoza«, der an den Kirchenfürsten aus der Zeit der »katholischen Könige« Ferdinand und Isabella erinnert, den man den »dritten König von Spanien« hieß. Seine Farbe gleicht der alter Meßgewänder, wie man sie in Sakristeien spanischer Kathedralen sieht: von der Zeit gedunkeltes Gold.

»Carlos I.« und »Cardenal Mendoza«, König und Kardinal, Staat und Kirche – die alten Gewalten Spaniens liegen noch immer im Wettstreit, doch zum Schiedsrichter kann heute sich jeder ernennen. Die Beweisaufnahmen werden das Urteil ad calendas graecas hinausschieben. Laßt sie uns in jedem Fall aus warmen Schwenkern schlürfen, im Weihrauch einer echten Havanna.

London

Ein Hauch von Nierenfett und Empire

Durch Greenwich, den Londoner Vorort, geht nicht nur der Nullmeridian der geographischen Längen, sondern auch der Nullmeridian der gastronomischen Tiefen, jener durch das königliche Observatorium auf dem Parkhügel, dieser durch die königliche Marineakademie am Themseufer. Der Glanz britischer Weltgeltung wie das Elend jener, die ihn zu erkämpfen und zu erdarben hatten, ist in der Painted Hall konserviert: in der barock bemalten Kuppel, im britischen Glorienhimmel, und in der Speisehalle der britischen Seekadetten darunter, diesem irdischen Jammertal, in dem immer noch so gegessen wird, wie damals gekocht wurde und wie es dem eingefleischten Vorurteil eines Kontinentaleuropäers über die englische Küche entspricht.

Den nicht ganz ohne Hoffnung Eintretenden empfängt durchdringender Kohlgeruch. An einem der langen Eichentische wird ihm ein Platz angewiesen. Der Obersteward rückt in zivilem Entgegenkommen den Stuhl nach hinten, stößt ihn aber, sobald der sich niedersetzende Gast sich freischwebend der Sitzfläche nähert, mit militärischer Resolutheit wieder nach vorn: man wird gesetzt. Und schon bekommt man von hinten die Speisekarte in die Hand gedrückt, von einer Bedienerin, die zu Nelsons Zeiten als Modell für die Galionsfigur eines Linienschiffes gedient haben könnte.

An der Spitze der Speisekarte steht, wann man die Messe spätestens wieder zu verlassen habe. Es gibt eine mehlige Hühnercrème, lauwarmen Lammbraten mit einer Farce, die diesen Namen verdient, und einer Mint-Sauce, die giftgrün aussieht und auch so schmeckt. Der weiße Bordeaux – in der Karaffe – ist zu klebrig, der spanische Landwein zu schwer. Man kann auch Bier trinken und kalt essen, was eine gewisse Routine verrät, Roast Beef, Corned Beef, Pressed Beef, Cheddar Cheese.

Die Bedienung ist fix, Gang folgt auf Gang, ohne Pause. Teller werden blitzschnell hingestellt und blitzschnell wieder weggenommen, als ob das Schiff im nächsten Moment klar zum Gefecht sein müßte. Erst beim – ziemlich dünnen – Kaffee kommt man zum Verschnaufen, findet Gelegenheit, sich an den Nachbarn zu wenden. Welchen Rang er habe, frage ich den meinen. Midshipman, antwortet der Fähnrich. »Ach, das kenne ich von den Hornblower-Romanen«, werfe ich ein. Der Midshipman der Königin Elizabeth II. grinst: »Nun, seitdem – seit fast 200 Jahren – hat sich in der Royal Navy viel geändert – aber nicht das Essen!« Und er blickt weg von der Tafel, hinauf in die mit Ruhmestaten bemalte Kuppel, als ob er ihn bräuchte, den Blick aus der spartanischen Niederung in die Höhe patriotischer Befriedigung – den englischen Blick.

Britannia, so sie die Wellen beherrschen wollte, hatte keine Zeit, seßhafte Genüsse zu pflegen, die natürlich auch in England vorgegeben und entwicklungsfähig waren. Hinweise enthalten Geoffrey Chaucers »Canterbury Tales« aus dem 14. Jahrhundert: auf einen Koch, »der Hühner mit dem Mark der Knochen briet und Zimt und Ingwer und Gewürz pikant«. Und auf einen Gutsherren:

»Sein Bier und Brot war immer gut und gleich,
Sein Keller war an vollen Weinen reich;
An Braten fehlt' es nie in seinem Haus,
Von Fleisch und Fisch ging nie der Vorrat aus.
Es schneite nur bei ihm von Trank und Speise
Und Leckerbissen jeder Art und Weise,
Und mit den Jahreszeiten jedesmal

Ward auch gewechselt seiner Speisen Wahl.
Manch fettes Rebhuhn hielt er im Gehege,
Hecht und Karauschen in des Teiches Pflege.«

Fürwahr, ein echter Sohn des Epikur (»Der ihn gelehrt: Vergnügtsein jederzeit sei in der Tat vollkommne Seligkeit«) in rustikaler englischer Version, ein John Bull schon (»Vollblütig war sein Angesicht und rot«) und mit etwas rüden Manieren (»Doch weh dem Koch, war seine Tunke nicht scharf und pikant und fertig das Gericht!«). Sir John Falstaff trieb dann alles auf die Spitze beziehungsweise in die Breite, der englische Gourmand schlechthin. Und noch Samuel Johnson, der Praeceptor Britanniae im 18. Jahrhundert, äußerte, ein Stuhl im Wirtshaus sei der Thron der menschlichen Glückseligkeit.

Inzwischen hatten viele Engländer – mehr unfreiwillig als freiwillig – die Seßhaftigkeit zugunsten schwimmender Planken aufgegeben, aus denen ein Weltreich gezimmert wurde. Das brachte Nachteile für die Werkleute mit sich. Britische Schiffe hallten von Gehämmer wider, dem Klopfen von Hartbrotscheiben auf Holz oder härtere Unterlagen, den nicht immer erfolgreichen Anstrengungen, die Maden aus dem Brot herauszubringen. Ein Matrose, der zu gar nichts taugte, kam in die Kombüse. Selbst für ein Kapitänsessen konnte daraus wenig Ersprießliches erwachsen. »Nur Ochsenfleisch mit Nieren, Sir. Das Ochsenfleisch ist zu Fasern zerkocht. Unser Schlachtochse war immer für gewöhnliche Sterbliche zu zäh, wir konnten sein Fleisch nur durch Kochen verdaulich machen. Ein Glück, daß er uns mit seinen Nieren half, so gab es wenigstens Rindernierenpastete« – so Kommodore Pellew zu Horatio Hornblower. Wobei das Bemerkenswerteste an dieser Pastete blieb, daß sie mit dem Union Jack dekoriert, mit dem Mantel nationaler Disziplin zugedeckt war.

So kam die englische Küche in einen Ruf, der – damals wie heute – nicht der ganzen Wahrheit entspricht. Briten selber sind nicht unschuldig daran. Viele hielten und halten es immer noch für ihre Pflicht, alles, was ihnen vorgesetzt wird, mit Stoizismus oder aus Fairness hinunterzuschlucken – was nicht gerade ein Auftrieb für die Küche ist. Manche verschmähten in geradezu snobistischer Weise die Güter dieser Erde, wie jene Mrs. Sawbridge, die eine Hundertpfundnote (und das lange vor der Inflation), die ihr ein ungeliebter Galan zugeschoben hatte, vor seinen Augen als Sandwich-Einlage verzehrte – selber das Essen verachtend und durch Essen Verachtung zeigend.

Der Puritanismus hat Freuden der Renaissance verdrängt und den modernen Hedonismus verzögert. Sein Gebot: Die für das animalische Vegetieren unumgängliche Nahrungsaufnahme hat an der nächstgelegenen Zapfstelle zügig und dem Fassungsvermögen des jeweiligen Tanks entsprechend zu erfolgen, ohne verführerische Vorfreude oder gar sündhafte Nachfreude. Verschärft wird das puritanische Gebot durch die Geschäftsmaxime, daß Zeit Geld sei und Essenszeit nur Geld koste. Und – neuerdings – durch die unerbittlichen Vorschriften der Diättabellen, der Prädestinationslehre der Gesundheitsapostel: Nicht in der Freiheit zu essen, was und so viel man wolle, liege das Heil, sondern in der Vorbestimmung der Kalorien, im Vitamingehalt des Ausgewählten, in dem auf der Skala der Waage abzulesenden Erfolg – der innerweltlichen Askese.

Durch übertriebene, als englisch ausgegebene, zumindest als solche verstandene Askese hat es auch ein Ire wie Bernard Shaw verstanden, Englands Ruf als neues Sparta zu festigen, mit Armutszeugnissen wie: »Ich esse weder Fleisch noch trinke ich Alkohol. Auch Tee und Kaffee sind bei mir gestrichen. Meine drei Mahlzeiten sind: Frühstückskakao und Hafergrütze. Mittagessen – die übliche Gemüseplatte, unter Umständen angereichert durch einen gedämpften Maiskolben, etwas Brechbohnen oder was es sonst noch als Ersatz für die tote Kuh gibt. Nachmittagstee – Kakao und braunes Brot, oder ein paar Eier.«

Kein Wunder, daß Ausländer über das englische Eßverhalten und Kochverfahren zu spotten begannen, vorab solche, die den Neid auf Britanniens Weltgeltung mit dem Stolz auf ihre bessere Küche zu kompensieren suchten, Franzosen zumal, aber auch ein Italiener wie der Marchese Carracioli, der, nach seiner Rückkehr aus London befragt, wie es ihm gefallen habe, seufzte: »Mein Gott, was ist dies für ein Land! Hundert verschiedene Sekten und nur eine Sauce!« Selbst germanische Brüder der Angelsachsen begannen sich über englisches Essen zu mokieren, auf die Splitter in der englischen Küche zeigend, die Balken in der eigenen übersehend – in blanker Mißgunst, mit der Überheblichkeit der Zukurzgekommenen.

Die Briten revanchierten sich. »Ich muß mit großem Bedauern bekennen, daß die Küchenkunst in Paris auf traurige Weise zurückgegangen ist«, schrieb im Jahre 1852 ein Engländer aus Paris – zu Beginn der Viktorianischen Epoche, als Briten das puritanisch Erstrebte und spartanisch Gewonnene sybaritisch zu genießen begannen. Sie hatten nun Geld genug, sich nicht nur die schönsten Balletteusen, sondern auch die besten Köche nach London kommen zu lassen. Und eigene Köche heranzubilden, die – wie ein Brite voll Genugtuung bemerkte – »einige Nationalgerichte bis zu einem Grade vervollkommnet, daß sie für die ganze Welt ein Gegenstand des Neides sind«.

Nun gerierte sich London, rivalisierend mit Paris, als Welthauptstadt der Gourmandise. Vielesser gab es immer noch, wie jenen Lord, der im Old-Bailey-Restaurant allein und auf einmal siebeneinhalb Pfund gebratenes Fleisch mit entsprechenden Beilagen verschlang. Schon gab es Feinschmecker, die beschränkte Mengen zu gliedern, Menus zu komponieren verstanden, wie ein Diner bei Lovegrove in Blackhall: »Das Mahl soll mit Schildkrötensuppe beginnen, der kein anderer Fisch als Breitling folgen soll; hierauf soll kein Fleisch weiter folgen als Birkhuhn, woran sich Apfelkuchen und Sülze schließen, da Pasteten bei solchen Gelegenheiten ganz am unrechten Orte sind.«

Das ist die Handschrift eines Gastrosophen, Thomas Walker, der sich – nach dem griechischen Wort »ariston« (Mahlzeit) – einen Aristologen nannte, das Objekt mehr als das Subjekt betonend, einem englischen Pragmatiker gemäß. Er suchte die zu Wohlhabenheit, aber noch nicht zum Wohlleben gelangten Briten zu belehren: »Jedermann kann essen, aber nur wenige wissen, wie sie essen müssen, um sich den möglichst höchsten Grad von Gesundheit und

Genuß zu sichern.« Walker predigte den Emporgekommenen, die vorher zu simpel gelebt hatten und nun Gefahr liefen, zu üppig zu werden, die aristologische Tugend der geläuterten, verfeinerten, raffinierten Einfachheit: »Gute heißdampfende Kartoffeln mit zerlassener Butter von der besten Art würden allein jedem Diner einen Grad von Vortrefflichkeit verleihen; aber sie sind in dieser Gestalt auf glänzenden Tafeln so selten, als wären sie teuer wie Perlen.« Und er beschwor die Parvenüs, sie würden sich selber und ihrem Lande einen wesentlichen Dienst erweisen, »wenn sie zu einer einfachen veredelten Lebensweise zurückkehren und alles, was mit wahrem Genuß unvereinbar ist, beseitigen wollten. Jedenfalls würde man finden, daß übermäßiger Luxus, wenn man seine Geschichte verfolgen wollte, immer seinen Ursprung in der Mitte der gemeinen Reichen, also einer Menschenklasse hat, die der Nachahmung am wenigsten wert ist.«

Der Snob stand auf der Bühne, gab Sottisen von sich wie jene: »Ich konnte diese Dame nicht heiraten. Man stelle sich vor, sie aß Käse, ganz gewöhnlichen Käse.« Die »dinergebenden Snobs« – für William M. Thackeray sind sie nicht auf die Neureichen beschränkt: »Angenommen, Sie selbst zum Beispiel, der Sie sich in der Mittelklasse bewegen und an Hammelfleisch gewöhnt sind – Braten am Dienstag, kalter Aufschnitt am Mittwoch, Frikassee am Donnerstag usw. –, der Sie geringe Mittel und einen kleinen Haushalt besitzen, geraten auf den Gedanken, die ersteren zu verschwenden und den letzteren durch unnatürlich kostbare Gastmähler von unterst zu oberst zu kehren und sofort fallen auch Sie in die Klasse der dinergebenden Snobs.«

Im 19. Jahrhundert waren die Briten mächtig, reich und genüßlich geworden, bis an die Grenze des Snobismus und darüber hinaus. Traditionsbewußt, wie sie stets gewesen sind, konnten und mochten sie sich jedoch ererbtem Eßverhalten nicht ganz entziehen: der puritanischen Verachtung des Lustbringenden, dem in den heroischen Zeiten der maritimen Welteroberung gelernten Engerschnallen des Gürtels, dem angelernten Pragmatismus, der für eßbar nur hält, was sich als magenfüllend und lebensfördernd in der Gewohnheit bewährt hat.

Gewisse englische Atavismen schlugen freilich immer wieder durch: die sicherlich nicht nur gedankenernste, sondern auch feuchtfröhliche Tafelrunde des König Artus; die Freßlust der Angeln und Sachsen; der Sinn für feineres Essen, den Wilhelm der Eroberer aus Frankreich mitbrachte; die Völlerei Falstaffs und der Gargantuismus Heinrichs VIII., der die mächtigen, bleischweren Puddings so schätzte, daß er einmal dem Erfinder eines neuen Rezepts ein Landgut schenkte.

Und es gab immer die Früchte der Erde und den Segen des Meeres – denen zu Leibe zu rücken eine ständige Versuchung für den englischen Esser und eine immerwährende Verpflichtung für den autarkiebewußten Patrioten gewesen sind.

So kam es, daß in England zwar keineswegs immer gut, aber meist besser, als man anzunehmen wagte, gegessen wurde und gegessen wird. Und daß Karl Baedekers unvoreingenommenes, tatsachenorientiertes Urteil vom Ende des vorigen Jahrhunderts cum grano salis immer noch gilt, wie es auch für die Zeiten davor gegolten haben mag:

»Die englische Küche, von einigen übermäßig gelobt, von anderen mehr als getadelt, hat jedenfalls zwei Vorzüge, nämlich einmal den, daß vortreffliches Fleisch und keineswegs nur halbgebratenes, in allen guten Häusern zu haben ist, und zweitens, daß alle Seeprodukte: Seefische, Seekrebse aller Art, Austern, Muscheln u. dgl. in großer Auswahl, Güte und Wohlfeilheit in den besseren Restaurants stets vorhanden sind. Suppen, Gemüse und Mehlspeisen bilden dagegen die Schattenseiten der englischen Küche.«

Die britische Küche ist um Kontinuität bemüht, in ihren nationalen wie internationalen Dimensionen. Die Metropole eines Weltreiches nahm gastronomische Tribute aus allen Erdteilen entgegen, vornehmlich Chinesisches und Indisches. Das kosmopolitische London hat sich kontinentaleuropäischen Kücheneinflüssen nicht verschlossen, schon deshalb, weil es mit Französischem oder Italienischem demonstrieren wollte, daß man sich Abwechslung leisten konnte, und zudem konstatieren durfte, daß sich die Anleihen lohnten. Die Hauptstadt eines verflossenen Empire hat den universalen Küchenzettel beibehalten, aus Gewohnheit und Eigennutz, vielleicht auch deshalb, weil man das imperiale Spiel wenigstens gastronomisch weiterspielen möchte. Oder auch nur deswegen, weil man Touristen einen Anreiz bieten muß, Devisen in Restaurantkassen dazulassen.

Vor allem: Eine neue Generation ist in England herangewachsen. Sie ist nicht mehr patriotisch genug, um sich alles einzuverleiben, was ihr aus britischen Töpfen vorgesetzt wird, von britischen Köchen, deren Traditionsbewußtsein sich in der Weiterverwendung alten Backfetts erschöpft. Für sie ist Puritanismus out und Hedonismus in, die Epikuräer liegen ihr mehr als die Stoiker, auch wenn Auguren aus entsprechend gefüllten Tellern, die sie so schätzt, und dem Wohlbehagen, mit dem sie darüber spricht, den Anfang vom Ende herauszulesen meinen.

Die neuen Genießer unterscheiden sich von denen des 19. Jahrhunderts durch ausgeprägten Sinn für das Einfach-Gute und durch ihre die Qualität der Küche durchaus fördernde Quantität. Die neue Generation ist ausländischen Genüssen aufgeschlossener; die gastronomische Europäisierung Englands geht der politischen voraus. Und die Entdeckung des Fremden führt zu einer Wiederentdeckung des Eigenen zurück, spornt britische Köche an, in den olympischen Küchenspielen Medaillen für ihr Land zu gewinnen.

So ist London zu einer der gastronomisch interessantesten Städte geworden, anziehend durch den Dualismus zwischen dem hergebrachten und dem neugeprobten Eßverhalten der Briten, der Konkurrenz zwischen der angestammten englischen Küche und den kosmopolitisch gepflegten internationalen Küchen. Egon Ronay, der englische Michelin, meint sogar, London habe sich nun eindeutig als das gastronomische Zentrum der Welt etabliert – ein Urteil, das einen an Briten vordem ungewohnten Zug von Overstatement offenbart.

Eher zum Understatement neigten sie bislang bei der Herausstellung der Vorzüge ihrer Küche. Kontinentaleuropäische Gastrosophen standen nie an, sie hervorzuheben – in erster Linie die Güte des Rindfleisches und die ihm wie seinem Konsumenten zu Paß kommende Zubereitungsart.

So meinte schon Eugen von Vaerst, Rindfleisch sei der König der Küche, und die Engländer seien seine Mundköche. Karl Friedrich von Rumohr nannte den Rinderbraten die Urspeise der Menschheit und das Nationalgericht der Engländer, das sie zu Unrecht in den Ruf gebracht habe, daß sie das Rohe liebten: »Denn viele Völker des Kontinents bilden sich ein, daß ein saftreiches Fleisch durchaus roh sein müsse, und halten das Fleisch nicht eher für hinlänglich gar, als nachdem es so dürre geworden ist wie ein Wespennest. Allein sie sind im Irrtum; ein gutes Roastbeef ist nur darum so saftig, weil der Überzug, den ihm die erste schnelle Kohlenhitze gegeben, die Verdunstung der Säfte verhindert hatte.« Iles Brody fügte neuerdings hinzu: Gegrilltes Rindfleisch habe ihm immer am besten in angelsächsischen Ländern geschmeckt; das Grillen und Rösten seien die besten kulinarischen Erfindungen der Engländer und ihrer amerikanischen Nachkömmlinge.

In London kann man sich noch ein saftiges Stück von einer am Spieß gebratenen Ochsenhüfte zu Gemüte führen. Auch auf silbernem Servierwagen gebracht, ist dies eine Huldigung an die Altvorderen und ihre etwas einfache, doch keineswegs simple Art, Animalisches zu humanisieren. Meist muß man sich freilich – auch in London – mit »einem Surrogat des englischen Rinderbratens« (Rumohr) begnügen, was indessen keine kulinarische

Einbuße bedeuten muß: Lendenbraten (Roast loin) oder Steak, gegrillt nach Wunsch: rare (noch blutig), medium (gerade so recht) oder well done (durchgebraten, wie es empfindliche Gemüter vorziehen).

Das Problem beginnt bei den Zutaten und dem Zugemüse. Ein vorsichtiger Esser wird in England ohnehin Rindfleisch meiden, das mit – womöglich präfabrizierten – Saucen versetzt oder gar in Eintöpfen verhackstückt ist. Und selbst ein mutiger Esser, dessen Wagnis mit dem Glück etwa eines gelungenen Steak-and-Kidney-Pies (Rindfleisch-und-Rindsnieren-Pastete) belohnt worden ist, wird es kaum übers Herz bringen, das Angebot eines im Urzustand gebratenen oder gegrillten Stück Rindfleisches auszuschlagen und damit das gelungenste Gastgeschenk der englischen Küche zu verschmähen.

Doch was die Gastrosophie – seit Julius Blumröder – als die notwendige vegetabilische Entsprechung zum Animalischen bezeichnet, und was auch ein unbelesener Esser seit jeher zum Fleisch verlangte, nämlich Kartoffeln, Gemüse oder Salat – das ist in England (Ausnahmen bestätigen die Regel) immer noch ein betrübliches Kapitel. An Kartoffeln werden Abarten der französischen Pommes frites verabreicht oder jene Potatoes, die eine englische Hausfrau mit den Worten kennzeichnete: »We have them boiled, and no nonsense about it« (»Wir lassen sie kochen und stellen mit ihnen keinen Unsinn an«).

Was das Gemüse betrifft, so beherrscht Britannia zwar nicht mehr die Wellen, doch diese beherrschen immer noch die Töpfe, in denen Gemüse in Salzwasser schwimmen und darin untergehen. Feiner, doch kaum rücksichtsvoller drückte sich Ludwig Börne aus: »Dann folgte Gemüse, woran, wie an etruskischen Vasengefäßen, nur die ersten naiven Regeln der Kunst sich aussprachen. Es war nicht sauer, nicht süß, nicht geschmolzen und drang niemand einen vielleicht unwillkommenen Geschmack auf.« Gesund ist typisch englisches Gemüse ohnehin nicht: Es wird zerkocht, die Vitamine werden zerstört und die Mineralstoffe mit dem Wasser weggeschüttet. Mir ist die britische Sitte, Erbsen mit der Gabel aufzuspießen, immer als der Versuch einer verständlichen, wenn auch fehlgeleiteten Rache an unschuldigen Objekten einer uneinsichtigen Küchendiktatur erschienen.

Nicht zu verachten ist britisches Schaf – sofern es sich dem Stande der natürlichen Unschuld nahe befindet: als gegrilltes Lammkotelett (Lamb's chops), frisch gebratener Lammsattel (Roast saddle of lamb) oder nicht zu weich gekochte Hammelkeule (Boiled leg of mutton). Dazu gibt es die fabulöse Mint-(Pfefferminz)-Sauce, die keineswegs immer fabelhaft ist. Also: zuerst riechen und kosten, bevor man sie über zartes Fleisch gießt. Bei zähem Hammel kann sie eine willkommene Verdauungshilfe (ähnlich dem scharfen, frisch angerührten Senf) sein – doch hier bewegen wir uns bereits auf medizinischem, nicht mehr auf gastrosophischem Gebiet.

Beim Plumpudding, diesem Magenblindgänger, helfen nur noch Tabletten. Es handelt sich um eine Zusammenballung aus Rindernierenfett, braunem Zucker, Weißbrotbrösel, Rosinen, Sultaninen, Zitronat, Orangeat, Weizenmehl, Eier, Zimt, Nelken, Ingwer und Muskatnuß – ein gastronomisches Konglomerat, das dem geologischen ähnlich ist: jenem aus Geröllen bestehenden, durch Bindemittel verkitteten Gestein. Von einer englischen Hausfrau mit Liebe und Ausdauer zusammengekocht, mit Rum und Arrak begossen, angezündet und als Christmas Pudding aufgetragen, gilt er als Inbegriff britischer Häuslichkeit – »My plumpudding is my castle« sozusagen. Doch selbst die patriotische Ausrede »Right or wrong, my plumpudding« vermag nicht jene im Wasserbad aufgewärmte Konserve zu entschuldigen, mit der ein Restaurantkoch heimisches Brauchtum zu pflegen vorgibt.

Den schlichten Apple-Pie mißraten zu lassen, ist nicht so leicht. Nicht von ungefähr gilt er seit dem Mittelalter als Evergreen, als ein handfestes Stück Tradition: weniger Kuchen als Auflauf oder Pastete, mehr Apfel als Teig. Eine klassische englische Nachspeise ist auch Custard (Eiersahne), zusammengequirlt aus Sahne, Zucker, Eidotter, Mandeln und Vanille – doch heutigen Köchen fehlt es oft an der edlen Einfalt und stillen Größe, die dieses Gericht verlangt; sie greifen lieber in die Kühltruhe und servieren vorfabrizierte Eisdesserts mit großspurigen Bezeichnungen und gegen beträchtliches Entgelt.

Käse aus England ist zu loben, an und für sich, oder – wie Shakespeare meinte – als Verdauungspulver: Chester, der in Form von Welsh rarebits trefflich mundet (mit Chester belegte und überbackene Weißbrotschnitten), alter, harter Cheddar, den man auf der Zunge zergehen läßt, oder – ein kulinarischer Höhepunkt – Stilton, den man mit Portwein anfeuchtet.

Last not least: Oysters (Austern), Clams (Muscheln), Prawns (Garnelen), Crabs (Taschenkrebse), Lobster (Hummer), Plaice (Scholle), Sole (Seezunge), Bass (Seebarsch), Halibut (Heilbutt), Turbot (Steinbutt). Vom Segen des Meeres kann man sprechen, wenn man Fische in einer Zubereitungsart zu sich nimmt, die sich vom Naturzustand nicht allzu weit entfernt hat, also gekocht oder gegrillt. Vom Unsegen des Meeres muß gesprochen werden, wenn ein durchschnittlicher englischer Koch versucht, durch mehlhaltige, erdverbundene Saucen das Meeresgetier zu Landratten zu machen. Oder gar, wenn er es frittiert.

Im ostenglischen Schloß Sandringham wurde vor einiger Zeit Feueralarm gegeben. Prinzgemahl Philipp und sein Sohn Charles rannten zu einem in der Nähe geparkten Wagen, aus dem es rauchte und stank. Doch er brannte nicht. Es war eine fahrbare Küche, eine Bude, in der Fish and Chips, Backfisch und Fritten, produziert wurden. Der Hersteller konnte sich bei der königlichen freiwilligen Feuerwehr nicht einmal mit einer Portion revanchieren, denn das Gericht war noch nicht fertig.

Es wäre sicherlich dankbar entgegengenommen worden, denn Fish and Chips ist das britische Nationalgericht, das Hoch und Niedrig verbindet. Das Autarkiebedürfnis kommt darin zum Ausdruck: Fisch gibt es um die, Kartoffeln auf der Insel genug. Das Traditionsbewußtsein macht sich geltend: Das Backfett scheint seit Generationen in der Pfanne zu sein. Und der britische Sinn für Kompromisse: Neuerdings werden Fish and Chips doppelt eingewickelt, zunächst in Papier, wie es eine auf Hygiene bedachte Behörde vorschreibt, dann in Zeitungspapier, wie man es seit jeher gewohnt ist. Snobs verlangen die Times.

Auch bei den Trinksitten sind Kompromisse zu schließen, zwischen Hergebrachtem und Fortgeschrittenem. Im 18. Jahrhundert befand Samuel Johnson: Claret für Knaben, Portwein für Männer, Branntwein für Helden. Heute müßte man eher sagen: Cola für Knaben, Bier und Wein für Männer, Whisky für all diese Helden.

Wie fast alles auf den britischen Inseln, ist auch das Bierbestellen und das Biertrinken für den Kontinentaleuropäer eine komplizierte Sache. Es gibt mehrere Arten vom Faß, draught (bei den Flaschen ist es noch verwickelter, ein Grund mehr, sich an Faßbier zu halten): Bitter, bernsteinfarben und hopfig, das es als »ordinary bitter« und als »best bitter« gibt. Mild Ale, rötlich-braun, etwas süß und schwach. Old oder Strong Ale, das, wie es schon der Name ausdrückt, lange gegärt hat und recht stark geworden ist. Lager – ein unserem Hellen am nächsten kommendes Bier, das freilich meist so kalt ausgeschenkt wird, daß die Blume zitternd zusammenfällt. Stout (die bekannteste Marke ist Guinness), dunkel, hopfig und bitter, schäumt manchmal vor Wärme allzu sehr, doch es beruhigt die Nerven und spült den Geschmack hinweg, den man in London meist im Munde hat, jenes Gemisch aus Autoabgasen, Nebelfeuchtigkeit und Nierenfett.

Auf Weinkonsum sind Briten seit langem geeicht: Sherry aus Jerez-de-la-Frontera in Andalusien, Portwein aus Porto in Portugal, Claret – Rotwein aus Bordeaux, das von 1154 bis 1452 englisch gewesen war. Die anschließenden Versuche, Wein in England zu bauen, konnten das Verlangen nach den nun französisch gewordenen Roten und Weißen mitnichten stillen. Britische Connaisseurs verfügen privat über mitunter respektable Keller. Das gilt auch für bessere Londoner Restaurants, beileibe nicht für alle. Und erst recht in der Provinz bleibt Weintrinken weithin ein Abenteuer mit fast gewissem Ausgang.

Was den Whisky betrifft, so braucht man nicht eigens darüber zu reden, weil er auch andernorts in vielen Mündern ist. Am besten ist natürlich ein reiner Malzwhisky. Nur: Es muß nicht immer schottischer Whisky sein. Auch irischer Whisky ist die Versuchung und einen Versuch wert. Nicht nur Iren trinken ihn am liebsten pur, höchstens noch mit Wasser gestreckt, kaum mit Sodawasser, das zwar auch in Irland erfunden sein soll, aber wohl nur zur Anwendung für den Morgen danach.

Diesen sollte man vor allem mit einem englischen Frühstück beginnen, dem fastenbrechenden wie katerverscheuchenden Breakfast. Opulente Frühstücke – sagte Johannes Gross – seien in den Ländern entstanden, wo die Küche im übrigen wenig zu bieten habe. Jedenfalls ist derjenige, der einem solchen Frühstück reichlich zuspricht, gegen die Fährnisse des Tages und die Ungewißheiten kommender Mahlzeiten gewappnet. Denn die umgekehrte Annahme, daß aus der von Einheimischen wie Fremden beklagten Rückentwicklung von Quantität und Qualität eines Hotelfrühstücks in London auf entsprechende Fortschritte der englischen Küche bei Lunch und Dinner zu schließen sei, trifft keineswegs immer und überall zu.

Englisch frühstücken, reichlich und üppig, kann man in London immer noch, auch wenn das Continental Breakfast (der Brötchenkorb mit Brötchen und Konfitüre) für Hoteliers eine willkommene Gelegenheit ist, Sympathie für den Gemeinsamen Markt zu bekunden. Das ist englisch und sollte es bleiben: Eier, die paarweise auftreten, boiled (gekocht), fried (als Spiegeleier) oder scrambled (als

Rühreier), in kontrapunktischer Begleitung von knusprigem Speck (bacon) oder herzhaftem Schinken (der von Yorkshire ist der beste). Weniger empfehlenswert sind Bratwürstchen (Sausages), die oft zu mehlig und überwürzt sind, oder sautierte Nieren (kidneys), welche bereits die Konsistenz von Nierensteinen angenommen haben. Dann schon – bei entsprechendem Appetit – ein kleineres oder größeres Frühstücks-Steak, oder Haddock (geräucherter junger Schellfisch), oder gar Kipper (geräucherter Hering), goldbraun, duftend, delikat.

Das ist so verlockend, daß mancher, dem das Kaloriengewissen schlägt, der Versuchung der an und für sich gar nicht so sündhaften Cereals widersteht, Porridge (Haferflockenbrei) oder Cornflakes (Mais- oder Weizenflokken), die mit Milch und Zucker angereichert werden. In jedem Fall gehört Toast dazu, der freilich immer mehr zur Glückssache wird, weil zwischen Goldbraun und Schwarzbraun nur eine Haaresbreite liegt. Die zu Recht berühmte Orangenmarmelade ist das Dessert-Tüpfelchen auf dem Breakfast.

Early morning tea, womöglich noch im Bett genossen, hat darauf eingestimmt, das ganze Frühstück ist von Tee begleitet worden – dem Nektar der Briten. Der Weg zum Himmel führe an der Teekanne vorbei, sagte ein englisches Sprichwort, ein altes. Bei einem Hotelfrühstück im heutigen London mag man mitunter eher an ein japanisches Sprichwort denken: »Das Bad entspannt den Körper, der Tee entspannt den Geist« – und beklagen, daß diese Reihenfolge in moderner englischer Übersetzung durcheinandergeraten ist: Bad im Tee, zu viel Wasser, zu wenig Körper und Geist, Ärger statt Entspannung. Selbst britische Restaurant-Kritiker, die dazu neigen, gastronomische Mängel mit patriotischen Feigenblättern zu bedekken, sprechen von »beige-coloured warm water«, was ein weniger rücksichtsvoller Ausländer mit »Spülwasser« übersetzen könnte. Die gute alte Sitte – einen Löffel Teeblätter für jede Tasse und einen für die Kanne – verfällt,

Old England fällt der Unsitte der Teebeutelchen anheim. Nichtsdestoweniger: Im Durchschnitt wird auf den Inseln immer noch weit besserer Tee als auf dem Kontinent getrunken.

Nicht unbedingt in einer der Londoner Teestuben, die oft nicht das halten, was sich der Japaner Kakuzo Okakuro von einem Teeraum versprach: eine Oase in der Wüstenei des Daseins. Von einer Snackbar oder Cafeteria erwartet man das ohnehin nicht. Wer wenig Zeit oder reichlich gefrühstückt hat, sucht in solchen Lokalen das wenige, was er zum Lunch braucht. Das könnte ein Sandwich sein, wenn ein solches nicht zu oft nicht nur erwünschter Enthaltsamkeit entspräche, sondern auch unerwünschte Gaumenpein bereitete – zumal, wenn es seit längerem in einer Klarsichtfolie verpackt war, feucht und dumpf geworden ist. Man kann appetitliche Sandwiches finden: mit rosigem Roastbeef, mildem Schinken, splendidem Käse, frischer Kresse – am ehesten in einer Sandwichbar, wo das Bestreichen und Belegen der Brote vor den Augen des Bestellers geschieht. (Roggenbrot ist übrigens dem meist ausdruckslosen Weißbrot vorzuziehen.)

Bei schönem Wetter läßt man sich sein Sandwich einwickeln und sucht sich eine Parkbank. Das ist dem Getriebe und den Gerüchen eines Lunchlokals vorzuziehen. In manchen kann einem der Appetit vergehen: Es stinkt nach überständigem Backfett, man sitzt zwischen Putzkübeln und nicht immer gewaschenem Personal, und Ventilation scheint als etwas Modernistisches verabscheut zu werden. Im Park atmet man auf, verdrückt sein Sandwich, und hat für das weniger Genehme hungrige und abgehärtete Vögel in Reserve. Zu gebotener Rücksichtnahme mahnt indessen im St. James-Park eine Tafel mit der Inschrift: »Pelikane bitte nicht füttern. Es gab Todesfälle wegen unpassender Nahrung.«

Lunch in London ist eine kurze, wenn auch nicht immer schmerzlose Angelegenheit. Als Balsam ist die Teestunde vorgesehen. Sie wird noch in klassischer Weise als Fünf-

Uhr-Tee zelebriert, in Hotelhallen und fashionablen Tea Rooms, vornehmlich für Müßiggänger: Himalaya-Spitzen aus Wedgewood-Tassen, Petit fours, Danish pastries, passable Kekse und mit Schrotladungen von Rosinen vollgepumpter englischer Kuchen. Die Masse der Londoner ist um diese Zeit auf dem Weg zwischen Arbeitsstätte und zu Hause, wo der High-Tea auf sie wartet, die nachgeholte Teestunde und ein vorgezogenes Abendessen, mit einem Grundstock von Toast, Butter und Marmelade, einer Selektion vom Kuchenteller, einer Auswahl aus der nicht allzu bunten Palette der englischen Kalten Platte, und viel Tee, der gern mit Milch gestreckt und gedämpft wird.

Die Zeit bis zu einem richtigen Abendessen, dem Dinner, überbrückt man am besten in einem Pub. Die Public houses sind wahrhaftig Oasen in der Öde des Londoner Daseins. Sie werden vom Faßbier in jenem Zustand der Feuchtigkeit gehalten, der dem Aufblühen der Lebenslust günstig ist. Es gibt 150 Brauereien und 1500 Biersorten in Großbritannien, und in London rund 4000 Pubs. Die meisten gehören großen Brauereien und schenken deren Biere aus; viele sind Free houses, also in der Lage, eine breitere Auswahl zu bieten, und ein paar brauen ihr Bier noch selber, ehrliches, redliches britisches Bier, wie es die Camra (Campaign for Real Ale) fördert. Einschlägige Adressen sind dem von ihr herausgegebenen »Good Beer Guide« zu entnehmen.

Im Pub – so er mit einem L gekennzeichnet, also »fully licensed« ist,– kann man auch härtere Sachen trinken. Man kann, muß aber nicht. Denn die von Anglophoben ausgestreute Behauptung, man müsse vor einem englischen Essen Vergessenheit im Trinken suchen, trifft nicht zu, nicht in dieser verallgemeinernden Weise. Man kann in London gut, ja sehr gut speisen. Einen Wegweiser braucht man dazu, und der ist vorhanden: »Egon Ronay's Dunlop Guide«, der jährlich erscheinende Ep-Führer. Gaststätten nimmt er nur auf, «wenn die Küche das Minimum unseres Maßstabs erreicht, so attraktiv das Lokal auch in anderer Beziehung sein mag. Ein schlichtes Eßlokal kann die höchste Zahl von Sternen (drei) erlangen und ein Luxusrestaurant keinen Stern bekommen oder gar im Führer unerwähnt bleiben«.

Dieses Kriterium ist in London besonders angebracht, da – wie Egon Ronay bemerkt – ein Engländer, der ein Restaurant aufsuche, in erster Linie auf Dekor und Komfort, auf Luxus schaue. Deshalb ist angemessene Kleidung anzulegen, so das Dinnerjackett, und darum sind Mienen zur Schau zu tragen, die der dunklen Gewandung entsprechen. Was in England beim Essen so stört, ist weniger das, was auf den Teller kommt, als das, wie Briten sich bei der Konsumation verhalten. Ein Puritaner hat keine Lust am Essen zu zeigen, ein Gentleman schweigt, auch wenn er nicht genießt, ein Viktorianer hat die Form um jeden Preis zu wahren. Indessen nagt die Zeit an der Noblesse und an den Verpflichtungen, die sie auferlegt. Unlängst wollte ein

Türhüter einem weiblichen Wesen im Hosenanzug den Zutritt zum »Savoy« verwehren. »Madam, in Hosen sind Sie nicht zugelassen« – und sie dann doch zuließ, als die Dame, o chocking, Anstalten traf, sich auf der Stelle der nicht mehr Unaussprechlichen zu entledigen.

Wenn Gediegenheit der Aufmachung und Güte des Gebotenen zusammenfallen, ist ein Dinner in London immer noch ein aristokratischer Genuß, mit einem Hauch von Nerz und Empire. So in einigen Grandhotels und Luxusrestaurants, über die der sonst so vorlaute Egon Ronay nur in gedämpftem Tone spricht. Das Nonplusultra ist britische Bedienung (Butler, die sich nicht merken lassen, daß sie vielen und nicht immer gnädigen Herren zu dienen haben) und Haute cuisine, in der Französisches Weltklasse geworden ist.

Derartige Etablissements haben sich in die vornehmen Gegenden östlich und südlich des Hyde Parks zurückgezogen. Französisches in schlichteren, wenn auch nicht gerade volkstümlichen Ausgaben ist in der ganzen Stadt zu finden. Seitdem die Normannen das Angelsachsenland besetzten, hat die französische Küche als das große, wenn auch kaum erreichbare und nur selten erreichte Vorbild gegolten; britische Köche suchten von jeher bodenständige Elaborate mit französischen Bezeichnungen zu kamouflieren. Die jüngste Annäherung Englands an Europa hat nicht nur die Quantität französischer Restaurants in London vermehrt, sondern auch deren Qualität verbessert.

Gut-englisch kann man sich immer noch kreuz und quer durch London essen, vor allem in der Piccadilly-Gegend, am Strand und in der City. Hier sind auf Roastbeef oder Fisch spezialisierte Restaurants zu finden, in denen sich mittags Spesenspeiser drängen und abends die gemütlich-langweilige Atmosphäre eines gutsherrlichen Dining rooms herrscht. Lokale, die mehr historische Erinnerungen als ihre Tafel pflegen, sind einen Blick, aber nur einen Schluck und einen Happen wert.

Viele europäische und asiatische Küchenzungen parlieren in London, nicht alle mit reinem Akzent. In Soho ist die Sprachenverwirrung babylonisch. Dieses Stadtviertel bedeutet für einen gestandenen Engländer Italiener und Chinesen, Knoblauch und Katzendreck, kontinentales Laissez-aller, vollizenzierte Bars, lockere Mädchen und exotische Speisen. Letzteres scheint im puritanischen Lasterkatalog an der Spitze zu stehen – ein Grund für immer mehr, namentlich junge Engländer, dieser Versuchung zuerst zu erliegen.

Die Italiener drängen sich in den Vordergrund, mit manchmal zu vollmundigen Saucen und nicht immer großzügigen Spaghetti-Gesten. Überall in London, und natürlich in Soho, sind italienische Restaurants zu finden, die man schon deshalb schätzt, weil sie in die Schwerfälligkeit des englischen Küchenzettels südliche Bewegung bringen. Eine Pizza ist in der Tat eine willkommene Alternative zum Sandwich, und ein starker Espresso ein geschätzter Kontrapunkt zu dünnem Tee. Handicaps sind unvermeidlich. Die frischen Gemüse, ein Hauptreiz der italienischen Küche, sind in London kaum zu haben. Auch nicht immer gute italienische Köche; so mancher Neapolitaner oder Genuese, der zu Hause als Koch nicht alt geworden wäre, hat in London sein Glück gemacht.

Das Bedürfnis nach Abwechslung gut und preiswert zu erfüllen, ist die Existenzgrundlage der zahlreichen chinesischen Restaurants in London. In der Gerrard Street oder Lisle Street geht es zu wie in Hongkong. Man kann – mit oder ohne Stäbchen – die Küchen von Kanton, Peking oder Szetschwan probieren, und wird zwar nicht immer entzückt, aber auch kaum enttäuscht sein. In indischen oder pakistanischen Restaurants ist man Wechselfällen ausgesetzt; öfters sind die Blößen eines zähen Huhns oder eines flechsigen Hammels nur notdürftig mit Curry-Gewürz bedeckt. Indische oder pakistanische Restaurants sind denn auch – von einigen mit Ronay's Sternen dekorierten Ausnahmen abgesehen – eher Erinnerungen an das

Empire als Enklaven einer bemerkenswerten Küche.

Man kann in London auch japanisch, lateinamerikanisch, afrikanisch, spanisch, portugiesisch, griechisch, ungarisch, jüdisch und bayerisch essen. Oder irisch – zumal das allbekannte Irish stew, das nicht immer hält, was sein Renommee verspricht. Oder schottisch – wenn man Glück hat, frisch geräucherten Lachs, oder ein Moorhuhn, Grouse, das zwischen August und Oktober geschossen und nicht zu stark gebraten wurde.

Und immer wieder englisch. Für Abwechslung ist gesorgt. Wer sie genießen will, muß bei der Wahl des Was und Wo vorsichtiger sein als in Städten mit selbstverständlicherer Eßkultur. Und nachsichtiger gegenüber den Eigenheiten eines Landes, das auf einer anderen Breite der Küchengewohnheiten und einer anderen Länge des Eßverhaltens liegt. Dies vorausgesetzt, braucht eine Reise nach London und Greenwich keine Fahrt zum gastronomischen Nullmeridian zu sein.

Schlussfolgerung: Essen in Deutschland

Bleibe im Lande und nähre dich redlich, lautet ein echtes deutsches Sprichwort: Es charakterisiert die Standfestigkeit dieses Volkes wie das Handfeste seiner Nahrung. Deutsche Frauen kochen immer noch, was deutsche Männer in Heim und Heimat hält, Schweinernes, Sauerkraut und Kartoffelpuffer, in urväterlichen Portionen, fett und schwer, die eine um Wohlfahrt bemühte Bundesregierung um die Volksgesundheit bangen läßt. Doch immer mehr deutsche Männer und Frauen stellen den alten Spruch in Frage, zweifeln an der Redlichkeit der Kochgewohnheiten wie an der Richtigkeit des Eßverhaltens, gehen fremd in andere Küchen und andere Länder – dorthin, wo die Achtung der Deutschen stets von der Verachtung ihrer Ernährung überschattet gewesen ist.

Schon Tacitus, welcher der römischen Völlerei die germanische Frugalität entgegenhielt, bemerkte mit der kaum verhohlenen Genugtuung eines Römers, der dortzulande nicht essen mußte: Den Germanen seien den Gaumen kitzelnde Speisen fremd, sie stillten ihren Hunger auf die einfachste, ihren Durst dagegen auf eine sehr gehaltvolle Weise. Kein Blatt vor den Mund nahm der Florentiner Ottavante Barducci, der um die Mitte des 15. Jahrhunderts aus dem italienischen Renaissance-Paradies in die nordische Wüstenei vertrieben worden war:

»Ich stecke jetzt in Deutschlands tiefsten Gauen
Voll soviel Suppen, soviel feisten Schmieren:
Ich würde meine Magerkeit verlieren,
Müßt' ich das Zeug auch wirklich ganz verdauen.
Kein Hund würd' sich an dieses Brot hier trauen,
Ich saufe Wein – Retortendestillieren
Wie kranker Eselspiß – schon das Visieren
Würd' Dir den Magen in Stücke hauen.«

Franzosen drückten sich etwas vornehmer, doch nicht weniger verheerend aus. Madame de Staël, die das Deutschland der letzten Biersuppen immerhin dem Frankreich Napoleons I. vorgezogen hatte, meinte bemerken zu müssen: »In einer kleinen Stadt in einem Gasthof eingekehrt, empfing mich das Hämmern eines Klaviers in einer verräucherten Stube, wo über einem eisernen Ofen nasses Wollzeug zum Trocknen hing. So kommt mir hier alles vor: Ein Konzert in einer verräucherten Stube. In der Seele schlummert zwar Poesie, doch in der äußeren Form gibt es keine Eleganz.«

Das Gewöhnliche sei den Deutschen das Natürliche – diese Vermutung der Madame de Staël bestätigte Stendhal mit gastronomischer Erfahrung: »Die braven Deutschen essen vier bis fünf Butterbrote, trinken zwei große Glas Bier und zuletzt einen Schnaps. Diese Lebensweise kann den heftigsten Menschen phlegmatisch machen. Mir raubt sie alles Denken. Außer dieser kleinen Mahlzeit, die einem in den Gasthöfen angeboten wird, wenn man sehr früh oder sehr spät ankommt, findet man um ein Uhr ein Mittagessen, das heißt eine Wein- oder Biersuppe, gekochtes Fleisch, eine riesige Schüssel Sauerkraut (auch ein verdummendes Gericht), dann einen Braten mit Krautsalat, glaube ich, der abscheulich riecht . . . Zum Nachtisch etwas Gebäck, sehr wenig Obst, meist Erdbeeren, aber deutsche, das heißt groß, schön und geschmacklos.«

Derartiges nahmen Deutsche weniger als geschmacklose

Herabsetzung denn als notwendige Voraussetzung für Größe und Schönheit. Der Idealismus strebte in Sphären, die profaner Genußsucht entrückt sind. Friedrich Schiller brauchte nur an einem Apfel zu riechen, um der Versuchung des Erdverbundenen und Sündhaften zu widerstehen und die dichterische Flucht nach oben anzutreten. Sein Stuttgarter Jugendfreund Johann Wilhelm Petersen behauptete sogar: »Schiller hatte keinen Sinn für das Auserwählte, Erlesene; im Sinnlichen war er ohne alles Feingefühl: kratzende Weine, schlechter Schnupftabak, garstige Weiber.« Kein Kostverächter in jeder Beziehung war Johann Wolfgang Goethe. Er schätzte Zartbitteres wie Spargel und Artischocke, Extravagantes wie Hummer und Lachs, aber auch Hausmannskost wie Hasenbraten oder die Kontrapunktik der belebenden Grünen Sauce zum vielleicht schon etwas zähen Rindfleisch.

Als wirkungsmächtiger in Deutschland, weil typischer und deshalb vorbildlicher, erwies sich Schillers Gespaltenheit zwischen idealistischer Entrücktheit und realem Verrücktsein. Oder die moralisierende Hausbackenheit eines Matthias Claudius, der – ein germanischer Tacitus nun – seinen Deutschen das nicht nachahmenswerte Beispiel der Römer vorhielt: Ehedem das erste Volk der Erde, ein Volk der Dichter und Helden, sei es mit ihm bergab gegangen, als es sich der republikanischen Enthaltsamkeit begab:

»Die fingen endlich an und aßen Ochsenbraten,
Frisierten sich und tranken fleißig Wein –
Das war's geschehn um ihre Heldentaten,
Um ihrer Dichter edle Reih'n,
Um ihre Redner, ihre Schreiber;
Da wurden's große dicke Leiber,
Und Memoires- und Zeitungsschreiber,
Und ihre Seelen wurden klein;
Da kamen Opern und Kastraten,
Und Ehebruch und Advokaten,

Und nistelten sich ein.
Oh, die verdammten Ochsenbraten!
Oh, der verdammte Wein!«

Den Preußen kam diese Predigt zupaß: Das deutsche Sparta gab seinen Soldaten Salzheringe und Pellkartoffeln als Marschverpflegung zur Machterweiterung. Als dies nicht mehr antrieb, Preußen in der napoleonischen Zeit zusammengeschrumpft war, reformierte Scharnhorst die Armee und verfaßte ein Kochbuch. Der uniformierte Bürger sollte nun mehr zu sagen haben und Besseres zu essen bekommen: Erbsensuppe mit Speck und Kartoffeln oder gequollene Graupen mit Kohlrabi, gelben Rüben und grünen Bohnen – was auch der volksnahe General gern zu sich nahm. An die Reservisten dachte er mit seiner Mahnung: »Die nationalen Frauenzimmer sollen ihre Familie schlicht sättigen und kräftigen, zum Ränzlein-Mästen sind sie nicht bestellt. Wozu der Töpfe viele, wenn einer genug ist!« Bert Brecht kommentierte: Der preußische Adler, den Jungen hacke er das Futter in die Mäulchen. Sollte er in einer volkseigenen respektive staatsbekochten Werkskantine gegessen haben, hätte er – Spenglers Vermutungen über die Zusammenhänge von »Preußentum und Sozialismus« auskostend – das Sinnbild variieren, etwa von Hämmern und Sicheln sprechen können.

Suum cuique – der preußische Staat jedenfalls gab jedem das Seine. In der Theorie, nicht immer in der Praxis. Friedrich der Große raunzte Kaffeetanten an: Er sei mit Biersuppe groß geworden, worin es ihm jeder Preuße gleichtun sollte. Tatsächlich aß und trank er weit mehr, wenn auch nicht unbedingt besser als jeder seiner Untertanen. Noch in seinem 75. Lebensjahr nahm er bei einem Mittagessen zu sich: scharf gewürzte Fleischbrühe, »mit einem großen Eßlöffel voll von gestoßenen Muskatblüten und gestoßenem Ingwer. Er aß sodann ein gutes Stück von nach russischer Art zubereitetem, mit einem Quant Branntwein abgekochten Rindfleisches. Hierauf folgte eine große Menge von einem italienischen Gericht, das zur Hälfte aus türkischem Weizen und zur Hälfte aus Parmesaner Käse besteht; dazu gibt man den Saft von ausgepreßtem Knoblauch . . . Zum Abschluß nahm der Patient einen ganzen Teller voll von einer heißen Aalpastete, die so heiß und würzhaft war, daß sie in der Hölle gebraten schien.« Dies berichtet ein Leibarzt, dem der magenkranke König vorzumachen suchte: »Sie können sich nicht vorstellen, wie mäßig ich bin. Ich koste meine Speisen bloß und esse nur, um mich zu stärken.«

1976 konstatierte die Bundeszentrale für gesundheitliche Aufklärung den Fortschritt der Demokratisierung und die Fortdauer der Unsitten beim Essen, einschließlich der Ausreden: Jeder vierte Bürger wiege 20 bis 40 Pfund zu viel; die meisten Übersättigten gebe es in den unteren Schichten; nichtsdestoweniger seien 82 Prozent der Bürger überzeugt, daß sie sich »gesundheitsgerecht« verhielten.

An seinen Vorbildern lernte es zu essen und sich zu überessen, zu trinken und sich zu betrinken, das deutsche Volk, das immer gerne nach oben blickte. Nicht zuletzt auf Otto von Bismarck, den Eisernen Kanzler, der auch einen eisernen Magen besaß. Mittags aß er so reichlich, daß sein Oberförster Westphal, wie dieser staunte, 48 Stunden daran genug gehabt hätte. Abends aß er nicht minder, legte sich wie eine Boa constrictor zu Bett, schlief schlecht und wachte mürrisch auf. »Wenn ich tüchtig arbeiten soll, so muß ich gut gefüttert werden«, pflegte er zu sagen, und: Ihm schmecke das Essen vortrefflich, und am besten das, was er nicht essen dürfe. Nach dem Dessert hörte man ihn stöhnen: Er habe zu schwer gegessen, es sei immer ein Gericht zu viel. So brachte es Bismarck auf 247 Pfund und auf immerhin 83 Lebensjahre.

1976 konstatierte das Saarbrücker Institut für empirische Soziologie im Auftrag des Bundesministeriums für Jugend, Familie und Gesundheit: Die Übergewichtigen der Nation wüßten zwar genau, was ihrer Gesundheit schade, schwere, fette, einseitige Nahrung und hastiges, unregelmäßiges Essen, aber sie zögen keine entsprechenden Konsequenzen daraus. Denn: »Ernährungsgewohnheiten gehören zu den stabilsten menschlichen Verhaltensweisen, so daß die Annahme naiv erscheint, man könne jemanden mit ein paar Argumenten überzeugen, seine Art des Essens und Trinkens sei falsch, und er müsse umlernen.«

Auch deutsche Trinkgewohnheiten sind seit Jahrhunderten eingefahren, und lassen sich schwerlich aus dem Geleise bringen. Ein Mißverhältnis zwischen Einsicht und Einverleibung klafft auch hier. »Es muß ein jeglich Land seinen Teufel haben – unser deutscher Teufel wird ein guter Weinschlauch sein und muß Sauf heißen«, klagte Martin Luther, ohne einen guten Tropfen zu verachten. So soll er das Lied »Eine feste Burg ist unser Gott« bei einer Flasche Niersteiner in Oppenheim verfaßt haben. Offiziell verdammte Bismarck das Bier: »Es macht dumm, faul und impotent. Es ist schuld an der demokratischen Kannegießerei, zu der sie sich dabei zusammensetzen ... Es wird bei uns Deutschen mit wenig so viel Zeit totgeschlagen, wie mit dem Biertrinken.« Privat schätzte Bismarck das Bier durchaus: Als ihn ein Freund, den er an den Zug bestellt hatte, nicht gleich finden konnte, lief dieser die Waggons entlang und rief: »Bier gefällig?« Sofort streckte Bismarck den Kopf zum Fenster heraus und meldete sich: »Hier, Herr Ober!«

Der kolossale Durst sei das einzige, was ihn zusammenhalte und mit den Volksvertretern verbinde, bekannte der Reichskanzler bei einem seiner Bierabende für die Reichstagsabgeordneten. Der Preuße löschte seinen Männerdurst nicht nur mit Bier, am liebsten mit bayerischem. Er schätzte auch den Schnaps, allein und für andere, die gutsherrlichen Landarbeiter nämlich, die mit Kornsaat der Kornmahd besser gewachsen wären. Das Belebende des »Klaren« und das Erschlaffende des Bieres – zumal Norddeutsche haben von jeher dieses Wechselbad genossen. Und das Messen ihrer Kräfte mit Starkem und Hartem –

»viel Feind, viel Ehr« –, wie es der Königsberger Karl Rosenberg erklärte: Beim Deutschen sei es »der Übermut des Selbstgefühls, der sich mit dem Trunk gleichsam als mit einem Feinde einläßt, der ihm nichts soll anhaben können. Es ist die bis zum Frevel kühne Freiheit des Selbstbewußtseins, die ein schauerliches Gelüsten empfindet, mit der Natur sich einzulassen, zu sehen, wie weit sie wohl es zwingen könne.«

1974 gab jeder Bundesbürger – Säuglinge und Greise inklusive – für alkoholische Getränke über 500 DM aus, insgesamt 30,7 Milliarden DM, wovon der Staat 4,7 Milliarden DM Alkoholsteuer kassierte. 1975 lobte der Deutsche Brauerbund: Bier sei nach wie vor das Volksgetränk Nummer Eins – mit einem Pro-Kopf-Verbrauch von 147,4 Liter. 1976 verwies der Ernährungsbericht der Bundesregierung auf das alkoholbedingte Anwachsen von Krankheiten der Leber und der Bauchspeicheldrüse.

Demokratie und Gastrosophie

Die Demokratisierung kommt voran: Beinahe jeder Deutsche kann sich heute vollessen und volltrinken, wie es früher nur Adelige und dann Großbürgerliche vermochten. Die Forderung Bert Brechts stößt – jedenfalls in der Bundesrepublik Deutschland – offene Türen ein: »Ich hab' mich gewundert, warum die linken Schriftsteller zum Aufhetzen nicht saftige Beschreibungen von den Genüssen anfertigen, die man hat, wenn man hat.« Dieses Geschäft besorgen heute Illustrierte und das Fernsehen – ohne klassenkämpferischen, vielmehr volksverbindenden Effekt: Wer schon hat, fühlt sich bestätigt, wer noch nicht hat, strebt es den anderen gleichzutun, sucht sie zu übertreffen. So unterscheidet sich das »Kochbuch für Gesellschaften, Kooperativen, Wohngemeinschaften und andere Menschenhaufen sowie isolierte Fresser« von bürgerlichen Kochbüchern hauptsächlich dadurch, daß statt vom »Esser« vom »Fresser« gesprochen wird.

Der anhaltenden Hebung der Unteren entspricht eine Senkung der Oberen: Die Ernährungs-Demokratie nivelliert sich, erreicht die Mittellinie, ein nicht unbedingt gesundes Mittelmaß. Bundeskanzler Konrad Adenauer schätzte noch – wie sein rheinischer Landsmann Metternich – Kalbsbries und Taubenbrüstchen, meinte aber schon in der Öffentlichkeit eine Vorliebe für Gemüseeintopf bekunden zu sollen. Bundeskanzler Ludwig Erhard sprach ehrlich Pichelsteiner und Erbseneintopf zu. Bundeskanzler Kurt-Georg Kiesinger redete viel und kostete gerne von den stammverwandten Spätzle. Bundeskanzler Willy Brandt stand auf Grünkohl mit Rauchfleisch und Bratkartoffeln, deftig hintergespült, versteht sich. Bundeskanzler Helmut Schmidt ißt, weil man essen muß, am ehesten Suppe, die schnell auszulöffeln ist, oder »Hamburger«, was landes- wie außenpolitische Präferenzen und demokratische Tendenzen offenbart, und dazu Cola, mitunter – wie beim Bundespresseball – in einer Rotweinflasche getarnt.

Der Fortschritt der Demokratisierung zeigt sich auch an der Rückläufigkeit der Bedienung. Da keiner mehr dienen, sondern nur noch verdienen will und sich dadurch verdient gemacht zu haben glaubt, werden gute Kellner immer weniger. Neue, nicht unbedingt dem Gleichheitsideal entsprechende und schon gar nicht berufsgerechte Typen bilden sich heraus: Der Grande, der sich herabläßt, einem Würstchen ein Würstchen zu gewähren. Der Vorgesetzte, der vorsetzt, was er für angebracht hält beziehungsweise was weg muß. Der Oberlehrer, der alles besser, wenn auch nicht immer richtig weiß. Der Joviale, der dem Gast auf die Schulter klopft und den Daumen im Teller behält. Der Unverstandene, der an einem falschen Beruf leidet und den Gast mitleiden läßt. Der Wurstige, dem alles Wurst ist, außer dem Trinkgeld. Leider passen sich Gastkellner aus gastfreundlicheren Ländern nur allzu schnell dem deutschen Niveau an, in dem erhebenden Gefühl, nun die Herren zu sein, die nach ihrem Ermessen geben und nehmen. So befand ein schwarzgelockter Kellner in einem teuren italienischen Restaurant in Düsseldorf bei der Austeilung des Nizza-Salats, daß mein Tischgenosse den ganzen Thunfisch und ich alle Tomaten bekommen sollte.

Einer Demokratisierung förderlich sind die neuen Lokalformen und ihre Speiseinhalte, welche uns ein gastronomisch eher auf Gleichschaltung, denn auf die Freiheit der Auswahl und auf das Streben nach kulinarischem Glück bedachtes Amerika beschert hat – als seinen Beitrag zum friedlichen Wettkampf gastronomischer Systeme auf unserem Boden: Zwischen deutschen Würstchenbuden, balkanesischen Schaschlikständen, italienischen Pizza-Bars und US-Hamburger-Filialen.

Der demokratische Lorbeer gebührt dem fleischgewordenen Egalitätsprinzip aus der Neuen Welt. Erstens: Weil in ihm ein feister Fleischklops oder ein ausladendes Fleischküchle auf das Niveau eines Durchschnitts-Weltbürgers gedrückt worden ist. Zweitens: Weil jeder Hamburger genormt ist, gleich groß, dick und fett, egal für jedermann. Drittens: Weil ihn alle erschwingen, beißen, im selben Tempo und neben anderen Beschäftigungen verdrücken können. Viertens: Weil er überall in uniform eingerichteten und standardisiert ausliefernden Shops zu haben ist. Fünftens: Weil man ihn mit den Fingern zu essen hat, also in der allen natürlichen, jeden Klassenunterschied verwischenden Weise.

Konfektioniertes Essen und nivellierte Esser, fast food und prefabricated food – Amerika war uns auch hierin voraus, möchte uns aber auch darin nicht zurücklassen.

Was ein Kochlehrling heute brauche, sei ein guter Dosenöffner und ein starker Daumen, um die Folien aufzureißen, meinte ein alter Berliner Küchenchef. Das hängt natürlich mit unserer Zeit zusammen: der Unsicherheit des Personals, den Verführungen der Technik, den Möglichkeiten der Industrie, aber auch der Notwendigkeit, ihre Räder nicht stillstehen zu lassen, ihre Produktion ständig zu steigern, also mit den Bedürfnissen der modernen Industriegesellschaft schlechthin. Die Initialzündung kam vom Puritanismus, mit dem auch die gastronomische Demokratisierung beginnt: Für einen Puritaner galt es, die Natur im allgemeinen und die Natürlichkeit des Nahrungs- und Genußmittels im besonderen vom Erdverbunden-Sündhaften zu befreien, durch Trocknen, Bestrahlen, Sterilisieren, Einfrieren, Eindosen. Die Konserve – aus und für die »innerweltliche Askese« entstanden – ist ein erhaltendes Element der weltweiten demokratischen Eßgesellschaft geworden.

In der Kantine scheint sie verwirklicht zu sein. Am Familientisch nimmt nur noch jede 15. Familie das Mittagsmahl ein; die Mehrheit der Männer und zahlreiche berufstätige Frauen essen in der Betriebsgemeinschaft. Früher wurden Henkelmänner und Stullenpakete mitgebracht, heute werden – so im Volkswagenwerk – Speisen aus der Kantine mit nach Hause genommen, zumal am Wochenende. Kantinenessen ist eine Sozialleistung und deshalb preiswert. Es muß in den eher knappen Arbeitspausen eingenommen werden, und soll die Schaffensfreude eher fördern als belasten. Es muß en masse, genau kalkuliert und durchrationalisiert, mit fabrikmäßigen Methoden, sozusagen am Fließband hergestellt werden. Das Optimum ist ein Eintopf, für den Produzenten, aber auch für den Konsumenten: Er ist nicht nur billig, er wird auch durch die Massenherstellung nicht unbedingt schlechter. Darüber hinaus gibt es deutschem Durchschnittsgeschmack entsprechende Kombinationen, etwa Schweinebraten mit Knödel, Eisbein mit Sauerkraut oder Kasseler mit Leipziger Allerlei (jener Dosenabart eines einst gerühmten Gemüsegerichts) – Hausmannskost, als Betriebskost standardisiert. Und Schonkost, damit die Gesundheit des einzelnen und die Erzeugungskraft des Ganzen nicht Schaden leide.

Die Individualität muß dabei zu kurz kommen, bei der Produktion wie bei der Konsumation des Kantinenessens. Und die Egalität ist nicht perfekt, solange es noch für alle – wenn auch eingeschränkte – Auswahlmöglichkeiten und für wenige noch Sonderzimmer und Extrawürste gibt. Und solange Unternehmer, Gewerkschaftsfunktionäre, Abgeordnete, Minister und was sonst noch zur Elite zählt, darin fortfährt, ihre persönliche Speiseaufnahme als Arbeit für das Gemeinwohl zu deklarieren und sie deshalb aus der Gesamtkasse bezahlen zu lassen – das sogenannte Arbeitsessen. Anlaß zu Klassenneid bietet ein solches kaum: Ist es schlecht, ärgert man sich über eine verpaßte Gelegenheit und hält sich tatsächlich an die Arbeit, ist es gut, ärgert man sich über die durch unabwendbare Arbeitsgespräche nicht entsprechend wahrzunehmende Gelegenheit. Des Genusses ungemischte Freude ward keinem Arbeitsesser zuteil.

Man sollte auch jene nicht beneiden, die in hervorgehobenen Funktionen unterwegs sein dürfen und mit hinreichenden Spesen im Speisewagen essen müssen. Das fahrende Salonrestaurant ist nur noch eine nostalgische Erinnerung. Ein Speisewagen ist heute eine rollende Schnellgaststätte mit Standardgerichten, in TEE-Zügen immerhin nicht durchweg vorfabriziert und immer noch auf Tellern serviert, in gewöhnlichen D-Zügen indessen im Büffetwagen oder gar auf einem Büffetwägelchen zum Abgewöhnen verpaßt – »Snacks« und »Quickmenus«, Erquickliches kaum, Folienverpacktes, Schachteln, Tuben, Tüten, Dosen, Plastikteller und Plastikbesteck. Die Eisenbahn, die ihre vordem vier bereits auf zwei Klassen reduziert hat, fährt damit in der Egalisierung fort. So mancher Erster-Klasse-Reisender begnügt sich mit einem Bauernomelett oder einem Hamburger Kraftbrot.

Auch die Volksbeförderung per Automobil sucht mit dem Zug zur Demokratisierung gleichzuziehen. Zwar gibt es immer noch verschiedene Marken, unterschiedliche Pferdestärken und Hubräume – doch die deutschen Autobahnen sind für alle da, und die deutschen Autobahn-Raststätten, auf die alle angewiesen sind, setzen jedem zwar in Preisen differierende und in der Quantität schwankende, doch in der Qualität gleich mediokre Gerichte vor, füttern alle in schleppendem Tempo ab.

Die bundesdeutsche Fluggesellschaft treibt indessen die Klassenscheidung wieder so weit, daß sie in der ersten Klasse Kaviar und Gänseleber – für Deutsche seit jeher der Inbegriff des gastronomischen Luxus – serviert. Obendrein werden angemessene Alkoholika ausgeschenkt, zwar nicht umsonst, aber auch nicht durch direkte Zahlungsaufforderung an den Gast, den es unmittelbar treffen würde, hat er doch das Flugticket einschließlich Atzung in den meisten Fällen nicht selber beglichen. Derweilen mummelt der Passagier der zweiten Klasse (die aus Rücksicht auf den demokratischen Zeitgeist wie auf den ökonomischen Zeittrend Economy Class genannt wird) an seinem Plastiktrog und hat Mühe, auch gegen cash, von überlasteten Stewardessen ein Bierchen zu bekommen.

Vor solche und ähnliche Probleme stellt die Entwicklung der Menschheit die Gastrosophen aller Länder – in Deutschland freilich in besonderem Maße. Das kulturelle und das gastronomische Leben spielte sich von jeher auf zwei verschiedenen Ebenen ab, ersteres in der ihm zugedachten Belle Etage, letzteres in dem ihm zugestandenen, dem Animalen näher als dem Humanen liegenden Parterre. Deutschland unterschied sich – wie der Gastrosoph George Hesekiel im 19. Jahrhundert feststellte – von Frankreich darin, »daß sich ernste Männer dort von jeher des Essens und Trinkens angenommen und es vor der heuchlerischen Verachtung der Idealisten geschützt haben«.

Auch individuelle Eßlust und gesellschaftliche Bedürfnisse verstanden die Franzosen auf einen Nenner zu bringen. Sie sorgten für demokratische Gleichheit und gutes Essen für alle und jeden, lobte Heinrich Heine. In Deutschland hingegen sei der Demokrat wie der Gourmet, jeder für sich allein und erst recht in einer glücklichen Verbindung, eine problematische Lebensform – meinte Julius Blumröder, der als Achtundvierziger mit dem sattelfesten Obrigkeitsstaat zusammenstieß, aus der Bahn geworfen wurde und – unter dem Pseudonym Antonius Anthus – mit seinen »Vorlesungen über die Eßkunst« den deutschen Esser nicht zu einem Gourmet zu erziehen vermochte.

Inzwischen ist Michel Demokrat geworden, wie es sich gehört, aber noch kein Gourmet, comme il faut. Noch immer steht dem entgegen, was Karl Friedrich von Rumohr schon im vorigen Jahrhundert beklagte – »jene barbarische Neigung zur Völlerei, welche einer notgedrungenen Mäßigkeit noch immer nicht gänzlich gewichen ist«. Das mit fortschreitender Demokratisierung gekoppelte Anwachsen des Wohlstandes hat dieses Erbübel entsprechend verbreitert. Mehr können sich mehr leisten, die einen noch mehr, die anderen weniger – in der Qualität des Genusses unterscheiden sie sich kaum: die Hautevolée, die 1975 gut 30 Tonnen Kaviar vertilgt hat und schon nach Ausgefallenerem. Teurerem verlangt, wie Haifischfilets und brasilianischer Kartoffelmarmelade, und der Normalbürger, der im Supermarkt auf seinen Korbwagen viel Mögliches und noch mehr Unmögliches häuft.

Aus Demokraten Gourmets zu machen, alle Bürger des Staates, alle Glieder der Gesellschaft im individuellen Genuß zu heben, in solidarischem Genuß zu vereinen und damit die herrschende Quantität durch die noch fehlende Lebensqualität zu komplettieren – diese gemeinnützige Aufgabe ist erkannt. An ihrer Lösung arbeiten Gastrosophen, denen es um die Sache als solche geht, Gastronomen, deren Geschäft es ist, und die Behörden, die sich um das Wohl des Ganzen kümmern.

Eher die Volksgesundheit als die Eßkultur sucht der Wohlfahrtsstaat zu heben. Die Bundeszentrale für gesundheitliche Aufklärung prangert Fehlernährung und Alkoholmißbrauch an, beleuchtet die schädlichen Folgen, die für den einzelnen und für das Ganze daraus entstehen, nicht zuletzt die Kosten, die alle Steuerzahler für jene aufbringen müssen, die sich mit Messer und Gabel oder zu vielen scharfen Sachen selbst verstümmelt haben. Zu einer Staatsaktion wurden diese Aufklärungsversuche durch den »Ernährungsbericht 1976« der Bundesregierung, worin für alle Demokraten Beherzigenswertes, für manchen Gourmet jedoch Ungenießbares steht. So wenn die deutsche Hausmannskost an sich verurteilt wird und nicht die sie verballhornenden Köchinnen und Köche sowie die ihr unmäßig zusprechenden Esser. Oder wenn der »Geschmackskonservatismus« getadelt wird – wo doch das Bewahren vollkommener Geschmackskombinationen eine gastrosophische Urtugend ist: etwa Ei und Speck, Schweinernes und Sauerkraut, Hammel und grüne Bohnen. Oder wenn »richtige Ernährung« mit »moderner Ernährung« gleichgesetzt wird – ungeachtet der Gefahren, welche die Konserve für Gesundheit und Geschmack mit sich bringt.

An die allgemeine Wohlfahrt, wie er sie versteht, nicht an ein individuell verschiedenes persönliches Wohlbefinden und schon gar nicht an privaten Lustgewinn hat der Staat in Deutschland von jeher gedacht. Auch die Bundesregierung in ihrem »Ernährungsbericht 1976«, dem Wolfram Siebeck das Außerachtlassen humaner Bedürfnisse vorwirft: »Diese Bedürfnisse jedoch, mögen sie auch noch so unmodern sein, sind für die psychische Kondition des Konsumenten wichtiger als eine ausgewogene Polysaccharidzufuhr beim Verzehr von Trockenobst für seine Physis. Wenn der überwiegende Teil der Esser die Nahrungsmittel zunächst danach beurteilt, wie sie schmecken, so ist diese fragwürdige Prämisse außerdem eine verläßliche Garantie dafür, daß wir uns in Zukunft nicht doch noch von Pillen ernähren müssen.«

Die Volksernährung durch staatlich zugeteilte und unter staatlicher Aufsicht eingenommene Tabletten, eine Ernährungsdiktatur wäre in der Tat die letzte Konsequenz einer Ernährungslehre, die lediglich rationale und gesundheitliche Kriterien kennt. Dennoch sind sozialstaatliche Experimente wie der »Ernährungsbericht 1976«, die weniger auf Lebensqualität als auf Lebensquantität zielen, nicht in Bausch und Bogen zu verurteilen. Sie tragen das Ihre dazu bei, die Aufmerksamkeit auf Angelegenheiten des Essens zu lenken: Sei es durch berechtigte Kritik, die sie hervorrufen, sei es durch Hinweise auf wirkliche Mißstände, sei es durch die stets angebrachte Erinnerung an die Zusammenhänge von Gesundheitslehre und Gastrosophie.

Schon Hippokrates betätigte sich als gastrosophischer Ratgeber, gab medizinische Hinweise zur Wahl der Lebensmittel und zur Bereitung der Speisen, dachte an die Gesundheit, ohne den Genuß zu vergessen, kam zu dem Schluß: Das Angenehme sei gedeihlich. Ein Gastrosoph wie Eugen von Vaerst schrieb nicht nur über die Tafelfreuden, sondern auch über deren medizinische Bedingungen, resümierte: »Ist das Geheimnis der Wiederverjüngung irgendwo zu finden, so muß man es in der Küche suchen.« Was damals galt, gilt erst recht heute, da die Lebensmittel auch nicht mehr das sind, was sie einmal waren: vorbehandelt, mit Chemikalien versetzt, nicht nur im Geschmack verfälscht, sondern auch gefährlich für die Gesundheit, wie sie es weithin sind. Im übrigen hat die moderne Medizin die Erkenntnis des Hippokrates bekräftigt: Ein richtig und gut ernährter Mensch ist ein krankheitsfreier und leistungsfähiger Mensch. Die Demoskopie bestätigt es: Mütter, die ihre Kinder statt mit Naschwerk und Butterstullen mit Vollkornbrot und Obst in die Schule schicken, vermelden: »Die Schulnoten unserer Kinder bessern sich erheblich« oder »Mein Kind ist weniger aggressiv«.

Der Erfolg rechtfertigt indessen nicht immer die Mittel, und das Zusammenwirken von Gastrosophie und Gesundheitskunde hat dort seine Grenze, wo die Medizin bitter, die goldene Mitte zwischen Wohlbekommendem und Wohlschmeckendem verlassen, nur noch der Gewichtsabnahme Gewicht beigemessen wird, wo Diät zur lästigen Pflicht geworden ist und die Kalorienangst die Freude am Essen vergällt hat. Gewinn daraus ziehen in erster Linie Verleger und Autoren von Diät-Tabellen; das Dünnerwerden sei zur Wachstumsbranche geworden, konstatierte »Der Spiegel«. Der deutsche Drang zur Fibel, zu einer schwarz auf weiß festgelegten, wenn auch nicht unbedingt bewährten und befolgten Schulweisheit verdrängt in alter Erfahrung Bewährtes: zeitlich begrenzte Fastengebote oder die – zugegeben eher popular-gastrosophische denn ernährungswissenschaftliche-Faustregel: F. d. H. oder F. d. V., friß die Hälfte oder ein Viertel von dem, was Freude macht und Genuß bereitet.

Nichtsdestoweniger hat die Gesundheitswelle mehr Interesse am Essen geweckt und die Ernährungssitten gebessert. Gehoben wird die deutsche Eßkultur, ja, weitgehend erst zustande gebracht durch eine Entwicklung, die hierzulande ein Novum ist: die Annäherung von Geist und Materie, die Verständigung zwischen Philosoph und Gourmet, die Verbindung von Literatur und Gastronomie, die Belle Alliance der schönen Wissenschaften mit der Lehre vom guten Essen.

Was in Frankreich schon immer gegeben war und was Einzelgänger in Deutschland seit langem gefordert haben, nimmt nun Gestalt an: die Eßkultur, dieses aus Erdhaftem gebildete Wesen, dem die Seele des Guten, Schönen und Wahren eingehaucht ist. Dichter scheuen sich nicht mehr, sich zu ihr zu bekennen, sie zu besingen, sie zu fördern. Günter Grass widmete ihr sogar einen Roman. Diese Wende im deutschen Geistesleben hängt auch damit zusammen, daß Autoren wie Leser das reine Idealisieren und Ideologisieren satt bekommen haben. Und sie kann – erbbelastet, wie deutsche Kunstschaffende sind – zu Übertreibungen nun in anderer Richtung führen, wie sie Dieter Bachmann glossiert: »Beim Essen nämlich (und beim Schreiben über das Essen) ist die Welt wieder heil; beim Gespräch über die Vorzüge von frischem gegenüber gefrorenem Geflügel darf man vergessen, wie sehr man ansonsten gerupft wird. Und treibt man es nur weit genug, ist man bei diesen Gesprächen wieder unter sich, wie ehemals bei der Lobpreisung eines Rilkeschen Sonetts.«

Nicht der L'art pour l'art, sondern der gastrosophischen Lebenshilfe hat sich die literarisch angespitzte Eßkritik verschrieben. Sie ist zunächst das, was die Theaterkritik für das Theater ist oder sein sollte: Anregung für den Theater- beziehungsweise Restaurantbesucher, Ansporn für die Bühnen- respektive Küchenschaffenden. In beiden Fällen hat sie noch eine weitere, höhere Aufgabe: die Bildung des Geschmacks durch eine sachkundige und sachgerechte Rezension. Eine derartige Eßkritik ist in Deutschland ein Novum und deshalb um so notwendiger. Was darin seit einiger Zeit und mit zunehmender Intensität in Zeitungen und Zeitschriften geleistet wird, ist mit der Literaturkritik im 19. Jahrhundert zu vergleichen: Wie diese die Voraussetzungen für eine Blüte der deutschen Literatur, so könnte jene die Vorbedingung für eine Hebung der Kochkunst und Eßkultur in Deutschland schaffen. Schon jetzt kann man sagen: Die noch weniger und schon mehr bekannten Eßkritiker – unter anderen Klaus Besser, Angelika Jahr, Karl Heinz Kramberg, Rudolf Walter Leonhardt, Gert von Paczensky, Hans Eckart Rübesamen, Wolfram Siebeck – haben sich um das Essen in Deutschland verdient gemacht.

Aber auch Kritiker geben Anlaß zu Kritik. Mancher Restaurantrezensent scheint wie mancher Theater- oder Buchkritiker hin- und hergerissen zu sein: zwischen der Genugtuung, einen gewollten Genuß gratis zu bekommen und der Übersättigung durch den zur professionellen Gewohnheit gewordenen Genuß. Und die Restaurantkritik widmet sich noch zu sehr den extraordinären Etablissements und noch viel zu wenig den normalen Ernährungsstätten der Bundesbürger: der Wirtschaft an der Ecke, der Kantine, dem Bahnhofsrestaurant, der Autobahnraststätte, dem Ausflugslokal und Urlaubshotel. Hier wären – wie Reinhard Wilhelm Schmidt meint – kritische Fragen besonders angebracht: »Wie war die Bedienung, wie die Atmosphäre? Sah der Koch in einer Mehlschwitze mit Suppenwürfel die angemessene Grundlage für seine Soße, lag der welke Salat in einer wässerigen Essigbrühe, war der Fisch zu weich gekocht, dafür aber das Schnitzel zu hart gebraten, das Bier lack und schlecht eingeschenkt? Solche Kritik hätte immerhin die Chance, das schlampig-arrogante Wesen in vielen Lokalen zu disziplinieren, das Gute, vom Geist der Gastrosophie Inspirierte dagegen zu ermutigen und anzuspornen.«

Eine solche Besprechungspraxis wäre in der Tat für den Normalkonsumenten nützlicher und für die Hebung des allgemeinen Eß-Niveaus verdienstvoller, als jenes vornehmlich zelebrierte Beschwörungsritual, in der kulinarischer Narzißmus als gastrosophischer Altruismus ausgegeben wird. Mehr Toleranz wäre angebracht: Laßt den Esser doch nach seiner Façon selig werden, und versucht nicht, ihn zur angeblich alleinseligmachenden Nouvelle cuisine à la française zu bekehren – unter der Androhung, ihm den Eintritt in das Paradies der Gutesser zu verwehren, wenn er etwa in München einem – natürlich gelungenen – Schweinsbraten einer vom fernen Mittelmeer bezogenen Rascasse, selbst wenn sie Eckart Witzigmann zubereitet hat, den Vorzug geben möchte.

Auch die Restaurantführer, so nützlich und verdienstvoll sie sind, urteilen nicht ohne Vorurteile. Der alteingesessene VARTA-Führer scheint bei der Vergabe seiner Auszeichnungen (Kochmützen) mitunter eher das im Auge zu haben, was um den Teller, als was auf dem Teller geboten wird; Lokale, die regionale deutsche Spezialitäten ansprechend bieten, könnten detaillierter vermerkt und positiver gewürdigt werden. Um so mehr, als das von der deutschen Ausgabe des französischen Michelin-Führers weniger zu erwarten ist: Er muß sich anscheinend immer noch einen Ruck geben, wenn er seine Sterne über deutschen Lokalen leuchten lassen soll, und kann sich dazu noch am ehesten entschließen, wenn sich das deutsche Restaurant als Missionsstation der französischen Küche erwiesen hat.

Eine Mittelstellung nehmen die Spezialperiodika für Kulinarisches ein (wie »Essen und Trinken« »Gourmet« und »Feinschmecker«). Sie dienen einerseits der Orientierung und der Erziehung des deutschen Essers, andererseits den deutschen Köchinnen und Köchen durch praktische Ratschläge über Nahrungsmittel, markt- und genußgerechtes Einkaufen, sowie durch immer neue beziehungsweise variierte, zumindest andere Rezepte. Die beiden Seiten der gastronomischen Medaille, die produzierende wie die konsumierende, werden hier behandelt, nicht nur mit dem informierenden und belehrenden Wort, sondern auch mit der überzeugenden, ja überwältigenden Farbphotographie. Tafelfreuden aller Art im Vielfarbendruck – das ist eine V-Waffe der gastrosophischen Offensive, oft mit allzu durchschlagender Wirkung, wie Hermann Schreiber klagt: »Die Leute, die solche Freß-Pin-ups produzieren, sind imstande, auch einen Teller Kartoffelknödel derart libidinös abzulichten, daß so ein armer Schlucker, der schon zunimmt, wenn er das Wort Essen bloß inbrünstig ausspricht, darüber zum Triebtäter werden könnte.«

Seitdem man farbig fernsieht, ist diese Versuchung potenziert: Die Reklame für Nahrungs- und Genußmittel flimmert sie in lebenden Buntbildern in jedes Heim. Und auch das strahlende Weiß der professionellen, fast priesterlichen Gewandung, die rituellen Handlungen und apologetischen Sprüche vermögen nicht darüber hinwegzutäuschen, daß Schauköche nicht nur Führer zum Küchenheil, sondern auch Verführer zu Eßsünden sind.

Mit konventionellen Wortmitteln und mit der modernen Waffe des Farbbildes – indessen in stehender, also länger und immer wieder zu betrachtender Form – kämpfen die Rezeptseiten von Illustrierten, Familien- und Frauenzeitschriften, Spezialperiodika und Sonderheften für einen Durchbruch der Koch- und Eßkunst in Deutschland – derart massiv, daß man sich zu fragen beginnt, ob das erfolgversprechende Maß nicht schon überschritten ist, ob eine entsprechende Dosierung, eine mehr friedliche Pazifizierung der gastronomischen Landschaft nicht eher zum Ziele führte.

Dies gilt auch und vor allem für die geballte Feuerkraft der Kochbücher und Trinkfibeln in Deutschland: die schweren Kaliber alter und neuer Kompendien und das nicht minder wirksame Schnell- und Streufeuer der Taschenbücher. 1976 wurden rund 2000 lieferbare Titel geschätzt. Dazu zählen freilich auch Bücher, die es nicht beim »Man nehme« oder »Man stelle kalt« bewenden lassen, sondern sich allgemeiner respektive detaillierter mit dem Essen und dem Trinken beschäftigen.

Hier wird nicht nur Küchenhilfe und Bedienungshandreichung geboten, sondern gastrosophische Erziehungsarbeit geleistet, von Autoren, die mehr als Rezeptoren, nämlich Präzeptoren sind – beispielsweise Hans K. Adam, Lilo Aureden, Theodor Böttiger, Rotraud Degner, Ilse Froidl, Manuel Gasser, Roland Gööck, Eva Horn, Ernst Hornickel, Georg Kahn-Ackermann, Hans Gustl Kernmayr, Arne Krüger, Alexander Lenard, Wolfgang Menge, Sybille Schall, Horst Scharfenberg, Hannes W. A. Schoeller, Wolfram Siebeck, Juliana von Stockhausen, Thaddäus Troll, Alfred Walterspiel, Aladar von Wesendonk, Clemens Wilmenrod.

Über die Problematik des deutschen Kochbuchs im engeren Sinne hat Karl Friedrich von Rumohr sinniert: »Niemand aber wird mißdeuten können, daß ich die unter uns überhand nehmenden Kochbücher oder Rezeptsammlungen nicht zu den Geisteswerken zähle, noch als einen Beweis dafür anerkenne, daß unsere Zeitgenossen auf eine verständige und würdige Weise sich mit der Kochkunst beschäftigen.« Denn, erstens: Diese Kochbücher seien »entweder aus glatter, unnachdenklicher Erfahrung oder geradehin aus Kompilation entstanden und entbehren daher alles wissenschaftlichen Geistes«. Zweitens: beförderten gerade die hausbackensten Kochbücher (unsere Vademeca zu extravaganten und exotischen Küchen konnte er nicht vorausahnen) die der Erhaltung der Volksgesundheit wie der Ausbildung der Gastrosophie schädliche Schlemmerei – durch »allerlei Vermischungen, Surrogate und Verkleidungen«. Und drittens hätten solche Kochbücher die Tendenz, die allgemeinen Gerichte der Nationalküche wie die besonderen Spezialitäten der Regionalküchen zu verdrängen.

Der Altmeister hat nicht in allem recht behalten. Daß auch Kochbücher unter die Geisteswerke eingereiht werden dürfen, danach strebt die »Gastronomische Akademie Deutschlands«, auf »die Pflege der Erhaltung von Kochkunst und Tafelkultur« bedacht. Sie vergibt Bewertungen und Medaillen, verleiht den Preis der »Goldenen Feder« für »ein Werk, das sich durch Neuartigkeit, Stoffgestaltung, Typographie und fachtechnisch, literarisch oder kulturhistorisch als besonders wertvoll erweist«. Und dekoriert Persönlichkeiten, die sich um die Eßkultur ganz besonders verdient gemacht haben, mit dem »Karl-Friedrich-von-Rumohr-Ring«.

Dies hätte den Altmeister befriedigen und jenes nachdenklich stimmen können: Das von ihm Kompilieren und von den gastronomischen Akademikern Abschreiberei genannte Verfahren wird von Thaddäus Troll keineswegs verworfen: »Verfasser von Kochbüchern klauen wie die Raben, müssen klauen, weil ich keinen Koch kenne, der ein neues Rezept von der Grundsubstanz bis zur Vollendung erfunden hat. Als Koch lebt man von der Variation des Überkommenen, Erlernten, Erlesenen.« In der Tat ist die Kochkunst eine konservative Kunst, die sich eher durch Reproduktion des Bewährten als durch Innovationen offenbart. Küchenchefs renommierter deutscher Restaurants halten sich denn auch – wie eine Umfrage des »Börsenblattes für den deutschen Buchhandel« ergab – folgerichtig an den Küchenklassiker »Escoffier«, auch noch an den »Pellaprat«. Die neudeutsche Kochbuchwelle rauscht an den Profis vorüber und richtet unter Amateuren wenig Schaden an, dank des Kompilierens des Hergebrachten, des Abschreibens des Erprobten.

Die von Rumohr beklagten Auswüchse zur Schlemmerei haben sich indessen wuchernd vermehrt und die seltsamsten Blüten gezeitigt. Modische Rezepte empfehlen für die biedere Hausküche französische Maskeraden, spanische Frisuren, italienische Faxen oder gar orientalische Schminke. Nicht ohne bedenkliche Folgen: Bei einem Kochwettbewerb in der Weilheimer Landwirtschaftsschule brillierten bayerische Jungbäuerinnen und Bauerntöchter mit scharf gewürztem indischen Gulasch, süßsaurem chinesischem Schweinefleisch und Tournedos Hawaii.

Doch schon berühren sich die Extreme. Während exotische Gaumenabenteuer noch in der letzten Dorfküche ausgekostet werden, läuft in den mehr mit der Zeit gehenden Gegenden und Schichten der Trend wieder zu dem in Generationen erpobten Einfach-Guten der bodenständigen Küchen zurück – aus Überdruß am Üppigen, Übersättigung am Fremden, Modebewußtsein oder tieferer Einsicht, jdenfalls zur Genugtuung der dem Geiste Rumohrs verpflichteten und von den kulinarischen Grundwahrheiten überzeugten Gastrosophen.

Omas Kochbuch oder die Neugierde der Enkelin, nach den Rezepten der Oma zu kochen – eine Klärung, was zuerst dagewesen sei, gliche dem Problem der Priorität des Eies oder des Huhns. In den häuslichen Küchen sind jedenfalls wieder altbewährte und regionaltypische Rezepte gefragt, und die Kochbuchautoren sind dabei, die Nachfrage zu befriedigen beziehungsweise anzustacheln, durch verlockende Titel wie »Das schmeckt so gut in Deutschland«, oder in Bayern, oder in Schwaben, oder an der Waterkant und so fort, sowie durch Nachempfindungen, Neuauflagen oder Faksimiledrucke alter Kochbücher, einschließlich Omas Fingerabdrücken und Fettspuren aus ihrer Küche. Dies kommt der eingefleischten Vorstellung entgegen, daß auch in der Gastronomie das Wahrhaft-Gute von den Müttern zu erwarten sei.

Die gastrosophische Aufklärung der Gegenwart gleicht in mancher Beziehung der weltanschaulichen Aufklärung des 18. Jahrhunderts. Der Drang der Verbesserer und der Hang der Zuverbessernden müssen in einem vernünftigen Verhältnis zueinander stehen, wenn die Erleuchtung kommen soll. Die Aufklärer von damals bedurften der Bereitschaft der Menschen, aus dem alten Adam zu schlüpfen und sich einen neuen Habitus anlegen zu lassen. Die Aufklärer von heute brauchen das Bereitsein des Essers, von überlebten Gewohnheiten abrücken, Neues probieren und anderes genießen zu wollen.

Zuversichtliches ist zu vermelden. Ein neuer deutscher Esser bildet sich heran, wird herangezogen: unter günstigen wirtschaftlichen und gesellschaftlichen Verhältnissen, durch mehr Freiheit, Freizeit und Freizügigkeit, durch vermehrte Studienmöglichkeiten und Vergleichschancen, in Theorie und Praxis, in Heimat und Welt, eigenwillig nach Emanzipation strebend, ohne einer wohlwollenden Fremdbestimmung zu entraten.

Der neue Esser denkt an sich selbst zuerst, an seinen Genuß und an seine Gesundheit, an letztere zumal, um sich den ersteren möglichst intensiv und lange erhalten zu können. Das »Streben nach Glück«, das ihm die Demokratie nahelegt und ermöglicht, gilt ihm auch gastrosophisch; von Genußerlebnis zu Genußerlebnis sucht er das Ziel zu gewinnen. Die Gleichheit läßt jedem eine Chance, den Gefahren einer gastronomischen Gleichschaltung wird der Primat der Freiheit entgegengesetzt, der individuelle Geschmack, die persönliche Lust, der subjektive Genuß, ohne daß objektive Gebote, zum eigenen Schaden nämlich, mißachtet würden.

Besser zu leben, durch Ausbildung aller Anlagen und Ausnützung jeder Möglichkeit, gehört zur Vervollkommnung des Menschen. Für ein besseres Leben hat der Wohlstandsbürger zwar nie genug, doch hinreichend Geld, und er ist mehr und mehr bereit, es für Essen und Trinken auszugeben – für eine Delikatesse, die sich ehedem nur Reiche leisten konnten oder Verschwender leisten zu können glaubten, für ein opulentes Essen im Restaurant oder großzügiges Eßgebaren im Urlaub. Woran es mangelt, ist eine entsprechend entwickelte Fähigkeit, die Mittel mit möglichst großem gastro-ökonomischem Gewinn einzusetzen. Doch bei der auf anderen Gebieten erwiesenen Bildungsfähigkeit des Deutschen und bei den sich vervollkommnenden Bildungsmöglichkeiten wird ein von der Erziehbarkeit des Menschengeschlechts überzeugter Optimist nicht daran zweifeln, daß auch diesbezüglich der Fortschritt kaum aufzuhalten ist.

Von Nutzen ist ihm jedenfalls die jedem zugemessene Freiheit, die von vielen für Kulinarisches genützt wird: zum Studium der gastrosophischen Aufklärungstheorien und Versuchen ihrer praktischen Anwendung. Zum Vergleich von Eßkritiken und Speisekarten, zu einer bewußteren und überlegteren Wahl des Restaurants und der Gerichte. Zum anregenden Betrachten von Schaufenstern und Marktständen, einem sorgfältigeren und ausgiebigerem Einkauf. Und immer mehr Deutsche kochen lieber und besser, weil sie selber lieber und besser essen und andere daran teilhaben lassen wollen. Für viele Hausfrauen ist Kochen keine lästige Routine mehr, und für Männer wird es zunehmend ein vergnügliches Hobby.

Man hat mehr Freizeit und nimmt sich mehr Zeit für alles, was mit dem Essen zusammenhängt. Die Mahlzeit wird wieder als eine Hochzeit entdeckt – als Kommunikation individueller Esser, zwischen Ehegatten, in der Familie, unter Freunden, oder auch in einem Restaurant, in dem sich einzelne zu einer im Genuß verbundenen Eßgemeinschaft zusammengefunden haben. Und wem der Mund angenehm voll war, dem läuft das Herz über: Es darf und soll wieder vom Essen gesprochen, davon nacherzählt und weitererzählt werden. Wenn dies auch auf gewissen Parties zu einer modischen Manifestation von Prestigebedürfnis und Snobismus ausarten mag – die Auswüchse disqualifizieren nicht die gesunden Antriebe.

Auf sein neues Niveau ist der deutsche Esser nicht zuletzt durch die Reisewelle gehoben worden, durch das Erlebnis fremder Tafelgenüsse, mehr noch: anderer und besserer Eßsitten. Es sind ja nicht nur die Gänseleber oder die Bouillabaisse, die in Frankreich imponieren – es ist vornehmlich die offensichtliche Daseinsfreude, die Franzosen ans Essen, das bescheidene wie das gehobene, wenden und daraus beziehen. Oder die Italiener, die einen Teller Spaghetti mit einer Andacht verzehren, die hierzulande als Sakrileg, zumindest als eine dem simplen Gericht unangemessene Verehrung gegolten hat. Oder die Spanier, deren sprichwörtlicher Stolz mit fortschreitender Menufolge einer gelassenen Selbstzufriedenheit weicht.

Deutsche fahren ins Ausland, und Ausländer kommen nach Deutschland, um hier den gastrosophischen Anschauungsunterricht fortzusetzen. Gastarbeiter aus dem Süden bringen eine Eßkultur mit, die in umgekehrtem Verhältnis zu ihrer sozialen Einschätzung im Gastland steht. In Spezialgeschäften, auch in Supermärkten, begegnen Deutsche Nahrungsmitteln, die sie im Urlaub kennen- und schätzengelernt haben, Auberginen, Tintenfischen, Hammelkeulen, und aus Gastarbeiter-Lokalen dringen Gerüche, die bei Einheimischen Urlaubsromantik stimulieren, Fernweh wecken, Appetit verursachen. Italienische Pizzabäcker, balkanesische Holzkohlengriller und griechische Weinblätterfarceure witterten das Geschäft, gesellten sich zu den Chinesen, die bislang das Verlangen nach gastronomischer Exotik zu stillen vermochten. Schließlich ließen sich sogar französische Köche sowie französisch parlierende deutsche Köche herab, die neuen Freunde östlich des Rheins mit den Schätzen der Haute cuisine, zunehmend jedoch der Nouvelle cuisine zu beglücken – erstere mit der Gelassenheit, die der ererbte Besitz gesicherter Wahrheiten verleiht, letztere mit der Exaltiertheit von Renegaten.

Alles in allem: Die Deutschen profitieren von fremden Tischen und aus fremden Töpfen, draußen wie daheim. Ihrer gastrosophischen Erziehung ist die Erfahrung eines anderen und besseren Eßverhaltens besonders dienlich. Dazu gehört auch der in seligeren gastronomischen Gefilden gewachsene Mannesmut vor Wirtsthronen und Kellnerwillkür, der auch einmal ein mißlungenes Gericht zurückweist oder unangemessene Bedienung moniert. Insgesamt wird durch ausländische Importe unsere eintönige Restaurantlandschaft vielgestaltiger und farbiger, die einsilbige Menukartensprache wortreicher und aussagekräftiger. Mehr Abwechslung wird geboten, was den Feinschmecker im allgemeinen und den deutschen Feinschmecker im besonderen erfreut. Und deutschen Gastronomen ist nicht nur Anlaß zu Klagen über die Konkurrenz gegeben, sondern auch Ansporn zu Anstrengungen im Wettbewerb, was bereits zu löblichen, dem Gaste bekömmlichen Ergebnissen geführt hat. Ein Handicap ausländischer Restaurants liegt darin, daß viele Rohprodukte, die den Reiz südlicher Küchen ausmachen, hierzulande nicht in entsprechender Frische und Qualität zu haben sind. Und auch eine folkloristische Aufmachung vermag eine gastrosophische Grundregel nicht außer Kraft zu setzen: Viele Speisen und Getränke sind an ihre Heimat gebunden; sie sind anderswo so wenig gedeihlich, wie viele Pflanzen nicht gedeihen, die versetzt worden sind.

Die gesteigerte Nachfrage hat zu einem vermehrten Angebot auf dem deutschen Lebensmittelmarkt geführt. Das zeigt der Augenschein in neuen Einkaufszentren und Supermärkten wie in hergebrachten Geschäften und Marktstätten. Nahrungs- und Genußmittel aus aller Feinschmecker Länder sind zu haben, der gemeinsame Gourmet-Markt ist im Kommen – aber noch nicht perfekt. Südfrüchte etwa erreichen den deutschen Verbraucher im chemikalischen Reisegewand, und mancher Apfel, den die Werbung als »Dornröschenapfel« ausgibt (»gleich nach der Ernte schlafengelegt, damit er jung und schön bleibt – für Sie. Küssen Sie ihn wach!«), erweist sich nach dem ersten zärtlichen Biß eher als Schneewittchenapfel. Käse aus Frankreich hält oft auch nicht, was er verspricht: Sein Charme ist auf dem Transport erfroren, sein Schmelz dahingegangen. Was seine Anziehungskraft auf deutsche Käufer nicht zu schmälern scheint: Französischer Käse wird gerne en gros und en detail erstanden, nicht nur zum intimen Austausch von Dessert-Zärtlichkeiten, sondern auch zur Veranstaltung von Käse-Orgien, wo in Arten und Anzahl übertrieben, ein Nachtisch zu einer mehr als vollen Mahlzeit überdehnt wird. Auch der dazu gehörende französische Wein ist nicht immer ein glücklicher Griff: In einem deutschen Kaufhaus mußte ich mitansehen, wie zweijähriger »Beaujolais Primeur« angeboten und erworben wurde – der erste, neue Beaujolais also, wie er in Frankreich aus gutem Grund nur einige Monate lang, ab November, getrunken wird, und dann nur noch östlich des Rheins abzusetzen ist.

Auch beim Nachkochen fremdartiger Gerichte, die im Urlaub so schmeckten, haben Deutsche oft kein Fortune. An und für sich ist dies eine günstige Gelegenheit, einmalige Geschmackserlebnisse bleibend nachzukosten und den heimischen Küchenzettel zu bereichern – und sie wird auch mehr und mehr genützt. Doch mangelt es vielfach an entsprechenden Grundstoffen und Zutaten, und oft entspricht dem guten Willen keine geschickte Hand. Die Gefahr der Überwürzung ist groß: etwa mit Knoblauch, der einem Nordseefisch die Seele der Provence einhauchen soll und dessen schlichten, aber guten Geist daraus vertreibt, oder mit spanischem Pfeffer, der ein Kalbsschnitzel zu einem Torerobissen aufpeppen soll. Für mich ist ein reich bestückter Gewürzbord in einer deutschen Küche eher ein Alpdruck als ein erhebender Anblick.

Fremdes haben die Deutschen seit jeher nachgeahmt, und sie übertrieben fast immer, bei übernommenen Neuheiten wie bei überkommenen Gewohnheiten. Maß und Mitte sind auch gastrosophische Maximen, die ihnen nicht besonders liegen. Heute sind sie in den Bereich der praktischen Anwendung gerückt: durch die Erfahrung fremder Genüsse und der Art und Weise, wie sie in ihren Heimatländern genossen werden, mit Anstand, in Maßen, wahr, schön und gut. Und durch die daraus erwachsende Erkenntnis: Angemessenes Eßverhalten, gastrosophische Haltung ist eine allgemeine, kosmopolitische Tugend, Küchenspezialitäten jedoch sind an besondere Bedingungen geknüpft, meist an Ort und Stelle gebunden – die goldene Mitte liegt deswegen im richtigen Ermessen, wie wo was gegessen werden soll. Das führt zur Entdeckung, daß auch die so verkannte, weil vernachlässigte deutsche Gastronomie nicht zu verachtende Genüsse zu bieten hat.

Weil er in die Ferne schweifte, erkannte der neue Esser, daß Gutes auch nahe liegt, in Deutschland nämlich. Weil er auf Reisen, vorab in westlichen und südlichen Regionen, erfahren hat, daß das Beste das Urwüchsige, Bodenständige, Klimabedingte, Regionalcharakteristische und Volkseigentümliche ist, kehrt er gern zum häuslichen Herd zurück, wieder bei deutschen Wirten ein. Und weil diese zu lernen beginnen, daß auch in der Kochkunst das Naive mehr gefragt ist als das Sentimentalische, wird das Einfach-Gute, das von Hause aus Gegebene, das Angestammte, in Generationen Erprobte und Bewährte wiederum gepflegt – in Formen, die dem Fortschritt der Eßkultur angemessen sind, und in Portionen, die der heutige Esser verträgt.

Voilà, la Cuisine nouvelle allemande, könnte ein Gastro-Snob konstatieren, wenn sie ihm nicht zu simpel, zu schwer, zu deutsch erschiene, und vor allem nicht neu genug. Eine deutsche Einheitsküche gibt es ohnehin nicht – auch gastronomisch ist Deutschland ein föderatives Gebilde, die vaterländische Küche spricht in zahlreichen Dialekten, nicht ohne verbindendes Hochdeutsch freilich, in der Artikulation gemeinsamer Grundspezialitäten und Elementargenüsse.

Der Urlaut ist die Kartoffel, die Wurzel alles Küchendeutschen. Das Knollengewächs aus Südamerika, mit dem der Große Kurfürst noch seinen Lustgarten zierte, wurde im 18. Jahrhundert zum Grundnahrungsmittel – dank der größten Tat Friedrichs des Großen: dem Befehl zum feldmäßigen Kartoffelanbau und der Order, die Ackerfrucht »in ihrer Montierung« zu kochen. Die Verpflegung für ein Soldaten- und Bauernvolk war gesichert, und Matthias Claudius war bei der Hand, dem »Magenpflaster« die dichterische Weihe als Grundstock einer ebenso schlichten wie erhabenen Nation zu geben.

Wie alles wahrhaft und nahrhaft Populäre wurde die Kartoffel höheren Orts gefördert, doch nicht geschätzt: Friedrich der Große duldete sie nicht an seiner Tafel, Goethe sprach im »Wilhelm Meister« vom »unseligen Kartoffelgenuß«, Eugen von Vaerst kritisierte: »Sie sind uns freilich das, was den Pferden das Heu ist, beiden schwillt der Leib davon auf«, und selbst bayerische Bauern wollten keine Extrakartoffel haben: Die Erdäpfel seien ihnen am liebsten, wenn sie vorher »durch d' Sau triebn« sind. Dem Wohlstandsesser erschienen sie zu wenig originell, viel zu ordinär, in erster Linie zu kalorienhaltig.

Dann wurde die Kartoffel teuer und schon deshalb vielen teuer, in deutschen Kasinos begann man mit Kartoffel-Chips zu setzen und deutschen Essern wurde die Knolle als Delikatesse vorgesetzt – von jenen, die sie ehedem geschmäht hatten. Dem Gastrosophen kann dies nur recht sein. Er hat sie immer schon geschätzt, in angemessener Form, in vollendeter Zubereitung, in maßvollen Portionen, versteht sich. Die Kenntnis der gängigsten Kartoffelsorten und ihrer jeweils passenden Verwendung schien ihm von jeher wichtig: etwa die Sieglinde für den Kartoffelsalat oder die Eva für die Knödel. Und dankbar erinnert er sich an die Bratkartoffelverhältnisse der Kriegszeit und an den anhaltenden Friedensgenuß der Bratkartoffel (mit hausgemachter Sülze) in einer Hamburger Souterrain-Kneipe. Bratkartoffel, resümiert Alfred Walterspiel, gehören »zu den schönen Dingen, die nicht viel kosten und, gereicht mit gartenfrischem, raffiniert angemachten Kopfsalat, sogar ein Fleischgericht entbehrlich machen«.

Selbst die Kartoffel konnte das tägliche Brot nicht ersetzen in einem Land, das die meisten Brotsorten haben soll – ein gastronomischer Ausdruck deutscher Eigenbrötelei. Wie wichtig man es von jeher nahm, zeigte die Bezeichnung der Mahlzeiten als »Mittagsbrot« und »Abendbrot«, oder das sprichwörtliche Lob: »Er ist aus echtem Schrot und Korn«, was allerdings beim Brotbacken nicht immer beherzigt wird. Obwohl heute der Deutsche mehr denn je das Wort befolgt, daß der Mensch nicht vom Brot allein lebe, bleibt er sich der Grundbedeutung des Brotes für die Eßkultur bewußt.

Wer wollte sich schon den Brotkorb höher hängen lassen, vornehmlich in einem Münchner Wirtshaus, mit Laugenbrezn, Römischen Weckerln, Salzstangerln, Maurerloibi, Semmeln und Mohnweckerln? Wer wollte in Köln nicht nach Brot gehen, zu Röggelche und Krüstchenbrot zumal – und überall in deutschen Landen zu den örtlichen und regionalen Variationen des Themas Brot? Die Brotfabrik ist immer weniger gefragt, das Bäckerhandwerk kommt wieder zu Ehren, und es vergilt es mit einem reichhaltigen, mitunter zu reichhaltigen Angebot: mit viel zu viel und viel zu verschiedenen Gewürzen, mit bereits eingebackenem Schinken oder Käse – die alte Übertreibung in neuem Gewand. So manche Hausfrau ist versucht, ihr eigenes, einfaches Brot zu backen, und den gelungenen Laib – nach begreiflichem Brauch – vor dem Anschneiden mit drei Kreuzzeichen zu segnen.

»Hanswurst« haben die Deutschen ihren nationalen Spaßmacher genannt, nach einem typischen Vornamen und einem charakteristischen Nahrungsmittel. Wenn es um die Wurst als solche geht, versteht der Deutsche allerdings wenig Spaß; es ist ihm nicht Wurst, was in ihr verwurstet und was von seiner Wurst gehalten wird. Rund 1500 Wurstsorten wurden gezählt; das Regiment ist in vier

Bataillone gegliedert: Rohwürste, Brühwürste, Bratwürste und Kochwürste. Jeder Stamm, fast jede Stadt, legt Wert auf eine Extrawurst: So gibt es Holsteiner Katenrauchwurst, Bremer Pinkel, Rügenwalder Teewurst, Hannoveraner Brägenwurst, Braunschweiger Mettwurst, Westfälische Schinkenwurst, Sauerländer Plockwurst, Kölner Blutwurst, Frankfurter Würstchen, Hessische Sulzwurst, Thüringer Rotwurst, Schlesische Krakauer, Pfälzer Leberwurst, Badische Schüblinge, Schwarzwälder Griebenwurst, Stuttgarter Schützenwurst, Schwäbische Landjäger, Fränkische Jagdwurst, Ansbacher Pressack, Nürnberger Rostbratwürstl, Regensburger, Augsburger und das Münchner Duumvirat: der Leberkäs, in dem so wenig Leber zu finden ist wie eine Königin in einer Königinsuppe. Und die Weißwürst, die in einer eigentlich nur von Einheimischen zu vollziehenden kultischen Handlung zu essen sind.

Neuerdings war die Wurst in Mißkredit geraten, teils wegen gewisser Mißbräuche bei der Herstellung, teils wegen modischer Mißdeutungen ihres Wertes: sie sei zu unberechenbar, zu fett, zu schwer, nicht fein genug, zu bieder-deutsch eben. Nachdem sie sich an Gänseleber und Kaviar gesättigt und übersättigt haben, sind auch bessere Eß-Kreise der Nation wieder zur Landleberwurst oder zum »Kölsche Kaviar« (das ist ein halbes Röggelche mit Blutwurst, Butter und Zwiebeln) zurückgekehrt, zur Rustikalität, die dem gemeinen Mann schon immer zur Rüstigkeit verhelfen mußte und verholfen hat. Grobe Wurstarten sind Schlager in Delikatessengeschäften und Renner bei Nobel-Parties. Die deutsche Fluggesellschaft heißt Urlaubsrückkehrer, denen Gazpacho, Makkaroni, Dolmades und Djuvec zum Halse heraushängen, mit einer Wurstplatte heimatlich willkommen. Schon ist deutsche Wurst ein Exportartikel geworden, sogar in Frankreich geschätzt und preisgekrönt: Die Brüderschaft der »Chevaliers du goûte-boudin« hat in einem Wettbewerb um die beste Blutwurst eine rheinische »Blotwoosch« gekrönt.

Deutsche Schinken waren schon immer begehrt: Holsteiner Katenschinken, im Buchenrauch zu dunklem Rosa gereift. Ammerländer Schinken, im Rauchhaus mit Schilfdach zu aromatischem »Deelenschinken« geworden. Westfälischer Knochenschinken, kräftig wie Widukinds Stamm, den ein – einheimischer – Maler für würdig befand, die Stelle des Lamms auf dem Abendmahltisch auf einem Glasgemälde einzunehmen. Schwarzwälder Schinken, in Tannenluft getrocknet, mit Tannenholz geräuchert und nach dem Kontrapunkt des Kirschwassers verlangend. Niederbayerisches Geselchtes, ein Bauernschmaus, schwarzgeräuchert, kernfest und speckverwachsen, den Wacholder, der an der Donau kein heimisches Gewässer ist, in der Würze enthaltend.

Das Edelste vom Schwein ist ein guter, das heißt von einem prädestinierten Schwein stammender, sachgemäß hergestellter und behandelter, zur rechten Zeit und richtig aufgeschnittener und angemessen servierter Schinken, deutscher Schinken am besten mit Bauernbrot und klarem Schnaps – wie alles Edle also eine schwierig zustandekommende, schwer zu bekommende und teuer zu bezahlende Angelegenheit. Aber auch andere Teile des Schweins – das kein Geringerer als Grimod de la Reynière als »enzyklopädisches Geschöpf« nicht genug benützen und preisen konnte – sind gesotten oder gebraten nicht zu verachten, werden jedenfalls von den Deutschen seit jeher geschätzt. 59 Prozent der Bundesbürger, ergab unlängst eine Umfrage, essen ein- bis zweimal wöchentlich Schweinefleisch, ungeachtet der ständigen Warnung vieler Ernährungswissenschaftler und der hinlänglich bekundeten Abneigung mancher Eßkritiker. Sie verputzen ihre Schweinskoteletts, Schweinebraten, Schweinshaxen, Schweinebäuche und selbst noch die Schweineschwänzchen, und halten sich im übrigen an Wilhelm Busch:

»Ein kluger Mann verehrt das Schwein,
Er denkt an dessen Zweck.

Von außen ist es ja nicht fein,
doch drinnen sitzt der Speck.«

Weniger Speck außen setzt anderes an, das in deutschen Landen, als höheres Wesen freilich, auch von den Hohepriestern der Gastronomie verehrt wird: das Wild. Höchstens der Gesellschaftskritiker meldet sich zu Wort: Ist dieses Getier, das einst nur der Edelmann jagen durfte und speisen konnte (und der Wilddieb stehlen und heimlich verdrücken mußte), das heute noch, auf offenem und allgemeinem Markt, der gesalzenen Preise wegen, nicht jedermann erschwingen kann, ist das Wild nicht ein Symbol sozialer Repression?

Dessenungeachtet wird das Wildbret genossen, ob es noch aus deutschen Wäldern kommt (die auch nicht mehr das hergeben, was man von ihnen jahrhundertelang erwarten konnte), oder aus sozialistischen Ländern eingeführt wird, um diesen kapitalistische Devisen zu bringen und um deutschen Wohlstandsbürgern einen kapitalen Genuß ohne diätetische Reue zu verschaffen. Wer zählt die Hirsche, Rehe, Wildschweine und Hasen, die Fasanen, Rebhühner und Wachteln, nennt die Namen all der Gerichte, die wir dem Halali der Jäger und dem Gewußtwie der Köche verdanken!

Wildbret – seien es Herrenstücke wie Rehrücken und Hirschkeule, Bürgerbissen wie Wildschweingulasch oder Hasenpfeffer, sei es ein stolzer Fasan oder eine bescheidene Wachtel – der Charakter des Besonderen wird immer ausgeprägter in einer Zeit, die Tiere im allgemeinen in Massen züchtet, am Fließband schlachtet, während das Wild noch frei heranwächst und einzeln erlegt werden muß (was indessen auf die meisten Wachteln und so manchen Fasan schon nicht mehr zutrifft). Nichtsdestoweniger bietet die moderne Technik dem Wildliebhaber Vorteile: Die Tiefkühltruhe verlängert die Wildsaison auf das ganze Jahr – obwohl Wild in den Zeiten, in denen es gejagt wird, an verhangenen Herbst- und unwirtlichen Wintertagen nach wie vor am besten schmeckt. Und tiefgekühltes Wildbret erübrigt den Haut goût, der eher eine Not denn eine Tugend gewesen ist, macht das Fleisch mürbe und die Beize überflüssig, die mit ihrem mitunter aufdringlichen Essiggeruch den Wildduft übertönte.

Was die frischen Fische betrifft, so fischt sie Fischers Fritze nicht mehr alle einzeln, mit der Angel und am Wildbach. Die Küsten- und Hochseefischerei, die den Großteil des deutschen Fischbedarfs deckt – mit Hering, Rotbarsch, Seelachs, Kabeljau und Schellfisch – ist auf rationelle Fangmethoden, maschinelle Verarbeitungstechniken und effizienten Kühlkettentransport angewiesen. Ein Fischstäbchen aus Frostblöcken gesägt, gestanzt, mechanisch paniert, schockartig eingefroren und dann auf den weiten Weg zum Konsumenten gebracht, ist kein Gegenstand für den Gourmet, sondern ein Bestandteil der Kantinenverpflegung oder auch ein Kasteiungsinstrument für den Abstinenztag.

Karpfen werden von jeher in Teichen gehalten, damit sie zum Karfreitag oder zum Jahresschluß in gewünschten Mengen zur Hand sind. Mit Forellen wird nun ähnlich verfahren, was so ein gezüchtetes Fischlein mit unangebrachter Zucht auf dem Teller demonstriert: Es erscheint, gekocht wie gebraten, in stocksteifer Haltung, brettartig hingestreckt. In geräucherter Form imponiert das eher, doch nicht von ungefähr wird dazu Sahnemeerrettich genommen. Immer seltener wird die pumperlfrische Bachforelle, die wir aus Franz Schuberts Quintett kennen und blau lieben, gebogen wie ein Barockschnörkel, mit rosigem, zartduftendem Fleisch, und Bäckchen, die zum Küssen da sind, und dazu frische, keineswegs schon zerlassene und zuviel Eigenaroma verströmende Butter – eine solche Forelle, die einfach ein Schatz ist.

Und wo sind sie geblieben, die jungen Hähnchen, die im Schweizerdeutsch ebenso zärtlich wie zutreffend »Mistkratzerli« genannt wurden, weil sie an angemessenem Platz ungeniert kratzen, das Richtige beißen durften und zur rechten Zeit ihre – wenn auch kurz genossene – Freiheit mit Wohlgeschmack zu vergelten wußten? Das Huhn, einst ein feudaler Singular, dann von Heinrich IV. von Frankreich jedem Untertanen sonntags in den Topf gewünscht, ist im demokratischen Plural, in seiner zeitlichen wie örtlichen Omnipräsenz und durch die moderne Intensivhaltung (wie der agrartechnische Fachausdruck für die Fließbandproduktion von Hormonvögeln lautet) dem Blickfeld des Gastrosophen entfleucht.

Die in Deutschland sprichwörtlich geschätzte Gans (»Eine gut gebratene Gans ist eine gute Gabe Gottes«) hat die Fährnisse der industriellen Gesellschaft zwar besser, aber auch nicht ungerupft überstanden. Sie wird kaum in Großbetrieben gehalten, ihr Fleisch nimmt das Einfrieren nicht so übel, sie wird in Niedersachsen und Bayern meist richtig behandelt, und aus Polen und Ungarn kommt urwüchsige Konkurrenz. Die Nachfrage bleibt in gewissen, der Solidität des Angebots förderlichen Grenzen: Die Gans ist nur zu gewissen Zeiten, an Kirchweih, Martini und Weihnachten, begehrt (mit Ablauf des Jahres sollte es mit ihr ohnehin sein Bewenden haben); dem Diätgeschulten ist sie zu fett; dem kulinarisch Beflissenen wurde eingeredet, von der Gans schmecke nur die Leber, in französischer Präparation, versteht sich. Und nicht immer kommt sie als gute Gabe Gottes auf den Tisch: zu kroß gebraten, zu aufdringlich mit Majoran gewürzt oder zu üppig in Äpfel und Backpflaumen gebettet.

Die Ente hat mehr Chancen beim Konsumenten: weil sie (was leider keine »Ente« ist) aus Entenfabriken en masse ausgestoßen und verhältnismäßig preisgünstig auf den Markt geworfen wird. Weil ihrem Verzehr zeitlich weniger Grenzen gesetzt sind, sie nicht, wie die Gans, als Wappenvogel bestimmter Feste gilt. Weil sie kleiner und nicht allzu fett ist, zu zweit auf einmal, in frisch gebratenem Zustand gegessen und ohne Reue genossen werden kann. Und weil sie nicht nur à l'orange oder nach Pekingart zu verspeisen ist, sondern auch auf gut deutsch schmeckt: eine Vierländer Ente etwa, mit einer harmonisch abgestimmten Komposition aus Entenleber, Apfel, Semmelbrösel und Majoran gefüllt, und goldbraun im Ofen gebraten.

Gemüse ist in der überkommenen deutschen Küche kein Substantiv, sondern ein Adjektiv, beinahe ein Adjektiv zum Adjektiv, eine Zulage zur eigentlichen Beilage, den Kartoffeln. Eigentlich ist es ein einsilbiges Wort, nämlich Kohl beziehungsweise Kraut, auch wenn es in Bindeworten auftritt, in Farbaussagen meist: Grünkohl, Braunkohl, Rotkohl, Weißkohl, Blaukraut, Weißkraut. Ausnahmen sind Blumenkohl (der ein Levantiner ist), Rosenkohl (der in Brüssel gezogen wurde), Wirsing (was ohnehin fremdartig klingt), Kohlrabi (was nicht bayerisch ist, sondern vom lateinischen Rava cauli kommt). Das deutsche Wort Gemüse stammt von »Mus«, und so wird es oft auch zubereitet, auch und gerade der Spinat, diese zugelassene, aber nicht vorzüglich behandelte Nichtkohlart. Das gilt auch, in abgestuften Formen, für Erbsen, Linsen, Möhren und grüne Bohnen.

Eine Kohl- beziehungsweise Krautart, die Substantivcharakter erreicht, ist das Sauerkraut oder der Sauerkohl. Ludwig Uhland machte einen Vers darauf:

»Auch unser edles Sauerkraut
Wir sollten's nicht vergessen.
Ein Deutscher hat's zuerst gebaut,
Drum ist's ein deutsches Essen.«

Die erste Aussage stimmt nicht: Schon römische Legionäre führten Sauerkraut als eiserne Ration mit sich. Die zweite Aussage ist richtig: Das Sauerkraut wird von den Deutschen als Nationalspeise angesehen und von Ausländern als solche gesehen. »Krauts« nennen Amerikaner die Deutschen, nicht ohne ihnen – unzureichend natürlich – nachzueifern.

chenden Zulagen ist echtes deutsches Sauerkraut eine Angelegenheit, die es verdient, in Fraktur, mit großen Lettern im vaterländischen Küchenstammbuch verzeichnet zu bleiben: als Garniertes Sauerkraut oder Sauerkrautplatte, mit gekochtem oder geräuchertem Schweinebauch beziehungsweise Wammerl, Eisbein beziehungsweise Hämchen, Schweinsrippchen oder Casseler Rippenspeer, Blut- und Leberwurst, Schweinswürsten und Leberknödel – unser landadeliges Sauerkraut mit seinem rustikalen Hofstaat, dieser herzerhebende Anblick, mit dem Ludwig Uhland eine delikate Assoziation verband:

»Wenn solch ein Fleischchen weiß und mild
Im Kraute liegt, das ist ein Bild
Wie Venus in den Rosen!«

Ein hochedles Gemüse aus der Familie der Liliengewächse ist der Spargel, und lilienweiß und lilienrein verehren ihn die Deutschen. Italiener und Franzosen treiben weniger Kult mit ihm, gönnen ihm etwas Sonne, mögen ihn mit rosigem oder lilazartem Kopf, oder gar in grüner Jugendfrische. Vergebens predigte Vaerst, der Gastrosoph, seinen Landsleuten: Beklagenswert sei der Gourmet, »der noch nie einen Spargel aß, welchen die Sonne geküßt hat! Nur durch den Blick der allbelebenden Sonne erhält der Spargel das ihm eigentümliche Aroma und die gerühmten und bewährten Eigenschaften«. Deutsche Spargelesser wollen den Favoriten in dem Moment gestochen haben, da er im Begriff steht, die Erde zu durchstoßen – schon unternehmungslustig, aber noch unschuldig, noch nicht so aromatisch, daß er aus allen Poren riecht, und nicht unziemlich phallisch und übermäßig aphrodisisch. Oder ist es das echt deutsche Streben nach dem Ätherischen, das sich hier, durch die Natur des Spargels bedingt, im Erdverhafteten äußert?

Sei dem wie es sei – Spargel ist auch in deutscher Art nicht zu verachten. Wenn er im Mai mit den Nachtigallen kommt (aus Schwetzingen, Mainz, Braunschweig, Bonn oder Bamberg) und gegen Ende Juni mit den Nachtigallen wieder geht. Wenn er sorgfältig geschält und nicht zu lange gekocht wird. Wenn man ihn die Szene beherrschen, seine Charakterrolle ausspielen läßt, ihn als solchen und an sich genießt, mit dem Pianissimo frischer Butter und mildem Schinkens. Und ihn von Neuweirer Heiligenstein, Bodenheimer Hoch, Erdener Prälat, Neumagener Laudamusberg, Recher Herrenberg, Würzburger Abtsleite oder den vielen anderen, ihm ans Herz gebundenen und auf den Leib geschnittenen deutschen Kreszenzen begleiten und feiern läßt.

Der gesamtdeutsche Spargelklang und regionale Stimmen in Spargelarten, Schinken und Wein – die Polyphonie der deutschen Speisefolge ertönt. Die Landesküchen der Bundesrepublik, in denen sich das Gemeinsame in mannigfachem Eigenem kundtut, sind durch die mitgebrachten Eßgewohnheiten und Kochrezepte der Heimatvertriebenen bereichert, ja vervollkommnet worden.

Das trifft auf Altbayern zu, dessen angestammte Bauernbräuche durch alt-österreichische Urbanität geschliffen, mit k. u. k.-Kosmopolitismus poliert wurden, dessen Knödelwelt erst durch die böhmischen Mitbringsel zu einem Knödelkosmos geworden ist. Ganz abgesehen von der willkommenen Abwechslung, für die etwa Prager Schinken, Paprikagulasch oder Mohnstrudel in dem etwas eintönigen Küchenzettel gesorgt haben. Ähnliches gilt für die in die neue Heimat eingebrachten Spezialitäten aus Mittel- und Ostdeutschland, wie Königsberger Klopse, Schlesisches Himmelreich, Pommerscher Klopfschinken, Mecklenburger Schweineschwarzsauer, Dresdner Christstollen, Thüringer Rostbratwurst, um nur einige zu nennen, die wie Spitzen der landsmannschaftlichen Eisberge hervorragen, zum Stranden herausfordern.

Hausmannskost bieten die deutschen Regionalküchen vor allem, und darum ist sie nirgendwo besser zu bekommen, als bei Hausfrauen in den diversen deutschen Landen – wie es schon Nikolaus Lenau wußte:

»Wenn so ein gutes Weib kocht, brät und schürt,
Und in den Topf den Wunsch des Herzens rührt,
Daß es den Gästen schmecke und gedeihe,
Das gibt den Speisen erst die rechte Weihe!«

Hausmänner, wie sie neuerdings im Schwange sind, müssen sich anstrengen, die Neigung zum Rationalisieren, zum Experimentieren, zu Kapriolen mit der den Frauen von der Natur geschenkten und in Generationen bewährten Gabe der liebenden Fürsorge einigermaßen in Einklang zu bringen, wenn sie von den überkommenen und bekommenden Pfaden der Hausmannskost nicht allzusehr abweichen sollen.

Auch in Wirtshäusern und Restaurants kann man Hausmannskost in landsmannschaftlicher Substanz und in gutbürgerlicher Form erhalten. Zunehmend in besseren Häusern, die den rustikalen Trend erkannt und ergriffen haben, beileibe nicht immer in einfachen Lokalen, welche die an die gesunden Ursprünge zurückführende Entwicklung nicht mitbekommen haben, noch immer meinen, einem Schweineschnitzel mit einer Scheibe Dosen-Ananas zumindest die niederen Weihen einer höheren Küche gespendet zu haben. Andererseits überschlägt sich der richtige Trend in modischen Etablissements, wo Altdeutsches wie Griebenschmalz, Grünkernsuppe, Fleischsulz und Met zu neudeutschen Preisen mit der Hand verdrückt, aus dem Napf geschlürft, aus dem Horn hinuntergekippt wird, unter ausgelassener Beherzigung des Wirtsspruches: »Las hören, wan dir schmeket, ain rulpsen und forzen!«

Altbewährtes, Angestammtes, in regionaler Beständigkeit, mit Anstand gepflegt, mit Hingabe gekocht, gefällig geboten in behaglichen Lokalen – das gibt es immer noch und immer wieder in deutschen Landen.

In Berlin: In einer Eckkneipe, hinter rostbraunen Vorhängen an blankgeputzten Messingstangen – Buletten, Rollmops, Soleier mit Mostrich, saure Gurken, Schusterjungen, Hackepeter, allerlei »Happenpappen«, mit der nötigen Flüssigkeit, einer Molle mit Korn, einer Weißen, mit und ohne Schuß. In einem Wirtshaus, unter angeräucherten Holzbalken, auf gescheuerten Holztischen – Erbsensuppe mit Spitzbein, Eisbein mit Sauerkohl und Erbspüree oder Gänseklein in Petersiliensoße, dazu ein gepflegtes Pils. In einem feinen Restaurant, in dem die Kellner noch lange weiße Schürzen tragen – Teltower Rübchen mit geräucherter Gänsebrust oder eine Kalbsleber Berliner Art, eine Pulle Rotspon dazu, an der schon Bismarck festhielt: Man möge dem Norddeutschen sein natürliches Getränk, den roten Wein von Bordeaux belassen!

In Hamburg: In einer Souterrainkneipe, in der das einheimische Bier quellfrisch fließt – ein Matjesfilet, ein Krabbenbrot, ein Rundstück, dieses Bratenbrötchen, dessen Saft mitunter durch schon in der Soße enthaltenes Mehl gedämpft wird. In einer Wirtschaft, zwischen holzgetäfelten Wänden, die an eine Kajüte erinnern, einen Blick auf den Hafen geworfen und Labskaus gewagt, das Matrosengericht, von Fernweh getrieben und von Heimweh gefolgt – auf Seßhaftes wie Hamburger Aalsuppe oder Rote Grütze für ein andermal. In einem distinguierten Restaurant, in dem sich Behäbigkeit und Weltläufigkeit hanseatisch verbinden, im Elbbutt mit Morcheln oder – zur Osterzeit – im Hamburger Stubenküken, das mit Trüffeln und Artischocken gefüllt ist, in einem der freilich an Anzahl wie Niveau (sowohl der Köche wie der Gäste) abnehmenden Etablissements, auf die das Wort von Jacob Gallois aus dem Jahre 1835 gemünzt war: »Der Eßtisch ist das einzige Schlachtfeld, auf dem die Hamburger sich auszeichnen und sich als echte Helden erweisen. Sie müßten den Suppenlöffel am Ordensbunde und die Gabel im Knopfloch tragen.«

In Bremen und Ostfriesland: Die Schaffermahlzeit der Bremer Kaufmannschaft hat ein traditionelles Gericht bekannt gemacht, das eher ostfriesischen Bauern als Ratsherren und Patriziern ansteht: Braunkohl mit Pinkel – Grünkohl, der im Vorfrühling, nach entsprechendem Winterfrost, die Bezeichnung Braunkohl verdient hat, und die leicht angeräucherte Grützwurst mit Speck, Zwiebel, Pfeffer und Salz, die auch einem feinen Pinkel schmeckt. Im übrigen bemühen sich die Bremer, die Hamburger auch gastronomisch auszustechen, mit verfeinerten Gerichten, die dem gediegenen Beiwort »hanseatisch« gerecht werden: etwa Möweneier mit Morcheln, Kükenragout mit Spargelspitzen und Champignons oder gar Trüffeln, nicht zuletzt das Bismarck-Frühstück (Kiebitz- oder Möweneier, mit Pilzen in Madeira), mit dem die Bremer dem Reichsgründer ein Denkmal gesetzt haben. Vor dem Rathaus bewacht der Roland auch den Ratskeller mit seinen Weinschätzen, vor allem den Roten aus Bordeaux, das Strandgut alter Seegeltung. Bremer Klaben, ein schwerer Stollen, hält die Mitte zwischen Städtisch-Bremischem und Ländlich-Ostfriesischem, wo man Pökelfleisch und Punsbrot un Götte, eine Art Blutkuchen mit Grützbrei, schätzt, was den sattsam bekannten Vorurteilen über die Ostfriesen immer wieder neue Nahrung gibt. Aber ein Menschenschlag, der den Schnaps aus Löffeln zu sich nimmt, frische Krabben mit der Hand in den Mund pult und vom starken und duftenden Tee mindestens drei Tassen mit Kluntjes (Kandis) und Sahne trinkt – der sollte an seinen Eigenheiten festhalten und sich von niemandem daran irre machen lassen.

In Schleswig-Holstein: Meerumschlungen, wie es ist, und von Dänemark beeinflußt, wie man es sich gastronomisch gefallen läßt, wird hier Hering (die delikate Ostseegattung zumal) und der klare Schnaps (im Doppelgespann Köm und Beer) groß geschrieben und beidem gebührend zugesprochen. Ebenso dem Aal oder der Flunder, wenn sie frisch geräuchert sind, und den Kieler Sprotten, die im zuständigen Bereich im richtigen Zustand sind, und nicht, wie in Spezereiläden unseligen Angedenkens, schon überständig. Auch Dorsch, Scholle und Butt empfehlen sich. Schleswig-Holstein ist aber nicht zuletzt ein Bauernland, mit Festtäglichem wie Katenschinken und Alltäglichem wie Gröner Hein (Brechbohnen, Birnen und Speck), De grote Hans (ein Mehlbeutel mit Rhabarber oder Stachelbeersoße) oder Dickmusik (Kartoffel, Speck und Gemüse). Süßspeisen werden ländlich-üppig mit viel Eiern und Sahne gepolstert; »Verschleierte Bauernmädchen« verbergen ihre Schokoladenseele und ihr Apfelmusherz hinter Brotbröseln. Normale Schleswig-Holsteinerinnen sprechen ohne Scheu dem Eiergrog zu, während die Männer einen steifen Grog bevorzugen oder den »Pharisäer« mimen – mit schwarzem Kaffee, Rum und Sahne.

In Hannover: Inmitten der norddeutschen Schweineberge gelegen, offenbart sich das Selbständigkeitsstreben der Hannoveraner gastronomisch in einem Faible für Kalbfleisch, das sie sich selber mästen und etwa als Milchkalbskeule auf Hannoversche Art zubereiten. Schweinefleisch ist aus den Hannoveraner Bauerntöpfen nicht ausgeschlossen, doch man legt Wert auf eine gepflegte Aussprache: Die Brägenwurst ist aus Schweinshirn. Auch im Trinken will man sich unterscheiden: die »lüttje Lage«, das Bier und der Korn, werden aus beiden Gläsern gleichzeitig und mit einem Zug gekippt. In der Stadt Hannover selbst scheint mancher Wirt die gastronomische Fortsetzung der Personalunion zwischen Großbritannien und Hannover für etwas Gutes zu halten. Von bekömmlichem Traditionsbewußtsein zeugt die Welfenspeise, eine Milchcreme mit Weinschaumsoße. Und die Lüneburger Heide ist auch gastronomisch ein letztes, bescheidenes Paradies, was Lokalitäten wie Lokale betrifft: das noch im Steinofen gebackene Bauernbrot, der Katenschinken und die Heidschnucke, die gebraten oder als Ragout sich einschnuckelt.

In Westfalen: Unter Studenten in Münster, zum Studium der Bierologie und Hektoliteratur – wobei das Vorurteil Vaersts widerlegt wird, daß in Bierländern die Bewohner phlegmatischer und träger seien und der Erfahrungssatz Carl Georg von Maassens bestätigt, daß Bierfröhlichkeit eine echte und harmlose Fröhlichkeit sei. In einem ländlichen Wirtshaus den Tagesablauf der Speisenfolgen mitansehen und – soweit man mithalten kann – mitessen: zum Frühstück dick gebutterter Pumpernickel mit dicken Scheiben westfälischen Schinkens oder westfälischer Wurst – und Bier, ein Dortmunder am besten, und Steinhäger dazu. Mittags, wenn es Juli ist, Graute Bohnen mit Speck und geräucherter Schweinsbacke, oder, wenn es den ersten Frost gegeben hat, Grünkohl mit Mettwurst, oder das ganze Jahr über Pfefferpotthast, westfälisches Gulasch genannt, das nach Bier und Steinhäger schreit, daß das Echo noch beim Abendessen zu hören ist: bei Plaaten in de Pann, eine Bratwurst- und Kartoffelkombination, oder, falls geschlachtet worden ist, Pannhas, eine mit Blut- und Leberwurst sowie Hackfleisch eingedickte, zu handfester Substanz geronnene Metzelsuppe, von Suermoos, wie dortzulande das Sauerkraut heißt, aufgelockert. Eine simple Bauernkost im Superlativ, wie sie schon dem Simplicius Simplicissimus zu einem glatten Balg verhalf: »Da lernte ich das schwarze Brot fingerdick mit gesalzener Butter schmieren und mit Käse belegen, damit es besser rutschte.«

In Köln: In »Kölsche Weetschaften«, wo der blaubejackte Köbes stehenden Fußes dafür sorgt, daß kein leeres Kölschglas vor einem Jecken steht und sein lederner Geldbeutel immer voller wird, groschenstrotzend absteht, wo es Einfaches zu essen gibt, das mehr zu sein vorgibt, als es ist, und doch so rechtschaffen, daß es Genugtuung gibt und man sein Genügen daran hat: Halve Hahn (Röggelche mit Käse, der aus Holland kommt und nicht nur dorten schmeckt), Kölsche Kaviar (Blutwurst) oder Himmel un

Ähd (dieser auf Kartoffel, Apfel, Blutwurst und Zwiebel begrenzte Kölner Kosmos). Ein Rievkooche ist und bleibt ein rheinischer Kartoffelpuffer. Miesmuscheln (in Weißwein) halten mehr, als sie versprechen, und Hämchen (mit Sauerkraut) ist der Diminutiv einer bedeutenden Angelegenheit. Es gibt in Köln auch Restaurants, bei denen Michelin nicht umhin konnte, sie mit einem Stern zu bedenken – obwohl sie eher die einheimische als die internationale Küche pflegen, etwa mit Domherrenschnitten (Kalbshirn zeichnet sie aus) oder Rheinischem Sauerbraten (der lecker sein kann) oder mit aus der rauhen Eifel stammendem und im feinen Köln verendendem Wild, in den roten Samt eines Ahrweins gebettet. Ansonsten halten sich Kölner an ein »Möselche«, in dem sie Artverwandtes erblicken: einen Bruder Leichtfuß, wenn er das Adamsäpfelchen hüpfen läßt, einen Bruder Filou, wenn er nicht ganz sauber ist.

In Frankfurt: Natürlich »Dribbdebach«, in Sachsenhausen, und nicht erst seit und wegen der Television. In gemütlichen Apfelweinstuben, wo der Äppelwoi in dickbauchigen Steinkrügen sich anbiedert, aus Schoppengläsern getrunken wird, und nicht nur, weil es so Brauch ist. Handfestes paßt dazu: Handkäs mit Musik, mit Zwiebel, Pfeffer, Essig und Öl, was sich ein richtiger Wein nicht anhören würde, Flaaschwurst oder Leewerwurst mit Wasserweck, selbstverständlich auch Frankfurter Würstchen (mit frisch geriebenem, mit Essig und Öl angefeuchtetem Meerrettich), und selbstredend Rippchen mit Kraut, auch »Frankfurter Gebabbel« genannt. In Sachsenhausen sind auch andere Idiome zu vernehmen, Amerikanisch sogar. Auch diesseits des Mains werden Altfrankfurter Spezialitäten gepflegt, das Feinere, schon von Goethe Geschätzte: vorab die Grüne Sauce, zu der man ein Kräutersträußchen braucht – Petersilie, Estragon, Borretsch, Schnittlauch, Dill, Sauerampfer, Pimpinelle, Kerbel, Kresse, Selleriegrün – wie es gewöhnlich erst viel weiter südlich gebunden wird, zu einer Salsa verde, die wie ihre Frankfurter Schwester zu gekochtem Rindfleisch gereicht wird. Vor der Tür liegt der Rheingau mit seinem reichen Bukett an großen Rieslingen aus Hattenheim, Rauenthal, Kiedrich, Hallgarten und vom Schloß Johannisberg. Und Rheinhessen, wo nicht nur Liebfrauenmilch fließt, sondern auch das Honiggold der Niersteiner und Oppenheimer.

In der Pfalz: Ihre Weine machen weniger aus sich, kommen aber dem heutigen Geschmack entgegen, der das Allzuschöne, Schonzusüße weniger schätzt als das Offenherzige, Ausgegorene, Charakterfeste. So ein normaler, solider Pfälzer ist der richtige Kumpan zu frisch gerösteten Keschte (Edelkastanien), warmem Zwiebelkuchen, Worscht un Weck und gefülltem Saumagen, einer rheinpfälzischen Übersetzung eines homerischen Gerichts – nicht das geringste Zeichen dafür, daß wir hier auf uraltem Kulturboden essen. Es gibt auch Erlesenes, Rebhuhn mit Trauben etwa, im Herbst in Deidesheim in einer ehemaligen Klosterherberge zu bekommen. Und Spitzenweine sind gewachsen und herangereift, die man am besten solo (was nicht allein zu heißen braucht) genießt, etwa einen Deidesheimer Hohenmorgen Riesling-Trockenbeerenauslese, den Stefan Andres wie einen Herold den Herrscher ankündigen läßt: »Und nun die Musik aus den silbernen Posaunen! Der König des Abends erscheint: altgold die Farbe, schwerflüssig seine Gestalt, weinig sein Atem, markig der Körper, harmonisch die Süße und sein Wesen frisch und alterlos. Ein vollendeter Wein.«

In Baden: Hier nähert sich die Küche der Vollkommenheit und erreicht sie nicht selten. Der Wein – Weiß, Weißherbst und Rot, vom Kaiserstuhl, aus dem Markgräflerland, dem Breisgau, der Ortenau, dem Kraichgau und vom Bodensee – versucht Schritt zu halten, was ihm oft gelingt. Und die Gastlichkeit wird groß geschrieben und vielfach auch so ausgesprochen. Das schmale geographische Handtuch zwischen Konstanz und Wertheim ist mit Kochmützen und Sternen, den Auszeichnungen für verdienstvolle Restaurants und Gasthöfe, dicht bestickt, und der Platz dazwischen wird von kaum weniger verdienstvollen, nur weniger bekannten Wirtshäusern ausgefüllt. Die gastronomische Gepflegtheit erinnert an die nahe Schweiz, und von jenseits des Rheins, dem Elsaß, scheint Wichtiges herübergekommen zu sein: die Kunst der Weinsaucen und Kräuterwürzung, die mit Knoblauch ausgeriebene Salatschüssel, die Vorliebe für Weinbergschnecken, Froschschenkel und Hechtklößchen – das Raffinierte, das bis zum Zusammenklang von Entgegengesetztem, etwa Apfel- und Birnenschnitz mit Speck getrieben wird. Das Land liefert für die kultivierten Formen entsprechende Substanzen: Schwetzinger Spargel, Schwarzwälder Bachforellen, Rebhühner, Hasen und Rehe, Gemüse von der Reichenau. Von den Schwaben trennt der Schwarzwald, nicht ohne ein gastronomischer Bindestrich des Bundeslandes Baden-Württemberg zu sein: mit Bauernspeck, der dünn aufgeschnitten, sein Aroma offenbart, vom Kirschwasser entmaterialisiert, vergeistigt. Oder mit Schwarzwälder Kartoffelsuppe, die mit Sahne abgezogen ist. Am Bodensee sind die Anrainer durch Blaufelchen verbunden, die mitunter freilich mehr nach Friedrichshafen als nach Konstanz schmecken.

In Württemberg. Die schwäbische Küche ist weit besser als ihr Ruf, in den sie die sprichwörtliche Sparsamkeit gebracht hat. Doch die Sparsamkeit erweist sich auch als eine gastrosophische Tugend, die danach strebt, aus Wenigem möglichst viel, aus dem Einfachen das Beste zu machen: etwa Gaisburger Marsch (ein Eintopf), welcher mit Resten getrommelt und gepfiffen oder mit schierem Rindfleisch in voller Besetzung gespielt werden kann. Oder Linsen mit Speck, die mit geringem Aufwand ebenso satt machen wie befriedigen. Oder Krautwickel, die mit mehr oder weniger Hackfleisch gefüllt werden können. Die Suppen sind weniger zum Einstimmen als zum ersten Hungerstillen da, mit Mutschelmehlknödel, Milzschnitten oder Leberspätzle. Letztere leiten zum Hauptkapitel der schwäbischen Küche über: den Spätzle oder Spatzen. Sie gleichen Zugvögeln aus dem Süden, scheinen aus der italienischen Familie der Pasta zu stammen, sind von ähnlicher Bedeutung in der Speisenfolge. Doch es handelt sich um eine eigenständige schwäbische Gattung, die in zahlreichen Arten auftritt, denen alle die Aufgabe des Magenfüllens in den verschiedensten, doch immer angenehmen Weisen obliegt. (Merke: Kalbsvögele, Kalbsrouladen, sind seltene Sonntagsvögel.) Überdies – wie auch die Maultaschen, die schwäbischen Verwandten der italienischen Ravioli, demonstrieren – setzen sich die Schwaben damit bewußt von der deutschen Kartoffelkommune ab, wie sie sich auch in der Wirtschaft gern allein setzen (»Vater«, sagte die Tochter zum Wirt, »was sollen wir machen, da kommen vier einzelne Gäste und wir haben doch nur drei Tische?«) Auch ihren Apfelmoscht trinken sie allein (was wir ihnen gönnen), und ihren Wein vom Neckar und der Rems (worum wir sie beneiden).

In Bayern: Weiß-blaues Essen ist keineswegs auf die altbayerische Schlachtschüssel beschränkt. Einen eigenständigen Part im bayerischen Küchenreich spielen die Franken: mit ihrem Wein, der körperreich wie eine Bamberger Kunigunde und breithüftig wie der Bocksbeutel ist, und dem Kulmbacher Bier, das ihm in seiner Art kaum nachsteht. Und Meefischle in Würzburg, Karpfen in Bamberg, Nußschinken in Coburg, Ochsenmaulsalat und Bratwürstl (am Rost gebraten oder als »Saure Zipfel«) in Nürnberg, und allerorten im Frankenland, in anheimelnden Dorfwirtschaften, Stadtgasthöfen, Ratsstuben, Schloßschenken und Stiftskellern, Schweinebraten mit Semmelknödel oder gar gefüllte Täubchen mit Hopfensprossensalat.

Bayern – das ist auch das bayerische Schwaben mit seinen Allgäuer Kässpatzen, Augsburger Zwetschgendatschi, Rieser Gänsebraten und überall den aus Roggenmehl »geschupften« Nudeln, die zum Sauerkraut hingeschupft werden. Und seinem Bier, das bereits bis vor die Tore des Hofbräuhauses in München vorgedrungen ist.

Bayern – das ist vor allem die Hauptstadt München, in der die Spezialitäten aller bayerischen Stämme (einschließlich des nur staatsrechtlich verloren gegangenen pfälzischen und des neu hinzugekommenen sudetendeutschen) auftreten, ohne die altbayerischen Schmankerln von ihrem angestammten Spitzenplatz zu verdrängen: Weißwürst und Leberkäs, Schweinswürstl, Milzwurst, Leberknödel, Tellerfleisch, Schweinshaxe, Kalbshaxe, Spanferkel, nicht zu vergessen den heimischen Fisch, die Renke aus dem Starnberger oder Ammersee. Die schönste Zeit ist die Brotzeit: zur Winterszeit im gedeckten, zur Sommerszeit im offenen Bierkeller, im Garten, unter dem Blütendach alter Kastanien, welche die Sonnenstrahlen abhalten, doch die Hitze durchlassen, die man für einen grübigen Durst braucht. Das Bier schäumt in den Maßkrügen, oft zu sehr, doch die Hitze nützt dem Wirt auch hier: Man ist zu apathisch, weil fast am Verdursten, so daß man sich zurückhält, die schlecht eingeschenkte Maß zurückgehen und nachfüllen zu lassen. Von den gelernten Brotzeitmachern kann man vieles lernen, unter anderem: Der Radi, richtig geschnitten, muß sich wie eine Ziehharmonika dehnen lassen. Ein mitgebrachter, in der Hosentasche die letzte Reife erhalten habender Romadour ist einem im Lokal erstandenen Brathendl der Handelsklasse A aus Holland vorzuziehen. Reden, das über das unumgängliche Bestellen oder die stets angebrachte Klage über kleine Portionen und hohe Preise hinausgeht, ist zu unterlassen, will man nicht als Preiß erkannt und bemitleidet werden (was bekanntlich die Vorstufe der Verachtung ist). Denn das Wort »Einkehren« bedeutet, daß man bei sich selber einkehrt und in das Brotzeit-Nirwana eingeht.

Man sieht: Die Deutschen haben durchaus Eßbräuche

und Trinksitten, die nichts zu wünschen übriglassen. Und ein gesamtdeutsches Leporello-Album landsmannschaftlicher Eßwürdigkeiten, die sich sehen und genießen lassen können – wenn sie entsprechend erkannt, gepflegt und geschätzt werden. Dann würde das alte deutsche Sprichwort »Warum denn in die Ferne schweifen, wenn das Gute liegt so nah« einen neuen Sinn bekommen, ohne die neue deutsche Erfahrung, daß auch und nicht zuletzt in der Fremde Gutes zu finden ist, entbehrlich zu machen.
Der deutsche Esser, Lokalpatriot und Weltbürger zugleich – das wäre der gastrosophische Fortschritt.

Dies ist ein Buch über die Kunst des Essens, nicht über die Kunst des Kochens. Deshalb sind in dieses Literaturverzeichnis nur Titel aufgenommen, die a) Eßbücher im engeren oder Kochbücher im weiteren Sinne sind, und die b) sich als besonders nützlich erwiesen haben.

Bakos, Eva, Wiener Spezialitäten. Wien 1971.
Balzli, Hans, Gastrosophie. Stuttgart 1931.
Bickel, Walter, Deutsche Landesküchen. Leipzig o. J.
Blumröder, Julius (Antonius Anthus), Vorlesungen über Eßkunst. Leipzig 1838.
Böttiger, Theodor, Die Original Pariser Küche. München 1968.
–, Gerichte mit Geschichte. München 1971.
–, Die Weine Italiens. München 1972.
–, Die Weine Deutschlands. München 1974.
–, Die Weine Spaniens und Portugals. München 1974.
Boulestin, Marcel X., Almanach der feinen Küche. Hamburg 1954.
Brillat-Savarin, Anthelme, Physiologie du Goût ou Méditation de Gastronomie Transcendante. Paris 1825. Deutsch von Carl Vogt, Braunschweig 1867.
Brody, Iles, Auf meiner Zungenspitze. Bern 1947.
Campbell, Elizabeth, The Encyclopedia of World Cookery. London o. J.
Carême, Marie Antoine, Le Pâtissier Royal Parisien, Paris 1815.
–, Le Maître d'Hôtel Français. Paris 2/1842.

Carême, Marie Antoine, L'Art de la Cuisine Française au XIX. Siècle. Paris 1833.
Cùnsolo, Felice, Italien tafelt. München 1971.
Davis, Myrna, Kartoffel Kartoffel. München 1976.
Degner, Rotraud, So kocht Italien. Bonn-Röttgen 1973.
Dumas, Alexandre (d. Ä.), Grand Dictionnaire de Cuisine. Paris 1872.
Dumay, Raymond, Französische Weine. München 1969.
Escoffier, Auguste, Kochkunstführer, bearbeitet von Walter Bickel. Gießen 1968.
Feibleman, Peter S., Die Küche in Spanien und Portugal. Time-Life-International o. J.
Fisher, Mary Frances Kennedy, The Art of Eating. New York 1976.
–, Die Küche in Frankreichs Provinzen. Time-Life-International o. J.
Frank, Gertrud, Da nahm der Koch den Löffel. Salzburg 1974.
Fuchs-Hartmann, Werner, Gastmahl der Völker. Stuttgart 1941.
Gasser, Manuel, Manuel Gassers Köchelverzeichnis. Frankfurt 1974.
–, Die Küche meiner Tante Melanie. Frankfurt 1976.
Glaser, Hugo, Vom Essen und Trinken. Wien 1947.
Glatzel, Hans, Nahrung und Ernährung. Berlin 1955.
Gutkind, Curt Sigmar, Das Buch der Tafelfreuden. Aus allen Zeiten und Breiten gesammelt. Leipzig 1929.
Habs/Rosner: Appetit-Lexikon. Wien 1894.
Hampson, John, The English at Table. London 1946.
Hauschild, Reinhard, Das Buch vom Kochen und Essen. Stuttgart 1975.
Hesekiel, George, Aus den Mitteilungen eines Gourmands. Berlin 2/1862.
Heyne, Moritz, Das deutsche Nahrungswesen von den ältesten geschichtlichen Zeiten bis zum 16. Jahrhundert. Leipzig 1901.
Hochrain, Helmut, Die Weine Österreichs. München 1974.

Hussong, Friedrich, Der Tisch der Jahrhunderte. Berlin 1937.
Kahn-Ackermann, Georg, Trost der Reben. München 1960.
Karpath, Ludwig, Österreich tafelt. München 1973.
Klever, Ulrich, Gourmet Brevier. München 1976.
Die Kunst zu essen. Dresden 2/1857.
Lakomy, Tony, Die Gourmet-Symphonie. München o. J.
Lenard, Alexander, Die römische Küche. Stuttgart 1963.
Lüdecke, Barbara, Griechische Küche. München 1970.
Maassen, Carl Georg von, Weisheit des Essens. München 1928.
Melchers, Hans, Vom Geist der Kochkunst. München o. J.
Monelli, Paolo, Schlemmerfahrt durch Italien. München 1963.
Montagné, Prosper, Larousse Gastronomique. Paris 1938.
Nebelthau, Otto, Vom heiteren Kochen. München 1953.
Oliver, Raymond, Frankreich tafelt. München 1969.
Pomiane, Edouard de, Die fröhliche Kunst des Kochens. Berlin o. J.
Price, Pamela Vandyke, Gut essen und trinken in Frankreich. München 1967.
Reboux, Paul, Der neue Gourmet. München 1928.
Grimod de la Reynière, Balthazar, Almanach des Gourmands. Paris 1803-1812.
–, Manuel des Amphytrions. Paris 1808.
Rumohr, Karl Friedrich von, Geist der Kochkunst. Stuttgart 2/1832. Neuausgabe Frankfurt 1966.
Rüstig, Klaus, Kochen um geliebt zu werden. München 1968.
Saillant, Maurice (Curnonsky), Spezialitäten der französischen Provinzen. München 1967.
Schiedlausky, Günther, Essen und Trinken. München 1956.
Schraemli, Harry, Von Lucullus zu Escoffier. Zürich 1949.
Siebeck, Wolfram, Kochschule für Anspruchsvolle. München 1976.

Stadtländer, Chris, Von Gaumenfreuden und Genießern. Wien/Köln 1962.
Stockhausen, Juliana von, Gerichte garniert mit Geschichten. Stuttgart 1971.
Troll, Thaddäus und Gööck, Roland, Das große Buch vom Essen. Gütersloh o. J.
Vaerst, Eugen von, Gastrosophie oder die Lehre von den Freuden der Tafel. Leipzig 1851. Neuausgaben München 1922 und München 1975.
Vollenweider, Alice und Loetscher, Hugo, Kulinaritäten. Zürich 1976.
Walterspiel, Alfred, Meine Kunst in Küche und Restaurant. München 1962.
Watt, Alexander, Aus Pariser Bistro-Küchen. Zürich/Stuttgart 1963.
Weber, Felix, Gastronomische Bilder. Leizpig 2/1891.
–, Universal-Lexikon der Kochkunst. Leipzig 1901.
Wesendonk, Aladar von, Das Taschenbuch vom Wein. München 1966.
Wilmenrod, Clemens, Es liegt mir auf der Zunge. Hamburg 1954.
Wiswe, Hans, Kulturgeschichte der Kochkunst. München o. J.
Zobeltitz, Martha von, Das Kasserol. München 1923.